上海市精品课程配套教材
高职高专"十三五"国际商务专业核心课规划教材

国际贸易理论与实务

（第二版）

周琼琼　刘　丽　主　编
董　淼　殷晶晶　朱丽霞　副主编

上海财经大学出版社

图书在版编目(CIP)数据

国际贸易理论与实务/周琼琼,刘丽主编. —2版. —上海:上海财经大学出版社,2020.6

上海市精品课程配套教材

高职高专“十三五”国际商务专业核心课规划教材

ISBN 978-7-5642-3501-7/F·3501

Ⅰ.①国…　Ⅱ.①周…　②刘…　Ⅲ.①国际贸易理论-高等职业教育-教材②国际贸易-贸易实务-高等职业教育-教材　Ⅳ.①F740

中国版本图书馆CIP数据核字(2020)第055887号

□ 责任编辑　李成军
□ 封面设计　张克瑶

国际贸易理论与实务

(第二版)

周琼琼　刘　丽　主　编

董　淼　殷晶晶　朱丽霞　副主编

上海财经大学出版社出版发行

(上海市中山北一路369号　邮编200083)

网　　址:http://www.sufep.com

电子邮箱:webmaster@sufep.com

全国新华书店经销

江苏启东市人民印刷有限公司印刷装订

2020年6月第2版　2023年5月第2次印刷

787mm×1092mm　1/16　17.75印张　454千字

印数:10 001—11 000　　定价:48.00元

第二版前言

自2016年8月第一版出版发行以来，本书得到了全国各地诸多院校教师的选用和支持，部分教师提出了中肯的意见和建议，在此我们表示由衷的感谢！

近两年，贸易保护主义、单边主义不断加剧，世界经济增长持续放缓，我国外贸发展外部环境复杂严峻。面对当前世界经济增长的不稳定、不确定性，我国始终坚持走开放融通、合作共赢之路，坚定维护多边贸易体制，持续推进"一带一路"建设。2018年是改革开放四十周年，也是中国外贸"非凡"的一年。例行多年的出入境检验检疫局正式并入中国海关。紧接着，海关对进出口货物实行整合申报，报关单、报检单合并为一张报关单。关检业务融合既是我国口岸"大通关"建设的成果，也是其未来发展的助推器。同年，首届中国国际进口博览会在上海成功举办，扩大进口成为贯穿全年的一个外贸热词。据海关统计，2018年中国外贸进出口首次突破30万亿元，贸易总额赶超美国。与此同时，我国与"一带一路"沿线国家的贸易合作潜力持续释放，成为拉动我国外贸发展的新动力。2019年在国内外风险挑战明显上升的情况下，我国外贸承压前行，实现了量的稳定增长和质的稳步提升。2020年开年，我国在前两年减税降费政策的基础上，再对850余项商品实施低于最惠国税率的进口暂定税率，规模超过往年，贸易成本将进一步降低，更多全球优质商品将有机会进入中国市场。

随着国际形势的变化，国际贸易的相关内容、惯例以及方式也发生了变化。2019年9月10日，国际商会（ICC）正式在全球发布《国际贸易术语解释通则2020》（简称"Incoterms® 2020"），并于2020年1月1日起生效。作为指导并保障全球贸易有序进行的通用准则，Incoterms® 2020在2010版本的基础上进一步明确了国际贸易体系下买卖双方的责任，对贸易实务、国际结算等方面都将产生重要影响。

基于国际和国内形势的变化，为促进职业院校培养合格的高技能人才，我们与校企合作单位根据最新的国际贸易发展和政策调整，及时修订《国际贸易理论与实务》。本次修订涵盖的内容包括增加中美贸易争端、区域贸易的发展壮大和区域贸易协定的升级、自由贸易试验区的拓展、"一带一路"的实践探索、Incoterms® 2020、关检融合和单一窗口等，修改了第一版中个别内容的纰漏之处，并完善、更新了部分课后训练材料以及同步评价试题。

与此同时，随着高校课程思政改革的深入推进，国际贸易类课程在促进大学生树立大局意识，树立全球视野和国际化观念，培养学生具备诚信意识、契约精神，养成规则意识等方面所具有的作用愈发重要，亦应愈加重视。我们也将本门课程专业课育人的一些探索和实践融入了修订，比如增加改革开放成就、中国贸易地位变化、中国古代贸易理论、最新贸易规则及实践等材料，以利于促进专业知识的传播与立德树人的有机结合。

由于编者水平有限，本次修订难免存在一些不足之处，恳请专家、学者批评指正，以便我们不断更新、改进和完善。

编 者

2020 年 2 月

第一版前言

“国际贸易理论与实务”属于国际商务、国际经济与贸易类专业的核心课程，是一门具有涉外经济特点、实践性很强的应用性学科。随着高职高专教学改革的深入，传统教材的知识体系结构和阐述方式已经不能适应教学的需要。基于此，我们组织了多名长期从事国际贸易理论与实务课程教学、具有丰富实践经验的教师，根据高职高专教育的特点，采用“项目导入、任务驱动”的教学理念，结合教学、实践中积累的经验、体会以及近年来国际贸易最新发展动态，编写了本教材。与传统的国际贸易理论与实务教材相比，本教材的编写具有以下几个特点：

第一，采用项目任务导入教学，突出培养职业能力。本教材整体设计思路是理论以够用、适度为原则，以应用为目的，重视实务的操作与训练。在项目的设计上，将国际贸易基本理论的学习整合为一个项目，为学生对国际贸易宏观认知和微观学习打下基础。后续几个项目则基于工作过程开发，优化整合了传统教材中的实务内容，按照外贸业务的操作流程“磋商准备—交易磋商—合同签订—合同履行—合同善后”，设计了工作项目和任务。其中，新增了进口成本核算、合同条款认知与合同签订；将发盘中必须要列明的三大要素（即货物品名品质、数量和价格）的相关内容调整到“国际贸易磋商”这一项目。与传统教材相比，本教材的编写体例和设计更加突出学生对专业知识的运用，重点培养学生的职业能力。

第二，知识阐述方式灵活，强调教学互动。本教材以启发式教学为主导来编排知识点，“应知”知识点介绍时，充分考虑了高职学生学习和职业需求的特点，删除冗长的大段落，突出“通俗易懂”的实用性。在知识的介绍中，不断穿插“提醒您”“小资料”“小技巧”“微型案例”“实用范例”等环节，不仅有利于重要知识点的理解，也有利于教师在授课时教学互动，易于提高学生的积极性和增强学习效果。

第三，同步训练形式多样，强化学生应用操作。本教材在每个项目结束时都配备了同步训练题，包括“职场体验”和“学习评价”两个模块。“职场体验”主要是通过职场案例的呈现和分析，增强学生对理论知识的理解；通过实际业务操作使学生的理论知识再次得到应用和强化训练。业务操作部分的训练题，题型和题目是目前国内同类教材中鲜有的。“学习评价”包括单项选择题、多项选择题、判断题、简答题和计算题，这部分训练检查学生“应知”的掌握情况，并辅助学生考取外贸业务员、营销员（国际商务）高级技师、外经贸单证培训证书等相关证书。

第四，体现“双证融通”的教学改革成果，教学内容与国家职业标准要求相符合。配合高等职业教育“双证融通”人才培养改革，本教材在教学内容安排和职业能力要求上吸收了人力资源和社会保障部营销员（国际商务）高级技师考试的内容和要求，如增加贸易风险管理、贸易融资、外贸业务员的基本要求等外贸业务管理知识，增加贸易合同起草能力训练，以实现专业教学标准与职业标准的融合、专业教学过程与岗位真实情境的融合、学校学科评价与职业技能鉴定的融合。这在目前国内同类教材中也是鲜见的。

第五，援引最新国际惯例，注重贸易知识更新。本教材注重与国际贸易有关的知识更新，援引增加了最新实施的国际贸易惯例《2010 年国际贸易术语解释通则》；顺应区域经济发展的强劲势头，增加了区域经济合作和贸易协定的介绍，如 BIT、TPP、TIPP。另外，国际贸易政策与措施部分增加了上海自由贸易试验区的相关介绍。

本书由上海工商外国语职业学院周琼琼、刘丽任主编，周琼琼负责整体设计、框架编排并主持编写，刘丽负责全书的构思和内容指导。参与编写的教师均具有多年外贸业务实战经验和国际贸易理论与实务教学经验。其中，项目一由周琼琼、刘丽编写，项目二由上海工商外国语职业学院的董淼编写，项目三由周琼琼编写，项目四由南京财经大学红山学院的殷晶晶编写，项目五由上海工商外国语职业学院的朱丽霞编写，最后由周琼琼统稿，刘丽审定。

编写过程中，我们参考了大量的文献资料和相关教材，在此对相关作者表示衷心的感谢！同时，本书的编写得到了同济大学张炳达副教授、上海对外经贸大学罗清亮等专家教师的指导和支持；还得到了东方国际集团上海市对外贸易有限公司业务十二部的鼎力相助，为教材编写提供了企业实践案例，在此一并深表感谢！

由于编者水平有限，书中难免会存在错误和不足，敬请读者朋友批评指正。在教材使用过程中如有任何问题，欢迎大家交流探讨，主编邮箱：87361782@qq. com。

为方便教学，本书配有电子课件、课后习题答案等教学资源。凡选用本书作为教材的教师均可向出版社索取，联系邮箱：littlelcj2 @163. com，联系电话：021—65904706。

编　者

2016 年 5 月

目　录

项目一 国际贸易基础理论与知识

知识目标

◆ 了解国际贸易的基本概念和主要分类

◆ 理解国际贸易基础理论、贸易风险管理和贸易融资

◆ 熟悉常见的国际贸易方式、主要的国际贸易政策与措施

能力目标

◆ 能够读懂国际贸易统计数据，知道采取不同的贸易方式开展国际贸易

◆ 学会查找相关的国际贸易组织、条约和惯例

◆ 理解不同国家的贸易政策与措施，能够透过现象看本质

重点难点

◆ 读懂国际贸易统计数据，熟悉主要的国际贸易方式

◆ 理解国际贸易行为的约束，熟悉主要的贸易政策与措施，能够透过现象看本质

任务引入

什么是进口关税配额？如何申领？

2019 年 10 月 25 日，商务部公布了 2020 年化肥进口关税配额总量、分配原则及相关程序，明确规定，2020 年我国化肥进口关税配额总量为 1 365 万吨，其中，尿素 330 万吨、磷酸二铵 690 万吨、复合肥 345 万吨。凡在工商行政管理部门登记注册的企业，在其经营范围内均可申请化肥进口关税配额。企业申领化肥进口关税配额实行先来先领，直至化肥进口关税配额总量申领完毕。吴明所在的上海丰海贸易有限公司欲在 2020 年进口一批复合肥，负责进口业务的吴明应该如何开展这项工作呢？通过本项目的学习，你应当能够熟悉相关的国际贸易措施，了解进出口相关注意事项。

任务一 国际贸易基础理论认知

子任务 1 了解国际贸易的基本概念和主要分类

一、国际贸易常用的基本概念

(一)国际贸易和对外贸易

国际贸易(International Trade)是指世界各国(或地区)之间商品和服务交换的活动，它反

映了世界各国间的劳动分工和经济上的相互依存、相互依赖。国际贸易的规模在一定程度上反映了经济国际化和全球化的趋势。

国际贸易有时也泛指世界所有国家和地区的贸易活动。因此，从全球范围来观察不同国家与地区之间的商品与服务交换活动，也可称为世界贸易(World Trade)。国际贸易由进口贸易(Import Trade)和出口贸易(Export Trade)两部分组成，故有时也称进出口贸易。国际贸易是世界各国对外贸易的总和。

对外贸易(Foreign Trade)是指一国(或地区)同别国(或地区)进行的商品和服务交换活动。由于这是从单个国家的角度出发来看待这种商品贸易活动的，对外贸易有时也称作国外贸易(External Trade)。有一些海岛国家或者对外贸易活动主要依赖海运的国家或地区(如英国、日本、中国台湾等)，则称对外贸易为海外贸易(Oversea Trade)。

提醒您

关境与国境

国际贸易以跨越关境来划定，关境是海关管辖的范围，即其征收关税的领域。一般来说，关境和国境是一致的。但是，有些国家相互缔结关税同盟，参与同盟的国家，其领土成为统一关境，这时这些国家形成的统一关境就大于国境。另外，有些国家因在国境内设立了自由港、自由贸易区等经济特区，置于关境之外，这时关境就小于国境。

小资料

国际货物贸易属商品交换范围，与国内贸易在性质上并无不同，但由于它是在不同国家或地区间进行的，因此与国内贸易相比具有以下特点：

1. 国际货物贸易要涉及不同国家或地区在政策措施、法律体系方面可能存在的差异和冲突，以及语言文化、社会习俗等方面带来的差异，所涉及的问题远比国内贸易复杂。

2. 国际货物贸易的交易数量和金额一般较大、运输距离较远、履行时间较长，因此交易双方承担的风险远比国内贸易要大。

3. 国际货物贸易容易受到交易双方所在国家的政治和经济变动、双边关系及国际局势变化等条件的影响。

4. 国际货物贸易除了交易双方外，还需涉及运输、保险、银行、海关等部门的协作与配合，过程较国内贸易要复杂得多。

(二)对外贸易额和对外贸易量

对外贸易额是指以金额表示的一国的对外贸易规模，等于进口总额与出口总额之和。

对外贸易量是指按不变价格计算的进口额或出口额。与对外贸易额相比较，对外贸易量剔除了价格变动的影响，单纯反映对外贸易的量。

以货币所表示的对外贸易额(对外贸易值)经常受到价格变动的影响，因而不能简单地将不同时期的对外贸易额直接比较。为准确地反映一国进出口贸易的实际规模，通常以一定年份为基期，用进出口值除以进出口价格指数，便剔除了价格变动因素，从而得出按不变价格计算的贸易值，即对外贸易量。

消除价格变动的贸易量的计算公式：

$$\text{进(出)口贸易量}=\frac{\text{进(出)口额}}{\text{进(出)口价格指数}}\times 100\%$$

提醒您

对外贸易额广义和狭义的区分

广义的对外贸易额包括一个国家在一定时期内货物和服务的进口额和出口额之和；狭义的对外贸易额仅包括一个国家在一定时期内货物的进口额和出口额之和。

(三)贸易差额

贸易差额(Balance of Trade)是一国在一定时期内(如一年、半年或一个季度)商品出口总额与进口总额相比的差额，也称“有形贸易差额”或“商品贸易差额”。

出口总额超过进口总额时，相差之数称为“贸易顺差”或“贸易盈余”，海关统计上则称为“出超”；反之，进口总额超过出口总额时，相差之数称为“贸易逆差”或“贸易赤字”，海关统计上则称为“入超”；如果进出口总额相等，则称为贸易平衡。

贸易差额的变化，反映一国经济实力和对外竞争能力的变化，同时也受经济行情的影响。一般来说，一国的进出口贸易应该基本保持平衡。但是，贸易平衡是相对的，贸易差额的存在是经常的。不过，持续、巨额的贸易差额会对本国经济产生不利的影响。巨额逆差会造成国家国际储备下降、支付能力减弱、本币贬值、通货膨胀。巨额顺差会造成外汇盈余过多，使出口企业的收入减少，出口商品价格上涨，本国货币升值，从而使出口的成本上升，在国际市场上的竞争能力减弱。

小资料

据海关统计，2019 年，我国货物贸易进出口总值 31.54 万亿元人民币，比 2018 年增长 3.4%。其中，出口 17.23 万亿元，增长 5%；进口 14.31 万亿元，增长 1.6%；贸易顺差 2.92 万亿元，扩大 25.4%。过去的一年，我国外贸发展出现了总体平稳、稳中提质的态势。具体来看，有以下六个方面的特点：

一是进出口规模逐季攀升。2019 年一季度进出口值为 7.03 万亿元，二季度 7.68 万亿元，三季度 8.26 万亿元，四季度达到 8.59 万亿元。12 月更是达到了 3.01 万亿元，当月外贸进出口、出口、进口规模都创下月度历史峰值。

二是主要贸易伙伴位次发生变化，东盟成为我国第二大贸易伙伴。2019 年，第一大贸易伙伴仍然是欧盟，对欧盟进出口 4.86 万亿元，增长 8%；对东盟进出口 4.43 万亿元，增长 14.1%；对美国进出口 3.73 万亿元，下降 10.7%；第四大贸易伙伴是日本,对日本进出口2.17万亿元,增长0.4%。此外,我国对"一带一路"沿线国家和地区进出口9.27万亿元,增长10.8%,高出整体增速7.4个百分点。

三是民营企业首次超过外商投资企业,成为我国第一大外贸主体。2019年,民营企业进出口13.48万亿元,增长11.4%,占我国外贸总值的42.7%,比2018年提升3.1个百分点。其中,出口8.9万亿元,增长13%;进口4.58万亿元,增长8.4%。外商投资企业进出口12.57万亿元,占我国外贸总值的39.9%。国有企业进出口5.32万亿元,占16.9%。

四是贸易方式结构进一步优化,一般贸易进出口比重提升。2019年,我国一般贸易进出口18.61万亿元,增长5.6%,占我国外贸总值的59%,比2018年提升1.2个百分点。其中,出口9.95万亿元,增长7.8%;进口8.66万亿元,增长3.1%。加工贸易进出口7.95万亿元,下降5.1%,占25.2%。

五是出口商品以机电产品和劳动密集型产品为主,机电产品所占比重接近六成。2019年,我国机电产品出口10.06万亿元,增长4.4%,占出口总值的58.4%。其中,电器及电子产品出口4.63万亿元,增长5.4%;机械设备2.87万亿元,增长1.4%。同期,纺织服装等7大类劳动密集型产品出口3.31万亿元,增长6.1%。

六是铁矿砂、原油、天然气、大豆等大宗商品进口量增加。2019年,我国进口铁矿砂10.69亿吨,增加0.5%;进口原油5.06亿吨,增加9.5%;进口天然气9 656万吨,增加6.9%;进口大豆8 851万吨,增加0.5%。此外,肉类产品进口增长比较快,全年进口猪肉210.8万吨,增加75%;进口牛肉165.9万吨,增加59.7%。

总的来看,在国内外风险挑战明显上升的情况下,2019年全年我国外贸进出口实现了量的稳定增长和质的稳步提升。随着供给侧结构性改革的深入推进,外贸结构不断优化,我国外贸有望继续保持总体平稳增长态势,在高质量发展方面将迈上新的台阶。

——资料来源:根据中华人民共和国海关总署网站资料整理。

(四)贸易条件和贸易依存度

1. 贸易条件

贸易条件(Trade Terms),又称贸易比价或交换比价。就一国对外贸易而言,是指该国1单位进口商品与其所需出口用以交换的商品数量的比率,或指一国出口商品的价格总水平与进口商品的价格总水平的对比;用于分析世界贸易,可表示一种商品与另一种商品、一类商品与另一类商品(通常用于分析初级产品与工业制成品)的交换数量比率或相对价格比率。

在实际计算时,价格一般都用指数来表示。如果现在的价格与过去某一时期(记为基期)的价格对比为低,那么,对这个国家来说,交换比价下降了,或称之为贸易条件恶化。反之,如果现在的价格与过去某一时期的价格对比为高,那就是交换比价上升了,或称之为贸易条件有利或改善。贸易条件的测量方法有多种,应用最广泛的是基本贸易条件的计算。

计算公式表示为:

$$N=P_x/P_M$$

$$P_x=P_{x1}/P_{x0}$$

$$P_M = P_{M1}/P_{M0}$$

式中：N 表示基本贸易条件；P_x 表示出口价格指数；P_M 表示进口价格指数；P_{x0} 和 P_{M0} 表示基年的平均出口价格和平均进口价格；P_{x1} 和 P_{M1} 表示测量年的平均出口价格和平均进口价格。

2. 贸易依存度

一国的对外贸易对国民生产总值的比率称为贸易依存度(Degree of Dependence on Foreign Trade)，或贸易依存率。进口依存度是指进口值占国民生产总值的比率；出口依存度是指出口值占国民生产总值的比率。进出口贸易总额占国民生产总值的比率称为贸易依存度。通过这些比率的变动，可以看出一国国民经济对进出口贸易的依赖程度。

各国的贸易依存度有较大的差异。影响一国对外贸易依存度的因素主要有国内市场的发展程度、加工贸易的层次、汇率的变化等。通常，国内市场发展程度高的国家的对外贸易依存度低于国内市场不甚发达的国家；从事低层次加工贸易国家的对外贸易依存度高于从事高层次加工贸易国家。

(五)国际贸易地理方向

国际贸易地理方向又称国际贸易地区分布，它用来表明世界各个地区或各个国家在国际贸易中所占的地位，通常是用它们的出口贸易额或进口贸易额占世界出口贸易总额或进口贸易总额的比重来表示的。

国际贸易地理方向相对于某一个国家来说，就是对外贸易地理方向，它表明一个国家或地区进口商品的来源和出口商品的去向，从而反映该国与其他国家或地区之间的经济贸易联系程度。

提醒您

国际贸易地理方向的集中和分散

对于一国而言，如果与某一个或某几个国家的贸易额占其对外贸易总额的比重较高，则对外贸易地理方向比较集中；反之，则对外贸易地理方向比较分散。

对外贸易地理方向的集中和分散各有优劣。

二、国际贸易的主要分类

国际贸易范围广泛、内容复杂、种类繁多，依据不同标准，可以进行不同的分类。

(一)按商品(含服务)移动的方向划分

(1)进口贸易(Import Trade)：将外国的商品或服务输入本国市场销售。

(2)出口贸易(Export Trade)：将本国的商品或服务输出到外国市场销售。

(3)过境贸易(Transit Trade)：商品生产国与消费国之间进行的商品买卖活动，其货物运输过程必须要通过第三国的国境。第三国则对此批货物收取一定的费用，这对第三国来说，就构成了该国的过境贸易。由于过境贸易对国际贸易的阻碍作用，目前，WTO 成员之间互不从事过境贸易。

(二)按商品的形态划分

(1)有形贸易(Visible Trade):以有形的货物为标的物进行的贸易,是有实物形态的商品的进出口,也称商品贸易和货物贸易。

(2)无形贸易(Invisible Trade):以无形的服务作为标的物进行的贸易,是没有实物形态的技术和服务的进出口,即技术贸易和服务贸易。

例如,机器、设备、家具等都是有实物形态的商品,这些商品的进出口称为有形贸易。专利使用权的转让,旅游、金融保险企业跨国提供服务等都是没有实物形态的商品,其进出口称为无形贸易。

小资料

服务贸易是以无形的服务作为标的物进行的贸易,它主要包括运输、装卸、保险、金融、邮政、通信、国际旅游、工程承包、劳务合作、技术转让等。

世界贸易组织负责实施、管理的《服务贸易总协定》列出了国际服务贸易的四种形式:

(1)过境交付:从一成员境内向任何其他成员境内提供服务。

(2)境外消费:在一成员境内向任何其他成员的服务消费者提供服务。

(3)商业存在:一成员的服务提供者在任何其他成员境内通过商业存在提供服务。

(4)自然人流动:一成员的服务提供者在任何其他成员境内通过自然人的存在提供服务。

(三)按生产国和消费国在贸易中的关系划分

(1)直接贸易(Direct Trade):商品生产国与商品消费国不通过第三国买卖商品的行为。贸易的出口国方面称为直接出口,进口国方面称为直接进口。

(2)间接贸易(Indirect Trade)和转口贸易(Transit Trade):商品生产国与商品消费国通过第三国买卖商品的行为,间接贸易中的生产国称为间接出口国,消费国称为间接进口国,而第三国则是转口贸易国,第三国所从事的就是转口贸易。

由于各种原因(有些是政治方面的原因,有些是交易双方的信息不通畅),出口国与进口国之间不能直接洽谈、签约或结算,必须借助于第三国的加入,间接贸易由此而生。此概念也泛指一般贸易活动时,买卖双方通过第三者(中间商)而进行的交易行为。

子任务2 理解国际贸易基础理论

国际贸易是怎样产生的?为什么各国之间会开展贸易?理解以下国际贸易基础理论有助于我们认识国际贸易是如何产生和发展的。

一、亚当·斯密的绝对成本学说

国际贸易理论作为现代经济理论的专门分支最早可以追溯到经济学鼻祖、国际贸易分工理论的创始者、英国古典经济学家亚当·斯密,在其代表作《国民财富的性质和原因的研究》一书中，斯密提出绝对成本理论来论证国际贸易发生的基础。他写道："如果一件东西在购买时所花费的代价比在家里生产时所花费的小，人们就永远不会想在家里生产，这是每个精明的家长都知道的格言。在每个私人家庭行为中是精明的事，在一个大国的行为中就很少是荒唐的了。如果外国能以比我们自己制造还便宜的商品供应我们，我们最好就用对我们有利的使用自己的产业生产出来的一部分物品向他们购买。"斯密主张，如果每个国家都专门生产本国成本绝对低于他国的产品，用以交换本国生产成本绝对高于他国的产品，就会使各国的资源、劳动力和资本得到最有效的利用，将会大大提高劳动生产效率和增加各国的物质福利。

微型案例

"呢绒和葡萄酒"的绝对成本比较贸易

假定英国和葡萄牙两国同时生产呢绒和葡萄酒，由于自然条件和生产技术条件的不同，两国生产同量呢绒和葡萄酒的生产成本不同。生产1单位呢绒和1单位葡萄酒，英国各需100人劳动一年和120人劳动一年，葡萄牙各需110人劳动一年和80人劳动一年。

可以看出，生产同量的呢绒，英国的生产成本比葡萄牙低，处于绝对优势；而生产同量的葡萄酒，葡萄牙的生产成本比英国低，处于绝对优势。

按照绝对成本理论，英国应集中220人专业化生产呢绒，可生产2.2单位的呢绒；葡萄牙应集中190人专业化生产葡萄酒，可生产2.375单位葡萄酒。在分工前，英国和葡萄牙两国一年共生产2单位呢绒和2单位葡萄酒。在分工后，同样的劳动可生产2.2单位呢绒和2.375单位葡萄酒，两种产品的总产量都增加了，如表1—1—1所示。

表1—1—1　英国和葡萄牙的绝对成本差异

		1单位呢绒	1单位葡萄酒
分工前	英国	100人	120人
	葡萄牙	110人	80人
	两国产品总产量	2单位	2单位
分工后	英国	220人	—
	葡萄牙	—	190人
	两国产品总产量	2.2单位	2.375单位

斯密的理论不仅说明了国家贸易分工的基础是各国商品之间存在绝对成本差异，还进一步指出了存在绝对成本差异的原因：(1)自然禀赋的优势，即一国在地理、环境、土壤、气候、矿产等自然条件方面的优势，这是天赋的优势。(2)人民特殊的技巧和工艺上的优势，这是通过训练、教育而后天获得的优势。一国如果拥有其中的一种优势，那么这个国家某种商品的劳动生产率就会高于他国，生产成本就会绝对地低于他国。

总之，按照斯密的理论，生产成本绝对差别的存在，是国际贸易分工产生的基础和原因。

二、大卫·李嘉图的比较成本学说

英国古典政治经济学家大卫·李嘉图在其发表的《政治经济学及赋税原理》一书中，提出了比较优势理论。与斯密一样，李嘉图主张自由贸易，但是，比较优势理论认为，国际贸易的基础并不限于劳动生产率上的绝对差异，只要各国之间存在着劳动生产率上的相对差异，国际分工和国际贸易就会成为可能。即使一个国家在两种商品的生产上都不具有优势，另一个国家在两种商品的生产上都具有优势，每个国家只要集中生产并出口其具有“比较优势”的产品，进口其具有“比较劣势”的产品，两个国家一样都可以受益。“两优取其最优，两劣取其次劣”的分工思想，是李嘉图比较成本理论的精髓。

微型案例

“呢绒和葡萄酒”的比较优势贸易

英国和葡萄牙生产呢绒和葡萄酒，由于自然条件和生产技术条件的不同，两国生产同量呢绒和葡萄酒的生产成本不同，如表1—1—2所示。

表1—1—2　英国和葡萄牙的比较成本差异

		1单位呢绒	1单位葡萄酒
分工前	英国	100人	120人
	葡萄牙	90人	80人
	两国产品总产量	2单位	2单位
分工后	英国	220人	—
	葡萄牙	—	170人
	两国产品总产量	2.2单位	2.125单位

从表1—1—2中可以看出，葡萄牙在两种商品的生产上都处于优势地位，而英国都处于不利地位，按照斯密的绝对成本理论，双方是不能进行分工和贸易的，但按照李嘉图的比较优势理论，双方仍然可以进行国际贸易。让英国集中生产都不具优势的两种产品中具有相对优势的呢绒，让葡萄牙集中生产优势中更具优势的葡萄酒，可以看出，分工交换后世界产量仍然扩大了。

总之，按照李嘉图理论，生产成本相对差别的存在，是国际贸易分工产生的基础和原因。

三、赫克歇尔—俄林的要素禀赋论

20世纪30年代，瑞典经济学家伯尔蒂尔·俄林出版了《地区间贸易和国际贸易》一书，提出了生产要素禀赋理论，用于相互依赖的生产结构中的多种生产要素理论，代替李嘉图的单一生产要素理论。

俄林提出，一国的资源储备相对丰裕程度决定了该国不同产品的生产成本，生产产品需要不同的生产要素，劳动并不是唯一的生产要素，资本、土地和其他生产要素也在生产中起着重要的作用。俄林进一步指出，不同的商品生产需要不同的生产要素配置，各国生产要素储备比例的不同造成各国产品生产成本的差异。因此，产品生产成本可以由劳动生产率差异决定，但更主要的是由生产中使用的要素比例和一国的要素禀赋程度决定的。由于俄林采用了他老师赫克歇尔的观点，因此生产要素禀赋理论也被称为“赫克歇尔—俄林模型”。

微型案例

国际贸易产生的原因

我们用 2×2×2 模型，即两个国家、两种商品和两种生产要素的模型作为例子。同时为了更好地说明问题，我们假定两国生产的物质条件或技术系数相同，即要素密集型相同。如表 1—1—3 所示，日、美两国都用劳动和资本两种要素生产纺织品和机器，但由于日本劳动比较丰裕、资本比较稀缺，导致劳动价格相对便宜而资本价格相对昂贵。美国则与之相反。日本的纺织品(劳动密集型产品)的相对价格较低(用 2 单位纺织品换 1 单位机器)，美国的机器(资本密集型产品)的相对价格较低(用 1 单位机器换 1 单位纺织品)，它们分别是该国具有比较优势的产品，由此日本生产纺织品并出口，同时进口机器，美国生产机器并出口，同时进口纺织品，双方都能得益。

表 1—1—3　　日、美两国的生产成本

		技术系数		要素价格		成本
		劳动	成本	劳动	成本	
日本	纺织品	0.75	0.25	40 日元	200 日元	80 日元
	机器	0.25	0.75	40 日元	200 日元	160 日元
美国	纺织品	0.75	0.25	1 美元	1 美元	1 美元
	机器	0.25	0.75	1 美元	1 美元	1 美元

简言之，俄林理论的逻辑思路可以概括为：生产成本所决定的商品价格的差异是国际贸易发生的直接原因；要素价格的不同，决定了各地商品的生产成本的差异；各地的要素禀赋不同，决定了各地要素价格的差异，所以各地区的要素禀赋不同是地区间或国家间进行贸易的前提，因此，如果一国在本国丰裕要素密集型的产品生产上具有比较优势，就应该集中生产本国丰裕要素密集型的产品并出口，而进口本国稀缺要素密集型的产品。

牢记要点

国际贸易产生的原因描述如下：

生产要素禀赋的差异→生产要素价格的差异→商品生产成本的相对差→商品生产成本的绝对差→商品价格的绝对差→国际贸易产生

要素禀赋理论比李嘉图的比较成本理论更为深入和全面，正确指出了生产要素在国际贸易中的重要地位，对第二次世界大战后国际贸易理论和实践产生了重要的影响。

四、保护贸易理论

保护贸易是指国家广泛利用各种措施限制进口的经营领域与范围，保护本国的产品和服务在本国市场上免受外国产品和服务的竞争，并对本国出口的产品和服务给予优待与补贴。国家干预贸易活动，限制外国商品、服务和有关要素参与本国市场竞争。

保护贸易政策是指国家对商品进出口积极加以干预，利用各种措施限制商品进口，保护国内市场和国内生产，使之免受国外商品竞争的威胁；对本国出口商品给予优待和补贴，鼓励扩大出口。保护贸易政策在不同的历史阶段由于其所保护的对象、目的和手段不同，可以分为以下几种：

1. 重商主义

重商主义是16～17世纪资本主义生产方式准备时期欧洲各国普遍实行的保护贸易政策。重商主义代表商业资本的利益，追求的目标是把金银财富集中在国内，实现资本积累。早期重商主义注重货币差额，主张扩大出口、减少进口或根本不进口，因为出口可以增加货币收入，而进口必须支出货币。规定本国商人外出贸易必须保证有一部分金银或外国货币带回国内；外国商人来本国贸易必须把销售所得全部用于购买本国商品。禁止货币和贵金属出口，由国家垄断全部货币贸易。晚期重商主义注重贸易差额，从管制货币进出口转为管制商品进出口。主张通过奖励出口，限制进口，保证出超，以达到金银货币流入的目的。

2. 幼稚工业保护政策

幼稚工业保护政策是18～19世纪资本主义自由竞争时期美国、德国等后起的资本主义国家实行的保护贸易政策。当时，这些国家的工业处于刚刚起步的幼稚阶段，缺乏竞争力，没有力量与英国的工业品竞争，这些国家的政府代表工业资产阶级利益，为发展本国工业，实行保护贸易政策。保护的方法主要是建立严格的保护关税制度，通过高关税削弱外国商品的竞争能力；同时也采取一些鼓励出口的措施，提高国内商品的竞争力，以达到保护民族幼稚工业发展的目的。

3. 超保护贸易政策

超保护贸易政策是19世纪末至第二次世界大战期间资本主义垄断时期各资本主义国家普遍实行的保护贸易政策。在这一时期，垄断代替了自由竞争，成为社会经济生活的基础。同时，资本主义社会的各种矛盾进一步暴露，世界市场的竞争开始变得激烈。于是，各国垄断资产阶级为了垄断国内市场和争夺国外市场，纷纷要求实行保护贸易政策。但是，这一时期的保护贸易政策与自由竞争时期有明显的区别，是一种侵略性的保护贸易政策，因此称其为超保护贸易政策。

超保护贸易政策具有以下特点：

(1)保护的对象不再是国内幼稚工业，而是国内高度发达或出现衰落的垄断工业。

(2)保护的目的不再是培植国内工业的自由竞争能力，而是垄断国内外市场。

(3)保护的手段不仅仅是关税壁垒，而且出现了各种各样的限进奖出的措施。

4. 新贸易保护主义

新贸易保护主义是对第二次世界大战后贸易自由化倾向的反省，形成于20世纪70年代中期。在这期间，资本主义国家经历了两次经济危机，经济出现衰退，陷入滞胀的困境，就业压力增大，市场问题日趋严重。尤其是在战后贸易自由化中起领先作用的美国，在世界市场的竞争中，日益面临日本和欧共体国家的挑战，从20世纪70年代开始，从贸易顺差转为逆差，且差额迅速上升。在这种情况下，美国率先转向贸易保护主义，并引起各国纷纷效尤，致使新贸易保护主义得以蔓延和扩张。

牢记要点

新贸易保护主义之所以“新”，是因为与传统的贸易保护主义相比，在保护手段上具有显著的特点：

(1)保护措施由过去以关税壁垒和直接贸易限制为主逐渐被间接的贸易限制所取代。

(2)政策重点从过去的限制进口转向鼓励出口，双边与多边谈判和协调成为扩展贸易的重要手段。

(3)从国家贸易壁垒转向区域贸易壁垒，实行区域内的共同开放和区域外的共同保护。

总之，一个国家选择哪一种对外贸易政策，取决于该国的经济发展水平和其在国际经济中所处的地位。不同的国家在同一历史时期实行的贸易政策会不同，一个国家在不同的发展时期实行的贸易政策也会不同。

小资料

早在两千多年前，中国的思想家、历史学家便对自由贸易与经济繁荣之间的关系持有深邃见解。司马迁在《史记·货殖列传》中有“以所多易所鲜”之说。《淮南子·齐俗训》则更进一步提出：“泽皋织网，陵阪耕田，得以所有易所无，以所工易所拙。”司马迁所谈“货殖”，即为现代经济学中的收益或增长。“以所多易所鲜”“以所有易所无”“以所工易所拙”，可谓中国古代贸易思想的精髓，它们言简意赅地点明了经济增长的根本源泉之一来自贸易。据此，我们可称之为“淮南子—司马迁定理”。经由“易”(也即交换)来获取贸易收益与经济发展的典型事例，还有诸如“因地制宜”“扬长避短”“互通有无”等。

“淮南子—司马迁定理”虽然出现在两千多年之前，但已经凝练地包含了现代开放经济基本原理，特别是贸易理论中的三大理论：亚当·斯密的绝对优势理论、大卫·李嘉图的比较优势理论和赫克歇尔—俄林理论，尤其强调了禀赋对贸易的作用。在中华文明数千年的历史长河中不难发现，那些采取了符合“淮南子—司马迁定理”的经济政策的时期，往往经济繁荣、社会安定。

中国对外开放实践与中国传统中的贸易思想高度吻合。三大贸易理论都不同程度地证明，即使不存在技术进步，只要市场中微观主体(个人或企业)或国家专注于自身拥有优势之产品的生产，并与贸易伙伴交换获取自己没有或生产效率不如他人的产品，即可实现“得自贸易的收益”，进而促进经济增长。中国改革开放40多年来所见证的经济奇迹，其主要源泉之一在于伴随市场规模拓展而获得了巨大的“得自贸易的收益”。然而在现实中，技术进步自始至终与市场规模拓展并行，并主要体现在分工和专业化水平提升的过程中，有时甚至还决定了市场规模拓展的速度和边界。再者，无论前述中所说的“易”还是“交换”或“交易”，其实现都不是没有条件的。这里所说的“条件”，简言之，即交易规则，以及交易规则基于其上的制度安排。如此一来，中国奇迹赖以实现的条件便是三位一体的：“得自贸易的收益”“得自技术进步的收益”和“得自制度完善的收益”。就中国奇迹而言，对外开放扮演着逻辑上和实践上的先行者角色。

中国对外开放是一个不断拓展和深化的历史进程。在此进程中，中国决策者与民众对改革开放的认知逐步深入，中国与世界的关系、特别是中国在世界中的角色也在不断调整。在改革开放之初，打开国门的中国是国际经济体系的适应者和融入者，之后变为参与者和完善者，再后来又努力成为国际体系改革的倡导者和引领者，并在实践中形成了一系列层层递进、一脉相承的中国特色开放经济政策与理论。在邓小平改革开放理论指导下的中国对外开放实践，既很好地吻合了中国传统的贸易理论"淮南子—司马迁定理"，也可以在现代贸易理论和长期增长理论中得到说明。

——资料来源：摘自张宇燕：《中国对外开放的理念、进程与逻辑》，《中国社会科学报》2018 年第 11 期。

子任务 3　熟悉国际贸易方式

在国际贸易中，除了采用最基本、最普遍的逐笔签订国际货物销售合同进行交易的方式外，还有其他的国际贸易方式。

一、经销

(一)经销的概念和性质

1. 经销(Distribution)的概念

经销是指出口商(Supplier)就某一种商品的售价、数量、销售地区、期限和其他主要事项与国外经销商(Distributor)达成书面协议，利用国外经销商推销商品的一种做法。

2. 经销的性质

经销商利用自己的信誉和资金进行买卖业务，与出口商的关系是买卖关系。经销商自付资金购买出口人的货物，自行销售，自负盈亏，自担风险。

(二)经销的种类

经销的具体做法有两种：一种是一般经销，也称定销，是指经销商不享受独家经营权，供货商可在同一时间、同一区域内确定几个商家经销同类商品。另一种是独家经销(Sole Distribution)，也称包销(Exclusive Sales)，是指出口商就指定商品，授予经销商在一定期限内，在指定区域范围内独家经营的权利。出口商承诺在协议有效期内不向包销地区内的其他客户出售包销商品。

定销与包销方式的相同点是：出口人与定销人之间同出口人与包销人之间一样，都是售定性质的买卖关系，因而协议的内容基本相同。定销与包销方式的不同之处在于：包销人享有独家专营权，而定销人无此权利，可能同一种商品在同一时间、同一地区有多个定销人。

(三)包销方式的优、缺点

1. 优点

(1)通过专营权的给予，有利于调动包销商经营的积极性，利用包销商的销售渠道，巩固和扩大市场。因为在包销协议的约束下，出口商和经销商有着共同的目标和利益，出口商通常要在价格、支付条件等方面给予包销商一定程度的优惠，从而能促使对方专心销售指定的商品，也能在广告促销和售后服务中做较多的投入。

(2)可减少多头经营产生的自相竞争的弊端，更有效地实现一定的价格管理和销售目标。

(3)有利于有计划地组织生产和供货。双方有着稳定的利益关系，出口商就能够对市场销售做全面、系统和长期的规划和安排，制定近期和远期的销售策略。

2. 缺点

(1)包销商可能利用其垄断地位操纵价格和控制市场。有的包销商利用自己多年来独家专营所形成的特殊地位，反过来制约出口商，如故意压低价格、在其他方面讨价还价等，使对方蒙受损失。

(2)包销商可能还经营其他出口企业的商品，使其不能专心经营约定的商品。

(3)若包销商经营能力差，会出现“包而不销”的情况，出口商又不能向其他商人销售，从而减少了销量，失掉了客户。由于包销是包销商买断商品后再自行销售，因此包销商要有一定的资金投入和承担销售风险，若包销商资金不足或销售能力差，则有可能形成“包而不销”的局面。因此，对出口商来说，选择合适的包销商是成功采用这一贸易方式的关键。

实用范例

独家经销协议

经双方友好协商，甲方愿意委任____________作为在____________销售其产品的独家经销商。为了明确双方的权利和义务，特订立本协议。

甲方：

地址：

电话：　　　　　　传真：　　　　　　E-mail：

乙方：

地址：

电话：　　　　　　传真：　　　　　　E-mail：

第一条　双方关系：在本协议的有效期内，甲方和____________公司的关系纯属卖方和买方的关系。本协议不产生代理权，任何一方不能向第三者代表另一方，若由此而致使另一方受损，则越权的一方须承担赔偿责任和法律责任。

第二条　产品：本协议所称的产品，系指甲方所制造的产品。

第三条　经销权：甲方给予____________公司在____________的范围内以独家进口并销售其产品的权利。

第四条　专营权：除____________公司外，甲方不得再委任____________范围内的其他公司为经销商和代理商。

第五条　价格：甲方必须向乙方提供最优惠的价格。最优惠的价格即必须低于正常贸易的价格。

第六条　交易方式：发生在双方间的每一笔交易都必须订立合同，双方均须受到每一个合同的约束。

第七条　卖方责任：

1. 自费向乙方提供新产品的样品，每个样品为1～2个。

2. 同意乙方在推广业务时向客户介绍甲方的网站，并表明其独家经销的身份。

3. 在协议的有效期限内，甲方如获得专利产品的注册、商标或其他商业标志，均须立即向乙方提供。

4. 甲方必须将希望与其建立商业关系的境内新客户转给乙方。

5. 不断提供有助于推销产品的意见和资料。

第八条　经销商责任：

1. 自费维持一个有经营能力的机构，切实地为甲方推销产品。

2. 自费参加一些交易会或制作为了推销甲方产品的网站、目录等广告物。

3. 在本协议的有效时限内，第一年每个月的交易额必须达到________万元，以后每年递增20%。

4. 向甲方提供一个由甲方认可的银行作为结算银行。

5. 不得购买和销售其他公司的同类产品。

6. 不断地向甲方提供国内相关的商业情报。

第九条　有效时限：本协议自________生效，有效期为________年。期满前3个月内，双方如未能在续签本协议上达成一致，则本协议在期满时自动失效，双方再不受其约束。

第十条　违约：本协议的任何一方发生了违约行为，另一方得以书面的形式通知其纠正。如果违约一方在3个月内仍未纠正其违约行为，则另一方有权中止本协议。

第十一条　一般条款

1. 不可抗力：本协议的任何一方如遭遇到力不能及的事由，以致全部或部分无法履行本协议，则可在下列范围内免除其责任：火灾、水灾、海啸、地震、雷击、台风、旋风、疫病、爆炸、机械事故、战争、暴乱、制裁、劳工纠纷或政府的政策性行为，或其他确实非人力所能抗拒的原因。但一方必须将得到政府或有关机构证明的不可抗力原因的书面通知，以最快的速度送达另一方并直到另一方确认收到该通知时为止。

2. 转让：本协议任何一方在未征得另一方以书面的方式明确表示同意之前，任何涉及本协议所规定的权利和义务的转让均属无效。

3. 商业机密：本协议的任何一方均不得在有效期内及期满的一年内向第三者泄漏双方之间的商业秘密，若由此而造成另一方的利益损失，则另一方有追索泄漏商业秘密一方的经济责任的权利。

4. 仲裁：凡因本协议或其相关的事情而导致争执时，双方应当友好协商解决，解决不成，应提请中国贸易促进委员会仲裁，该仲裁是终局的，双方由于仲裁而发生的合理费用均由败诉方负担。

5. 协议文本：本协议以英文和中文两种文字书写，如若两种文字在字义上产生抵触时，必须按照两种文字的意义做出折中判断。本协议一式两份，双方各执一份。本协议经双方签字后将于所约定的时间生效。

签订时间

甲方　　　　　　　　　　　　乙方

二、代理

(一)代理的类型

所谓代理(Agency)，是指代理人按照委托人(Principal)的授权(Authorization)，代表委托人与第三人订立合同或从事其他法律行为，由此产生的权利和义务由委托人直接负责。

代理的种类很多，按照委托人授权的大小，可以分为总代理、独家代理和一般代理；按照代理业务的性质，可以分为销售代理、采购代理、运输代理、保险代理、广告代理、投标代理和诉讼代理等。国际贸易中的代理主要指的是销售代理。

1. 总代理(General Agent)

总代理，是在指定地区委托人的全权代表。他除了能代表委托人签订买卖合同、处理货物外，还有权代表委托人指派分代理，并可分享分代理的佣金。

2. 一般代理(Agent)或佣金代理(Commission Agent)

一般代理又称佣金代理，是指在同一地区和期限内，委托人可以同时委托几家为代理人，委托人自己也可以直接向该地区发货销售。委托人按代理协议规定或以实际推销商品额的百分比向代理人计付佣金。委托人向该地区直接发货销售，代理人不能计取酬金。

3. 独家代理(Solo Agent or Exclusive Agent)

独家代理是指在约定地区和时期内，由代理人独家代表委托人从事营销活动，享有指定商品的专营权。按协议委托人在该地区不得再找第二代理人，代理人也不应再做其他委托人的代理人。为保证独家代理的利益，一般协议规定委托人向指定代理地区的买主达成协议，直接供货，不论是否经过代理人居间活动，都应向独家代理人计付佣金。

(二)代理的性质与特点

委托人与代理商之间是一种委托代理关系，双方的权利义务均由代理协议规定。代理商只能在委托人给予的权限范围内以委托人名义进行贸易活动并不承担贸易风险，取得以佣金为形式的报酬。

1. 独家代理方式与包销的相同点

(1)都具有垄断性质，都有在指定地区和期限内对某种商品专营的权利。

(2)能调动包销商和独家代理商经营商品的积极性。

2. 独家代理方式与包销的区别

(1)当事人之间的关系不同。包销商与出口商之间是买卖关系；而代理人与委托人之间是委托代理关系。独家经销商从供货商那里购进货物再转手卖给当地客户，完全是为了自己的利益，要自负盈亏。代理人作为委托人的代表，是为委托人在当地推销货物提供服务的。代理人的行为不能超过授权范围。当代理人根据授权代表委托人与当地客户签订合同后，应由委托人履行合同中规定的义务。

(2)承担风险不同。包销商承担经营风险，代理商不承担经营风险。

(3)取得的报酬不同。包销商赚取利润，独家代理商赚取的是佣金。

实用范例

独家代理协议

本协议于2019年4月20日在中国青岛由有关双方在平等互利基础上达成，按双方同意的下列条件发展业务关系(This agreement is made and entered into by and between the parties concerned on April 20,2019 in Qingdao,China on the basis of equality and mutual benefit to develop business on terms and conditions mutually agreed upon as follow)：

1. 协议双方(The Parties Concerned)

甲方：青岛银星实业有限公司
地址：中国青岛香港中路2020号
电话：
传真：
乙方：福茂贸易有限公司
地址：新加坡安茂桥1260号
电话：
传真：

2. 委任(Appointment)

甲方指定乙方为其独家代理，为第三条所列商品从第四条所列区域的顾客中招揽订单。乙方接受上述委任。

3. 代理商品(Commodity)

“金锚”牌手表(“Golden Anchor” Watch)。

4. 代理区域(Territory)

仅限于新加坡(In Singapore only)。

5. 最低业务量(Minimum Turnover)

乙方同意，在本协议有效期内从上述代理区域内的顾客处招揽的上述商品的订单价值不低于10万美元。

6. 价格与支付(Price and Payment)

每一笔交易的货物价格应由乙方与买主通过谈判确定，并须经甲方最后确认。付款使用保兑的、不可撤销的信用证，由买方开出，以甲方为受益人。信用证须在装运日期前15天到达甲方。

7. 独家代理权(Exclusive Right)

基于本协议授予的独家代理权，甲方不得直接或间接地通过乙方以外的渠道向新加坡顾客销售或出口第三条所列商品，乙方不得在新加坡经销、分销或促销与上述商品相竞争或类似的产品，也不得招揽或接受以到新加坡以外地区销售为目的的订单，在本协议有效期内，甲方应将其收到的来自新加坡其他商家的有关代理产品的询价或订单转交给乙方。

8. 商情报告(Market Report)

为了使甲方充分了解现行市场情况，乙方承担至少每季度一次或在必要时随时向甲方提供市场报告，内容包括与本协议代理商品的进口与销售有关的地方规章的变动、当地市场发展趋势以及买方对甲方按协议供应的货物的品质、包装、价格等方面的意见。乙方还承担向甲方提供其他供应商类似商品的报价和广告资料。

9. 广告及费用(Advertising and Expenses)

乙方负担本协议有效期内在新加坡销售代理商品做广告宣传的一切费用，并向甲方提交用于广告的声像资料，供甲方事先核准。

10. 佣金(Commission)

对乙方直接获取并经甲方确认接受的订单，甲方按净发票售价向乙方支付5%的佣金。佣金在甲方收到每笔订单的全部货款后才会支付。

11. 政府部门间的交易(Transactions between Governmental Bodies)

在甲、乙双方政府部门之间达成的交易不受本协议条款的限制,此类交易的金额也不应计入第五条规定的最低业务量。

12. 工业产权(Industrial Property Rights)

在本协议有效期内,为销售有关手表,乙方可以使用甲方拥有的商标,并承认使用于或包含于手表中的任何专利商标、版权或其他工业产权为甲方独家拥有。一旦发现侵权,乙方应立即通知甲方并协助甲方采取措施保护甲方权益。

13. 协议有效期(Validity of Agreement)

本协议经有关双方如期签署后生效,有效期为1年,从2019年5月1日至2020年5月1日。除非做出相反通知,本协议期满后将延长12个月。

14. 协议的终止(Termination)

在本协议有效期内,如果一方被发现违背协议条款,另一方有权终止协议。

15. 不可抗力(Force Majeure)

由于水灾、火灾、地震、干旱、战争或协议一方无法预见、控制、避免和克服的其他事件导致不能或暂时不能全部或部分履行本协议,该方不负责任。但是,受不可抗力事件影响的一方须尽快将发生的事件通知另一方,并在不可抗力事件发生15天内将有关机构出具的不可抗力事件的证明寄交对方。

16. 仲裁(Arbitration)

因履行本协议所发生的一切争议应通过友好协商解决。如协商不能解决,则应将争议提交中国国际经济贸易仲裁委员会(北京),依据其仲裁规则仲裁。仲裁裁决是终局性的,对双方都有约束力。

甲方:青岛银星实业有限公司(签字)　　　　乙方:福茂贸易有限公司(签字)

三、寄售

(一)寄售的概念和性质

1. 寄售的概念

寄售(Consignment)是一种委托代销的形式,是寄售人(Consignor)把货物运往国外,委托事先约定的代销人(Consignee),按照寄售协议规定的条件,在国外当地市场代为出售,货物出售后,由代销人向委托人结算货款的一种做法。

在寄售业务中,寄售人就是委托人,也就是出口人,代销人作为受托人,即指接受委托从事寄售业务的商号或公司。

在我国进出口业务中,寄售方式运用并不普遍,但在某些商品的交易中,为促进成交、扩大出口的需要,也可以灵活运用这种方式。

2. 寄售的性质

寄售协议属于信托合同性质。寄售业务是按寄售人和代销人签订的寄售协议进行的。寄售协议与买卖合同有别,买卖合同中的双方当事人是买卖关系,但寄售协议中的双方当事人却不是卖断或买断的买卖关系,而是委托与受托的关系。寄售业务的代销人介于委托人与实际买主之间。代销人有权以自己的名义与当地购货人签订购销合同，合同双方当事人之间的关系不涉及寄售人，如当地购货人不履行合同，代销人有权以自己的名义起诉。因此，寄售方式中代售人的权限往往大于代理方式中代理人的权限。关于委托人与代销人的权利和义务，由寄售协议做出具体规定。

（二）寄售的特点

在国际贸易中采用的寄售方式，与一般的出口业务比较，具有下列几个特点：

（1）一般出口是先成交，后交货；而寄售则是先交货，后成交。寄售人先将货物运至目的地市场（寄售地），然后经代销人在寄售地向当地买主销售，它是凭实物进行买卖的现货交易。

（2）风险及费用的划分也不同于一般出口。在寄售方式下，只有当货物在寄售地卖出时，风险才由寄售人转移给买方，风险转移前的各种费用一般都由寄售人负担。

（3）寄售人与代销人之间是委托代售关系，而非买卖关系。代销人只能根据寄售人的指示处理货物，除非另有规定，他对货物具有控制权而不享有所有权。在货物卖出之前，所有权一直属于寄售人。

（4）寄售货物装运出口后，在到达寄售地前也可采用出售路货的办法，先行销售，即当货物尚在运输途中，即由代销人寻找买主出售。

四、展卖

（一）展卖的含义

展卖（Fairs）又称展销，是利用展览会与博览会及其他交易会形式，对商品实行展销结合的一种贸易方式。展卖是进出口贸易的重要方式之一。

展卖的做法主要有两种：一种是将货物通过签约的方式卖断给国外客户，双方是一种买卖关系，由客户在国外举办或参加展览会，货价有所优惠，货款可在展览会后或定期结算。另一种方式是由双方合作，展卖的货物所有权不变，展品出售的价格由货主决定。国外客户承担运输、保险、劳务及其他费用，货物出售后收取一定的手续费作为补偿。

（二）展卖的特点和优越性

无论采取哪种方式，展卖作为商品推销的主要手段之一，其基本特点是：把出口商品的展览和推销有机地结合起来，边展边销，以销为主。其优越性主要表现在下列几个方面：

（1）有利于宣传出口商品，扩大影响，招揽潜在买主，促进交易。

（2）有利于建立和发展客户关系，扩大销售地区和范围。

（3）有利于开展市场调研，听取消费者意见，改进产品销售，增强出口竞争能力。

（4）能够起到技术交流的作用。

五、招标与投标

（一）招标与投标的含义

招标（Invitation to Tender）是指招标人（买方）在规定时间、地点，发出招标公告或招标单，提出准备买进商品的品种、数量和有关买卖条件，邀请卖方投标的行为。

投标（Submission of Tender）是指投标人（卖方）应招标人的邀请，根据招标公告或招标单的规定条件，在规定投标的时间内向招标人递盘的行为。

可见招标、投标是一种竞卖的方式，是一种贸易方式的两个方面。一般大型的政府采购、利用国际金融组织贷款采购的物资等，大部分采用竞争性的公开招标办法。

（二）招标与投标的特点

招标与投标方式与一般进出口贸易不同，其特点主要表现在：

(1)招标与投标不经过交易磋商环节，招标人在招标公告中规定各种交易条件，由多家卖主投标，最后由招标人从中选择出对他最有利的供货商，这无形中就缩短了交易时间。

(2)招标与投标是由招标人邀请递价，投标人应邀递价，中标与否、是否具有竞争性、能否被招标人所接受，取决于投标人所报的条件，一般没有讨价还价的余地。

(3)招标与投标一般是在规定的时间和地点公开进行的，由于国内外多家卖主同时参加投标，投标人竞争激烈，往往都报出最优惠的条件，以争取中标，招标人可以争取到比较有利的条件。

六、拍卖

拍卖(Auction)是由经营拍卖业务的拍卖行接受货主的委托，在规定的时间和场所，按照一定的章程和规则，以公开叫价的方法，把货物卖给出价最高的买主的一种现货交易方式。拍卖是一种竞买的方式。

通过拍卖成交的商品通常是品质难以标准化、或难以久存、或有拍卖传统的商品，如裘皮、茶叶、烟草、羊毛、木材、鱼类、蔬菜、水果以及古玩和艺术品等。

拍卖一般是由从事拍卖业务的专门组织，在一定的拍卖中心市场，在一定的时间内按照当地特有法律和规章程序进行的。

七、对销贸易

对销贸易(Counter Trade)，又称对等贸易、抵偿贸易或反向贸易，是指在互惠的前提下，由两个或两个以上的贸易方达成协议，规定一方的进口产品可以部分或者全部以相对的出口产品来支付。国际对销贸易的种类很多，主要有易货贸易、回购贸易、互购贸易、转手贸易、抵消贸易和补偿贸易等。

（一）对销贸易的基本特征

对销贸易不同于单边的进口和出口，实质上是进口与出口相结合的方式，一方商品或劳务的出口必须以进口为条件，体现了互惠的特点，即相互提供出口机会。另外，在对销贸易方式下，一方从国外进口货物不是用现汇支付，而是用相对的出口产品来支付，有利于保持国际收支平衡。

（二）对销贸易的优点

(1)它是一种不动用外汇或少动用外汇就可以发展一国对外贸易的有力手段。

(2)在贸易保护主义盛行的当代，通过对销贸易，能够打破西方国家的贸易壁垒，为本国产品，尤其是发展中国家的工业制成品打开市场，且在不增加外债的情况下，换取急需的技术、设备和物资。

(3)有些方式，如产品回购(补偿贸易)或抵消贸易，除了具有一般对销贸易所具有的平衡国际收支的作用外，还具有融通资金和吸收外国资本流入的功能。

(4)由于对销贸易采用的是进出结合的做法，因此核算其经济效益，可从进出口两方面结合起来通盘考虑，例如，进口盈利，出口亏损，但只要前者大于后者，还是有利可图的。加之，对销贸易是由交易双方私下进行的，这就更增加了决定价格时的灵活性和隐蔽性，而不易被他人所察觉，从而起到补贴出口而不遭报复的作用。

(5)从发达国家角度看,通过对销贸易,承诺一定的回购,提供信贷或投资,不仅可以增强其市场竞争能力,而且有助于推销一些用现汇难以销售的产品、技术,争取到一些廉价的原材料或零部件供应。

(三)对销贸易的不足

(1)对销贸易带有浓厚的双边性,选择交易对象和达成交易都比较困难。

(2)对销贸易具有很强的封闭性,这种以限制性措施来反对保护主义的做法,其结果是增加了贸易保护主义的气氛。

(3)决定交易的主要因素不是商品的价格和质量,而是取决于回购的承诺。因此市场机制的作用受到了限制,价格往往偏离正常市场价格。

(四)对销贸易的形式

对销贸易最主要的做法有三种:易货贸易(Barter Trade)、互购(Counter Purchase)和补偿贸易(Compensation Trade)。其中,易货贸易是买卖双方之间以货换货,不用货币支付,交换商品的价值相等或相近。易货贸易在现代国际贸易中较少使用。互购也称平行贸易(Parallel Trade),是指出口商在出售货物给进口商时,承诺在规定期限内向进口商购买一定数量或金额的商品。互购涉及两个既独立又互相联系的合同,每个合同都以货币支付,金额不要求等值。补偿贸易也称产品返销,是指在信贷基础上进行的、进口与出口相结合的贸易方式,即进口设备,然后以回销产品或劳务所得价款分期偿还设备价款及利息。

八、加工贸易

(一)加工贸易概述

1. 加工贸易的范畴

加工贸易主要包括来料加工、来件装配、进料加工、出料加工和补偿贸易。它与通常所说的"三来一补"(即来料加工、来件装配、来样加工和中小型补偿贸易)的区别在于:来样加工属于一般出口贸易,不在加工贸易的范围内。来料加工和来件装配统称为加工装配。在"三来一补"中去掉来样加工,加上进料加工和出料加工,就是加工贸易的主要内容。

2. 加工贸易的基本流程

(1)合同备案基本程序。依次是:经贸部门审批,向海关服务中心购买空白登记手册,合同预录入,海关审核后开具开设保证金台账联系单,向中国银行申请设立台账,海关核注银行签发的台账登记通知单,海关进行计算机异地传输,收到传输成功回执后核发登记手册。

(2)合同核销基本程序。依次是:合同执行完毕后一个月内企业向海关申请核销,预录入,海关审核,签发台账核销联系单,中国银行销账,海关核销结案,打印结案通知书。

(3)合同变更和展期的基本程序。依次是:经贸部门审批,向海关服务中心变更预录入,海关审核,签发台账变更联系单,中国银行台账回执,异地传输,传输成功后打印合同变更审批表。

对贸易性质不变、商品品种不变、合同变更金额小于1万美元(含1万美元)和按原审批合同延长加工期限不超过3个月的合同,直接到海关和中国银行办理变更手续,不再经商务部重新审批。合同展期应在登记手册有效期内向海关提出申请。

(二)加工贸易的主要类型

1. 来料加工

来料加工又称对外加工装配业务,是指由外商(委托方)提供一定的原材料、零部件、元器件，由加工方按对方的要求加工或装配，成品交对方处置，加工方按约定收取工缴费作为报酬。

来料加工业务中虽有原料和成品的进口和出口，但原料和成品的所有权始终属于委托方，加工方只提供加工装配服务并收取约定的工缴费。

来料加工货物进出口时，经营单位应填写来料加工登记手册和来料加工进(出)口货物专用报关单向海关申报，同时交验货物的运单、发票、装箱单等有关单证。

来料加工合同项下进口的料件，免领进口货物许可证。出口的成品如属出口许可证管理的商品，应交验出口货物许可证。

2. 进料加工

进料加工是指国内有外贸经营权的单位用外汇购买进口原料、材料、辅料、元器件、配套件和包装物料加工成成品或半成品后再返销出口的业务。

经营人必须是经主管部门或其授权主管部门批准的具有外贸出口经营权的进出口公司，其他单位和个人不得经营。用外汇购进的进口原料，零部件必须加工成成品复出口。进口的料件和加工的成品的所有权归经营人，经营人自负盈亏。

进料加工货物进出口时，经营单位应填写进料加工登记手册和进料加工进(出)口货物专用报关单向海关申报，同时交验货物的运单、发票、装箱单等有关单证。

进料加工合同项下进口的料件，免领进口货物许可证。出口的成品如属出口许可证管理的商品，应交验出口货物许可证。

特别提示

进料加工与来料加工的区别

1. 原材料、零部件和产品的所有权不同。
2. 我国外贸公司或企业所处的地位不同。
3. 贸易性质不同。
4. 产品的销售方式不同。

(三)加工贸易合同审批流程

经营企业开展加工贸易，必须事先报商务部主管部门审批。

1. 审批实务

(1)加工贸易合同及进口设备审批报送材料：

①申办加工贸易合同及进口设备审批材料；

②加工贸易业务(合同)批准证申请表(单位盖章)；

③进口料件、出口成品及单耗申请备案清单(进料加工一式三份、来料加工一式两份)；

④进出对口的进(来)料加工贸易合同，或非对口的进口合同及相应的制成品加工出口合同；

⑤与加工企业签订的制成品加工合同；

⑥加工贸易企业生产能力证明；

⑦进料加工登记手册(单位盖章)。

(2)特殊规定：

①需省级外经贸主管部门审批的特殊商品包括：进口以食糖、棉花、植物油、羊毛、聚酯切片、粮类、原油、成品油、氧化铝为原料的加工贸易业务，出口白银、成品油、锌锭、石蜡的加工贸易业务。

②以进口废物为原料的加工贸易业务，需提供生态环境部出具的进口废物批准证书。

③对出口产品涉及地图制品、地球仪和其他附有地图的加工贸易业务，需提供自然资源部出具的批准文件。

④对出口产品属于音像制品、印刷品的加工贸易业务，需提供省级新闻出版管理机构的批准文件。

2. 加工贸易合同变更、注销、转内销售审批报送材料

(1)申办加工贸易合同变更审批材料。加工贸易业务批准证变更申请表，内容包括：合同变更内容、变更原因等，变更后的进口料件、出口成品及单耗备案清单，原批准合同、合同批准证、进料加工登记手册等。

(2)申办加工贸易合同注销审批材料。注销申请报告(一式两份)、原批准合同、合同批准证、进料加工登记手册。

(3)申办加工贸易保税进口料件转内销审批材料。详细陈述已核销情况和转内销原因的内销申请报告、证明材料，加工贸易业务批准证及备案清单，加工贸易进出口合同复印件，海关加工贸易登记手册，申请内销的加工贸易保税进口料件清单(需注明商品名称、商品代码、规格、数量、金额)。

(四)加工贸易合同备案的流程

1. 备案办理程序

(1)材料受理。申请人向海关递交材料，海关受理后初审。

(2)海关审核。海关根据规定审核企业的加工贸易合同和各项资料是否符合国家和海关的有关规定。

(3)设立台账。经海关审核通过的合同，需到中国银行设立银行保证金台账(AA类企业的所有合同，A、B类企业1万美元以下的合同除外)。

(4)核发手册。按规定已设立银行保证金台账或不需设立台账的合同，由主管海关核发加工贸易登记手册，企业凭以办理加工贸易货物的进出口手续。

2. 应提交单证

(1)商务部签发的加工贸易业务批准证、加工企业所在地县以上外经贸主管部门出具的加工贸易加工企业生产能力证明(此证明只需在首次办理加工贸易业务时提供)。

(2)属于异地加工贸易的，需同时提供经营单位主管海关出具的中华人民共和国海关加工贸易异地加工申请表。

(3)来料加工合同、进料加工进口合同，如属对口合同则须同时提交出口合同(正本复印件或副本)。

(4)内容填写齐全、清楚，签字盖章(企业公章)的登记手册。

(5)加工贸易经营单位、加工单位签订的委托加工合同。

(6)海关需要的其他有关资料(工艺流程图、排料图等)。

3. 注意事项

(1)对首次办理加工贸易的企业，需经海关下厂审验合格后方可办理。

(2)海关按报关单位分类管理将企业分为AA类、A类、B类、C类和D类5个管理类别。

商品分为禁止类、限制类、允许类 3 个类别。海关规定，任何企业都不得开展禁止类商品的加工贸易；D 类管理企业不得开展加工贸易；C 类企业不管在什么地区开展加工贸易，进口限制类、允许类商品都要设台账，按全部进口料件应征税款金额征收保证金；AA 类、A 类和 B 类企业按所在地区的不同实施不同的银行保证金台账制度。

（3）进料对口、来料加工合同可办理全额保税手册；加工贸易合同项下海关准予备案的料件，一律全额保税；加工贸易合同项下海关不予备案的料件及试车材料、非列明消耗性物料，不予保税，进口时按照一般进口办理。

（五）加工贸易的核销

1. 申请条件

（1）具有法人资格的加工贸易经营企业；

（2）加工贸易合同项下的进口料件已加工复出口；

（3）合同履约后的余料、边角料、成品、残次品、副产品已核算清楚，能向海关如实申报；

（4）合同履约后的余料、边角料、成品、残次品、副产品等已办理了内销征税、退运、放弃或余料结转等手续；

（5）在加工贸易手册项下最后一批成品出口或者加工贸易手册到期之日起 30 日内提出；

（6）加工贸易合同因故提前终止的，应当自合同终止之日起 30 日内提出。

2. 申请时应提交的文件

（1）合同核销申请表；

（2）加工贸易登记手册，包括分册、续册；

（3）齐全、有效的进出口报关单（按登记手册的进出口记录顺序编列），进出口报关单票数和相关内容应当与登记手册进出口登记栏的进出口记录一致；

（4）核销核算表；

（5）合同履约后的余料、边角料、成品、残次品、副产品等已办理过内销征税、放弃、销毁等手续的，应提供税单复印件等资料和证明文件；

（6）备案后因故中止执行、未发生进出口而申请撤销的合同，应提供商务主管部门的批件；

（7）遗失进出口报关单的合同，提交报关单留存联、补发联，或加盖原报关地海关印章的报关单复印件；

（8）遗失登记手册的合同，应向海关提供遗失情况的书面说明，必要时提供手册遗失证明；

（9）其他海关需要的资料，如排料图、线路图、配方表等。

3. 办理程序

（1）报核受理。企业向海关递交核销所需要的各项文件，海关审核后受理。

（2）海关核销。海关对企业报核的合同审核，并出具台账核销联系单；企业凭海关开出的台账核销联系单到中国银行核销台账。

（3）核销结案。海关凭银行开出的台账核销通知书核发加工贸易合同结案通知书。

4. 办理时限

自受理报核之日起 20 个工作日内。

（六）单耗的含义和管理

1. 单耗、净耗与工艺损耗

单耗是指加工贸易企业在正常生产条件下加工生产单位出口产品（包括深加工结转的成品和半成品）所耗用的进口保税料件的数量。单耗包括净耗和工艺损耗。

净耗是指加工生产中物化在单位出口产品(包括深加工结转的成品和半成品)中的进口保税料件的数量。

工艺损耗是指因加工生产工艺要求,在生产过程中除净耗外所必需耗用,且不能完全物化在成品(包括结转深加工的成品和半成品)中的加工贸易进口保税料件的数量。工艺性损耗包括有形损耗和无形损耗。有形损耗是指直观可看见的原材料工艺损耗部分,如无法直接回收的边角料;无形损耗是指直观上看不见的原材料工艺损耗部分,如原材料在加工中因挥发、溶解等而损耗的部分。

2. 单耗管理

单耗管理是指海关依照有关规定,规范、制定、审定、报备单耗标准,监督检查、指导单耗标准的执行和维护使用单耗数据库以及对企业申报单耗的核定等管理工作。

单耗管理的目的是:(1)规范单耗标准制定工作。(2)规范加工企业单耗的申报行为。防止企业伪报加工单耗骗取核销、逃税、擅自内销保税料件和成品。(3)规范海关核定单耗的执法行为。规范对单耗核定及单耗标准的执行工作;增加海关工作透明度,限制经办关员自由裁量权;减少执法偏差。做到企业经营有规范,海关执法有规范,核查企业有标准,审计海关有依据,海关执法评估系统可监控考核。

(七)加工贸易工缴费的收取

制定加工贸易产品的工缴费,应本着平等互利的原则,以国际市场加工费水平为依据,并参照国际市场同类产品的价格水平来制定。但是,这并不意味着要忽略成本、不计盈亏,相反恰恰要加强这方面的工作,改变那种单纯加工出口的错误观念。

1. 加工贸易产品盈亏率的核算

加工贸易产品的盈亏率是指加工该产品的盈亏额与加工贸易付出总成本的比率。盈亏额是指工缴费人民币净收入与加工贸易总成本的差额,前者大于后者为盈,反之为亏。加工贸易总成本是指加工贸易产品的一切费用。工缴费人民币净收入是指加工贸易产品的 FOB 价格按外汇牌价折成人民币。

加工贸易产品盈亏率的计算公式为:

$$\text{加工贸易产品盈亏率}=\frac{\text{加工贸易工缴费人民币净收入}-\text{加工贸易总费用}}{\text{加工贸易总费用}}\times 100\%$$

2. 加工贸易产品换汇成本的核算

加工贸易产品换汇成本的核算是指加工贸易产品出口后净收入 1 美元所需要的人民币的总成本,或者说,用多少人民币换回 1 美元。计算换汇成本的公式为:

$$\text{加工贸易产品换汇成本}=\text{加工贸易产品总费用}/\text{工缴费(美元)净收入}$$

工缴费如采用美元以外的货币计算时,均需按外汇牌价折为美元。加工贸易产品换汇成本同样是用来反映盈亏情况的一项重要指标,它同上述加工贸易盈亏率有着内在联系。即加工贸易亏损率越大,换汇成本越高,我方收入就越少;反之,亏损率越小,换汇成本越低,我方收入就越多。

3. 选择适当的计价货币

选择工缴费的计价货币有很高的技巧性,它直接关系到加工贸易者的经济利益。一般在选用计价货币时,起码要考虑两个因素:(1)所选用货币应是可自由兑换的货币;(2)国际上汇率的波动情况。在加工贸易业务谈判时,可以据此选用对自己有利的货币。从进出口业务计价货币看,进口通常要选择"软币"支付,出口则应多争取收取"硬币"。订立加工贸易工缴费条款时，自然以收取“硬币”为宜。

4. 工缴费条款的订立

加工贸易合同中工缴费的作价方法一般是采用固定作价。固定作价就是从事加工贸易业务的双方在合同中规定具体的工缴费价格，在合同有效期内不做变更。但是对大宗的加工贸易产品的工缴费作价，除了采用固定工缴费外，必要时还可加订保值条款，明确规定如计价货币币值发生变动，工缴费可做相应调整。对于合同期限较长的工缴费条款的订立，应当明确工缴费随着工人的技术熟练程度、加工产品质量的提高，一个季度或半年按一定比例调高工缴费。

5. 价格条款

加工贸易合同中的价格条款，一般包括两项内容：单价和总值。

(1)单价。加工贸易合同中的工缴费单价一般由四个部分组成，即计量单位、单位价格金额、计价货币和价格术语。例如：加工冷冻河虾每公吨 FOB 大连 2 000 美元(US＄2 000 per M/T FOB Dalian)。

①计量单位。合同中的计量单位必须书写清楚、正确。例如：以“吨”为单位，应写明是公吨还是长吨；按长度计量的，要写明是公尺还是英尺；等等。

②计价货币。同一货币名称，在不同的国家或地区面值各不相同。例如：“元”有美元、加元、日元、人民币元等。因此，合同中必须将货币的国别(地区)写清楚。

③交货地点及港口名称。不论使用什么价格术语，所涉及的交货地点及装卸港名称，必须要具体订明，凡是世界上有同名的港口，还要标出国家名称。

(2)总值。又称总价，是单价和数量的乘积，即一批货物的全部金额。

此外，在加工贸易合同中，如果加工贸易的产品、数量有机动幅度，如品质公差、数量溢短装等，则应明确规定机动部分工缴费的作价办法。如果包装费用另行计价，必须明确规定计价办法。

九、租赁贸易

租赁贸易(Leasing)是指出租人在一定时间内把租赁物租借给承租人使用，承租人分期付给一定租赁费的融资与融物相结合的经济活动。根据租约规定，出租人定期收取租金，并保持对租赁物的所有权；承租人通过租金缴纳从而取得租赁物的使用权。

(一)租赁贸易的特点

(1)租赁是所有权和使用权相分离的一种物资流动形式。

(2)租赁是融资与融物相结合、物资与货币结合交流的运动形式。

(3)租赁是国内外贸易中的辅助渠道。

(二)租赁贸易的形式

(1)金融租赁(Financial Lease)，也称为融资性租赁，是指承租人选定机器设备，由出租人购置后出租给承租人使用，承租人按期交付租金。租赁期满后租赁设备通常采取三种处理方法：退租、续租和转移给承租人。

金融租赁在整个设备使用期内只租给一个用户，租赁公司按设备成本利息加上费用，分摊成租金向承租人收取，故而又称为“完全支付租赁”或“一次性租赁”。这是最基本的租赁形式。

(2)经营租赁(Operating Lease)，是指租赁公司购置设备，出租给承租人使用，出租人负责维修、保养和零部件更换等工作，承租人所付租金包括维修费。

这种形式的租赁期限较短，在设备使用的有效期内，不仅仅租给一个用户，每个用户所缴付的租金只相当于设备投资的一部分，故又称为“不完全支付”租赁。对承租人来说，这种租赁方式和提供的服务，使其获得了始终保持正常运转的高新技术设备，但租金也比较高。经营租赁的标的物是通用设备。当承租人只需短期使用某种通用设备时，往往采用这种租赁方式。经营租赁的出租人通常是生产制造商兼营的租赁公司或者专业租赁公司。

(3)转租租赁。我国在以租赁方式引进国外设备时，往往由我国的租赁公司作为承租人向国外租赁公司租用设备，然后再将该设备转租给国内用户。经营转租业务的租赁公司，一方面为用户企业提供了信用担保，即以自己的名义承担了支付租金的责任；另一方面又为用户承办涉外租赁合同的洽谈和签订，以及各项进口手续和费用。

我国租赁公司除办理转租赁外，也作为中介机构为国内用户企业介绍国外租赁公司，由用户企业与国外公司直接签约。我国租赁公司开立保函，为国内承租人定期支付租金作保。

(4)回租租赁，是指承租人向出租人租赁原来属于自己的设施。一般做法是先由承租人和出租人签订租赁协议，然后再签订买卖合同，由出租人购进标的物，将其租给承租人，即原物主。这种租赁方式主要用于不动产，由于承租人缺少资金而出售不动产以筹措所需资金。

回租租赁均为融资租赁。标的物的售价将分摊在各期租金中。故在回租租赁业务中，标的物的售价往往并不反映真正的市场价，而更多取决于承租人所需资金的数额，当然也不可能超过其真正的市场价。

任务二　外贸业务管理知识认知

子任务1　了解国际贸易行为的约束

国际贸易行为受国际贸易条约、国际贸易惯例的约束和影响。各国通过积极参与世界贸易组织的多边谈判、开展区域性贸易合作参与国际贸易规则的制定，促进本国对外贸易和经济的发展。

一、国际贸易条约

国际贸易条约是指两个或两个以上国家根据各自或本区域经济和政治发展的需要，加强彼此间的经济与贸易合作以及使相互的贸易利益得到保证而缔结的各种书面协议。

(一)国际贸易条约的种类

国际贸易条约按照参与主体的数量可分为双边贸易条约/协定和多边贸易条约/公约；按照内容不同，可分为通商航海条约、贸易协定、贸易议定书、支付协定、国际商品协定等。

1. 通商航海条约

通商航海条约(Treaty of Commerce and Navigation)又称友好通商条约，即狭义的贸易条约，是指全面规定缔约国之间经济、贸易关系的条约。它的内容涉及缔约国经济和贸易关系的各个方面，包括关税的征收、海关手续、船舶航行、使用港口、双方公民与企业在对方国家所享受的待遇、知识产权的保护、进口商品征收国内税、过境、铁路、争端仲裁、移民等。这种条约是由国家元首或他的特派全权代表以国家的名义签订的。双方代表在条约上签字之后，还需按有关缔约国的法律程序完成批准手续，缔约国之间互相换文后才能生效。有效期限一般比较长。

2. 贸易协定

贸易协定(Trade Agreement)是缔约国间为调整和发展相互间经济贸易关系而签订的书面协议。与贸易条约相比,其所涉及的面比较窄,对缔约国之间的贸易关系往往规定得比较具体,有效期较短,签订程序也较简单,一般只需经签字国的行政首脑或其代表签署即可生效。贸易协定的内容通常包括贸易额、双方出口货单、作价办法、使用的货币、支付方式、关税优惠等。未签订通商航海条约的国家间在签订贸易协定时,通常把最惠国待遇条款列入。

3. 贸易议定书

贸易议定书(Trade Protocol)是缔约国就发展贸易关系中某项具体问题所达成的书面协议。这种议定书往往是作为贸易协定的补充、解释或修改而签订的,内容较为简单,如用来规定有关贸易方面的专门技术问题或个别贸易协定中的某些条款,或关于年度贸易的具体事项,有时也用来规定延长贸易条约或协定的有效期。也有在两国尚未达成贸易协定时,先签订议定书,暂时作为贸易的依据。其签订程序比贸易协定更简单,一般经签字国有关行政部门的代表签署后即可生效。

4. 支付协定

支付协定(Payment Agreement)大多为双边支付协定,是规定两国间关于贸易和其他方面债权债务结算方法的书面协议。支付协定是外汇管制的产物。其主要内容包括:清算机构的确定、清算账户的设立、清算项目与范围、清算货币、清算办法、差额结算办法的规定等。自1958年以来,西方一些主要资本主义国家相继实行货币自由兑换,双边支付清算逐渐变为多边现汇支付清算。但对于一些目前仍实行外汇管制的发展中国家,往往还签订支付协定。

5. 国际商品协定

国际商品协定(International Commodity Agreement)是某项商品的主要生产国(出口国)和消费国(进口国)就该项商品的购销、价格等问题,经过协商达成的政府间多边协定。其主要目的在于稳定该项商品的价格和供销,消除短期和中期的价格波动。国际商品协定的主要对象是发展中国家所生产的初级产品。发展中国家为了保障自身的利益,希望通过协定维持合理的价格;而作为主要消费国的工业发达国家则持另一种态度,在价格偏低时,它们对签订协议并不感兴趣,只有当价格上涨时,才想通过协定保证价格不至于上涨过高并保证供应,才有签订协议的要求。

(二)缔结国际贸易条约所依据的法律原则

1. 最惠国待遇原则

最惠国待遇原则是指缔约国一方现在或将来给予第三国的优惠、特权和豁免,应无条件地、无补偿地、自动地适用于缔约国的另一方。其基本要求是使缔约一方在缔约另一方享有不低于任何第三方享有或可能享有的待遇。

2. 国民待遇原则

国民待遇原则是指缔约国双方相互承诺,保证缔约国一方的公民、企业和船舶在另一方的境内享受与其本国公民、企业和船舶同等的待遇。其基本要求是:缔约一方根据条约的规定,应将本国公民、企业和船舶享有的权利和优惠扩及缔约对方在本国境内的公民、企业和船舶。

(三)主要的国际贸易公约

如果公约被各国批准和接受,则各缔约国的企业必须遵守。目前,世界范围内国际贸易公约有很多，包括：关于国际货物买卖的公约，如《联合国国际货物销售合同公约》；关于国际货物运输的公约，如《统一提单若干法律规定的国际公约》（《海牙规则》）和《联合国国际海上货物运输公约》（《汉堡规则》）；关于知识产权的公约，如《保护工业产权巴黎公约》；关于国际投资的公约，如《解决一国与他国国民投资争议的公约》（《华盛顿公约》）等。

二、国际贸易惯例

国际贸易惯例是在国际贸易的长期实践中所形成的若干具有普遍意义的习惯性做法和解释。

（一）国际贸易惯例的性质

（1）惯例本身不是法律，对当事人不具有强制性或法律约束力。

（2）惯例的采纳与适用以当事人的意思自治为基础。买卖双方在合同中做出某些与惯例不符的规定，只要合同有效成立，双方就要遵照合同的规定履行义务，一旦发生争议，法院和仲裁机构就要维护合同的有效性。

但是，国际贸易惯例对贸易实践仍具有重要的指导作用。如果贸易双方都同意采用某种惯例来约束该项交易，并在合同中做出明确规定，这项约定的惯例就有了强制性。

（二）国际贸易惯例的种类

国际贸易惯例就其所涉及的内容来看，通常有以下几种：

（1）有关信用证的国际惯例：《跟单信用证统一惯例》（简称 UCP600）。

（2）有关托收的国际惯例：《托收统一规则》（简称 URC522）。

（3）有关国际贸易术语的国际惯例：

①《1932 年华沙—牛津规则》；

②《1941 年美国对外贸易定义修订本》；

③《2000 年国际贸易术语解释通则》（INCOTERMS 2000）；

④《2010 年国际贸易术语解释通则》（INCOTERMS 2010）。

⑤《2020 年国际贸易术语解释通则》（INCOTERMS 2020）。

三、世界贸易组织

世界贸易组织（World Trade Organization，简称世贸组织/WTO）于 1995 年 1 月 1 日成立，正式取代 1948 年以来作为临时性机构的关税与贸易总协定（GATT），它是经过成员国政府和立法机构批准的国际条约创建的常设经济组织，总部设在瑞士日内瓦。世贸组织的基本原则是最惠国待遇与国民待遇，以自由贸易来推动世界经济的发展。它的执行机构为总理事会，成员国协商产生总干事，最高权力机构是每两年召开一次的部长级会议，关键机构为贸易争端解决机构和贸易政策审议机构。

世界贸易组织的基本职能包括：作为成员国进行多边贸易谈判的场所和发表意见的讲坛，在成员国的支持下管理和执行已经达成的多边贸易协议，当成员国之间发生贸易纠纷时寻求贸易争端的解决，定期考察并监督成员的贸易政策，与其他国际经济组织合作等。目前，世贸组织在组织争议处理、金融服务准入、电信服务等方面取得了一定的成就。

我国是 1947 年关税与贸易总协定的 23 个缔约方之一。2001 年 12 月 11 日，我国正式成为世界贸易组织第 143 个成员。“入世”以来，我国经济发展取得了可喜的变化。产业结构调整加快，经济竞争力加强；市场经济体制进一步完善，政府职能转变加快；对外开放水平不断提高，对世界经济影响力增强；城乡居民生活水平和实际福利水平提高；经济发展外部环境改善，区域经济合作加快。

截至2019年7月，世界贸易组织已经拥有164个成员，其中绝大部分是发展中国家。正是这样，世界贸易组织在一定程度上对于发展中国家给予了相应的差别优惠待遇。但不容否认的是，发展中国家在当今贸易自由化进程中尤其是规则制订中作用和影响受限，全球贸易自由化、投资自由化进程是在发达国家占支配地位的国际环境中进行的。这决定了WTO仍然存在很大的局限与问题，在WTO多边贸易体制发展中必然交织着各种矛盾和冲突。近年来，全球多边贸易谈判的进程很不顺利，2001年启动的WTO多哈回合谈判在艰难中前行了多年，终因多方分歧严重、互不让步，而被迫中止。越来越多的国家对多边贸易谈判失去了耐心，而是将精力更多地投入双边的、区域性的贸易安排，通过区域一体化和自由贸易区的建设与发展，推动贸易和投资的自由化。

四、区域经济贸易组织

（一）欧洲联盟（EU）

欧洲联盟成立于1995年11月1日，可以追溯到1958年成立的欧洲经济共同体，总部设在布鲁塞尔，现有成员国27个，包括法国、德国、意大利、荷兰、比利时、卢森堡、丹麦、爱尔兰、希腊、葡萄牙、西班牙、奥地利、瑞典、芬兰、马耳他、塞浦路斯、波兰、匈牙利、捷克、斯洛伐克、斯洛文尼亚、爱沙尼亚、拉脱维亚、立陶宛、罗马尼亚、保加利亚、克罗地亚。欧盟是目前世界上最大的区域经济一体化组织。

（二）北美自由贸易区（NAFTA）

北美自由贸易区成立于1992年8月12日，总部设在华盛顿，成员国有美国、加拿大、墨西哥。北美自由贸易区是世界上第一个由最富裕的发达国家和发展中国家组成的一体化组织。

（三）亚太经合组织（APEC）

亚太经合组织成立于1989年11月，成员国和地区有21个，包括新西兰、澳大利亚、巴布亚新几内亚、印度尼西亚、菲律宾、文莱、新加坡、马来西亚、泰国、越南、中国、中国香港、中国台湾、韩国、日本、俄罗斯、加拿大、美国、墨西哥、秘鲁、智利。亚太经合组织最初是一个区域性经济论坛和磋商机构，逐渐演变为亚太地区重要的经济合作论坛，也是亚太地区最高级别的政府间经济合作机制。

2010年横滨APEC部长级会议决议在各国之间43项双边及小型自由贸易协定的基础上，在亚太地区建立自由贸易区。2014年APEC领导人非正式会议决定启动亚太自由贸易区进程，批准了亚太经合组织推动实现亚太自由贸易区路线图，标志着亚太自由贸易区进程的正式启动。

（四）东盟自由贸易区（ASEAN FTA）

东南亚国家联盟（简称东盟，ASEAN）成立于1967年8月7日，总部设在雅加达，现有成员国10个，包括印度尼西亚、新加坡、马来西亚、文莱、菲律宾、泰国、越南、老挝、缅甸、柬埔寨。2002年1月1日，东盟自由贸易区正式启动。自20世纪90年代初起，东盟率先发起东亚区域合作进程，逐步形成了以东盟为中心的一系列区域合作机制。其中，东盟与中日韩（10＋3）、东盟分别与中国（10＋1）合作机制已经发展成为东亚合作的主要渠道。此外，东盟还与美国、日本、澳大利亚、新西兰、加拿大、韩国、中国、俄罗斯、印度9国以及欧盟形成对话伙伴关系。

2002年11月4日，《中国与东盟全面经济合作框架协议》签署，中国—东盟自由贸易区建设正式启动。2010年1月1日，中国—东盟自由贸易区正式建立，创造了一个拥有18亿消费者、贸易额达4.5万亿美元贸易总量的经济区。按人口算，这是世界上最大的自由贸易区；从经济规模上看，是仅次于欧盟和北美自由贸易区的全球第三大自由贸易区，也是由发展中国家组成的最大的自由贸易区。

小资料

中国区域经济合作与自由贸易协定一览

中国在积极推动世界贸易自由化、便利化的过程中，也在努力实现完善多边贸易体制和推动双边地区贸易自由化、便利化两个"轮子"一起转，不仅为中国经济带来繁荣，也为世界经济增长做出了积极贡献。截至2019年10月17日，中国已和25个国家或地区签署17个自由贸易协定，包括：

1. 中国—智利自由贸易协定：2005年11月18日中国与智利签署自由贸易协定，这是继中国—东盟自由贸易协定之后中国对外签署的第二个自由贸易协定，也是中国内地与拉美国家签署的第一个自由贸易协定。该协定的签署，对促进中智经贸合作和全面合作伙伴关系的发展、对中国未来经贸发展产生重要影响。2019年3月1日，中国—智利自贸升级协定正式生效实施，智方取消对中方纺织服装、家电、蔗糖等产品的关税；中方将在3年内对智利逐步取消部分木制品关税，双方贸易中零关税产品覆盖率将达到98%。

2. 中国—巴基斯坦自由贸易协定：2006年11月24日中国和巴基斯坦签订自由贸易协定，中巴自贸区正式建立。中巴自贸协定是中国缔结"南南型"区域贸易安排的重要实践。2009年2月21日，中巴签订了中巴服务贸易协定，这是中巴两国各自对外国开放程度最高、内容最为全面的自贸区服务贸易协定，规定了双方须在GATS的基础上向对方的服务提供者进一步开放其服务贸易市场。2019年12月1日，中巴自贸协定第二阶段议定书生效。该议定书对原自贸协定中的货物贸易市场准入及关税减让表、原产地规则、投资等内容进行了升级和修订，并新增了海关合作章节。根据议定书规定，中巴两国间相互实施零关税产品的税目数比例将从此前的35%逐步增加至75%，有关关税减让措施已于2020年1月1日开始实施。

3. 中国—新西兰自由贸易协定：2008年4月7日中国与新西兰签署自由贸易协定，10月1日正式生效，同时双方开始签发自贸区原产地证书。中国—新西兰自由贸易协定是我国与其他国家签署的第一个涵盖货物贸易、服务贸易、投资等诸多领域的全面自由贸易协定，也是我国与发达国家达成的第一个自由贸易协定，具有里程碑意义。至2018年9月，围绕中新自由贸易协定的升级，中新共进行了五轮谈判。双方围绕技术性贸易壁垒、原产地规则、服务贸易、电子商务、环境、政府采购等议题展开深入磋商，并结束了政府采购章节。协定升级将进一步提升双边经贸合作水平。

4. 中国—瑞士自由贸易协定：2013年7月6日中国和瑞士正式签署自由贸易协定。这是中国与欧洲大陆国家签署的首个自由贸易协定。中瑞自贸协定于2014年7月1日正式生效后，瑞方对中方出口商品的99.7%立即实施零关税，中方对瑞方出口的84.2%最终实施零关税。此外，协定为两国产业对接合作提供平台，并涉及环境、劳工与就业合作、知识产权、政府采购信息交流、竞争等诸多新规则。

5. 中国—澳大利亚自由贸易协定：2015年6月17日中国和澳大利亚正式签署自由贸易协定。该协定在内容上涵盖货物、服务、投资等十几个领域，实现了“全面、高质量和利益平衡”的目标，是我国与其他国家迄今已商签的贸易投资自由化整体水平最高的自贸协定之一。

6. 中国—韩国自由贸易协定：2015年12月9日中国和韩国正式签署自由贸易协定。这是迄今为止，中国涉及国别贸易额最大、领域范围最为全面的一份自贸协定。该协定于2015年12月20日正式生效并第一次降税，2016年1月1日第二次降税。根据协定，中国将在最长20年内实现零关税的产品达到税目的91%、进口额的85%；韩国零关税产品达到税目的92%、进口额的91%。

7. 中美双边投资协定：中美双边投资协定谈判于2008年启动，迄今已进行了24轮谈判。2013年双方宣布同意进入协定的实质性谈判阶段。2015年9月中美两国确认此项谈判是两国经贸关系中的“最重要事项”，同意“强力”推进谈判，以达成一项互利共赢、高水平的协定。2016年3月23日时任中国商务部部长陈德铭在博鳌亚洲论坛发表讲话时表示中美投资协定文本谈判重要核心内容已经结束。然而，近两年随着双方贸易摩擦加剧，中美双边投资协定谈判暂停，等待重启。

8. 中欧双边投资协定：2013年11月21日中欧共同宣布，正式启动中欧投资协定谈判，并表示双方将积极探讨开展自贸区可行性研究，加强金融合作，采取有效措施扩大双边高技术贸易。此后，中欧双方围绕产业补贴、市场准入和技术转让等议题进行了23轮谈判，2019年11月5～8日，中欧投资协定第24轮谈判在北京举行。在早前的中欧联合声明中，中欧双方承诺2019年将在谈判中，特别是投资自由化承诺方面，取得结束谈判所必需的决定性进展，以便在2020年达成高水平的中欧投资协定。

此外，还有中国—东盟、中国—新加坡、中国—秘鲁、中国—哥斯达黎加、中国内地与香港、澳门更紧密经贸关系安排(CEPA)、中国大陆与台湾的海峡两岸经济合作框架协议(ECFA)等贸易协定。其中，2019年1月1日，作为CEPA升级的重要组成部分，中国内地与香港签署的CEPA框架下的《货物贸易协议》正式实施，2020年6月1日起正式实施《CEPA服务贸易协议》。此外，2019年8月20日起，中国—东盟自贸协定“升级版”也正式实施。

（五）跨太平洋伙伴关系协定（TPP）和CPTPP

跨太平洋伙伴关系协定（Trans-Pacific Partnership Agreement，TPP），也被称作“经济北约”，是目前重要的国际多边经济谈判组织，前身是跨太平洋战略经济伙伴关系协定（Trans-Pacific Strategic Economic Partnership Agreement），由亚太经济合作会议成员国中的新西兰、新加坡、智利和文莱四国发起。TPP不仅涵盖国际贸易领域，还对劳工和环境、知识产权、国有企业等敏感议题进行了规范，因此也被称为“21世纪的贸易协定”。

2009年11月，美国宣布加入TPP谈判。2015年10月5日，TPP谈判取得实质性突破，美国、日本和其他10个泛太平洋国家（澳大利亚、文莱、加拿大、智利、马来西亚、墨西哥、新西兰、秘鲁、新加坡和越南）就TPP达成一致。2016年2月4日，TPP协议正式签署。TPP将对近

18 000 种类别的商品降低或减免关税，12 个参与国加起来所占全球经济的比重达到了 40%。

2017 年 1 月，美国总统特朗普宣布美国退出 TPP。2017 年 11 月，TPP 其余 11 个成员国达成一致，同意推进一份后续协定，即"跨太平洋伙伴关系全面和进步协定(Comprehensive and Progressive Agreement for Trans-Pacific Partnership，CPTPP)"。CPTPP 2018 年 4 月正式签署，12 月 30 日正式生效。根据这份协定，签署国将撤销或削减工业品和农产品的关税，在贸易和投资领域提供便利措施。另外，各国还将合作降低手机国际漫游资费，取消跨境数据交换限制，共同制定禁止网络交易诈骗行为的法令等。

目前 CPTPP 是亚太第一大自贸区。CPTPP 成员既包含经贸实力强的日本、澳大利亚、加拿大等发达国家，也有经济发展潜力大的智利、马来西亚、墨西哥和越南等新兴经济体。自 CPTPP 生效以来，它对区域内国家进出口贸易的提升作用初步显现。特别是在当下贸易保护主义持续高涨、世界经济发展缓慢、逆全球化潮流不断涌起的背景下，CPTPP 对提升国际合作、倡导多边主义、推动亚太区域经济一体化具有重要作用。

小链接

跨大西洋贸易与投资伙伴协议(TTIP)

2013 年 6 月，美欧正式宣布启动"跨大西洋贸易与投资伙伴协议"(Transatlantic Trade and Investment Partnership，TTIP)的谈判，旨在建立美欧自由贸易区。目前，TTIP 谈判在艰难中前行。作为全球最大的两个经济体，美欧自由贸易区一旦建成，将成为全球规模最大的自由贸易区。很大程度上，TTIP 将改变世界贸易规则、产业行业标准，挑战新兴国家，尤其是金砖国家间的准贸易联盟。

小资料

什么是"一带一路"？

"一带一路"(The Belt and Road，缩写 B&R)是"丝绸之路经济带"和"21 世纪海上丝绸之路"的简称，是中国国家主席习近平于 2013 年 9 月、10 月分别提出的合作倡议。

"一带一路"充分依靠中国与有关国家既有的双多边机制，借助既有的、行之有效的区域合作平台，发展与沿线国家的经济合作伙伴关系，共同打造政治互信、经济融合、文化包容的利益共同体、命运共同体和责任共同体。在"一带一路"建设国际合作框架内，各方秉持共商、共建、共享原则，携手应对世界经济面临的挑战，开创发展新机遇，谋求发展新动力，拓展发展新空间，实现优势互补、互利共赢。

截至 2019 年 10 月底，中国已同 137 个国家和 30 个国际组织签署了 197 份共建"一带一路"合作文件，"一带一路"朋友圈遍布亚洲、非洲、欧洲、大洋洲、拉丁美洲。韩国、印度、越南、马来西亚、俄罗斯等国成为中国最主要的"一带一路"贸易伙伴。2019 年意大利成为首个与中国签署"一带一路"相关合作文件的七国集团成员。

> 2013～2018 年，中国与“一带一路”沿线国家货物贸易额超 6 万亿美元，中国对沿线国家直接投资额约 900 亿美元，为沿线国家创造了新的税收来源和就业渠道。2019 年前 11 个月，中国与“一带一路”沿线 64 个国家贸易额达 1.2 万亿美元，同比增长 4.8%，是全国外贸增速的 2 倍，有效对冲全球不稳定因素，拉动沿线国家经济增长。世界银行《“一带一路”经济学》报告测算，全面实施共建“一带一路”倡议可帮助 3 200 万人摆脱中度贫困，使全球和“一带一路”经济体的贸易额分别增加 6.2%和 9.7%，使全球收入增加 2.9%。
>
> ——资料来源：“中国一带一路网”，https://www.yidaiyilu.gov.cn。

子任务 2　熟悉国际贸易政策与措施

一、国际贸易政策概述

（一）国际贸易政策的目的、内容

国际贸易政策是各国在一定时期内对进出口贸易所实行的政策的总称，由各国对外贸易政策所组成。

1. 目的

各国制定对外贸易政策的目的主要表现为：(1)保护本国国内市场；(2)促进国内产业结构的优化和高级化；(3)积累资本；(4)维护本国出口市场的相对稳定、安全；(5)维护本国国际政治经济安全及稳定。

2. 一国对外贸易政策可大致分为三个层次

(1)对外贸易总政策，是指一国总的进口与出口政策，是一国在较长时期内所实行的贸易政策，表明该国贸易政策的主流或总趋势。

(2)国别与地区贸易政策，是一国在总贸易政策基础上，针对不同国家或地区而制定的对特定地区、特定国家的贸易政策。

(3)进出口商品与服务政策，是一国在总贸易政策、国别与地区贸易政策基础上，针对不同产业、产品在国际竞争中的竞争力的不同而制定的贸易政策。

3. 一国总的贸易政策主要有三种基本类型

(1)自由贸易政策，是指国家取消对进出口商品和服务的限制及障碍，取消对本国进出口商品和服务、企业的各种特权与优惠，使其在国内外市场上自由竞争。

(2)保护贸易政策，是指国家广泛利用各种法规与措施，限制商品和服务的进口，保护本国国内市场免受外国商品的竞争，给予本国出口的商品和服务以优惠或补贴，以鼓励出口。

(3)协调贸易政策，也称管理贸易政策，是指国家对内制定一系列的贸易政策、法规，加强对外经贸的管理，使之有秩序和健康发展；对外通过谈判签订双边、区域或多边贸易条约或协定，协调与其他贸易伙伴在经济贸易方面的权利与义务。

（二）对外贸易政策的制定与执行

1. 对外贸易政策的制定

对外贸易政策属于上层建筑，它既反映了经济基础和当权阶级的利益与要求，同时又反过来维护并促进经济基础的发展。各国对外贸易政策的制定与修改是由国家立法机构进行的。

最高立法机构在制定和修改对外贸易政策及有关规章制度前，要征询各个经济利益集团的意见。如发达资本主义国家一般要征询大垄断集团的意见。各垄断集团通过各种机构，如企业主联合会、商会的领导人，经常协调、确定共同立场，向政府提出各种建议，甚至派人参与制定或修改有关对外贸易政策的法律草案。

小资料

各国在制定贸易政策过程中，要考虑到以下因素：
(1)本国经济结构与竞争优势；
(2)本国产品和服务在国际市场上的竞争能力；
(3)本国与别国在经济、投资方面的合作情况；
(4)本国国内物价、就业状况；
(5)本国与他国的政治关系；
(6)本国在世界经济、贸易制度中享受的权利与应尽的义务；
(7)各国政府领导人、政策决策者的经济思想与贸易理论。

2. 对外贸易政策的执行

各国对外贸易政策是通过以下方式执行的：

首先，通过海关管理进出口贸易。海关是国家行政机关，是设置在对外开放口岸的进出口监督管理机关。它的主要职能是：对进出国境的货物和物品、运输工具，进行实际的监督管理、稽征关税和代征法定的其他税费；查缉走私，一切进出国境的货物和物品、运输工具，除国家法律有特别规定的以外，都要在进出国境时向海关申报，接受海关检查。

其次，国家广泛设立各种机构，负责促进出口和管理进口。如美国商务部、美国贸易代表办公室、美国国际贸易委员会等。

最后，国家政府出面参与各种国际贸易、关税等国际机构与组织，进行国际贸易、关税方面的协调与谈判，如世界贸易组织。

二、关税措施

(一)关税概述

关税是进出口货物通过一国关境时，由政府所设置的海关向本国的进出口商所征收的一种税。

1. 关税的特点

关税与其他国内税一样，具有强制性、无偿性和固定性的特点。

强制性是指关税由海关凭借国家权力依法征收，纳税人必须无条件服从；无偿性是指关税由海关代表国家单方面从纳税人方面征收，而国家不需要给予任何补偿；固定性是指关税由海关根据预先规定的法律与规章加以征收，海关与纳税人双方都不得随意予以变动。

2. 关税的作用

关税作为现代贸易制度的一项重要内容，对一国国民经济会产生重大影响，对进出口货物征收关税可以起到以下三方面的作用。

(1)增加财政收入。关税是海关代表国家行使征税权,因此关税的收入是国家财政收入来源之一,这种以增加国家财政收入为主要目的而征收的关税称为财政关税。随着社会经济的发展,财政关税的意义已大为降低,由于其他税源的增加,关税收入在国家财政收入中的比重已经相对下降。另外,关税已被世界各国普遍作为限制外国商品进口、保护国内产业和国内市场的一种手段来加以使用。但对于经济比较落后的国家来说,财政关税仍是其财政收入的一个重要来源。

(2)保护国内产业与市场。关税限制了外国商品的进入,尤其是高关税可以大大减少有关商品的进口数量,减弱乃至消除进口产品的不利竞争,从而达到保护国内同类产业或相关产业的生产与市场的目的。这种以保护本国产业和市场为主要目的的关税称为保护关税。目前各国设置的关税主要是保护关税,就总体而言,关税主要是为保护工业而设置的,同时也有一些保护农业的关税。

(3)调节进出口商品结构。一个国家可以通过调整关税结构来调整进出口商品结构,在海关税则中,可以通过调高某项产品的进口税率达到减少进口数量的目的;或是通过调低某项产品的进口税率达到扩大进口数量的目的。

小链接

2019 年 8 月 15 日,美国政府宣布,对进口自中国的约 3 000 亿美元商品加征 10%关税,分两批自 2019 年 9 月 1 日、12 月 15 日起实施。作为反制措施,经国务院批准,2019 年 8 月 23 日,国务院关税税则委员会根据《中华人民共和国海关法》《中华人民共和国对外贸易法》《中华人民共和国进出口关税条例》等法律法规和国际法基本原则,决定对原产于美国的 5 078 个税目、约 750 亿美元进口商品加征 10%、5%不等的关税,分两批自 2019 年 9 月 1 日 12 时 01 分、12 月 15 日 12 时 01 分起实施。

2019 年 9 月 1 日,美国对我国 3 000 亿美元输美产品中第一批加征 15%关税措施正式实施,我国就此则在世贸组织争端解决机制下提起诉讼。美方对华产品单边加征关税是中美经贸摩擦的起点。

在中美贸易问题上,我国始终认为,中美经贸合作互利共赢。2018 年中美双边货物和服务贸易额超过 7 500 亿美元,双向投资累计近 2 500 亿美元,经贸合作给两国和两国人民带来了实实在在的利益。中美经济高度融合,都是全球产业链、价值链中的重要组成部分,带骨连筋。美国国内少数人鼓动要把两国经济"脱钩",不理智、不现实、不可行。中国坚决反对贸易战升级,愿意以冷静的态度通过磋商与合作解决问题。贸易战升级不利于中国,不利于美国,也不利于全世界人民的利益。

目前中美双方经贸团队持续保持沟通状态。双方都认识到,扩大中美贸易合作有利于两国资源优化配置和经济结构调整。中美贸易发展到今天的规模,源于中美经济有很强的互补性。而从两国超大规模经济和市场看,中美贸易还有很大潜力。从满足中国人民不断增长的消费需求和推动经济高质量发展出发,中国欢迎优质、有竞争力的美国产品和服务进入中国市场。同样扩大中美贸易合作对美国也具有积极意义。中国是美国农产品第二大出口市场,是美国大豆第一大出口目的地、棉花第二大出口目的地,扩大中美能源领域合作也是美国的现实选择。

2019年12月13日，经过中美两国经贸团队的共同努力，双方在平等和相互尊重原则的基础上，就中美第一阶段经贸协议文本达成一致。美方承诺将取消部分对华拟加征和已加征的关税，并且会加大对中国输美产品关税豁免的力度，推动加征关税的趋势从上升转向下降。中方希望美方能够切实履行承诺，中方也将相应考虑不实施原计划在12月15日生效的拟对美方进口产品加征关税措施。此外，中国将增加采购优质和具有市场竞争力的美国农产品，但目前第一阶段协议文本正在履行审核程序，涉及协议具体内容和数据后续再发布。

（二）关税的种类

1. 进口税

进口税（Import Duties）是进口国海关在外国商品输入时，对本国进口商所征收的关税，是关税中最主要的一种。进口税通常在外国商品进入关境或国境时征收，或者在外国商品由海关保税仓库提出运往国内市场时征收。

进口税按税率的征收幅度可分为最惠国税、普通税、特惠税和普惠制税四种税率。

最惠国税税率适用于与该国签订有最惠国待遇原则的贸易条约与协定的国家或地区。

普通税税率适用于未与该国订有最惠国待遇条约与协定，又不享受该国提供的优惠税的国家。

提醒您

普通税税率与最惠国税税率

普通税税率与最惠国税税率差幅很大。如欧盟对地毯的进口征收的最惠国税税率为8.9%，而普通税税率为40%；美国对银首饰的进口征收的最惠国税税率为27.5%，普通税税率为110%。由于第二次世界大战后大多数国家都加入了关贸总协定或者签订了双边的贸易条约或协定，相互提供最惠国待遇，享受最惠国税率，故这种税率事实上已成为正常关税，而普通税则成为歧视性关税。

特惠税税率，又称优惠税税率，它是对从某个国家或地区进口的全部商品或部分商品，给予特别优惠的低关税或免税待遇，其他国家不得援用最惠国待遇原则要求享受这种待遇。特惠税税率有互惠的，如英联邦特惠制；有非互惠的，如第二次世界大战后欧盟与非洲、加勒比和太平洋地区的一些发展中国家签订的《洛美协定》，由欧盟向这些发展中国家提供单向的特惠税税率。

普遍优惠制（Generalized System of Preference），简称普惠制（GSP），是发达国家单方面给予发展中国家或地区出口制成品和半制成品的一种关税优惠待遇，其主要内容是：在一定数量范围内（主要指关税配额或限额），发达国家对从发展中国家或地区进口的工业产品减免关税，部分免除加工过的农产品的进口关税。对于超过限额的进口则一律征收进口关税。普惠制的基本特点或主要原则是：普遍性、非歧视性和非互惠性。所谓普遍性，是指发达国家应对发展中国家或地区出口的制成品和半制成品给予普遍的关税优惠。所谓非歧视性，是指应使所有发展中国家或地区都不受歧视，无例外地享受普惠待遇。所谓非互惠性，是指发达国家单方面给予发展中国家或地区关税优惠而不要求对方给予反向优惠。

普惠制的目的是增加发展中国家或地区的外汇收入，扩大发展中国家或地区对发达国家制成品和半制成品的出口，促进其工业发展，加速其经济增长。

2. 出口税

出口税（Export Duties）是指出口国的海关对本国产品输往国外时，对出口商所征收的一种关税。目前，大多数发达国家追求贸易顺差和获取最大限度的外汇收入，而征收出口税会提高本国商品在国外的销售价格，降低竞争能力，不利于扩大出口，因此很少征收出口税。

目前征收出口税的国家主要是发展中国家。征收的目的主要是为了增加财政加入、保护国内生产、保障国内供应。财政性出口税的税率一般不高。以保护本国生产为目的的出口税主要是针对某些出口的原料征收，以确保满足国内生产对这些原料的需求。

3. 过境税

过境税（Transit Duties）是一国对于通过其关境的外国货物所征收的一种关税。过境货物对被通过国家的市场和生产并没有影响，只是在地理上通过，并不进入该国市场。由于征收过境税不利于国际商品的流通，因此目前绝大多数国家都不征收过境税，仅在外国货物通过时征收少量准许费、印花费、登记费、统计费等。

4. 进口附加税

在国际贸易中，有些国家对进口商品除征收正常的进口关税外，还往往会根据某种需要再征收进口附加税（Import Surtaxes）。进口附加税的征收通常是作为一种特定的临时性措施，其主要目的是调节贸易平衡与收支；对某些商品的进口实行特别限制；在国家与地区间实行贸易歧视和贸易报复等。进口附加税，无论其征收目的如何，都是进口数量限制的重要手段。

进口附加税的征收有两种方式：一种是对所有进口商品征收；另一种是只针对某项商品征收进口附加税，以限制这种特定商品的进口。这类进口附加税主要有以下几种：

（1）反补贴税（Countervailing），又称抵消税或补偿税，是对于接受津贴的外国商品进口所征收的一种进口附加税。凡进口商品在生产、制造、加工、买卖、输出等过程中所接受的直接或间接的奖金或补贴都构成征收反补贴税的条件。征收反补贴税的目的是为了抵消进口商由于接受补贴而形成的价格上的优势，削弱其竞争能力，使其不能在进口国国内市场上低价竞争，因此其数额一般同奖金及补贴相等。

在国际贸易中，反补贴税的实施实际上是通过国内法进行的。只要某项外国进口产品构成补贴，并且该补贴对进口国工业造成实质性损害，进口国就有权加征反补贴税。反补贴税是受害国可能采取的一种补偿手段。与反补贴密切相关的是补贴的计算和国内工业受损的确定。世界贸易组织在乌拉圭回合达成的《反补贴协议》中对此做了详细的规定。

（2）反倾销税（Anti-Dumping Duty），是对实行商品倾销的进口货物征收的一种附加税，其目的在于抵制外国倾销。1994年《关税与贸易总协定》对国际贸易中的倾销与反倾销做了如下规定："凡是一个国家将其产品以低于正常价值的办法挤入另一国市场时，如因此对某一缔约国领土内已建立的某项工业造成重大损失或产生严重威胁，或对某一国内新建的工业产生严重阻碍，即构成倾销，这种倾销应受到谴责，为抵消或防止倾销，受损国可以对倾销产品征收金额不超过这一产品倾销额的反倾销税。"

提醒您

近年来，一些国家征收反倾销税和反补贴税的案件有日益增多的趋势，用征收反倾销税来阻止国外商品进口，而且借“反倾销”调查，故意拖延时间，阻碍商业进口。美国的反倾销调查时间定为6个月，在调查中有时还故意拖延更长时间。

(3)差价税(Variable Duties)，又称差额税，是指当某种商品国内外都有生产，但国内产品的国内价格高于进口产品的进口价格时，为保护国内生产和国内市场，按国内价格与进口价格之间的差价征收关税。目前只有欧盟对农畜产品征收差价税。由于差价税是随着国内外价格差额的变动而变动的，因此又称为滑动关税(Sliding Duty)。对于征收差价税的商品，有的按价格差额征收，有的规定在征收正常关税以外再行征收，差价税实际上也属于进口附加税。

微型案例

中国光伏再遭“美国劫” 晶体硅产品被判存倾销行为

2014年7月25日，美国商务部发表声明称，美方初步认定来自中国的晶体硅光伏产品存在倾销行为，初裁中国大陆产品倾销幅度为26.23%～165.04%，中国台湾产品的倾销幅度为27.59%～44.18%。

基于这一初裁结果，商务部将通知海关和边境保护部门向相关产品生产商和出口商征收现金保证金。对于美国做出如此裁决，光伏业界早有一定心理准备，“最坏结果”或将影响中国光伏产品20亿～30亿美元的出口额。

2011年11月，美国已对中国光伏产品启动过“双反”调查，并最终裁定对中国晶体硅光伏电池及组件征收18.32%～249.96%的反倾销税，以及14.78%～15.97%的反补贴税。

由于前一次中国大陆制造商通过采购中国台湾地区和其他市场经济第三国部件，最终在中国大陆组装组件的方式规避了“双反”。由此引发了本次“双反”调查的启动，连带中国台湾地区制造企业一同受到调查，以堵上漏洞。

从2014年1月23日开始，美国商务部对从中国进口的晶体硅光伏产品再次发起“双反”调查。6月发布的反补贴初裁结果认定，从中国进口的相关产品存在补贴行为，补贴幅度为18.56%～35.21%。如此高额的惩罚性关税将彻底令中国光伏产品在美国市场失去竞争力。

(三)关税的征收方法

1. 从量税

从量税(Specific Duties)是按照商品的重量、数量、容量、长度和面积等计量单位为标准计征的关税。从量税额的计算公式为：

从量税额＝商品数量×每单位从量税

2. 从价税

从价税(Ad Valorem Duties)是以进口商品的价格为标准计征一定比率的关税，其税率表现为货物价格的百分率。例如，美国对羽毛制品的进口征收从价税，普通税率为 60%，最惠国税率为 4.7%。从价税额的计算公式为：

从价税额＝商品总值×从价税率

在征收从价税中，完税价格是经海关审定作为计征关税的货物价格，它是决定税额多少的重要因素。

三、非关税壁垒措施

非关税壁垒(Non-Tariff Barriers，NTBs)是指除关税以外的一切限制进口的措施。非关税壁垒可分为直接的和间接的两大类。前者是由进口国直接对进口商品的数量或金额加以限制或迫使出口国直接限制出口；后者是对进口商品制定严格的条例，间接地限制商品进口。与关税壁垒相比，非关税壁垒具有以下特点：更大的隐蔽性和歧视性、更大的灵活性和针对性，限制程度更严、更有效。

非关税壁垒名目与种类繁多，大致可分为以下几种：

(一)进口配额制

进口配额(Import Quotas)又称进口限额，是一国政府在一定时期(如一季度、半年或一年)以内，对于某些商品的进口数量或金额加以直接的限制。在规定的期限内，配额以内的货物可以进口；超过配额不准进口，或者征收较高的关税或罚款后才能进口。它是一国实行进口数量限制的重要手段之一，主要有两大类：

1. 绝对配额

绝对配额(Absolute Quotas)是指在一定时期内，对某些商品的进口数量或金额规定一个最高数额，达到这个数额后，便不准进口。这种方式在实施中有以下两种形式：

(1)全球配额(Global Quotas or Unallocated Quotas)，是指属于世界范围的绝对配额，对来自任何国家或地区的商品一律适用，按进口商品的申请先后批给一定的数额，至总配额发放完为止，超过总配额就不准进口。

全球配额并不限定进口的国别或地区，故配额公布后，进口商相互争夺配额，邻近的国家或地区依其优越地理因素，可较快取得有利地位。为了减少这种情况所带来的不足，或为了更好地体现国别贸易政策，一些国家采用了国别配额。

(2)国别配额(Country Quotas)，是指在总配额内按国别和地区分配给固定的配额，超过规定的配额便不准进口，为了区分来自不同国家和地区的商品，在进口商品时进口商必须提交原产地证明书。实行国别配额可使进口国家根据其与有关国家或地区的政治经济关系分别给予不同的配额，实行歧视性贸易待遇。一般来说，国别配额又可分为自主配额与协议配额两种情况。

2. 关税配额

关税配额(Tariff Quotas)是指对商品进口的绝对数额不加限制，而对在一定的时期内，在规定的关税配额以内的进口商品，给予低税、减税或免税待遇；对超过配额的进口商品征收高关税、附加税或罚款。

提醒您

> 发达国家通常将进口配额作为实行贸易歧视政策的手段，而发展中国家主要是为了限制非必需品及与本国产品相竞争的工业品的输入，以节约外汇开支、发展民族经济、促使民族经济的多样化。

（二）“自动”出口配额制

“自动”出口配额制（“Voluntary” Export Quotas）又称“自动”限制出口，简称“自限制”，是出口国家或地区迫于进口国的要求或压力，“自动”规定某一时期内（一般为三年）某些商品对该国的出口限制，在限定的数额内自行控制出口，超过配额即禁止出口，这也是一种限制进口的手段。

提醒您

> “自动”出口配额制在限制商品进口的实际作用上类同于进口的绝对配额制，只是在形式上略有不同。前者表现为出口国方面的控制，后者则表现为进口国方面的控制。

另一方面，“自限制”只是在形式上表现为自愿性，但在实质上具有强制的性质。这是因为进口国往往以商品大量进口使其有关工业受到严重损害，造成“市场混乱”为理由，要求有关国家的出口实行“有秩序的增长”，“自动”限制商品出口。因此，“自限制”往往是出口国在面临进口国采取报复性措施的威胁时做出的一种选择。

“自动”出口配额制有两种：一种是由出口国单方面决定出口的限额，即在进口国家的压力下，出口国家或地区在一定期限内“自动控制”某项商品的出口金额和数量；另一种是两国通过签订“自限协定”，出口国依协定配额自行限制出口。例如，我国因美国、日本、欧盟、土耳其等25个国家和地区要求，出口纺织品时，需提交“纺织品出口配额”。

（三）进口许可证制

进口许可证制（Import License System）是指国家为了管制对外贸易，规定某些商品进口必须领取许可证，没有许可证，一律不准进口。

1. 根据进口许可证与进口配额的关系划分

（1）有定额的进口许可证，即国家预先规定有关商品的进口配额，在限额内，根据进口商的申请，对每一笔进口货发给进口商一定数量或金额的进口许可证。如德国对纺织品实行进口配额制，每年分三期公布配额数量，配额公布后进口商可提出申请，获得进口许可证后即可进口。进口配额一旦用完，当局不再发放进口许可证。

（2）无定额的进口许可证，即进口许可证不与进口配额相结合，国家有关政府机构预先不公布进口配额，有关商品的进口许可证只在个别考虑的基础上颁发。由于它是个别考虑的，没有公开的标准，因此给正常贸易带来更大的困难，起到更大的限制进口的作用。

2. 根据进口许可证对来源国有无限制划分

（1）公开一般许可证，又称公开进口许可证，或一般进口许可证，或自动进口许可证，对进口国别或地区没有限制。凡属公开一般许可证项下的商品，进口商只要填写此许可证即可获准进口。因此，这一类商品实际上已是“自由进口”的商品，填写许可证只是为了履行报关手续，供海关统计和监督的需要。

(2)特种进口许可证，又称非自动进口许可证，即进口商必须向政府有关当局提出申请，获准后才能进口。这种许可证与公开一般许可证有本质的不同，它不再是一种形式上的手续，而是一种实际的控制，而且多数都指定进口国别或地区。

(四)进口和出口的国家垄断

在对外贸易中，对某些商品的进出口规定由国家机关直接经营，或者把商品的进出口垄断权给予某些垄断组织，这就是进口和出口的国家垄断(State Monopoly)。

小资料

一些国家进出口的垄断，主要集中在三类商品上：

第一类是烟和酒，可以取得巨大的财政收入；

第二类是农产品，便于实现国家的农业政策，如美国的农产品信贷公司高价收购国内农产品，低价向国外倾销；

第三类是武器。

有些发展中国家也实行进出口国家垄断，主要是为了维护经济独立，摆脱外贸上被西方发达国家控制的地位。

(五)歧视性的政府采购政策

一些国家制定法令，规定政府机构在采购时要优先购买本国产品，从而导致对国外产品的歧视，称为歧视性的政府采购政策(Discriminatory Government Procurement Policy)。

小资料

美国在《购买美国货法案》中规定：“凡是美国联邦政府所要采购的货物，应该是美国制造的，或是用美国原料制造的”“只有在美国自己生产的数量不够，或者国内价格太高，或者不买外国货就会损害美国利益的情况下，才可以购买外国货。”

日本有几个省规定，政府机构用的办公设备、汽车、计算机、电缆、机床等，只能采购本国产品。

欧盟也制定有类似条款，规定电信设备、重型电机设备和与运输有关的产品必须购买本国产品。

(六)最低限价和禁止进口

有些国家采用最低限价的方法来限制进口。最低限价(Minimum Price)就是一国政府规定某种进口商品的最低价格，凡进口货价低于规定的最低价格时，则征收进口附加税或禁止进口。如 1980 年，英国对我国闹钟进口就实行了最低限价措施，规定每只闹钟若低于 60 便士，就禁止进口(Prohibitive Import)。

(七)外汇管制

外汇管制(Foreign Exchange Control)是一国政府通过法令对国际结算和外汇买卖实行限制来平衡国际收支和维持本国货币汇价的一种制度。

在外汇管制下,出口商必须将其出口所得到的外汇收入按官定汇率卖给外汇管制机关。进口商也必须在外汇管制机关按官定汇价申请购买外汇。本国货币的携出入国境也受到严格的限制。这样,国家有关政府机构就可通过确定官定汇价、集中外汇收入和控制外汇供应数量的办法限制进口商品品种、数量和控制进口国别。

外汇管制的方式较为复杂,一般可分为以下两种:

1. 数量性外汇管制

数量性外汇管制即国家外汇管理机构对外汇买卖的数量直接限制和分配,其目的在于集中外汇收入,控制外汇支出,实行外汇分配,以限制进口商品品种、数量和控制进口国别。一些国家实行数量性外汇管制时,往往规定进口商必须获得进口许可证后,方可得到所需的外汇。

2. 成本性外汇管制

成本性外汇管制即国家外汇管理机构对外汇买卖实行复汇率制度,利用外汇买卖成本的差异,间接影响不同商品的进出口。

所谓复汇率制,是指一国货币有两个以上的汇率。其目的是利用汇率的差别限制或鼓励某些商品进口或出口。各国实行复汇率制不尽相同,但主要原则大致相似。

(八)进口押金制

进口押金制(Advanced Deposit)又称进口存款制,就是进口商在进口商品时,必须按进口金额的一定比率且在规定的时间、在指定的银行无息存款一笔现金,这样就增加了进口商的资金负担,从而起到限制进口的作用。

(九)各种国内税

一些国家,特别是西欧国家,广泛地采用征收国内税制度来限制进口,称为各种国内税(Internal Taxes)。这是一种比关税更灵活、更易于伪装的贸易政策手段,因为国内税通常不受贸易条约或多边协定限制。

许多西方国家利用征收国内税来抵制国外商品,有些商品的税率,在国内货物和进口货物间的差距是很大的。

(十)海关估价制度

有些国家对进口货物用海关的专断估价来提高进口商品的关税负担,阻碍商品的进口,称为海关估价制度(Customs Valuation)。

小资料

> 美国曾对煤焦油、毛手套等商品依“美国售价制”所规定的特殊估价标准征税,使这些商品的进口税率大幅度提高,后遭到许多国家的强烈反对,直到“东京回合”签订了《海关估价标准准则》后,美国才废止了这种制度。

(十一)技术、安全、环保等方面的限制措施

以维护生产、消费安全以及人民健康为理由而制定一些繁杂苛刻的规定,使国外产品难以适应,从而起到限制外国商品进口的作用,这些规定已成为发达国家限制进口的技术性贸易壁垒。

发达国家利用进口商品检验制度设置障碍，以限制进口，常见的有以下几种：

1. 利用商品性能的技术标准加以限制

这类限制措施针对进口商品的性能做出严格规定，提高进口产品要求，增加进口难度，从而达到限制进口的目的。

微型案例

案例一：浙江某丝绸进出口公司，产品主要销往日本和欧洲。2005 年成品出口量为 1.2 亿美元。但其中有两单业务，一项是 5 万米的印花丝绸成品，价值 10 万美元，另一项是 4 万米已经染色和砂洗的丝绸，价值 10 万美元，共计 20 万美元的货品因未考虑禁用染料问题而被迫积压。

案例二：温州一向是打火机生产与出口的重要产地，以低廉和优质的特点畅销国际市场，而欧盟也是温州打火机最大的国际销售市场，然而在 2001 年秋，欧盟出台《打火机——防止儿童开启要求及测试方法》(简称 CR 法规)，规定出口价格在 2 欧元以下的打火机必须加装防止儿童开启的“安全锁”，否则不许进入欧盟市场。温州打火机进退两难，一度在欧洲滞销。

2. 利用卫生检验限制进口

欧洲联盟各国虽然实行了经济一体化，内部各国之间商品自由流通，但是各国为了保护本国国内市场，以保护消费者、保护人民健康、保护环境卫生为由，设置障碍限制进口。而日本对牛肉、水果等产品为了达到限制进口的目的，不接受国外的卫生检验，在商品进口时，需重新检验。而对诸如糖果、饼干、巧克力等产品除海关检验外，还要经厚生省二次检验。美国对其他国家或地区的食品、饮料、药品及化妆品，有必须符合美国《联邦食品、药品及化妆品法案》的规定。其条文还规定，进口货物通过海关时，均须经联邦食品药物管理局(Food and Drugs Administration，FDA)检验，否则不准进口。

3. 规定产品成分限制进口

这类限制措施针对进口产品的成分做出严格规定，限制或禁止采用某种成分，从而抵制某些产品的进口。

微型案例

案例一：德国检验进口啤酒的标准，仍然沿用 1516 年以来的规定。当时为了防止啤酒掺杂，规定除了含有糖水、麦芽、酵母、啤酒花外，不得加入其他成分。现在，德国仍以这种古老规定抵制含有其他成分的外国啤酒进口。

案例二：法国禁止含有红霉素的糖果进口，从而有效地阻止了英国糖果的进口。为了抵制美国的果汁饮料，法国有针对性地制定了果汁饮料中不得加入葡萄糖的标准。

4. 利用商品包装和标签规定限制进口

一些发达国家对国内市场销售的商品订立了包装和标签的种种条例，这些规定内容繁杂、手续麻烦，出口商为了符合这些规定，不得不按规定重新改换包装和标签，费时费工，增加成本，削弱了商品的竞争力。

美国规定，进口食品必须在包装上标明所含各种成分及其所占比重，说明中不得写有该食品具有治疗效果的文字，否则就要列入药品的范围，药品则需特殊批准手续才准进口。如食品中带有“止咳生津”“消暑止渴”等字样，对美出口将受限制。

5. 拖延进口审批时间

美国批准某种电子设备的进口，所需时间不超过 30 天，而日本批准同类产品的进口，平均需 2 年时间，当外国商品获准进入日本市场时，日本已制造出同类产品，使外国产品失去本来可能具备的竞争优势。同时，日本在审批外国汽车进口时，往往朝令夕改，今天尚可批准进口的，明天就可能禁止进口。

四、鼓励出口和出口管制措施

（一）鼓励出口的措施

1. 出口信贷

出口信贷(Export Credit)是出口国为支持和扩大本国大型设备的出口，加强国际竞争能力，以对本国的出口给予利息补贴并提供信贷担保的方式，鼓励本国银行对本国出口商或外国进口商(或其银行)提供利率较低的贷款，以解决本国出口商资金周转的困难，或满足国外进口商对本国出口商支付货款需要的一种融资方式。出口信贷主要有两种：

(1)卖方信贷(Supplier's Credit)，是指出口国银行向出口厂商，即卖方提供贷款，以使出口厂商既能加速资金周转，又能向外国进口商提供延期付款的条件，从而促进商品的出口。

(2)买方信贷(Buyer's Credit)，是指出口国银行直接向国外进口厂商和进口国银行提供贷款，其条件是贷款必须用于购买债权国的商品，从而起到促进商品出口的作用，这就是所谓的约束性贷款。很多国家都设立专门银行，开展出口信贷业务。例如，美国的“进出口银行”，日本的“输出入银行”。这些银行的资金由政府拨付。

2. 出口信贷国家担保

出口信贷国家担保(Export Credit Guarantee System)就是对于本国出口厂商或商业银行向外国进口厂商或银行提供的信贷，由国家设立的专门机构出面担保。当外国债务人无力或拒绝付款时，这个国家机构按照承保的数额给予补偿。担保金额一般达信用额的 70%～80%，有时达到 100%。担保的范围不断扩大，除了一般商业性风险外，还包括政治风险、其他经济风险(如货币贬值)。在整个出口贸易中，国家信贷担保额比重不断增加；国家出口信贷担保基金也不断扩大，这项措施是国家替代出口商负担风险，是扩大出口和争夺国外市场的一个重要手段。

3. 出口补贴

一国政府为了使出口在商品价格方面具有较强的竞争能力，在出口某种商品时给予出口厂商的现金补贴或财政上的优惠，称为出口补贴(Export Subsidies)或出口津贴。各国出口商品的价格同国际市场价格相比较，存在两种完全不同的情况：一种是国内市场价格低于国际市场价格；另一种是国内市场价格高于国际市场价格。无论哪种情况，都可以通过出口补贴增强其出口商品在价格方面的竞争能力。出口补贴有两种方式：一种是直接补贴，即在出口某种商品时，政府直接付给出口厂商的现金补贴；另一种是间接补贴，即政府对某些出口商给予财政和税收等的优惠，如减免国内税负、减收出口商品的国内运费等。

4. 商品倾销

商品倾销(Dumping)通常由垄断企业进行。这些企业一方面控制国内市场,另一方面以低于国内市场的价格,甚至低于生产成本的价格在国外市场抛售,以打败对手占领市场。这种倾销通常与政府的支持是分不开的。政府或限制有关商品进口,使企业在国内市场取得垄断利润以贴补出口;或给予某种贴补以弥补其亏损;或以其他方式直接、间接给予支持。

5. 外汇倾销

外汇倾销(Exchange Dumping)是垄断企业利用本国货币对外贬值,以争夺国外市场的特殊手段。当一国货币贬值后,出口商品以外国货币表示的价格降低,从而提高了竞争力,有利于扩大出口。一个国家的货币贬值后,进口商品以本币表示的价格就会上升,从而又起到限制进口的作用。

小资料

外汇倾销要达到扩大出口的目的,必须满足两个条件:

一是贬值的幅度高于国内物价上涨的程度;

二是其他国家不同时采取同等程度的货币贬值或其他报复手段。

6. 促进出口的组织措施

为了有效地扩大出口贸易,许多国家还不断地加强旨在促进国际贸易的组织措施,称为促进出口的组织措施(Organizing Measures to Export Promotion)。这方面的措施主要有:成立专门的组织研究和判定出口战略,如美国的总统贸易委员会;由国家建立商业情报网,及时向出口商提供商业信息和资料;设立贸易中心和贸易展览室,组织贸易代表团和接待来访,以推动本国的出口贸易。此外,还十分重视对出口商的精神奖励,组织出口厂商的评奖活动,有的国家颁发总统奖章,有的授予荣誉称号,有的由总理写感谢信等。

7. 经济特区措施

(1)自由港与自由贸易区

自由港(Free Port),又称自由口岸。在这种港口区域对商品的输出输入不征收关税或只对少数商品征税,并且一律准予在港内自由改装、加工、装卸、整理、买卖、展览、销毁和长期储存等。但外国船舶必须遵守有关卫生、移民等法律规章。自由港大体上可以分为两种类型:一种是北美型的自由港,亦称自由贸易区。自由港与非自由港间无明显的区域界限,并且比较分散,不连成一片。另一种是欧洲大陆型的自由港,以德国的汉堡为典型,这种自由港有明显的区域界限,港口作业、仓储、产品的加工或装配等都在同一区域内进行。

自由贸易区(Free Trade Zone),又称免税贸易区或自由区,也有国家称之为自由贸易港、对外贸易区和自由市场等。叫法虽有不同,但其性质是一样的。自由贸易区是划在关境以外、准许外国商品自由免税进入的地区。它仅为一块不动产土地,受当地法规的限制。自由贸易区一般依靠河、山等天然屏障或用藩篱等障碍把它与国家的其他受海关管辖的部分隔离开来,规定允许在区内经营活动的种类,如贸易、工业及服务等。世界上的自由贸易区小到如机场里的免税商店,大到如中国的香港地区。设立自由贸易区地点的选择视其目的而定:贸易性的自由区,一般设在国家一些重要口岸内或其附近,最好是在国际贸易的通道上;工业性的自由区目的在于利用人力资源、某些原料和本国生产的中间产品,也有的是为了发展偏僻地区的经济。

小资料

什么是自贸区?

自贸区分为两种。一种是双边或多边的自贸区,指两个或两个以上国家或地区通过签署自贸协定,在WTO最惠国待遇基础上,相互进一步开放市场,分阶段取消绝大部分货物的关税和非关税壁垒,改善服务业市场准入条件,实现贸易和投资的自由化,从而形成促进商品、服务和资本、技术、人员等生产要素自由流动的"大区",如北美自贸区、中日韩自贸区等。另一种是国内的自贸区,即自由贸易园区(Free Trade Zone,FTZ),指一国的部分领土,在这部分领土内运入的任何货物就进口关税而言,被认为在关境以外,并免于实施惯常的海关监管制度。自贸区是在主权国家或地区的关境以外,划出特定的区域,准许外国商品豁免关税自由进出,在贸易和投资等方面比世贸组织有关规定更加优惠的贸易安排。

2013年8月22日经国务院正式批准设立"中国(上海)自由贸易试验区"[China (Shanghai) Pilot Free Trade Zone,简称上海自贸区],并于9月29日10:00正式挂牌开张。上海自贸区涵盖上海外高桥保税区、上海外高桥保税物流园区、洋山保税港区、上海浦东机场综合保税区4个海关特殊监管区域以及陆家嘴金融片区、金桥开发片区、张江高科技片区。截至2019年上半年,上海自贸区保税片区内的总部企业达到263家,特别是跨国公司地区总部达到100家,占上海全市的近15%。这些总部通过扩大采购销售、贸易结算、供应链管理等功能,不断提升在中国和全球市场的资源配置能力。2018年上海自贸区保税片区的合同外资增资近25亿美元,2019年上半年保税区域完成进出口额4 837亿元,增长2.5%,占全市30.5%,企业利润总额同比增长12%。2019年8月,上海自贸区临港新片区挂牌,自贸区建设迈上新的台阶。

上海自贸区不是针对某一单个城市的"政策红利",而是全国新一轮改革开放的"试验田"。在上海自贸区试点获批之后,中国自由贸易试验区改革试点经验逐步复制推广,2015年国务院发文建设第二批:福建、广东、天津自贸区,2017年第三批:辽宁、浙江、河南、湖北、重庆、四川、陕西自贸区,2018年海南岛全岛成为第四批改革试点区域。截至2018年,我国自贸试验区形成了由南到北、由东至西的"1+3+7+1"的开放发展格局,累计新设立企业61万家,其中外资企业3.4万家,以不到全国万分之二的面积,吸收了12%的外资、创造了12%的进出口额。2019年8月中国自由贸易试验区再扩容,国务院发文新设6个自贸区,山东、江苏、广西、河北、云南、黑龙江成为新一批自贸区。至此,中国自贸区的数量增至18个,其中,沿海省份已全部拥有自贸区,实现中国沿海省份自贸区的全覆盖。

(2)出口加工区

出口加工区(Export Processing Zone)是一个国家或地区在其港口或邻近港口、国际机场的地方,划出一定的范围,提供基础设施以及免税等优惠待遇,吸引外国投资,发展出口加工工业的特殊区域。出口加工区既提供了自由贸易区的某些优惠待遇,又提供了发展工业生产所必需的基础设施，是自由贸易区与工业区的一种结合体，即兼有工业生产与出口贸易两种功能的工业—贸易型经济特区。东道国设置出口加工区的主要目的是引进外资、先进技术和经营方法，利用本国劳动力资源与国际市场，发展出口加工工业，以扩大出口贸易，增加劳动就业与外汇收入，取得工业方面的收益，促进本地区和本国的经济发展。

小资料

出口加工区一般可以分为两种类型：
一是综合性出口加工区，即在区内可以经营多种出口加工工业；
二是专业出口加工区，即在区内只准经营某些特定的出口加工产品。
目前，世界各地的出口加工区大部分是综合性出口加工区。

(3)综合型经济特区

这种经济特区是在出口加工区的基础上形成和发展起来的，具有一般出口加工区和自由贸易区的特点。

综合型经济特区的一般特点是：特区规模大，经营范围广，是一种多行业、多功能的特殊经济区域，在经营出口业和对外贸易的同时，也经营旅游业、金融服务业、交通电信以及其他一些行业。

(4)保税区

保税区(Bonded Area)又称保税仓库区，是海关所设置的或经海关批准注册的特定地区和仓库，外国商品存入这些保税区内可以暂时不缴纳进口税，如再出口，也不缴纳出口税。运入区内的商品也可以储存、改装、分类、混合、加工与制造等。因此，这些保税区起到了类似于自由港和自由贸易区的作用。

(5)自由边境区与过境区

自由边境区(Free Perimeter)过去也称为自由贸易区。这种设置仅见于美洲少数国家。一般设在本国的一个省或几个省的边境地区。对于在区内使用的生产设备、原材料和消费品可以免税或减税进口。如从区内转运到本国其他地区出售，则须照章纳税。外国货物可在区内开展储存、展览、混合、包装、加工和制造等活动，其目的在于利用外国投资开发边区的经济。

过境区(Transit Zone)是沿海国家为了便利邻国的进出口货物，开辟某些海港、河港或国境作为货物过境区，可简化海关手续，免征关税或只征小额的过境费用，过境货物一般可在过境区短期储存、重新包装，但不得加工。

(二)出口管制措施

出口管制是一些国家从其本身的政治、经济利益出发，对某些商品，特别是战略物资和先进技术的出口实行限制和禁止的措施。

1. 出口管制商品

(1)战略物资和先进技术资料。如军事设备、武器、军舰、飞机、先进电子计算机及有关技术资料等。

(2)国内生产紧缺的原材料、半制成品及国内供应不足的某些商品。

(3)为了缓和与进口国的贸易摩擦，在进口国的要求或压力下，“自动”控制出口的商品。

(4)某些古董、工艺品、黄金等特殊商品。

2. 出口管制形式

出口管制的形式主要有单方面出口管制和多边出口管制两种。前者是一个国家根据本国的出口管制法案，设立专门的执行机构，对本国某些商品的出口进行审批和颁发出口许可证，实行出口管制。后者是若干个国家出于共同的政治和经济目的，通过一定的方式建立国际性的多边管制机构，商讨和编制多边出口管制货单和出口管制国别，规定出口管制的方法等，以协调彼此的出口管制政策和措施，然后由各参加国依据上述精神，自行办理出口商品的具体管制和出口申报手续。

小资料

1949 年 11 月成立的巴黎统筹委员会（简称“巴统”）是一个典型的国际性多边出口管制机构。它的主要任务就是对社会主义国家实行出口管制。在 20 世纪 50 年代，禁运单项目多达 500 多项。随着国际形势的变化，这个委员会的管制逐步放宽，至 20 世纪 90 年代初，禁运单项目减至 100 项左右。1994 年 4 月，该组织宣布解散。

第二次世界大战以后，一些发展中国家也开始实行并加强了出口管制政策，以保证国内的生产需要和满足国内消费者的基本要求，稳定出口商品价格。显然，发展中国家的出口管制是同垄断资本斗争的重要工具，起着保护本国正当利益和促进经济发展的积极作用。

子任务 3　理解国际贸易风险管理和贸易融资

国际贸易中面临各种不确定的因素，可能会导致各种利益损失，认识并管理国际贸易风险有助于减少进出口业务中的风险损失。

一、国际贸易风险管理

（一）国际贸易风险的基本类型

根据不同的标准，国际贸易风险可分为不同的类型。

1. 根据产生的原因划分

进出口贸易风险根据产生的原因划分，可分为自然风险、社会风险、经济风险、技术风险、政治风险及法律风险。

2. 根据风险的性质划分

进出口贸易风险根据风险本身的性质划分，可分为静态风险和动态风险。

3. 根据风险的内容划分

进出口贸易风险根据风险的内容不同，可分为信用风险、商业风险、外汇风险等。

（二）出口贸易风险管理的基本程序

1. 风险识别

风险识别是进出口贸易风险管理的第一步，它是指国际贸易主体对其所面临的及潜在的风险加以判断、归类和鉴定性质的过程。

2. 风险估测

风险估测是指在进出口贸易风险识别的基础上，通过对所收集的大量的详细资料加以分析，运用概率论和数理统计方法，估计和预测风险发生的概率（频率）和损失幅度，对贸易风险造成的损失进行量化分析与统计。

3. 风险评价

风险评价是根据国家规定或行业公认的安全指标衡量进出口贸易风险程度的管理过程。风险评价，以风险估测为事实依据，以客观标准为评价尺度，确定风险程度，制定风险管理措施，是风险管理的重要环节。

4. 选择风险管理技术

根据进出口贸易风险评价的结果以及风险管理目标，选择最佳风险管理技术并加以实施，是进出口贸易风险管理的核心。进出口贸易风险管理技术主要包括控制型技术与财务型技术两类。

5. 风险管理效果评价

风险管理效果评价是指对风险管理技术适用性及其收益情况的分析、检查、修正与评估。

(三)进出口贸易信用风险的类型

1. 结算信用风险

(1)汇付结算信用风险。汇付是传统的结算方法，指债务人或付款人通过银行将款项交付债权人或收款人的结算方式。汇付结算方式下的信用风险因付款先后不同而不同。

(2)托收结算信用风险。托收是指出口商开具汇票或连同货运单据，委托当地银行通过其在进口地的分行或代理行向进口商收取票款的一种方式。托收是一种商业信用，进口商付款与否，托收行与代收行并不承担责任。托收方式条件下，银行不提供信用，如果买方信用不好，对于卖方收汇有风险。

(3)信用证结算风险。信用证是进口方银行根据进口商的申请和要求，向出口商开立的，凭规定的单据，在一定期限内支付一定金额的书面保证文件。信用证支付方式下，银行虽然提供信用担保，但是银行对于信用证方式支付有严格的规则，如果买卖双方不了解这些规则，收付汇就存在一定的风险。

2. 合同类信用风险

合同类信用风险贯穿于合同磋商、签订和履行等各个阶段，主要包括贸易术语类信用风险、合同磋商阶段的信用风险及合同履行阶段的信用风险。

(四)进出口信用风险的管理

1. 提高企业的风险管理意识

首先，要成立董事会直接领导的风险管理委员会，负责监控企业管理人员的管理运作情况，对企业重大风险管理事项进行集体决策，制定企业风险管理制度。另外，要成立独立的风险控制和稽核部门，接受风险管理委员会的领导，结合企业各业务和管理环节进行独立的风险控制和内部稽核。

2. 加强对客户的资信调查

(1)资信调查的途径。调查的途径有通过国内的商务机构调查；借助对方所在国的工商机构、商会、贸易协会及我国驻外使领馆调查；利用银行等金融机构调查；通过其他客户调查；委托专业资信调查机构调查。

(2)资信调查的内容。调查的内容一是企业的基本信息，二是企业的信用和财务信息。

(3)资信调查工作的要求。调查工作要求企业应根据自身特点，制定企业资信调查制度；企业应重视资信调查途径的可靠性与科学性，提高资信调查人员的专业素质；要形成长效机制，将资信调查工作持续下去；资信调查工作要细致，要根据调查目标，科学选择调查监测指标。

(4)完善企业内部风险管理机制。企业要坚持完善内部风险管理机制,建立外贸信用风险的防范机制与决策机制,使企业内部的风险管理机制更加完善。

(5)借鉴国际先进经验,充分利用先进金融类产品转嫁风险。

(五)出口信用保险

出口信用保险是国家为推动外贸出口,保障出口企业收汇安全而制定的一项由国家财政提供保险准备金的非营利、政策性保险业务。

出口信用保险承保的对象是出口企业的应收账款,承保的风险主要是人为原因造成的商业信用风险和政治风险。

(六)外汇风险及管理策略

1. 外汇风险的种类

(1)交易风险,是指以外币计价的交易,由于该币与本国货币的比值发生变化(即汇率变动)而引起的损益的不确定性。

(2)会计风险,是根据会计制度的规定,在企业全球性的经营活动中,因满足会计制度要求而出现的风险,即因汇率的变化,引起资产负债表上某些项目价值的变化。

(3)经济风险,是指由于汇率波动引起公司或企业未来一定期间的收益发生变化。

2. 外汇风险管理策略

(1)完全抵补策略,即采取各种措施消除外汇敞口额、固定预期收益或固定成本,以达到避险的目的。

(2)部分抵补策略,即企业采取主动措施消除部分外汇敞口额,同时保留部分受险金额。这种做法较完全抵补策略风险大,却为企业保留了通过国际市场汇率变化获取额外外汇收入的可能性。

(3)完全不抵补策略,即任由外汇敞口金额暴露在外汇风险之中。这种策略适用于汇率波动幅度不大、外汇业务量小的情况。

二、国际贸易融资

(一)打包贷款的含义和性质

打包贷款也称装船前信贷,是指银行对出口商在接受国外订货到货物装运前这段时间所需流动资金提供的一种贷款。从形式上看,打包贷款属于抵押贷款,实际上,其抵押对象是尚在打包中,还没有达到可以装运出口程度的货物。出口商向银行借用打包贷款,须填写打包贷款书;银行规定贷款用途,并根据出口商的资信状况和实际需要确定贷款金额和期限。出口打包贷款的期限通常为3~6个月。银行提供打包贷款时,不是一次支付的,一般由银行在出口商往来账户外另开户头,由出口商陆续借用。在出口商完成出口装运,并向银行交付装运单据后,贷款银行即将打包贷款改为下述的出口押汇,从出口押汇款项中扣除打包贷款的本息。

(二)出口押汇

出口押汇是指贷款银行以出口企业提交的出口单据为抵押品,在合理的工作日内为出口企业办理结汇,然后再凭该出口单据向国外银行索偿货款,从而使出口企业提前取得资金融通的业务。

1. 出口押汇的发放手续

(1)凡具有进出口经营资格、资信良好并经贷款银行评估后批准给予授信额度的外贸企业和外商投资企业，均可到贷款银行申请办理出口押汇，申请出口押汇的信用证必须是在该贷款银行议付或公开议付的。

(2)出口押汇申请人应为跟单信用证的受益人。

(3)出口企业向贷款银行办理出口押汇时，应与银行签订出口押汇质押书。

(4)出口企业在货物装船、制单配单后，可向贷款银行申请办理出口押汇，填写临时授信申请书。

(5)贷款银行根据有关规定，对出口企业结汇融资。

2. 办理出口押汇的有关规定与条件

(1)出口押汇的范围。第一，原则上只对单证相符的单据和经电报提示开证行接受的不符点单据办理。第二，不符点单据的办理条件是出口企业必须资信良好、清偿力强，并对不符点单据的拒付提出担保。第三，跟单托收单据办理出口押汇，押汇金额一般不超过发票金额的80%，其条件有三：一是出口企业资信良好；二是该项出口已办理出口信用保险，并把保险单抵押给办理出口押汇的银行；三是出口保险的受益人转为办理出口押汇的银行。

(2)出口押汇的利率。出口押汇的利率按伦敦银行同业拆放利率(简称 LIBOR，下同)加一定的风险利率计收。

(3)出口押汇的计息天数。办理出口押汇实际上是贷款银行为国外银行垫付有关资金，当票据寄到国外银行后，国外银行才拨付出口货款，因此，办理押汇的银行要扣除从办理押汇日起到预计出口贷款收回这一期间的利息。

3. 出口押汇的追索

银行办理出口押汇后，如遇开证行拒付货款，则银行有权向出口企业追回垫付的货款和因此而产生的利息，并可主动从该企业在银行开立的账户中扣取；如该办理押汇的银行为保兑行、付款行或承兑行时除外。

(三)提货担保

提货担保又称担保提货，是指信用证规定提交全套海运提单，而货物先于全套正本单据到达港口，进口商为及时提货向开证银行申请开立提货保函，交船运公司先予提货，待进口商取得正本货运单据后，再以其换回提货保函的一种进口信用证项下的融资方式。

提货担保的主要特点体现在以下方面：(1)提货担保是一种担保行为；(2)做出担保的银行通常是开证行；(3)担保的对象是信用证项下的提货；(4)担保责任在以正本提单换回提货担保时解除；(5)提货担保项下银行具有无限责任的特点；(6)提货担保适用的法律与信用证适用的法律有差异。

(四)假远期信用证与一般远期信用证的区别

对受益人和被指定银行来说，假远期信用证除含有“远期信用证即期付款”的含义外，与即期信用证没什么区别。

对申请人来说，假远期信用证与一般远期信用证类似，如果受益人提交的单证不符，其有权拒付；而在单证相符或虽有不符点但其同意接受的情况下，申请人可先行取单提货，到期偿付开证行。

对于开证行来说，这类信用证既属于掉期又属于远期，开证行对受益人即期付款后，对受益人出具的远期汇票，无须承兑，也无须寄回，更不会到市场上贴现流通以自己为付款人的汇票。在假远期信用证项下，开证行即期付款时并不是借记申请人账户，而是利用自有资金，实际是向申请人收回该笔融资及相应的利息。

子任务 4 熟悉外贸业务员的基本要求

一、外贸业务员岗位描述

外贸业务员是指在进出口业务中，从事寻找客户、贸易磋商、签订合同、组织履约、核销退税、处理争议等进出口业务全过程操作和管理的综合性外贸从业人员。

外贸业务员与外贸单证员、外贸跟单员这三个岗位既有区别又有联系。从这三个岗位的工作任务来看，外贸单证员完成的是若干个业务点的工作；外贸跟单员完成的是其中一条业务线的工作；外贸业务员完成的是一个业务面的工作。

二、外贸业务员职业素质与能力要求

(一)职业素质

外贸业务员应具备爱国精神、守法意识、忠诚品质、团队精神、诚信品质、敬业精神、责任意识、开拓精神等职业素质。

1. 爱国精神

外贸业务员要热爱祖国，维护祖国的尊严、安全和统一。

2. 守法意识

外贸业务员要遵纪守法，遵循外经贸法规。

3. 忠诚品质

外贸业务员要忠诚企业，维护企业的利益。

4. 团队精神

外贸业务员要以大局为重，与同事精诚合作。

5. 诚信品质

外贸业务员对待客户，要做到诚实与守信。

6. 敬业精神

外贸业务员要吃苦耐劳，热爱外贸业务。

7. 责任意识

外贸业务员在专业上要一丝不苟，做好每一个环节。另外，还要有社会责任意识。

8. 开拓精神

外贸业务员要积极进取，不断开拓新市场。

(二)能力要求

外贸业务员应具备市场营销能力、商务谈判能力、函电处理能力、业务操作能力、综合管理能力、信息处理能力、人际沟通能力、持续学习能力等职业能力。

1. 市场营销能力

外贸业务员要能主动寻求市场机会，把握客户心理，培养和开发客户群体；能利用各种方式和方法宣传企业和产品、树立品牌意识、扩大企业和产品的知名度；服务热情、周到，在诚信、平等互利基础上与客户建立长期、良好、稳定的贸易关系。

2. 商务谈判能力

外贸业务员要能敏锐洞察谈判对方的心理，具备高度预见能力和很强的应变能力；能熟练地运用各种谈判技巧，遵循“不卑不亢、互惠互利”的谈判原则，用外语进行业务谈判和进口业

务谈判，并能最终达成共赢的贸易协议。

3. 函电处理能力

外贸业务员要能用外语准确地撰写建立业务关系、询盘、发盘、还盘、接受、催证、改证等业务处理函电。

4. 业务操作能力

外贸业务员要能快速准确核算进出口成本；能科学合理地签订内外贸合同；能办理催证、开证、审证、改证业务；能督促协调供货方及时保质保量生产；能及时安排运输、报检、报关和投保业务；能办理内外货款结算；能办理外汇核销和出口退税；能处理各种贸易争议。

5. 综合管理能力

外贸业务员要能有效地管理信用风险和汇率风险；能合理地管理进出口贸易融资；能成功地开发和维护客户；能系统全面地管理整个出口业务和进口业务操作。

6. 信息处理能力

外贸业务员要能收集、筛选、分类、统计和汇总外贸信息；能运用邮件、网页等各种方式传播外贸信息；能熟练运用外贸业务软件处理外贸业务；能进行外贸信息的立卷归档。

7. 人际沟通能力

外贸业务员要能与国内外客户、生产部门、工程部门、品质部门、储运部门、单证部门、财务部门等工作人员在顺畅的沟通和交往中，建立、保持和发展友好的可持续的业务关系。

8. 持续学习能力

外贸业务员不仅要及时更新资讯，跟上时代发展节奏，更要通过不断学习补充自己外贸相关知识。只有这样，外贸业务员才能及时捕捉机会、预见未来商机和顺利处理各项业务。

三、外贸业务员专业知识要求

外贸业务员除了要掌握好英语和计算机基本知识外，还应熟悉和掌握商品基础知识、外贸业务知识、生产管理知识、国际营销知识、国际金融知识、外贸法规政策、国际贸易条约和惯例、国际经贸地理、外贸业务礼仪等专业知识。

1. 商品基础知识

外贸业务员要了解商品基本理论，熟悉经营商品的性能、品质、规格、标准、包装、用途、生产工艺和原材料等知识。

2. 外贸业务知识

外贸业务员要了解国际贸易基础理论，熟悉各种国际贸易方式和进出口业务流程，掌握价格术语、支付方式、运输、保险、检验、索赔、仲裁、不可抗力等外贸基础知识；掌握外贸磋商谈判、签订内外贸合同、开证审证、订舱投保、报检报关、收汇付汇、外汇核销、出口退税、争议解决等进出口业务操作知识。

3. 生产管理知识

外贸业务员要了解和熟悉工厂生产管理的基本知识，包括制订生产计划、原材料采购管理、仓库管理、生产管理、品质管理等。

4. 国际营销知识

外贸业务员要了解国际营销基本原理，熟悉各种国际营销方法和技巧。

5. 国际金融知识

外贸业务员要熟悉外汇汇率基本知识和我国现行汇率制度，掌握结售汇业务、汇率风险规避、进出口贸易融资等操作知识。

6. 外贸法规政策

外贸业务员要了解我国的专利法、商标法等有关外贸的规定,熟悉我国对外贸易法、合同法、海关法、进出口关税条例、进出口商品检验法、进出口货物原产地条例等。

7. 国际贸易条约和惯例

外贸业务员要了解《英国票据法》《日内瓦统一法》,熟悉《国际贸易术语解释通则》(INCOTERMS)、《托收统一规则》(URC522)、《见索即付担保函统一规则》(URDG458),掌握《联合国国际货物销售合同公约》和《跟单信用证统一惯例》(UCP600)条款的含义和实际运用。

8. 国际经贸地理

外贸业务员要了解各贸易国家或地区的政治、经济、文化、宗教、地理、风土人情、消费水平以及有关进出口方面的法律法规和规定。

9. 外贸业务礼仪

外贸业务员要熟悉着装礼仪、见面礼仪、举止礼仪、会谈礼仪、餐饮礼仪、通信礼仪等外贸业务礼仪。

小 结

1. 国际贸易是指世界各国(或地区)之间商品和服务交换的活动。国际贸易有时也泛指世界所有国家和地区的贸易活动。国际贸易由进口贸易和出口贸易两部分组成,故有时也称为进出口贸易。

2. 国际贸易活动范围广泛、性质复杂,可以从不同的角度分类。其主要的分类标准有:按商品(含服务)的移动方向划分、按商品的形态划分、按生产国和消费国在贸易中的关系划分等。

3. 国际贸易基础理论包括:亚当·斯密的绝对成本学说、大卫·李嘉图的比较成本学说、赫克歇尔—俄林的要素禀赋论、保护贸易理论。

4. 国际贸易中,除了采用逐笔签订国际货物销售合同进行交易的方式外,还有其他多种国际贸易方式:经销、代理、寄售、展卖、招投标、拍卖、对销贸易、加工贸易、租赁贸易等。

5. 国际贸易行为受国际贸易条约、国际贸易惯例的约束和影响。各国通过积极参与世界贸易组织的多边谈判、开展区域性贸易合作,参与国际贸易规则的制定,促进本国对外贸易和经济的发展。

6. 关税是进出口货物通过一国关境时,由政府所设置的海关向本国的进出口商所征收的一种税。关税与其他国内税赋一样,具有强制性、无偿性和固定性的特点。关税的种类包括:进口税、出口税、过境税、进口附加税等。

7. 非关税壁垒是指除关税以外的一切限制进口的措施。非关税壁垒具有更大的灵活性和针对性;限制程度更严、更有效;具有更大的隐蔽性和歧视性。非关税壁垒主要包括:进口配额制、"自动"出口配额制、进口许可证制、进口和出口的国家垄断、歧视性的政府采购政策、外汇管制,以及技术、安全、环保等方面的限制措施等。

8. 鼓励出口的措施包括:出口信贷、出口信贷国家担保制、出口补贴、商品倾销、外汇倾销、促进出口的组织措施、经济特区措施。出口管制是一些国家从其本身的政治、经济利益出发,对某些商品,特别是战略物资和先进技术的出口实行限制和禁止的措施。

9. 外贸业务员应具备爱国精神、守法意识、忠诚品质、团队精神、诚信品质、敬业精神、责任意识、开拓精神等职业素质。外贸业务员应具备市场营销能力、商务谈判能力、函电处理能力、业务操作能力、综合管理能力、信息处理能力、人际沟通能力、持续学习能力等职业能力。外贸业务员除了要掌握好英语和计算机基本知识外，还应熟悉和掌握商品基础知识、外贸业务知识、生产管理知识、国际营销知识、国际金融知识、外贸法规政策、国际贸易条约和惯例、国际经贸地理、外贸业务礼仪等专业知识。

职场体验

案例分析

据中国新闻网报道，2018年10月12日，国务院新闻办公室就2018年前三季度进出口情况举行新闻发布会，海关总署新闻发言人李魁文表示，中国经济发展对外需依赖程度减弱，外贸依存度进一步回落。数据显示，2018年上半年，我国外贸依存度为33.7%。而2012年我国外贸依存度是45.2%。李魁文表示，数据表明，中国经济发展的模式正在由外需拉动向内需驱动转变。问：

(1)什么是外贸依存度？贸易依存度是高了好还是低了好呢？

(2)世界各国平均贸易依存度是多少？我国外贸依存度的变化说明了什么问题？

业务操作

一、小组活动：撰写调研报告。

调研一：

由2～4人组成一个小组，了解当前世界主要国家的关税或非关税壁垒措施，选择一个国家的一种贸易措施调研，撰写小组报告。

调研二：

搜寻我国的“贸易伙伴”有哪些国家或地区？查找、整理各种“伙伴关系”，并分析我国与这些“贸易伙伴”之间的贸易统计。

二、企业调研

调查访问一家外贸企业，以加深对外贸系统的认识，了解外贸企业管理的特点，并撰写一篇调查访问报告。

具体内容和要求：

1. 由学生自愿单独或组成小组(每组3～5人)，利用课余时间，选择一家外贸企业的一两个中层以上的管理者进行调查访问。

2. 在调查访问之前，学生需根据课程所学知识经过讨论制定调查访问的提纲，包括调研的主要问题与具体安排，具体问题可参考下列问题：

(1)该外贸企业管理系统的构成状况；

(2)该外贸企业所处的国际环境；

(3)该外贸企业经营活动的类型，了解外贸企业目前在国际市场上的竞争优势有哪些；

(4)简要分析该外贸企业管理的特点，并分析总结在外贸企业中工作应具有怎样的素质。

学习评价

一、单项选择题

1. 不同国家和/或地区之间的商品和劳务的交换活动称为(　　)。

(A)市场销售 (B)商务活动 (C)国际贸易 (D)市场营销

2. 国际贸易的特征是(　　)。

(A)交易过程涉及问题比较简单 (B)不受交易所在国因素的影响

(C)所承担的风险较大 (D)所承担的风险较小

3. 按商品移动方向分类,国际贸易是(　　)。

(A)过境贸易 (B)直接贸易 (C)有形贸易 (D)间接贸易

4. 经销商与出口商的关系是(　　)。

(A)买卖关系 (B)合作关系 (C)交换关系 (D)利用关系

5. 拍卖是一种(　　)的方式。

(A)自主买卖 (B)竞买 (C)赠与 (D)交换

6. 对销贸易中最常用的方式是(　　)。

(A)易货贸易 (B)互购贸易 (C)转手贸易 (D)补偿贸易

7. 以下描述正确的是(　　)。

(A)工缴费人民币净收入是指加工贸易产品的 CFR 价格按外汇牌价折成人民币

(B)工缴费人民币净收入是指加工贸易产品的 FCR 价格按外汇牌价折成人民币

(C)工缴费人民币净收入是指加工贸易产品的 FOB 价格按外汇牌价折成人民币

(D)工缴费人民币净收入是指加工贸易产品的 CIF 价格按外汇牌价折成人民币

8. 除了征收正常的进口关税以外,又额外加征的进口税称为(　　)。

(A)进口税 (B)进口附加税 (C)出口税 (D)过境税

9. 以下属于出口鼓励措施的是(　　)。

(A)出口信贷 (B)出口税 (C)最惠国 (D)出口配额

10. 以下风险中属于进出口贸易信用风险类型的是(　　)。

(A)结算信用风险 (B)信用风险 (C)经济风险 (D)商业风险

二、多项选择题

1. 以下属于国际贸易特征的是(　　)。

(A)交易过程涉及问题比较复杂 (B)受交易所在国因素的影响

(C)不需要考虑交易过程因素 (D)所承担的风险较大

(E)不受交易所在国因素的影响

2. 按生产国和消费国在贸易中的关系,国际贸易可分为(　　)。

(A)过境贸易 (B)直接贸易 (C)有形贸易 (D)间接贸易

(E)无形贸易

3. 按照委托人授权的大小,代理可以分为(　　)。

(A)总代理 (B)委托代理 (C)一般代理 (D)独家代理

(E)销售代理

4. 以下描述正确的是(　　)。

(A)加工贸易产品的盈亏率是指加工该产品的盈亏额与加工贸易付出总成本的比率

(B)加工贸易的盈亏额是指工缴费人民币净收入与加工贸易总成本的差额

(C)工缴费人民币净收入是指加工贸易产品的 CIF 价格按外汇牌价折成人民币

(D)加工贸易产品换汇成本的核算是指加工贸易产品出口后净收入 1 美元所需要的人民币的总成本

(E)加工贸易产品换汇成本的核算是指加工贸易产品出口后毛收入 1 美元所需要的人民币的总成本

5. 贸易政策的类型有(　　)。

(A)自由贸易政策 (B)生产贸易政策 (C)管理贸易政策 (D)保护贸易政策

(E)商品管理政策

6. 目前国际上对对外贸易管制按其管制手段分为(　　)。

(A)关税措施　(B)非关税措施　(C)进口贸易管制　(D)出口贸易管制

(E)货物贸易管制

7. 以下属于非关税措施的有(　　)。

(A)进口配额制　(B)外汇管制　(C)海关估价制　(D)进口许可证制

(E)关税措施

8. 国家限制进出口货物采取的主要手段是(　　)。

(A)进口关税配额管理　(B)出口配额限制管理

(C)进出口许可证管理　(D)自由进出口管理

(E)一律不得进口

9. 以下风险中属于进出口贸易信用风险类型的有(　　)。

(A)结算信用风险　(B)经济风险　(C)商业风险　(D)合同类信用风险

(E)信用风险

10. 外贸业务员应具备的职业素质有(　　)。

(A)爱国精神　(B)守法意识　(C)团队精神　(D)责任意识

(E)研发能力

三、判断题

1. 按商品移动的方向,国际贸易可划分为进口贸易、出口贸易和间接贸易。(　　)

2. 包销商与出口商之间是委托代理关系;而代理人与委托人之间是买卖关系。(　　)

3. 寄售人与代销人之间是委托代售关系,而非买卖关系。代销人只能根据寄售人的指示处理货物,除非另有规定,他对货物具有控制权而不享有所有权。在货物卖出之前,所有权一直属于寄售人。(　　)

4. 加工贸易只要签订了加工贸易合同就行了,不需要经过任何部门的审批和备案。(　　)

5. 工缴费人民币净收入是指加工贸易产品的 CIF 价格按外汇牌价折成人民币。(　　)

6. 非关税措施是指关税以外的一切限制进口的措施。(　　)

7. 非关税措施的制定和实施,通常采用行政手段,进口国可根据不同的国家做出调整,因而具有较强的灵活性和针对性。(　　)

8. 出口鼓励措施主要有出口信贷、出口信贷国家担保、出口补贴、商品倾销、外汇倾销、出口配额等。(　　)

9. 进出口贸易风险根据产生的原因划分,可分为静态风险和动态风险。(　　)

10. 对受益人和被指定银行来说,假远期信用证除含有“远期信用证即期付款”的含义外,与即期信用证没什么区别。(　　)

四、简答题

1. 国际贸易的含义是什么?国际贸易与国内贸易相比有何特征?

2. 关税的含义是什么?关税有哪些种类?

3. 非关税壁垒的含义是什么?有哪些实施方法?

4. 鼓励出口的措施有哪些?

5. 目前世界范围内区域经济贸易组织有哪些?我国与哪些国家签署了自由贸易协议以促进双边地区贸易自由化和便利化?

6. 外贸业务员的基本素质和要求有哪些?

项目二　国际贸易磋商

知识目标

◆ 了解国际贸易一般流程，熟悉交易磋商的主要环节及要求
◆ 熟悉商品品质、数量和包装的规定
◆ 理解国际贸易术语，掌握几种主要的贸易术语的含义
◆ 理解国际贸易成本核算与报价，掌握不同贸易术语下价格的换算

能力目标

◆ 具备进出口交易磋商的能力
◆ 能恰当确定商品的品质、数量和包装
◆ 能根据不同的贸易术语换算价格和报价

重点难点

◆ 明确发盘和接受的构成与效力，知道国际公约的相关规定
◆ 理解国际贸易术语，能根据不同的贸易术语进行价格换算和报价

任务引入

如何与外商磋商？

刘强毕业于某对外贸易职业学院，现应聘于上海申发进出口公司，担任业务员。该公司是一家专业进出口贸易公司，主要经营棉纺织品、玩具、文化用品等进出口业务，深受欧洲、北美和亚洲地区国家的客户欢迎。近日，刘强利用阿里巴巴公司网站查询商品供求信息，获悉英国伦敦 Wonderful Imports Co. LTD 对全棉针织运动服感兴趣。于是，刘强与 Wonderful 公司的 Smith 先生取得了联系，对方要求刘强提供产品样品和 FOB、CFR、CIF 价格。接下来，刘强应该怎么操作？什么是 FOB、CFR、CIF 价格？它们又是如何计算的呢？

任务一　进出口贸易磋商

国际贸易是以进出口合同，即国际货物买卖合同为中心进行的。这期间要经历交易磋商、订立合同和履行合同等阶段。从实际业务操作角度看，进出口贸易涉及的环节众多、手续繁杂，需要严格遵照国家颁布的有关法律和行政法规行事，接受有关机关的监督管理，必须切实按照适用的法律和我国缔结或参加的国际条约以及国际贸易惯例办事。

子任务1　国际商品贸易一般流程认知

国际贸易的双方相距遥远，且分处两个不同国家(地区)，双方从接触洽商到成交，从交货到付款，整个过程包含许多工作内容，经过许多工作环节，办理许多手续，牵涉到许多单位和部门。而且各工作环节间既各自独立，又密切联系。因此，在具体交易时，要注意每个工作环节的内容及其相互之间的联系，以提高工作效率和经济效益。

在国际贸易中，根据商品流动方向，分为出口贸易和进口贸易。图2—1—1为国际商品出口贸易的一般程序。从图中可以看出，出口贸易大体可以分为三个基本阶段，即交易磋商前的准备、交易磋商和履行合同三个阶段。其中，交易磋商前的准备是交易磋商能否顺利进行的保证，交易磋商是能否达成协议和能获得多少经济利益的关键，履行合同则是及时、安全收汇和树立良好信誉的关键。

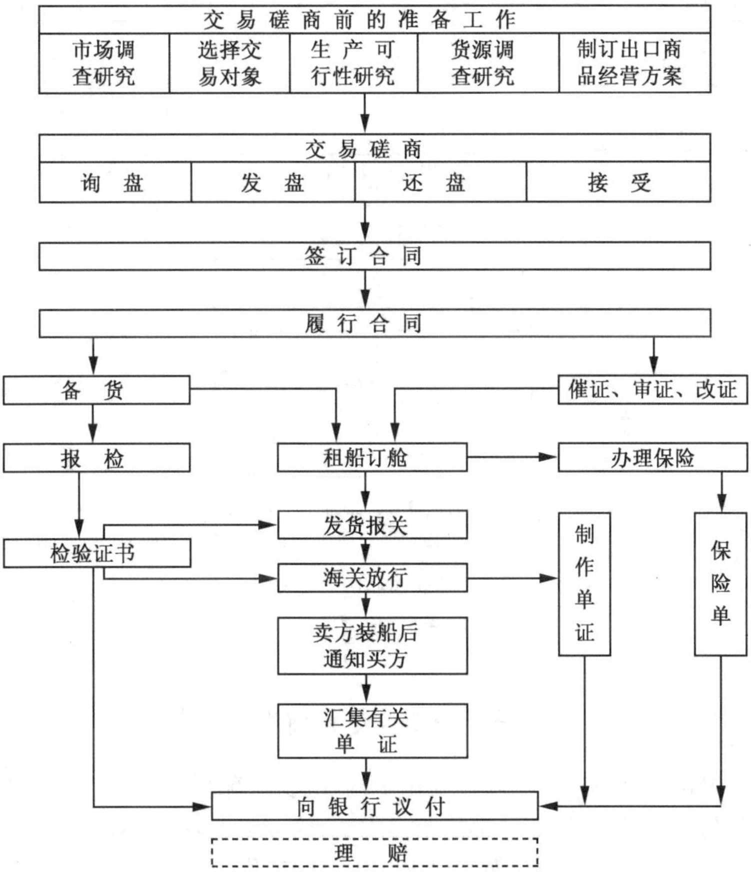

图2—1—1　国际商品出口贸易的一般程序
(以CIF条件、信用证付款为例)

图2—1—2为国际商品进口贸易的一般程序。从图中可以看出，进口贸易大体可以分为三个基本阶段，即交易磋商前的准备、交易磋商和履行合同三个阶段。其中，交易磋商前的准备是交易磋商能否顺利进行的保证，交易磋商是能否达成协议和能获得多少经济利益的关键，履行合同则是及时、安全获得货物和树立良好信誉的关键。

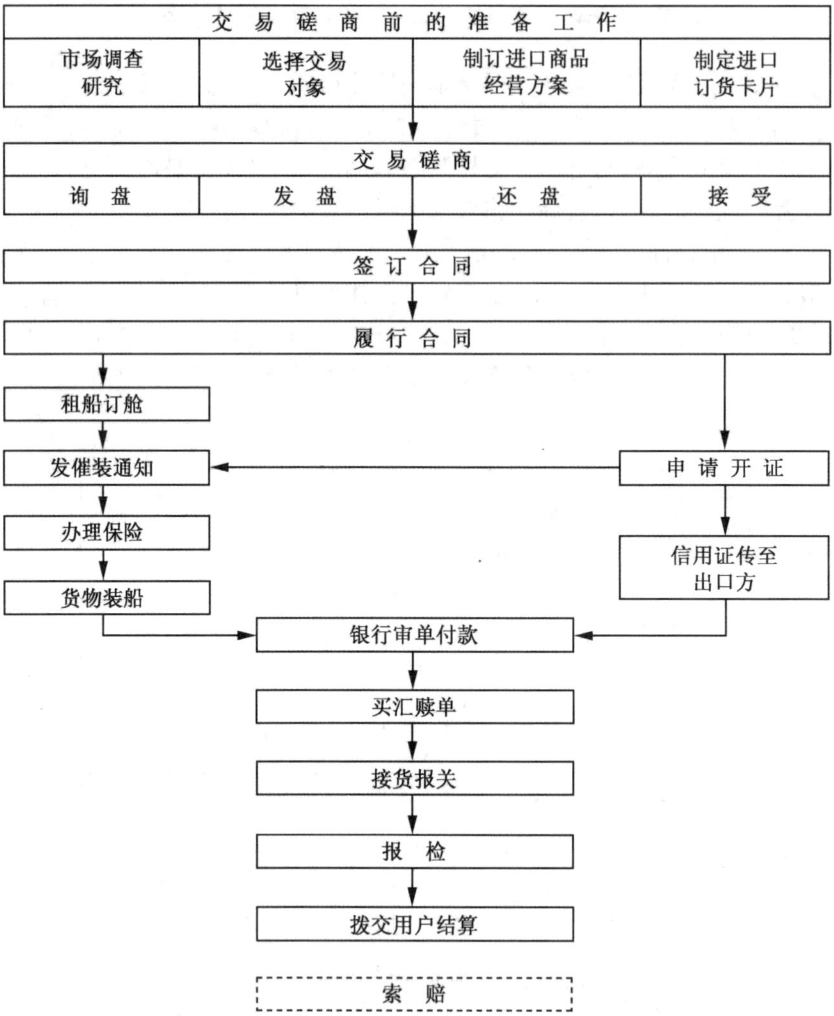

图 2—1—2 国际商品进口贸易的一般程序

（以 FOB 条件、信用证付款为例）

子任务 2 交易前准备

在国际贸易中，国际形势、各国政策变化多端，市场情况瞬息万变。为了保证每一次的国际贸易都能够顺利进行，每一笔业务都能获得成功，给双方交易人都带来应有的贸易利益，取得双赢的局面，在正式交易之前，应做好以下几方面的工作。

一、选择目标市场

在洽谈交易之前，通过各种途径做好国际市场的调研工作，了解顾客需求、市场供销状况以及各国的法律、法规、政策和风俗习惯，以便定位适合的目标市场。

对国际市场进行调研，主要包括以下几个方面：

1. 商品市场调研

这主要是调研相关商品在国际市场的生产、销售、价格等情况，以便掌握出口商品的价格及其他的交易条件。同时要摸清市场对不同产品的适销情况，研究市场畅销品种，积极主动地适应市场需要从而扩大我方的出口。

2. 国别(地区)调研

这方面的调研主要包括对方国家对外政策、对外贸易、经济发展水平等情况及其特点。其目的是选择适宜的市场，并在交易磋商中更好地贯彻对外方针政策，创造有利条件发展我国的对外贸易。

3. 市场供求调研

国际商品市场的供求关系是经常变化的，应根据市场的供求变化规律，结合我国市场对商品的供需，选择适宜的市场。对市场供求的调研，主要是为了获取三方面的信息：供给信息、需求信息和价格信息。

二、选择交易对象

在交易磋商之前，通过各种途径调研客户的政治文化背景、资信情况、经营范围和能力等方面的情况，从而选择合适的客户。

了解客户的途径很多。例如，通过我驻外商务机构、领事馆；通过实际业务的接触和交往，从中考察；通过国内外举办的交易会、展览会、技术交流会，主动接触客户并进行了解；通过有关国家的商会、工业协会、国际友好组织，介绍了解客户。对客户有所了解后，要正确地选择和利用客户，建立客户档案，对不同类型的客户分类，争取在国际市场上建立广泛的、稳定的客户群。

三、制订进出口经营方案

为了更有效地做好交易前的准备工作，也为了更好地完成某种进出口商品的经营意图，实现预定目标，一般都需要预先制订经营方案。不同的商品，经营策略、方法、步骤都不一样，内容繁简也不一样。一般来说，出口产品经营方案的主要内容有：

(1)市场情况，包括国外市场的情况，主要是国外市场需求情况和价格变动的趋势，还有国内市场的货源情况。

(2)市场经营情况，包括出口成本、创汇率、盈亏的情况。

(3)推销计划和措施，包括商品推销的计划进度、贸易方式及运用的收汇方式等。

(4)分析世界经济贸易动向和价格趋势等其他相关的问题。

商品经营方案涉及的产品可以是一种，也可以是一类。一般对大宗商品通常是逐个制订出口商品的经营方案，而对其他一般商品可以按商品大类制订经营方案。而对一些小商品，则是制订简单的价格方案即可。

子任务3　进出口交易磋商

交易磋商(Business Negotiation)是指买卖双方反复协商某项商品成交条件，以求成交的过程。

交易磋商的方式主要有口头和书面两种。其中，口头洽商是指买卖双方通过邀请客户来华访问、外派推销人员、参加各种交易会或国际博览会等形式，进行面对面的谈判，另外还包括买卖双方通过国际长途电话进行的交易洽商。口头洽商方式由于是面对面的直接交谈，便于了解对方的诚意和态度，以便有针对性地采取相应的措施，并可根据进展情况及时调整策略，争取达到预期的目的。对于谈判内容复杂、涉及问题较多的交易，采用口头洽商较好。为了进行好口头磋商，业务人员需要具备良好的专业素质和较强的分析、判断和应变能力，及时分析和掌握对手的心理活动，并应能根据磋商过程中形势的变化，调整磋商策略，时刻争取主动，把握成交机会。书面磋商是指交易双方通过信函、电报、电传、传真和电子资料交换系统(EDI)等通信工具洽商贸易条件。书面磋商是商品进出口交易中的主要磋商方式。书面形式磋商与合同有着密切的关系，一经双方达成协议就会具有实际的法律效力。作为进出口业务人员，必须认真对待每一项书面磋商，从形式到内容，从每个词到每句话都必须仔细推敲，不能出现丝毫差错，以免造成不应有的损失。

提醒您

> 有时利用单独一种方式便可达成协议，有时则需要两种方式交叉进行。对于交易条件较为复杂的大宗机器设备的交易磋商，一般需要交叉使用上述两种磋商方式。首先，交易双方经过书面磋商，初步达成意向以后，再对许多技术细节采用口头磋商，进行实质性探讨，即磋商具体交易条件。

交易磋商的内容，以货物的品质、数量、包装、价格、交货和支付条件为主要内容，但通常也涉及检验、索赔、不可抗力和仲裁条件等其他内容。我国进出口公司在同国外客户建立贸易联系时，为了简化交易磋商的内容，加速进程，通常先将印有“一般交易条件”(General Terms and Conditions)的格式合同递交对方，经双方协商同意后，这些条件就成为今后双方交易的共同基础，双方均受此项“一般交易条件”的约束，这对于缩短磋商谈判的时间、节约函电费用都是有利的。合同的一般交易条件通常包括索赔、仲裁、不可抗力等条款，有的还包括商品检验、品质数量公差、保险、货运单据种类和份数以及开证注意事项等内容。

交易磋商的环节，一般包括询盘(Inquiry)、发盘(Offer)、还盘(Counter Offer)和接受(Acceptance)四个环节，其中发盘和接受是不可缺少的，是达成交易的决定性环节。因为《公约》和我国《合同法》均规定发盘和接受是合同有效的必要步骤。

一、询盘

询盘，也称询价，是指交易一方向另一方询买或询卖某项商品的交易条件，可用口头或书面表示。

询盘的内容包括商品的品质、规格、数量、包装、价格、装运等成交条件或索取样品。由于询盘人的地位不同，询盘可分为两种：

(1)买方询盘，也称“邀请发盘”。例如，飞鸽牌自行车请报盘。(Please Offer Flying Pigeon Brand Bicycles.)

(2)卖方询盘，也称“邀请递盘”。例如，可供 1 000 辆飞鸽牌自行车 5 月装运请递盘。(Can Supply 1,000pcs Flying Pigeon Brand Bicycles May Shipment Please Bid.)

在实际业务中，询盘只是探询交易的可能性，所以不具有法律上的约束力，也不是每笔业务的必经程序。

二、发盘

发盘，也称发价(Quotation)，是指交易的一方向另一方提出买入或卖出某种商品的各项交易条件，并愿意按这些交易条件达成交易、订立合同的一种肯定表示。发盘可用口头或书面方式表示。

按发盘人的地位不同，发盘可分为两种：一是由卖方发盘，或称“售货发盘”(Selling Offer)；二是由买方发盘，或称“购货发盘”(Buying Offer)，习惯称“递盘”。

在实际业务中，发盘对发盘人具有法律上的约束力，即在发盘有效期限内，发盘人不得随意撤销或修改其内容。如果在发盘有效期内，受盘人表示接受发盘，发盘人必须承担按发盘条件与对方订立合同的法律责任。

1. 发盘的构成条件

根据《联合国国际货物销售合同公约》(以下简称《公约》)第 14 条第(1)款规定：“向一个或一个以上的特定的人提出订立合同的建议，如果十分确定并且表明发盘人在得到接受时，承受约束的意旨，即构成发盘。”《公约》第 15 条第(1)款规定：“发盘于送达受盘人时生效。”据此，可以归纳构成发盘的四个条件如下：

(1)发盘应向一个或一个以上特定的人提出。即发盘必须指定受盘人，可以是一个人也可以是多个人，但必须向有名有姓的公司或个人提出，受盘人不指定，只能视为发盘的邀请。

(2)发盘内容必须十分确定。根据《公约》的规定，所谓“十分确定”，即指一项订约建议中只要列明三大要素——货物品名与质量、数量和价格三项条件，即被认为其内容“十分确定”，而构成一项有效发盘。关于构成一项发盘究竟应包括哪些内容，各国法律解释不一致。

提醒您

> 在我国国际贸易实际操作中，为了避免发生争议，在对外发盘时，应明示或暗示至少六项主要交易条件，即货物的品质、数量、包装、价格、交货条件和支付条件。

(3)发盘应表明订约的意旨。发盘人必须表明：其发盘一旦被受盘人接受，就承担与受盘人按发盘条件订立合同的责任。发盘只是订立合同的建议，如果根本没有“承受约束”的意思，就不能被认为是一项发盘。例如，在订约建议中加注“仅供参考”“以……确认为准”等保留条件，都不是一项发盘，只是邀请对方发盘。

(4)发盘应送达受盘人。根据《公约》规定，发盘只有被送达受盘人时才生效。

2. 发盘的有效期

发盘的有效期是指受盘人接受发盘的期限，超过发盘规定的时限，发盘人即不受其约束，也就是说，受盘人在有效期内接受发盘，发盘人须承担按发盘条件与之订立合同的责任；而受盘人超过有效期做出接受，发盘人就不承担与之订立合同的义务。发盘的有效期对发盘人和受盘人而言，既是一种限制又是一种保障。

在国际货物买卖中，对发盘的有效期可做明确规定，也可以不做明确规定。不做明确规定有效期的发盘，按法律在“合理时间”内有效。关于“合理时间”，国际上并无统一规定，容易引起纠纷,我国对外发盘一般采用明确有效期的方法。

在实际业务中,常见的明确规定有效期的方法有:

(1)规定最迟接受期限。例如,发盘限10月5日复到。(Offer Subject Reply Here October 5TH.)

(2)规定一段接受的期限。例如,发盘有效期为5天(Offer Valid 5 Days),这种规定方法必须明确"一段时间"的起止问题。《公约》规定:以电报交发时刻或信上载明的发信日期起算;如信上未载明发信日期,则从发盘送达受盘人时起算。如接受期限的最后一天是发盘人营业地的正式假日或非营业日,则应顺延至下一营业日。

3. 构成发盘失效的情况

发盘失效是指发盘的法律效力消失,也就是发盘人不再受发盘的约束,受盘人失去接受该发盘的权利。关于发盘效力终止的原因,一般有下列几种情况:

(1)过期。发盘超过规定的有效期,或未规定有效期,则超过合理的时间后,发盘即告失效。

(2)拒绝。受盘人明确拒绝接受一项发盘,则该发盘失效。

(3)还盘。实际上就是受盘人对发盘的拒绝,一经受盘人做出还盘,原发盘就失效。

(4)撤销。发盘人对发盘进行有效撤销,发盘失效。

发盘的撤销是指一项发盘在已经送达受益人之后,由发盘人设法解除其效力。一项发盘在尚未送达受盘人之前,由发盘人发通知设法阻止其生效,称为发盘的撤回。

按照《公约》的有关规定:如果发盘撤回通知于发盘送达受盘人之前或同时送达受盘人,发盘得以撤回;如果发盘撤销通知于受盘人发出接受通知之前送达受盘人,发盘得以撤销;但注明有效期的发盘或表明不可撤销的发盘或受盘人有理由信赖该发盘是不可撤销的并已本着对该项发盘的信赖行事的发盘均不可撤销。

微型案例

有效发盘能否随意撤销

我国某对外工程承包公司于某年10月5日以电传请美国某供应商发盘出售钢材一批,我方在电传中声明:要求这一发盘是为了计算一项承建大楼的标价和确定是否参加投标之用。我方必须于10月18日向招标人递交投标书,招标人的开标日期为10月31日。美国供应商于10月8日向我发盘,我方据以计算标价,并于10月18日向招标人递交投标书。由于国际市场价格上涨,10月22日美国供应商来电要求撤销其10月8日的发盘,我方当即表示不同意撤盘。于是,双方为能否撤销发盘发生争执,及至10月31日招标人开标,我方中标,随即以电传通知美国供应商接受其10月8日发盘,但美国供应商坚持该发盘已于10月22日撤销,合同不能成立;而我方则坚持合同已经成立。对此,双方争执不下,于是提交仲裁。试分析此案应如何处理?说明理由。

【评析】此案中,美商发盘未规定有效期,按《联合国国际货物销售合同公约》,理解发盘有效期为在合理时间内有效。根据《公约》规定,美商的发盘是不能撤销的,因受盘人已本着对该项发盘的信赖采取了行动,递交了投标书。本案中,合同已成立,应判我工程承包公司胜诉。

三、还盘

还盘，也称还价，是指受盘人对发盘内容不完全同意，而提出修改或变更的表示，还盘可用口头或书面方式表示。

例如，你方 2 日电，还盘 30 英镑，CIF 伦敦，限 8 日我方时间复到有效。（Your Cable 2 Counter Offer Sterling 30 CIF London Reply Here 8TH.）

还盘总是受盘人做出，还盘既是受盘人对发盘的拒绝，也是受盘人以发盘人的地位提出的新的发盘。新的受盘人又可以对还盘做出还盘，这种还盘称为再还盘。一项交易的达成往往要经过若干次的反复还盘。

还盘并不是每一笔交易磋商的必经环节，但多数情况下，一笔交易的达成往往离不开还盘。

微型案例

我 A 公司向国外 B 公司发盘，报谷物 300 公吨，每公吨 250 美元，发盘有效期为 10 天。3 天后，B 公司复电称，对该批货物感兴趣，但要进一步考虑。2 天后，B 公司两次来电，要求将货物数量增至 600 公吨，价格降至 230 美元/公吨。7 天后我公司将这批谷物卖给另外一外商，并在第 10 天复电 B 公司，通知货已售出。但外商坚持要我方交货，否则以我方擅自撤约为由，要求赔偿。试问：我方是否应该赔偿？为什么？

【评析】我方不用赔偿。因为在发盘有效期 10 天内，B 公司两次来电，要求将货物数量增至 600 公吨，价格降至 230 美元/公吨，这是还盘。还盘一经做出，原发盘就已经失效。即使在原发盘的有效期内，原发盘者可以任意处理货物，不受此发盘的约束。

四、接受

接受是指交易的一方同意对方发盘中提出的交易条件，并愿意按这些交易条件达成交易、订立合同的一种肯定表示。接受在法律上称为“承诺”，它与发盘一样，一经做出，也就承担了与对方订立合同的法律责任。接受是交易磋商最后一个环节，是交易磋商必经的一个环节。

1. 构成有效接受的条件

根据《公约》规定，构成有效接受应具备以下四个条件：

(1)接受必须由指定的受盘人做出。发盘是向特定的受盘人做出的，与其相对应，接受必须由指定的受盘人做出，除受盘人之外的第三者做出的接受都不是有效接受。

(2)接受必须表示出来。根据《公约》规定，缄默与不行动本身不等于接受，接受必须以某种方式表示。在实际业务中，接受的表示方式有口头或书面声明，另外还有行为声明。例如，进口商向出口商发盘，由于发盘内容明确、肯定，出口商装运货物这一行为，就表示同意，而无须向发盘人发接受通知，则接受于该项行为做出时生效。

(3)接受必须是同意发盘所提出的交易条件。根据《公约》规定，受盘人必须无条件地、全部同意发盘人的条件，才能表明有关的交易条件达成一致，合同才能成立。所以，接受必须是绝对地、完全地和无保留地符合发盘要求。

(4)接受必须在发盘的有效期内送达发盘人。凡是发盘都规定了有效期，有效期既是对发盘人约束的期限，又是受盘人接受发盘的期限。受盘人只有在有效期内接受发盘，发盘人才承担按发盘条件与之订立合同的责任，超过有效期的接受无效。

2. 有条件的接受

有条件的接受是指受盘人在答复发盘时，使用了“接受”(Accepted)字样，但又对接受的发盘内容做出某些添加、限制或其他更改。从法律上讲，有条件的接受，只能算还盘，但是根据国际贸易的实际，《公约》对“有条件的接受”又做出了一些特殊规定。

提醒您

《公约》对“有条件的接受”的特殊规定

《公约》将接受中对发盘条件的变更分为两大类，这两种变更在法律效力上完全不同：

(1)实质性变更(Material Alteration)，即在实质上变更发盘的条件。例如，对货物的价格、付款、质量和数量、交货地点和时间、赔偿责任范围或解决争端等方面的变更，为实质性变更，只能构成还盘，接受无效，合同不成立。

(2)非实质性变更(Non-material Alteration)，即在实质上并不变更发盘的条件。例如，要求提供重量单、装箱单、商检证、产地证等单据，或增加某种单据的份数等附加条件，应视为非实质性变更的接受，仍构成有效接受，合同成立。

3. 逾期接受

逾期接受(Late Acceptance)，又称迟到的接受，是指受盘人发出的接受通知超过发盘人规定的有效期，或发盘中未明确规定有效期而超过合理时间才送达发盘人。逾期接受在一般情况下无效。但《公约》对这一问题做了灵活处理:第一，只要发盘人毫不延迟地用口头或书面形式通知受盘人，认为该项逾期接受有效，那么合同就成立。如发盘人对逾期的接受表示拒绝或不立即向受盘人发出上述通知，则该项逾期接受无效，合同不成立。第二，如果载有逾期接受的信件或其他书面文件显示，在传递正常的情况下，本应是能够送达发盘人的，则这项接受应当有效。除非发盘人毫不迟延地用口头或书面形式通知受盘人，他认为发盘已经失效。总之，逾期接受是否有效，关键要看发盘人如何表态。

4. 重新接受

重新接受是指受盘人接到一项发盘时，首先做出了拒绝或还盘，然后又表示接受。这种接受是否有效，要根据情况而定，如果受盘人采用更加快捷的传递方式将接受通知发出，并使其先于拒绝或还盘送达发盘人，则该项接受有效；如果接受通知与拒绝或还盘同时送达发盘人，或者迟于拒绝或还盘送达发盘人，则此项接受无效。因为拒绝或还盘一旦送达发盘人，发盘即告失效，受盘人已无接受的权利。

5. 接受的撤回

接受的撤回是指接受生效之前给予取消，以阻止其生效。根据《公约》规定:“接受得予撤回，如果撤回通知于原接受生效之前或同时送达发盘人。”由于接受是送达发盘人才生效，撤回通知只要同时或先于原接受送达发盘人，就可以撤回接受。接受通知一经到达发盘人即不能撤销。因为，接受一生效，合同即告成立。

微型案例

附有条件的"接受"是否有效

某年3月10日,我国陕西某进出口公司应荷兰某客商的请求,报出某初级产品的实盘:数量100公吨,每公吨CIF鹿特丹263美元,麻袋装,即期装运,不可撤销即期信用证付款。

3月12日,对方接到我方报盘后发来回电,没有表示接受,而再三请求我方增加数量,降低价格,并延长装运期。

3月20日,我方回电,同意将数量增至200公吨,价格减至每公吨CIF鹿特丹253美元,装运期延长到5月底。3月22日对方回电,仍然没有表示接受,要求再降低价格,再度延长装运期。

3月28日,我方回电表示价格不能再降,但装运期可延长到6月20日,并声明4月10日复到有效。

对方没有立即回电。直到4月8日,对方来电接受我方3月28日的发盘,但附加了包装条件为"需提供良好适合海运的袋装"。

我方在接到对方接受电报时,发现该产品主要生产国因遭受自然灾害而影响了该商品的产量,导致该产品的国际市场价格已猛涨,于是我方拒绝成交,并复电称:"由于世界市场的变化,货物在接到贵方接受电报前已售出。"

但对方不同意这一说法,认为接受是在要约有效期内做出的,因而是有效的,坚持要求我方按要约的条件履行合同。并提出,要么执行合同,要么赔偿对方差价26 000美元,否则提交仲裁机构解决。

我方公司回电,提出我方的发盘未注明"Firm Offer"(实盘)字样,所以合同无效。

双方经多次交涉,争论十分激烈,但最后我方只能以承认合同成立而告终,只是坚持包装为麻袋装,从而造成我方巨大损失。

【评析】荷兰客商接受我方发盘时附加了包装条件为"需提供良好适合海运的袋装",这一附加条件并非"实质性变更",不影响接受的效力,因此合同成立,我方拒绝成交是不对的。

任务二 确定商品品质、数量和包装

发盘是国际贸易磋商必不可少的一个环节。发盘内容必须十分确定,根据《公约》的规定,所谓"十分确定",即指一项订约建议中只要列明三大要素——货物品名与质量、数量和价格三项条件,即被认为其内容"十分确定",可构成一项有效发盘。另外,作为商品的"外衣",商品的包装对商品保存、宣传、贮存、运输、销售和使用都起着重要作用,也是确定交易商品标的的重要方面。

子任务1 确定商品品质

商品名称或品名(Name of Commodity),是指能使某种商品区别于其他商品的一种称呼或概念。在国际贸易中,看货成交、一手交钱一手交货的情况极少。特别是电子商务时代的到来,买卖双方一般通过电传、传真、EDI、互联网等现代通信手段或信息网络来联系、洽商交易、签订和履行合同，通常很少见到具体商品，一般只是凭借对拟买卖的商品做必要的描述来确定交易的标的，因而必须列明商品名称。品名条款是买卖合同中不可缺少的一项主要交易条款。

按照有关的法律和惯例，对成交商品的描述，是构成商品说明的一个主要组成部分，是买卖双方交接货物的一项基本依据，它关系到买卖双方的权利和义务。若卖方交付的货物不符合约定的品名，买方有权提出损害赔偿要求，直至拒收货物或撤销合同。因此，在国际货物买卖合同中列明具体的商品名称，具有重要的法律和实际意义。

一、商品命名的常用方法

商品的名称在一定程度上体现了商品的自然属性、用途以及主要的性能特征。商品名称的命名方法一般有以下几种：

(1)以其主要用途命名——便于消费者按其需要购买。如旅游鞋、打印机等。

(2)以其主要成分或原料命名——反映出商品的质量、内涵。如玻璃杯、羊绒衫、橄榄油等。

(3)以其自身的外观造型命名——有利于消费者从字义了解商品特征。如铅笔裤、平底锅等。

(4)以名胜古迹、著名人物命名——引起消费者的注意或兴趣。如东坡肉、景德镇瓷器等。

(5)以制作工艺命名——提高商品的威望，增强消费者的信心。如脱脂奶粉、压榨花生油等。

(6)以其响亮的褒义词命名——突出商品的使用效能、对象和特性。如太太口服液、护眼灯等。

二、贸易合同中的品名条款

国际货物买卖合同中的品名条款并无统一格式，一般都比较简单，通常在“货物描述”(Description of Goods)或“商品名称/品名”栏内具体列明交易双方成交商品的名称。就一般商品来说，有时只要列明商品的名称即可。但有的商品，往往具有不同的品种、等级和型号。因此，为了明确起见，也可把有关具体品种、等级和型号的概括性描述包括进去，作为进一步的限定。此外，有的甚至把商品的品质规格也包括进去，这实际上是把品名条款与品质条款合并在一起。

提醒您

国际货物买卖合同中，品名条款是合同中的主要条款。因此，在规定此项条款时，应注意下列事项：

(1)品名必须能确切反映交易标的物的特点，应明确、具体，避免空泛、笼统的规定。

(2)尽可能使用国际上通用的名称，若使用地方性的名称，交易双方应事先就其含义取得共识。对于某些新商品的定名及其译名，应力求准确、易懂，并符合国际上的习惯称呼。

(3)条款中规定的品名，必须是卖方能够供应且买方所需要的商品，凡做不到的或不必要的描述性的词句都不应列入。

(4)注意选用合适的品名，以利减低关税、方便进出口和节省运费开支。

三、商品的品质

商品的品质(Quality of Goods)又称质量，是商品的外观形态和内在质量的综合。货物的外观形态包括造型、色泽、硬度和光洁度等外在属性。内在质量包括化学成分、物理和机械性能、生物特征和技术指标等。在国际市场上，货物的外观和内在质量都是十分重要的。商品品质是决定商品的使用效能和市场价格的重要因素。品质的优劣直接影响商品的使用价值，而使用价值的高低又决定了商品价格的高低。当今国际市场是以消费者需求为中心的买方市场，国际市场上日趋激烈的商品竞争已逐渐从价格竞争转向非价格竞争。因此，不断改进和提高出口商品的质量，提高产品的适销性，加强产品的售后服务，已成为各国通过非价格因素增强自身竞争力，进而加强和巩固国际市场的必要而又有效的手段。

合同中的品质条件是构成商品说明的重要组成部分，是买卖双方交接货物的依据。英国货物买卖法把品质条件作为合同的要件。《联合国国际货物销售合同公约》(以下简称《公约》)规定卖方交货必须符合约定的质量条件，如卖方交货不符合约定的品质条件，买方有权要求损害赔偿，也可要求修理或交付替代货物，甚至拒收货物和撤销合同。这就进一步说明了品质的重要性。

1. 对进口商品品质的要求

进口商品质量的优劣，直接关系到国内用户和消费者的切身利益。凡品质、规格不符合要求的商品，不应进口。对于国内生产建设、科学研究和人民生活急需的商品，进口时要“货比三家”，切实把好质量关，使其品质、规格不低于国内的实际需要，以免影响国家的生产建设和人民的消费与使用。但是，也不应超越国内的实际需要，任意提高对进口商品品质、规格的要求，以免造成不应有的浪费。总之，对进口商品品质的要求，要从我国现阶段的实际需要出发，分不同情况，实事求是地予以确定。

2. 对出口商品品质的要求

我国出口商品要同全世界广大用户和消费者见面，为了适应他们的需要，我们必须贯彻“以销定产”的方针和坚持“质量第一”的原则，严格把好出口质量关，并做好以下几方面工作：

(1)出口企业应不断提高出口产品的质量，严格把守质量检验关，凡质量不稳定或质量不过关的商品，绝不轻易出口，以免败坏声誉。即使质量较好的商品，也不能满足现状，要本着精益求精的精神不断改进和提高出口商品质量，加速更新换代。重视科技开发，加强新产品的研制，提高出口商品的技术含量，以赶上和影响世界的消费潮流，增强商品在国际市场的竞争力。

(2)发展适销对路的出口商品。针对不同市场和不同消费者的需求来确定出口商品质量。重视对不同目标市场、不同时期消费者需求的研究，把握不同层次消费者需求的特点及其变化方向，增加我国传统优势商品的品种、档次，提高这些商品的质量性能，同时增加新商品的花色品种，使我国出口商品的质量具有较强的市场适应性、针对性、竞争性。

(3)各国对进口商品的质量都有某些法令规定和要求，凡质量不符合法令规定和要求的商品，一律不准进口，有的还要就地销毁，并由货主承担由此引起的各种费用。因此，我们必须充分了解各国对进口商品的法令规定和管理制度，以使我国出口商品能顺利地在国际市场上销售。

(4)由于各国自然条件和季节变化不同，销售方式各异，商品在运输、装卸、存储和销售过程中，其质量可能会起某种变化，因此，注意自然条件、季节变化和销售方式的差异，掌握商品在流通过程中的变化规律，使我国出口商品质量适应这些方面的不同要求，也有利于增强我国出口商品的竞争力。

(5)为了促进各国产品质量的提高，提高企业管理水平，保护消费者利益，国际标准化组织(International Organization for Standardization，ISO)在推出ISO9000“质量管理和质量保证”系列标准的基础上，又推出了另一项一体化管理标准ISO14000“环境管理”系列标准。国际标准反映了国际先进水平，采用国际标准有利于吸收国外先进的科学技术，提高出口产品的质量和技术水平；有利于消除国际贸易中的技术壁垒，开拓国际市场，扩大产品的出口；有利于我国出口企业及时了解国际上先进的生产技术，促进出口企业管理水平、生产水平和产品质量的不断提高。

实施ISO的这两个一体化管理体系，有助于改善和提高我国企业和产品在国内外消费者、客户中的形象，降低经营及管理成本，使我国产品适应国际市场对于产品在质量上的新要求，提高我国产品的国际竞争力。

四、合同中规定质量条款的方法

国际贸易中所交易的商品，种类繁多，特点各异，故表示品质的方法也多种多样。归纳起来，包括凭实物表示和凭说明表示两类。

(一)凭实物表示商品品质

凭实物表示商品品质，包括凭成交商品的实际品质(Actual Quality)和凭样品(Sample)两种表示方法。前者指看货买卖；后者指凭样品买卖。

1. 看货买卖

当买卖双方采用看货成交时，则买方或其代理人通常先在卖方存放货物的场所验看货物，一旦达成交易，卖方就应按对方验看过的商品交货。只要卖方交付的是买方验看过的货物，买方就不得对品质提出异议。

在国际贸易中，由于交易双方远隔两地，买方到卖方所在地验看货物有诸多不便，即使卖方有现货在手，买方也是由其代理人代为验看货物，但看货时也无法逐一查验，因此采用看货成交的方式有一定的局限性。这种方式一般只适用于一些具有独特性质的商品，如特殊的工艺品、古玩、首饰、名人字画等，而且通常是在拍卖、寄售和展卖等时采用。

2. 凭样品买卖

样品通常是指从一批商品中抽出来的或由生产使用部门设计、加工出来的，足以反映和代表整批商品品质的少量实物。凡以样品表示商品品质并以样品作为交货依据的买卖，称为“凭样品买卖”(Sale by Sample)。

按样品提供者的不同，凭样品买卖可分为凭卖方样品买卖、凭买方样品买卖和凭对等样品买卖三种。

(1)凭卖方样品买卖(Sale by Seller's Sample)。凭卖方样品作为交货依据的，称为凭卖方样品买卖。通常在合同中列明“品质以卖方样品为准”(Quality as per Seller's Sample)。

提醒您

> 采用凭卖方样品买卖时应注意以下几个问题：
>
> (1)卖方所提供的样品不能侵犯第三方的工业产权或其他知识产权。
>
> (2)卖方所提供的样品必须是具有代表性的样品，该样品质量不能定得过高，以免造成生产和履约的困难；但也不宜定得过低，以免在价格上吃亏。
>
> (3)卖方在向买方提供样品时应保留至少一份(件)与送交样品品质完全一样的样品，即“留样”(Keep Sample)或“复样”(Duplicated Sample)，并列明相同的编号及送交买方的具体日期，以备交货或处理品质纠纷时核对之用，或日后作联系、洽谈交易之参考。同时，留存的复样应妥善保管，以保证样品品质的稳定。

(2)凭买方样品买卖(Sale by Buyer's Sample)。交易双方约定成交和交货的品质以买方提供的样品为依据时，称为凭买方样品买卖，在我国也称为“来样成交”或“来样制作”。通常在合同中列明“品质以买方样品为准”。

(3)凭对等样品买卖(Sale by Counter Sample)。在国际贸易中，谨慎的卖方往往不愿意承接凭买方样品交货的交易，以免因交货品质与买方样品不符而招致买方索赔甚至退货的危险。在此情况下，卖方可根据买方提供的样品，加工复制出一个类似的样品交买方确认，这种经确认后的样品，称为“对等样品”或“回样”，也称“确认样品”(Confirming Sample)。一旦对等样品被买方确认，则日后卖方所交货物的品质必须以对等样品为准。

小技巧

> 在采用凭样品买卖时，卖方交货品质必须与样品完全一致。这一点几乎难以做到，故如果使用“凭样品买卖”，应在合同中注明所允许的公差或在合同中注明“品质与样品大致相同”(Quality shall be about equal to the sample)等，以免日后发生争议。
>
> 而如果双方是以介绍商品为目的寄送的样品为依据，必须标明“仅供参考”(For reference only)。
>
> 一般情况下，凡能用科学指标表示商品质量时，应避免采取凭样品买卖。上述各种表示品质的方法，一般是单独使用，但有时也可酌情将其混合使用。

(二)凭说明表示商品品质

所谓凭说明表示商品品质，是指用文字、图表、照片等方式来说明成交商品的品质。具体表示方法有以下几种：

1. 凭规格买卖

商品的规格(Specification)是指用以反映商品品质的若干主要指标，如化学成分、含量、纯度、性能、容量、长短、大小、粗细等。在国际贸易中，买卖双方洽谈交易时，对于适于凭规格买卖(Sale by Specifications)的商品应提供具体规格来说明商品的基本品质状况，并在合同中订明。

凭规格买卖时，说明商品品质的指标因商品不同而异。即使是同一商品，也会因用途不同而对规格的要求有所差异。如用作生产白砂糖的甘蔗就要求列明含糖量，而作为水果食用时含糖量只是衡量指标之一。由于凭规格买卖明确具体、简单方便，故在国际贸易中被广泛运用。

2. 凭等级买卖

商品的等级(Grade of Goods)是指同一类商品按其规格上的差异，分为品质优劣各不相同的若干等级。

例如，我国出口的冻带骨兔肉分为：特级：每只净重不低于 1 500 克；大级：每只净重不低于 1 000 克；中级：每只净重不低于 600 克；小级：每只净重不低于 400 克。

由于不同等级的商品具有不同的规格，为了便于履行合同和避免争议，在品质条款列明凭等级买卖(Sale by Grade)的同时，最好一并规定每一个等级的具体规格，以促进成交，体现按质论价。

3. 凭标准买卖

商品标准是指将商品的规格和等级予以标准化。在国际货物买卖中，交易双方采用某一标准作为规定和衡量商品品质的依据，称为“凭标准买卖”(Sale by Standard)。商品标准一般由政府机关、同业工会、国际标准化组织(ISO)等规定并公布。世界各国都有自己的标准，如英国为 BS、美国为 ANSI、法国为 NF、德国为 DIN、日本为 JIS 等。此外，还有国际标准化组织 ISO 标准，国际电工委员会(IE)等制定的标准。我国有国家标准、行业标准、地方标准和企业标准等。如钢丝绳的标准有国标、英标、美标等。

在国际贸易中应尽量采用我国的标准，以便安排生产。如果在出口贸易中外商要求采用外国标准，则应落实好生产厂家。另外，对于某些品质变化较大而难以规定标准的农副产品，往往采用以下两种标准：

(1)良好平均品质(Fair Average Quality，FAQ)。该品质是指一定时间内某地方出口货物的平均品质水平。在我国实际业务中，用 FAQ 来说明品质，一般是针对中等货或大路货而言的。在标明大路货的同时，通常还约定具体规格作为品质依据。例如，“甘薯片，2015 年产，大路货，最高水分 14%。交货品质以合同规定的规格为依据”。

(2)上好可销品质(Good Merchantable Quality，GMQ)。该品质是指卖方交货品质只需保证是上好的，适合于市场销售，无须说明商品的具体品质。这种品质标准更为笼统，一般适用于木材或冷冻水产品等。这种笼统的标准容易引起争议，在外贸业务中很少使用。

4. 凭说明书和图样买卖

在国际贸易中，对一些技术密集型产品，如机器、仪器、仪表等，通常以说明书并附以图样、照片、设计图纸、分析表及各种数据来说明其具体性能和结构特点，称为凭说明书和图样买卖(Sale by Descriptions and Illustrations)。按这种表示品质的方法成交时，卖方所交货物必须符合说明书和图样的要求。但由于对这类产品的技术要求较高，有时同说明书和图样相符的产品，在使用时不一定能发挥出设计所要求的性能，买方为了维护自身的利益，往往要求在买卖合同中加订卖方品质保证条款和技术服务条款。

5. 凭品牌或商标买卖

品牌(Brand)是指工商企业给其制造或销售的商品所冠的名称，以便与其他企业的同类产品区别开来。商标(Trade Mark)是指生产者或销售商用来识别其所生产或销售商品的标志，它可由一个或几个具有特色的单词、字母、数字、图形或图片等组成。一个品牌可用于一种产品，也可用于一个企业的所有产品。

当前，国际市场上行销的许多商品，尤其是日用消费品、加工食品、耐用消费品等都标有一定的商标或品牌。一些在国际上久负盛名的名牌产品，都因其品质优良、稳定，具有一定的特色并能显示消费者的社会地位，故其售价远远高出其他同类产品。而一些名牌产品的制造者为了维护其商标的信誉，对其产品都进行严格的品质控制，以保证其产品品质达到一定的标准。因此，商标或品牌本身实际上是一种品质象征。人们在交易中就可以只凭品牌或商标买卖（Sale by Brand or Trade Mark），无需对品质提出详细要求。但是，如果一种品牌的商品同时有许多不同型号或规格，为了明确起见，就必须在规定品牌的同时，明确规定型号或规格。如果在交易中外方要求我方在产品上打上某商标或牌号，我方应在合同中要求注明“商标牌号由外方提供，如有侵权，应由外方负责”。

6. 凭产地名称买卖

在国际贸易中，有些产品，因产区的自然条件、传统加工工艺等因素的影响，在品质方面具有其他产区的产品所不具有的独特风格和特色，在国际上享有盛誉。对于这类产品，一般可用产地名称来表示其独特的品质，称为凭产地名称买卖（Sale by Name of Origin）。例如，“镇江香醋”“景德镇瓷器”等。

五、有关货物质量的默示义务

由于商品品种不同，表示品质的方法不一，故品质条款的内容及其繁简应视商品特性而定。为了便于卖方交货，在规定品质及订立品质条款时应注意留有余地，规定一些灵活条款，卖方所交商品质量只要在这一规定的范围内，即可认为交货质量与合同相符，买方无权拒收。常见的规定办法有以下两种：

1. 品质机动幅度

（1）规定范围。即规定某项品质指标允许有差异的范围。例如，花色布幅宽 45"/46"，即布的幅宽在 45～46 英寸均为合格。

（2）规定极限。即对所交货物的品质规格，规定上下极限。如最大、最高、最多（Maximum，Max.）；最小、最低、最少（Minimum，Min.）。例如，大米的碎粒最高为 35%，水分最高为 15%，杂质最高为 1%。

（3）规定上下差异。即在规定某一具体质量指标时，允许浮动一定的百分比。例如，灰鸭毛含绒量 18%，允许上下增减 1%。

2. 品质公差

品质公差（Quality Tolerance）是指国际上公认的产品品质的误差，即允许交付货物的特定质量指标有公认的差异。在工业品生产过程中，产品的质量指标产生一定的误差有时是难以避免的，如手表走时一段时间内误差若干秒。这种误差若为某一国际同行业所公认，即为“品质公差”。交货质量在此范围内即可认为与合同相符。品质公差适用于对精度要求较高的工业制成品的交易。

六、签订质量条款应注意的问题

1. 正确采用表示商品品质的方法

品质条款的内容，必然涉及表示品质的方法。究竟采用何种表示品质的方法，应视商品的特性而定。

小技巧

凡能用科学的指标说明其质量的商品，适用凭规格、等级或标准买卖；
有些难以规格化或标准化的商品，如工艺品等，适用凭样品买卖；
某些质量好，并具有一定特色的名优产品，适用凭商标或品牌买卖；
某些结构、性能复杂的机器、电器和仪表等商品，适用凭说明书和图样或产品目录买卖；
具有地方风味和特色的商品，则可凭产地名称买卖。

提醒您

在出口业务中，凡能够用一种方法表示品质的，一般不宜采用两种或两种以上方法表示，以免受制过多而给交货带来困难。

2. 实事求是地规定品质指标

订立品质指标必须符合实际情况，要符合买卖双方的具体要求和能力，既不能订得过高，也不宜订得过低，以免影响合同的顺利履行。

3. 品质条款要科学合理以及有一定的灵活性

品质条款应力求明确、具体、完整、简洁，不宜采用诸如“大约”“合理公差”之类的模糊、笼统字眼。对某些制成品和初级产品，应根据货物特性和实际需要规定品质机动幅度和品质公差，必要时订立品质增减价条款。

子任务 2　确定商品数量

商品的数量(Quantity)是以一定的度量衡来表示商品的重量、个数、长度、面积和容积的量，它是构成一项货物买卖合同必须具备的条件。这里的“数量”是个广义概念，不同于人们日常所指的“个数”含义。商品的数量是国际货物买卖合同中的主要交易条件之一，正确掌握成交数量和订好合同中的数量条款具有十分重要的意义。买卖合同中成交数量的确定，不仅关系到进出口任务的完成，而且还涉及对外政策和经营意图的贯彻。正确掌握成交数量，对促进交易的达成和争取有利的价格也具有一定的作用。

在国际货物买卖中，交易商品使用的数量计算方法通常有按重量、容积、数量、长度、面积、体积六种计量方法。由于商品的种类、特性和各国度量衡制度的不同，因此计量单位和计量方法也多种多样。

一、计量的单位

国际贸易中，根据商品的不同特性，通常使用的计量单位有以下几种：

1. 重量单位(Weight)

例如：公吨(Metric Ton，M/T)、长吨(Long Ton，L/T)、短吨(Short Ton，S/T)、千克(Kilogram，kg)、克(Gram，g)、盎司(Ounce，oz)、磅(Pound，lb)等。适用商品：农副产品、矿产品及

部分工业制成品，如大米、谷物、羊毛、煤等。

2. 数量单位(Number)

例如：件(Piece)、双(Pair)、套(Set)、打(Doz)、袋(Bag)、包(Bale)等。适用商品：一般日用工业制成品及杂货类商品，如文具、成衣、车辆、活牲畜等。

3. 长度单位(Length)

例如：米(Metre，m)、英尺(Foot，ft)、码(Yard，yd)等。适用商品：布匹、电线、电缆、绳索、胶管等。

4. 面积单位(Area)

例如：平方米(Square Metre，m^2)、平方英尺(Square Foot，ft^2)、平方码(Square Yard，yd^2)等。适用商品：皮制商品、部分装潢材料，如皮革、木板、玻璃、地砖、地毯等。

5. 体积单位(Volume)

例如：立方米(Cubic Metre，m^3)、立方英尺(Cubic Foot，ft^3)、立方码(Cubic Yard，yd^3)等。适用商品：木材、砂石、化学气体等。

6. 容积单位(Capacity)

例如：蒲式耳(Bushel，bu)、公升(Litre，l)、加仑(Gallon，gal)等。适用商品：部分谷物、流体或气体物品，如啤酒、汽油、液化气等。

由于各国度量衡制度不同，因此所使用的计量单位各异。目前，国际贸易中常用的度量衡制度有国际单位制、公制、英制和美制。

二、计算重量的方法

根据商品的性质和一般商业习惯，计算重量的方法主要有以下几种：

1. 毛重

毛重(Gross Weight)是指商品本身的重量加包装物的重量。包装物的重量称皮重(Tare)。这种计量方法适用于低值商品。

2. 净重

净重(Net Weight)是指商品本身的重量，即除去包装物后的商品实际重量。净重是国际贸易中最常见的计重办法。例如，中国桐油，桶装，净重 1 000 公吨。如果在合同中没有明确规定交货的数量是按毛重还是按净重计算，习惯上也是按净重计算。但有些价值较低的农产品或其他产品，有时也用“以毛作净”(Gross for Net)的办法计重，即以毛重当作净重计量。例如，天津红小豆，每公吨 300 美元，共 10 000 公吨，以毛作净。

小资料

净重与毛重的关系

净重与毛重之间存在如下关系：净重＝毛重－皮重。

这里所说的皮重(Tare)就是商品内外包装的总重量。在实际业务中，根据毛重和皮重就可以计算出商品的净重。视具体情况的不同，皮重可以通过下面四种方法求得：

(1)按实际皮重(Actual Tare)计算。实际皮重是指包装物的实际重量，是对包装物逐件衡量后所得到的重量总和。按这种方法计算，计算结果准确，但比较费时，工作量和费用也较大。

(2)按平均皮重(Average Tare)计算。有的商品，包装材料和规格比较统一，衡量其重量时可先抽若干件包装过重，随后加以平均，以平均数作为每件包装的重量。这种方法比较省时、省费。

(3)按习惯皮重(Customary Tare)计算。较规格化的包装，其重量已被市场公认，因此不必每次都重复衡量，按习惯上公认的皮重乘以总件数即可。譬如装运粮食的机织麻袋，公认重量为2.5磅。

(4)按约定皮重(Computed Tare)计算。即不需经过实际衡量，而以买卖双方事先约定协商的包装重量作为计算的基础。

3. 公量

有些商品，如棉花、羊毛、生丝等有比较强的吸湿性，所含的水分受客观环境的影响较大，其重量也就很不稳定。为了准确计算这类商品的重量，国际上通常采用按公量(Condition Weight)计算。公量是以货物的国际公定回潮率计算出来的，公式如下：

公量＝商品干净重×(1＋公定回潮率)＝干量＋标准含水量

公量＝实际重量×(1＋公定回潮率)/(1＋实际回潮率)

例如，某公司出口羊毛一批，双方约定标准回潮率为11%，现有羊毛105公吨，经过测定，回潮率为9%。试计算符合双方约定的重量。

105×(1＋0.11)÷(1＋0.09)＝105×1.11÷1.09＝106.93(公吨)

4. 理论重量

对于一些按固定规格生产和买卖的商品，只要其重量一致，每件重量大体是相同的，所以一般可以从其件数推算出总重量，称为理论重量(Theoretical Weight)。但是，这种计算方法是建立在每件货物重量相同的基础上的，重量如有变化，其实际重量也会发生变化，因此，只能作为计重时的参考。理论重量适用于按固定规格设计制造的商品，如马口铁、铝锭、钢板等。

5. 法定重量或实物净重

法定重量(Legal Weight)是指某些国家的海关在对商品征收从量税时所使用的计重方法。法定重量是指商品本身的重量加上直接接触商品的包装材料的重量；而除去这部分包装重量所表示出来的纯商品的重量，则称为实物净重(Net Weight)。

三、数量条款的规定

买卖合同中的数量条款，是买卖双方交接货物和处理争议的依据，主要包括成交商品的数量和计量单位。按重量成交的商品，还需订明计算重量的方法。对于大宗散装货物，还需要规定数量机动幅度。因此，在合同中必须对数量条款做出明确合理的规定。数量条款的内容极其烦琐，应视商品的特性而定。

数量机动幅度(Quantity Allowance)是指卖方实际交货数量可多于或少于合同规定数量的一定范围。数量机动幅度包括溢短装和“约”量两种规定办法。

(1)溢短装条款(More or Less Clause)。也可称为增减条款(Plus or Minus Clause)，即允

许交货时可多装或少装合同规定数量的一定百分比的条款。有些大宗商品，比如粮食、矿砂、化肥、食糖等，由于货源变化、船舶容量、装载技术等原因，往往难以准确地按约定数量交货，一般在合同中规定溢短装幅度，如“5% more or less is acceptable”。

小技巧

> 如果买卖合同中的数量条款规定“100M/T 5% more or less at seller's option”，那么，根据《公约》的规定，卖方最多和最少可交多少公吨的货物？多交部分如何作价？若双方事先未约定多交部分的作价，当市场价格上涨，卖方应该多交还是少交？
>
> 解答：①卖方最多交 105 公吨，最少交 95 公吨。
>
> ②多交部分的作价方法有：按合同价格作价或按市场价格作价。
>
> ③若双方事先未约定多交部分的作价，当该货物市场价格上涨时，卖方应该少交，交足 95 公吨即可。

提醒您

> 如果合同中未明确规定数量机动幅度，则卖方应严格按照合同中规定的数量交货。但是，买方如采用信用证方式付款，根据《跟单信用证统一惯例》(UCP600)的规定，除非信用证中规定货物数量不得增减，在支取金额不超过信用证金额的情况下，卖方所交货物数量允许有 5%的机动幅度。但此规定对交货数量以包装单位或个数计数的商品不适用。

(2)“约”量(Approximate，About)。即在合同的数量前加“约”“大约”“近似”“左右”等字样。由于“约”的含义在国际上解释不一，因此双方当事人应事先明确约定允许增减的幅度，以免引起纠纷。但在采用信用证付款方式时，根据《跟单信用证统一惯例》(UCP600)的解释，凡“此类意义的词语”用于信用证金额或信用证所列的数量或单价时，应理解为允许对有关金额或数量或单价有不超过 10%的增减幅度。

提醒您

> (1)成交数量应充分与市场供求、销售价格、客户资信、经营能力相适应，避免违背市场规律，片面或盲目追求成交数量从而导致损失。
>
> (2)数量条款的内容必须明确、具体、完整，除了明确成交数量外，应当明确计量单位。按重量成交的应说明是按毛重或净重计算；如不说明的，根据《公约》第 56 条规定，应按净重计算。
>
> (3)对散装商品应在合同中正确规定溢短装条款。

子任务3 确定商品包装

国际贸易货物，除少数不必包装、可直接装入运输工具中的散装货(Bulk Cargo，Cargo in Bulk)和在形态上自成件数、无需包装或略加捆扎即可成件的裸装货(Nude Cargo)以外，绝大多数商品都需要有适当的包装。

商品的包装是保护商品在流通过程中的品质完好和数量完整的重要条件，是实现商品的使用价值和增加价值的重要手段之一。适当的包装，对保护、保存商品，美化、宣传商品以及方便商品的贮存、运输、销售和使用都起着重要作用。并且包装的好坏直接影响商品售价的高低。因此，交易双方在磋商时，一般要对包装做出具体、详细的规定。包装条款也是合同的重要条款之一。

一、货物包装的种类和标志

按包装在流通过程中所起的作用不同，可分为运输包装和销售包装。前者的作用主要在于保护商品；后者除起保护作用外，还有促销的功能。

(一)运输包装

1. 对运输包装的要求

出口商品的运输包装，应体现下列要求：

(1)必须适应商品的特性。例如，水泥的包装应具有防潮功能；玻璃制品、陶瓷、灯具的包装应具有防震功能；液体货物的包装应具有防漏功能。

(2)必须适应各种不同运输方式的要求。例如，海运货物的包装应牢固、防挤压、防碰撞；空运货物的包装应轻便。

(3)必须考虑有关国家的法律规定和客户的要求。例如，有的国家禁止使用柳藤、稻草作为包装材料，怕带进病虫害。

(4)要便于各环节有关人员操作。

(5)要在保证包装牢固的前提下节省费用。

2. 运输包装的分类

运输包装的方式和造型多种多样，用料和质地各不相同，包装程度也有差异。运输包装的种类可以按以下几个方面划分：

(1)包装方式。可分为单件运输包装和集合运输包装。前者是指每件货物单件包装，如箱(Case，Box，Carton)、包(Bale，Wrapper)、桶(Drum，Cask)、捆(Bundle)、袋(Bag)等；后者是指将若干单件运输包装组合成一件大包装，以利更有效地保护商品、提高装卸效率和节省运输费用。在国际贸易中，常见的集合包装有集装袋、集装包、集装箱、托盘等。

(2)包装材料。可分为纸制包装、金属制包装、木制包装、塑料包装等。如纸箱(Carton)、木箱(Wooden Case)、布袋(Cloth Bag)、铁桶(Iron Drum)等。

(3)包装质地。可分为软件包装、半硬性包装和硬性包装等。

(4)包装程度。可分为全部包装和部分包装。

在国际贸易中，买卖双方选择运输包装种类应根据商品的特性、形状、运输方式、贸易习惯的要求及相关国家的法律，在保证包装牢固的前提下尽可能节省费用。

3. 运输包装的标志

运输包装的标志是指印刷在包装上的文字、符号或图案。按其用途可分为运输标志

(Shipping Mark)、指示性标志(Indicative Mark)和警告性标志(Warning Mark)三种,以便识别和提醒人们操作时注意。

(1)运输标志,俗称"唛头",是指印刷在运输包装上,便于有关人员运输和交接货物,防止错发、错运的文字和几何图案。但是,随着电脑制单的普及和无纸贸易本身的要求,几何图案已逐渐被淘汰。按照国际标准化组织(ISO)的建议,运输标志应包括四项内容:

①收货人或买方的名称字首或简称;

②参照号,如合同号、订单号、发票号等;

③目的地;

④件数号。

[例 1]

AG

051186GE

HAMBURG

C/N 1-60

[例 2]

HLJT

0677182CN

SHANGHAI

C/N 1-200

(2)指示性标志,又称操作标志,是指根据商品的性能特性,在包装外部用简单醒目的图形或文字对一些容易破碎、残损、变质的商品做出指示标志,以引起有关人员在装卸、搬运、存放和保管过程中注意。例如,"小心轻放"(Handle with Care)、"保持干燥"(Keep Dry)等。常用的指示性标志如图 2—2—1 所示。

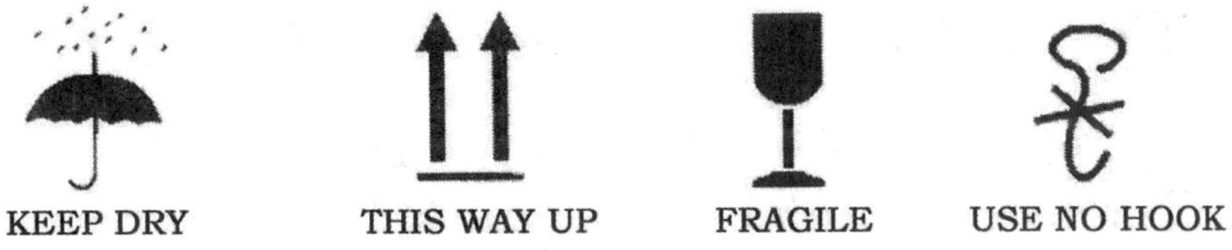

图 2—2—1 常用的指示性标志

(3)警告性标志,是指对于危险货物,为了在运输、保管和装卸过程中使有关人员加强防护措施,以保护物资和人身的安全而加在外包装上的危险货物标志。部分危险品标志如图 2—2—2 所示。

除上述包装标志外,商品的运输包装上一般还刷上毛重、净重、体积、尺码和商品生产国别或地区。例如:

GROSS WEIGHT 50KGS

NET WEIGHT 45KGS

MEASUREMENT 50×45×25CM

MADE IN CHINA

这些标志习惯上称作其他标志。

（符号：黑色；底色：橙红色） （符号：黑色或白色；底色：正红色） （符号：黑色；底色：白色）

图 2—2—2 部分危险品标志

（二）销售包装

1. 对销售包装的要求

销售包装又称内包装，是直接接触商品并随商品进入零售网点与消费者直接见面的包装。这类包装除必须具有保护商品的功能外，更应具有促销的功能。因此，对销售包装的造型结构、装潢画面和文字说明等方面，都有较高的要求。

为了使销售包装适应国际市场需要，在设计和制作销售包装时，应体现下列要求：(1)便于陈列展销；(2)便于识别商品；(3)便于携带和使用；(4)销售包装要有艺术吸引力。

另外，制作销售包装时应注意进口国家的规定、风俗习惯等。例如，日本政府规定，凡销往该国的药品，除说明成分和服用方法外，还要说明其功能，否则不准进口；许多国家的超级市场都使用条形码技术自动扫描结算，如果包装上没有条形码，则不能进入超级市场。

2. 销售包装的种类

销售包装可采用不同的包装材料和不同的造型结构与式样，这就导致销售包装的多样性。究竟采用何种销售包装，主要根据商品特性和形状而定。常见的销售包装有下列几种：

(1)挂式包装。采用挂钩、吊袋、网袋、挂孔等包装设计，便于商品的悬挂、陈列、展销。

(2)堆叠式包装。采用包装的上边盖部和底部能吻合的造型设计以便商品堆叠陈列，节省包装。

(3)便携式包装。包装上有提手装置设计或附有携带包装，方便顾客携带。

(4)喷雾包装。包装上带有自助喷出和关闭装置，适用于液体商品，使用便利。

(5)易开包装。指带有手拉盖等设计的易开罐、易开瓶和易开盒等。

(6)配套包装。指把有关联的不同规格品种的商品搭配成套的包装，如成套餐具包装盒等。

(7)复用包装。除用作商品包装外，还可提供消费者观赏、再使用等其他用途的包装。

(8)礼品包装。要求外观精美、大方、名贵，专为送礼的包装。

此外，还有便于选购和识别的透明或窗式包装，不同用途的真空、收缩包装和适用于药品、调味品等一次性使用的包装。

3. 销售包装的标志和说明

在销售包装上，一般都附有装潢画面、文字说明及条形码标志等。

(1)装潢画面。销售包装上的装潢画面要美观大方，富有艺术吸引力，并突出商品特点，其图案与色彩应适应有关国家的民族习惯和爱好。例如，日本人喜欢鸭子而忌讳荷花(丧花)；意大利人喜欢绿色而不喜欢黑色和紫色；埃及人禁忌蓝色等。

(2)文字说明。文字说明(包括商标、品牌、品名、产地、数量、规格、成分、用途和使用方法等)要同装潢画面紧密结合,互相衬托,彼此补充,以达到宣传和促销的目的。使用的文字须简明扼要,可以中外文同时并用。例如,加拿大政府规定销往该国的商品必须用英、法两种文字加以说明;泰国规定,药品没有泰文的不准进口;美国《联邦食品、药品及化妆品法案》规定,标贴说明必须用英文,并在标签或标贴下置于显著位置,还要求所有标贴凡是必须要使用外国文字的,也要附有英文说明。

(3)条形码标志。条形码又称条码,是由一组粗细间隔不等的平行条纹及其相应的数字所组成、利用光电扫描阅读设备为计算机输入数据的一种特殊的代码语言(如图 2—2—3 所示)。

6 901234 567892

图 2—2—3　条形码标志

这种特殊的代码语言所包含的产品信息,通过光电扫描阅读设备输入相应的计算机网络系统,即可判断出该商品的生产国别或地区、生产厂家、生产日期、品种规格和售价等一系列有关信息。使用条形码有效提高了结算的效率和准确性,也方便了顾客,同时使贸易中的双方及时了解产品有关资料,并提高国际市场的物流配送效率。

小资料

> 目前国际上通用的条形码有两种:一种是由美国统一编码委员会(Universal Code Council,UCC)编制的 UPC 码(Universal Product Code),另一种是由欧洲 12 国组成的欧洲物品编码协会[European Article Number Association,后更名为国际物品编码协会(International Article Numbering Association)]编制的 EAN 码(European Article Number)。欧洲物品编码协会 EAN 码又分为两种:一种是标准型 EAN 条形码,又称 EAN-13 码;另一种是缩短型 EAN 条形码,又称 EAN-8 码。所有 EAN 条形码最前面三位数字都是前缀码,即商品生产国(地区)的代码。目前使用 EAN 物品标识系统的国家(地区)众多,EAN 系统已成为国际公认的物品编码标识系统。我国已于 1991 年 4 月加入 EAN,分配到的前缀码分别为 690、691 和 692(不包括港、澳、台地区)。此外,我国的书籍代码是 978,杂志代码是 977。

许多国家的超市都使用条形码技术自动扫描结算,如商品包装上没有条形码,即使是名优产品,也不能进入超市,而只能当作低档商品进入廉价商店销售。有些国家对包装上没有条形码的商品,则不予进口。目前,我国的出口商品及其包装上均标明条形码。

条形码标志主要用于商品的销售包装。它不仅能够促进和扩大商品在各国商场内的销售，而且使得货物的分类和输送更为迅速、准确，极大地方便了货物的储存和运输，为发展立体化仓库，实现仓储自动化管理创造了条件。总之，条形码是商品能够流通于国际市场的一种通用的国际语言和统一编号，是商品进入超市和大型百货商店的先决条件。

二、定牌、无牌生产和中性包装

采用定牌生产和中性包装(Neutral Packing)，是国际贸易中常用的习惯做法。

(一)定牌生产

定牌是指卖方按买方要求在其出售的商品或其包装上标明买方指定的商标和牌号，这种做法称为定牌生产。其目的是利用买方的经营能力、商业信誉或名牌声誉，以提高售价和扩大销路。出口企业在接受客户定牌的同时，更应强化争创自己的名牌意识。

(二)中性包装

中性包装是指在商品上和内外包装上不注明生产国别和生产厂名，也不注明商标或牌号的包装。

中性包装分两种：无牌中性包装和定牌中性包装。前者指既无生产地名和厂商名称，又无商标、牌号；后者指包装上仅有买方指定的商标或牌号，但无生产地名和出口厂商的名称。采用中性包装，是为了打破某些进口国家或地区的关税和非关税壁垒以及适应交易的特殊需要(如转口销售等)，它是出口国厂商加强对外竞争和扩大出口的一种手段，在外贸业务中可酌情采用。但在实际业务中必须注意避免触犯某些国家的法律或发生侵犯第三方工业产权行为。

企业的产品要出口，就必须按照外贸合同的规定去执行。如果外贸合同规定为“无牌中性包装”，就必须严格注意，在商品上和内外包装上都不应有中文字样，也不能用国内报纸和其他宣传资料作商品的包装物、填充物和衬垫物。如果外贸合同规定为“定牌中性包装”，就应该在商品或包装上附上买方指定的商标和牌号，但不能注明生产国别。

需注意的是，我国对于某些出口商品(如纺织品等)规定不得使用中性包装，更不得虚标生产国/地区名，如我国原产的出口服装禁止虚标成“韩国制造”。在合同条款有中性包装要求时，最好先查询有关政策。

三、合同中的包装条款

包装条款一般包括包装方式、包装材料、包装规格、包装标志、包装费用以及单件包装的数量等内容。

提醒您

在商定包装条款时，应注意以下事项：

(1)要考虑商品特点和不同运输方式的要求；

(2)对包装的规定要明确具体，不宜采用“适合海运包装”(Seaworthy Packing)和“习惯包装”(Customary Packing)之类的术语；

(3)明确包装由谁供应和包装费用由谁负担；

(4)明确唛头的制定。

以下是包装条款的一些实例：

Packing:In cartons of 20 kilos net each
纸箱装,每箱净重 20 千克
20 pieces packed in a wooded case
每个木箱中装入 20 块
In cloth bales each containing 10 pcs. of 42 yd
布包,每包 10 匹,每匹 42 码
One set in a carton,each 420 cartons transported in one 20 ft container
每台一个纸箱,每 420 个纸箱装一个 20 英尺集装箱运送

任务三 确定商品价格

在交易磋商中,价格自始至终是买卖双方最为关心的问题,价格条件当然是买卖合同中最主要的一项交易条件。价格不仅关系到贸易利益在买卖双方之间的分配,还与其他交易条件有着密切的关系。对外贸易中的商品价格确定较为复杂,除了通常涉及的成本、费用和利润外,还涉及佣金和折扣的运用,涉及计价货币和贸易术语的选择。在贸易实践中,合理运用价格制定方法,选用有利的计价货币,适当采用与价格有关的佣金和折扣,正确制定进出口商品价格和订立合同中的价格条款,对做好进出口贸易、提高经济效益具有重要的意义。

子任务 1 国际贸易术语认知

在国际贸易中,卖方的基本义务是提交规定的货物和单据并转移货物的所有权;买方的基本义务是接受货物和单据,并支付货款。但是,贸易中仅仅明确双方的基本义务是不够的。在货物交接过程中,有关风险、各种责任和费用都必须在买卖双方之间加以划分,而这些划分必然会影响商品的价格。如果每笔交易都要求买卖双方对上述手续、费用和风险逐项反复洽商,将耗费大量的时间和费用,并影响交易的达成。为此,在国际贸易的长期实践中,逐渐形成了各种不同的贸易术语。掌握贸易术语及其国际惯例,对于明确买卖双方各自承担的风险、责任和费用,以及确定商品的价格,具有重要的意义。

一、国际贸易术语的含义和作用

贸易术语(Trade Terms)又称贸易条件、价格条件,是进出口商品价格的一个重要组成部分,它是用一个简短的概念或三个字母的缩写,来说明交货地点、商品的价格和买卖双方有关风险、责任和费用的划分,以确定卖方交货和买方接货过程中应尽的义务。因此,贸易术语具有两重性,即一方面表示交货条件;另一方面表示成交价格的构成因素。这两者是紧密相关的。

在国际贸易中采用某种专门的贸易术语,主要作用是为了确定交货条件,即说明买卖双方在交接货物方面彼此承担责任、费用和风险的划分。例如,按装运港船上交货条件(FOB)成交和按目的港船上交货条件(DES)成交,由于交货条件不同,买卖双方各自承担的责任、费用和风险就有很大区别。

同时,贸易术语也可用来表示成交商品的价格构成因素,特别是货价中所包含的从属费用。由于其价格构成因素不同,因此成交价应有区别。一般来说,凡使用出口国国内交货的各种贸易术语,如工厂交货(EXW)和装运港船边交货(FAS)等,卖方承担的责任、费用和风险都

比较小，所以商品的售价就低；反之，凡使用进口国国内交货的各种贸易术语，如目的港码头交货(DAP)和完税后交货(DDP)等，卖方承担的责任、费用和风险则比较大，这些因素必然要反映到成交商品的价格上。因此，在进口国国内交货的价格自然要高，有时甚至高出很多。

国际贸易术语在国际贸易中的作用主要体现在：

1. 有利于买卖双方洽商交易和订立合同

由于每种贸易术语都有其特定的含义，因此，买卖双方只要商定按何种贸易术语成交，即可明确彼此在交接货物方面所应承担的责任、费用和风险。这就简化了交易手续，缩短了洽商交易的时间，从而有利于买卖双方迅速达成交易和订立合同。

2. 有利于买卖双方核算价格和成本

由于贸易术语表示价格构成因素，因此，买卖双方确定成交价格时，必然要考虑采用的贸易术语中包含哪些从属费用，这就有利于买卖双方进行比价和加强成本核算。

3. 有利于买卖双方解决履约中的争议

买卖双方商订合同时，如对合同条款考虑欠周，使某些事项规定不明确或不完备，致使履约中产生的争议不能依据合同的规定解决，在此情况下，可以援引有关贸易术语的一般解释来处理。因为贸易术语的一般解释已成为国际惯例，所以它是大家所遵循的一种类似行为规范的准则。

二、有关贸易术语的国际贸易惯例

早在19世纪初，在国际贸易中已开始使用贸易术语。但是，最初对各种贸易术语并无统一解释。因此，在使用贸易术语时，由于对贸易术语的解释不同而往往出现矛盾和分歧，为解决这些矛盾，以促进国际贸易的发展，国际商会、国际法协会等国际组织以及美国一些著名商业团体经过长期的努力，分别制定了解释国际贸易术语的规则。这些规则在国际上被广泛采用，从而形成有关贸易术语的国际贸易惯例。

提醒您

> 习惯做法与贸易惯例是有区别的。国际贸易业务中反复实践的习惯做法只有经国际组织加以编纂与解释才能成为国际贸易惯例。国际贸易惯例就其所涉及的内容来看，有贸易术语的惯例、信用证的惯例及托收的惯例等。

惯例不是法律，不具有强制性，即买卖双方有权在合同中制定不合惯例的规定。发生争议时，如果合同的规定与惯例矛盾，则法院或仲裁机构以合同的规定为准；如果合同的规定与惯例不抵触，则法院或仲裁机构常常引用国际惯例。但是，国际贸易惯例对贸易实践仍具有重要的指导作用。如果贸易双方都同意采用某种惯例来约束该项交易，并在合同中做出明确规定，这项约定的惯例就有了强制性。

目前国际上关于价格术语方面的国际贸易惯例主要有五个：

1.《1932年华沙—牛津规则》(Warsaw-Oxford Rules 1932)

该规则是国际法协会于1928年华沙会议专门为解释CIF合同而制定的，后经1930年纽约会议、1931年巴黎会议和1932年牛津会议三次修改并更名为《1932年华沙—牛津规则》，沿用至今。该规则说明了CIF买卖合同的性质和特点，具体规定了CIF买卖合同中买卖双方所应承担的风险、责任和费用以及所有权转移的方式。

2.《1941年美国对外贸易定义修订本》(Revised American Foreign Trade Definitions 1941)

该规则是由美国几个商业团体制定的。它最早于1919年在纽约制定，原称为《美国出口报价及其缩写条例》。后来于1941年在美国第27届全国对外贸易会议上对该条例做了修订，命名为《1941年美国对外贸易定义修订本》。这一修订本经美国商会、美国进口商协会和全国对外贸易协会所组成的联合委员会通过，由全国对外贸易协会予以公布。该修订本中所解释的贸易术语有以下六种：

(1)Ex Point of origin——产地交货。

如"制造厂交货"(Ex Factory)、"矿山交货"(Ex Mine)、"仓库交货"(Ex Warehouse)等，其后分别注明指定产地。按此术语，卖方必须在规定的日期或期限内，在原产地双方约定的地点，将货物置于买方处置之下，并负担一切费用和风险，直至买方应负责提取货物之时为止。

(2)FOB(Free on Board)——在运输工具上交货。此术语又分为6种解释：

①FOB(named inland carrier at named inland point of departure)，"在指定内陆发货地点的指定内陆运输工具上交货"。

②FOB(named inland carrier at named inland point of departure) freight paid to (named point of exportation)，"在指定内陆发货地点的指定内陆运输工具上交货，运费预付到指定的出口地点"。

③FOB(named inland carrier at named inland point of departure) freight allowed to (named point)，"在指定内陆发货地点的指定内陆运输工具上交货，减除至指定地点的运费"。

④FOB(named inland carrier at named point of exportation)，"在指定出口地点的指定内陆运输工具上交货"。

⑤FOB Vessel(named port of shipment)，"船上交货(指定装运港)"。

⑥FOB(named inland point in country of importation)，"在进口国指定内陆地点交货"。

(3)FAS(Free along Side)——在运输工具旁边交货。

(4)C&F(Cost and Freight)——成本加运费。

(5)CIF(Cost, Insurance and Freight)——成本加保险费、运费。

(6)Ex Dock(named port of importation)——目的港码头交货。

3.《2000年国际贸易术语解释通则》

《国际贸易术语解释通则》(International Rules for the Interpretation of Trade Terms, INCOTERMS)，以下简称《通则》，是国际商会为统一各种贸易术语的不同解释于1936年制定的，定名为INCOTERMS 1936，译作《1936年国际贸易术语解释通则》。随后，为适应国际贸易实践不断发展的需要，国际商会先后对《通则》做了多次修订和补充。《2000年国际贸易术语解释通则》，简称《2000通则》，于1999年9月修订公布、2000年1月1日起正式生效。

在《2000通则》中，根据卖方承担义务的不同，将13个贸易术语划分E、F、C、D四组，见表2—3—1。这四组的特点和区别见表2—3—2。《2000通则》将买方义务和卖方义务逐项间隔排列，上下对照，买卖双方义务划分见表2—3—3。

表 2—3—1　　《2000 通则》13 种贸易术语分类(一)

E 组:卖方在自己的交货地点将货物交给买方(发货)		
EXW	工厂交货	适用于各种运输方式
F 组:卖方将货物交至买方指定的承运人(主要运费未付)		
FCA	货交承运人	适用于各种运输方式
FAS	船边交货	只适用于海运及内河运输
FOB	装运港船上交货	只适用于海运及内河运输
C 组:卖方必须签订运输契约,但货物灭失或损坏的风险及发运后产生的费用卖方不负责任(主要运费已付)		
CFR	成本加运费	只适用于海运及内河运输
CIF	成本加保险费、运费	只适用于海运及内河运输
CPT	运费付至	适用于各种运输方式
CIP	运费、保险费付至	适用于各种运输方式
D 组:卖方必须承担货物交至目的地所需的费用和风险(到达)		
DAF	边境交货	适用于各种运输方式
DES	目的港船上交货	只适用于海运及内河运输
DEQ	目的港码头交货	只适用于海运及内河运输
DDU	未完税交货	适用于各种运输方式
DDP	完税交货	适用于各种运输方式

表 2—3—2　　《2000 通则》13 种贸易术语分类(二)

术　语	种　类	特点与区别
E 组	EXW	在商品的产地或所在地交货。采用 EXW 条件成交时,卖方承担的风险、责任和费用都是最小的。
F 组	FCA、FAS、FOB	卖方按照买方的指示将货物交运。从交货地点到目的地的运输事项由买方安排,费用由买方负担。
C 组	CFR、CIF CPT 和 CIP	卖方按照通常条件支付费用,订立运输合同。因此,卖方支付运费运到的地点,必须在 C 组术语后指明。C 组术语与 F 组术语具有相同性质,C 组术语的销售合同属于装运合同。C 组术语有别于其他所有术语存在两个“分界点”:一是指明卖方必须安排运输并承担起费用的点;二是风险的划分点。
D 组	DAF、DES、DEQ 和 DDP	卖方负责将货物运至边境或进口国内的约定目的地,卖方必须承担货物运至该地前的全部风险和费用,因此,D 组术语属于到货(到达)合同,而 C 组术语属于离港(装运)合同。

表 2—3—3　　《2000 通则》买卖双方义务划分示例

A 卖方义务	B 买方义务
A1 提供符合合同规定的货物	B1 支付价款
A2 许可证、其他许可和手续	B2 许可证、其他许可和手续
A3 运输合同与保险合同	B3 运输合同与保险合同
A4 交货	B4 受领货物
A5 风险转移	B5 风险转移

续表

A 卖方义务	B 买方义务
A6 费用划分	B6 费用划分
A7 通知买方	B7 通知卖方
A8 交货凭证、运输单据或有同等作用的电子信息	B8 交货凭证、运输单据或有同等作用的电子信息
A9 查对、包装、标记	B9 货物检验
A10 其他义务	B10 其他义务

4.《2010 年国际贸易术语解释通则》

在《2000 通则》的使用过程中，由于区域经济一体化的发展导致无关税区进一步扩大，运输方式的变革及对运输安全的更多关注直接推动了对《2000 通则》贸易术语的修订。国际商会于 2007 年发起对《2000 通则》进行修订的动议，经过 3 年多的工作，于 2010 年 9 月发布了《2010 年国际贸易术语通则》(以下简称《2010 通则》)，并于 2011 年 1 月 1 日起生效。

《2010 通则》通过删除和新增，由原来的 13 种贸易术语变为 11 种贸易术语，具体分类如表 2—3—4 所示。《2010 通则》将每种贸易术语买卖双方各自的责任、风险和费用均用 10 个项目列出，相互对照，一目了然(如表 2—3—5 所示)。相较于《2000 通则》,《2010 通则》在诸多方面都有新的调整和变化。

表 2—3—4　　《2010 通则》11 种贸易术语的分类

适用于任何运输方式的贸易术语	EXW(Ex Works)	工厂交货
	FCA(Free Carrier)	货交承运人
	CPT(Carriage Paid to)	运费付至
	CIP(Carriage and Insurance Paid to)	运费/保险费付至
	DAT(Delivered at Terminal)	指定运输终端交货
	DAP(Delivered at Place)	指定目的地交货
	DDP(Delivered Duty Paid)	完税后交货
适用于海运和内河航运的贸易术语	FAS(Free alongside Ship)	装运港船边交货
	FOB(Free on Board)	装运港船上交货
	CFR(Cost and Freight)	成本加运费
	CIF(Cost, Insurance and Freight)	成本、保险费加运费

表 2—3—5　　《2010 通则》贸易术语买卖双方义务对照

A 卖方责任	B 买方责任
A1 卖方的一般责任	B1 买方的一般责任
A2 许可证、授权、安检通关和其他手续	B2 许可证、授权、安检通关和其他手续
A3 运输合同和保险合同	B3 运输合同和保险合同
A4 交货	B4 收取货物
A5 风险转移	B5 风险转移
A6 费用划分	B6 费用划分
A7 通知买方	B7 通知卖方

续表

A 卖方责任	B 买方责任
A8 交货凭证	B8 交货证明
A9 检查、包装和标志	B9 货物检验
A10 协助提供信息及相关费用	B10 协助提供信息及相关费用

提醒您

《2010 通则》的调整和变化

1. 贸易术语总数由 13 个调整为 11 个

《2010 通则》删去了《2000 通则》的 4 个术语：DAF、DES、DEQ、DDU，新增了 2 个术语：DAT、DAP。即用 DAP 取代了 DAF、DES 和 DDU 3 个术语，DAT 取代了 DEQ，且扩展适用于一切运输方式。

2. 贸易术语的分类方式发生了变化

《2000 通则》按照买卖双方责任的差异将 13 种贸易术语分为 4 个组，即 E 组、F 组、C 组和 D 组。而在《2010 通则》中，则按照适用运输方式的不同，将 11 种贸易术语分为 2 个组，即适用于一切运输方式组与适用于海运和内河航运组。

3. 扩大了贸易术语的适用范围

《2010 通则》扩大了贸易术语的适用范围，把它从国际贸易扩展到国际和国内贸易同时适用。考虑到对于一些大的区域贸易集团而言，国与国之间的边界手续目前已不那么重要了，因此新版的《2010 通则》首次正式明确将 2010 术语定义为不仅适用于国际销售合同，同时也可适用于国内销售合同。

4. 在每一个贸易术语前加入了使用指南

《2010 通则》中每一个术语在其条款前面都有一个使用指南。指南解释了每种术语的基本原理，以及何种情况可使用此术语、风险转移界限是什么、费用在买卖时是如何分配的。这些指南并不是术语正式规则的一部分，它们只是用来帮助和引导使用者准确有效地为特定交易选择合适的术语。值得注意的是，在“使用指南”中通常要求双方当事人自行明确风险转移的临界点，而不是像《2000 通则》那样，以通则本身的规定去划分这些临界点。

5. 取消了“船舷为界”的划分

《2000 通则》对适用于水上运输方式的 3 种主要贸易术语 FOB、CFR 和 CIF，在规定买卖双方风险的划分时，均强调了装运港“船舷为界”的概念，但这种说法无论从理论还是实践的角度来看，都是不够严谨且缺乏可操作性的。因此，《2010 通则》取消了“船舷为界”的划分，而代之以“卖方负责将货物在指定装运港口装上船”。显然，这种解释更为科学并贴近实际。

6. 赋予了电子通信方式与纸质通信方式相同的效力

在《2010 通则》以前的版本中，明确规定允许用电子数据交换（EDI）信息替代纸面单据。在《2010 通则》的 A1/B1 中，只要交易双方同意或在当地管理当局允许的情况下，电子通信方式与纸质通信方式具有同等效力。

7. 适应了新的保险规则

《2010 通则》充分考虑到了《协会货物保险条款》修改带来的一些变化，并相应地对涉及保险的内容做出了不少调整和修改。

8. 增加了与连续销售有关的义务划分

在当今的国际贸易中，货物被"连续销售"(String Sales)已成为普遍现象。《2010 通则》在多种贸易术语的使用指南中，多次提及了"连续销售"情况下的买卖双方的义务划分问题。由于连续销售中货物由第一个卖方运输，作为中间环节的卖方，就未必需再负责装运货物，而是通过"获得"所装运的货物来履行其义务，因此《2010 通则》对连续销售模式下的卖方交付义务做了一些细分，从而在一定程度上弥补了《2000 通则》的不足。

5.《2020 年国际贸易术语解释通则》

2019 年 9 月 10 日，国际商会(ICC)正式在全球发布《2020 年国际贸易术语解释通则》("Incoterms® 2020"，以下简称《2020 通则》)，并于 2020 年 1 月 1 日起生效。作为指导并保障全球贸易有序进行的通用准则，Incoterms® 2020 在 2010 版本的基础上进一步明确了国际贸易体系下买卖双方的责任，对贸易实务、国际结算和贸易融资实务等方面都将产生重要的影响。

相比 Incoterms® 2010，Incoterms® 2020 在内容上的变化主要有以下几点：

(1)根据需要，FCA 术语项下提交已装船批注提单。

(2)CIF 与 CIP 术语项下卖方投保不同的险额。

(3)将 DAT 改为 DPU。

(4)明确了 FCA、DAP、DPU 以及 DDP 术语项下可用自有运输工具安排发货。

(5)在运输责任及费用方面明确了与安全相关的要求。

三、《2010 通则》中的 11 种贸易术语

(一)FOB

FOB(Free on Board... named port of shipment)——装运港船上交货(……指定装运港)，是指卖方必须在合同规定的装运期内在指定的装运港将货物交至买方指定的船上，并承担货物在装上船之前的一切费用和货物灭失或损坏的风险。FOB 术语的后随地点必须是出口国的装运港，本术语只适用于海洋运输和内河运输。

1. 买卖双方的责任划分

根据《2010 通则》对 FOB 的解释，买卖双方的主要义务如下：

(1)卖方义务。

①卖方必须在约定的日期或期限内，在指定的装运港，将符合销售合同规定的货物按照该港口的习惯方式交至买方指定的船上，并给予买方说明已按照规定交货的充分通知。所谓"充分"，是指时间上必须及时、内容上必须详尽，一般应以电讯方式将装船的具体情况告知买方。

②卖方必须自担风险和费用，取得任何出口许可证或其他官方许可，并在需要办理海关手续时，办理出口货物所需的一切海关手续。

③卖方必须承担货物在装运港装上船之前的一切与货物有关的费用和货物灭失或损坏的风险。

④卖方必须自负费用，向买方提供商业发票和证明货物已交至船上的交货凭证、运输单据或具有同等作用的电子信息。

(2)买方义务。

①买方必须按照销售合同规定支付价款。

②买方必须自负费用，订立从指定的装运港运输货物的合同，并给予卖方有关船名、装船地点和要求交货时间的充分通知。

③买方必须自担风险和费用，取得任何进口许可证或其他官方许可，并在需要办理海关手续时，办理货物进口和在必要时从他国过境的一切海关手续。

④买方必须承担货物在装运港装上船之后的一切与货物有关的费用和货物灭失或损坏的风险。

⑤买方必须收取卖方按合同规定交付的货物，接受按合同规定提交的交货凭证。

⑥买方为其自身利益考虑，应负责办理保险手续并支付保险费。

概括地说，FOB术语买卖双方的义务和责任可用表2—3—6说明。

表2—3—6　FOB术语买卖双方主要责任义务划分一览

卖　方	买　方
交货(按合同规定)、移交单据	付款、接单、提取货物
办理出口清关手续、支付费用	办理进口清关手续、支付费用
	租船订舱、支付运费
	办理保险、支付保险费
承担货物在装运港装上船之前的一切风险	承担货物在装运港装上船之后的一切风险

微型案例

有一份出售一级大米300吨的合同，按FOB条件成交，装船时经公证人检验，符合合同规定的品质条件，卖方在装船后已及时发出装船通知，但航行途中，由于海浪过大，大米被海水浸泡，品质受到影响，当货物到达目的港时，只能按三级大米的价格出售，因而买方要求卖方赔偿损失。问：卖方是否应该赔偿？

【评析】在上述情况下，卖方对该项损失无须负任何责任。根据FOB术语，买卖双方以“货物装上船”作为风险界限，货物在装运港装上船以前的风险由卖方承担，装上船以后的风险由买方承担。在本案中，卖方已完全履行了自己的义务，将货在装运港装船时及时发出了装船通知，且装船时大米已经过检验并被证明为合格，船公司开具的也是清洁提单，因此，买方应该视具体情况向承运人或保险公司索赔大米的损失。

2. 使用FOB术语应注意的问题

(1)关于船货衔接问题。

在 FOB 术语下，卖方要在规定的时间和地点完成装运，而运输工具是由买方负责安排的，因此存在一个船货衔接问题，要防止出现"货等船"或"船等货"。如果买方未能按时派船，这包括未经对方同意提前将船派到和延迟派到装运港，卖方都有权拒绝交货，由此产生的各种损失均由买方承担。如果买方指派的船只按时到达装运港，而卖方却未能备妥货物，那么责任由卖方承担。

(2)关于装船费用的问题。

在装运港的装船费用主要是指与装船有关的一些支出，如平舱费、理舱费、捆扎费、加固费等。以 FOB 条件买卖时，如果使用班轮运输，由于班轮一般管装管卸，一切费用都包括在运费之内，则装卸费用由支付运费的一方(即买方)负担。但租船时，船方是否负责装卸由租船合同具体规定，而且在许多合同中，船方不负责装卸，因此需明确买卖双方有关费用的负担。FOB 由买方负责签订运输合同并支付运费。因此，在目的港的卸货费用理应由买方负担，而装运港的装船费用通常可以用 FOB 的变形来加以明确。

①FOB 班轮条件(FOB Liner Terms)，是指装船费用按班轮条件来办理，即由支付运费的一方(即买方)负担。

②FOB 并理舱(FOB Stowed，FOBS)，是指卖方负责将货物装入船舱并负担包括理舱费在内的装船费用。

③FOB 并平舱(FOB Trimmed，FOBT)，是指卖方负责将货物装入船舱并负担包括平舱费在内的装船费用。若买方租用自动平舱船时，卖方应退回平舱费用。

④FOB 吊钩下交货(FOB under Tackle)，是指卖方将货物运到船舶吊钩所及之处，从货物起吊开始的装船费用由买方负担。由于吊钩下可能在码头，也可能是驳船，而且大件货物涉及岸吊和浮吊的租用，易引起争议，因此，一般不用此变形。

还有如：FOB 理舱和/或平舱(FOB Stowed and/or Trimmed)、FOB 理舱并加固(FOB Stowed and Secured)、FOB 理舱并捆绑(FOB Stowed and Lashed)等。

以上 FOB 变形只涉及装船费用，风险划分不变。

另外，要注意某些国家的某些港口对 FOB 有关装船费用的特别解释。例如，FOB Liverpool：除非合同另有规定，卖方需负责将货装到利物浦港口的船上并理好舱。FOB London：除非合同另有规定，卖方需负责将货物装到伦敦港口的船上，但不负责平舱及理舱费用，风险以货物实际装到船上为界。

因此，在实际业务中，如果采用租船方式且对装船费用未做明确规定的，一定要注意有关国家的习惯做法，以免产生不必要的麻烦。

(3)《1941 年美国对外贸易定义修订本》对 FOB 术语的特殊解释。美国对 FOB 的解释与上述解释有差异，主要表现在以下两个方面：

①美国对 FOB 笼统地解释为任何一种运输工具上交货。因此，从美国进口货物签订 FOB 合同时，必须在 FOB 后加缀"Vessel"(船)字样，并列明装运港名称，才表明卖方在装运港船上交货。

②在费用负担上，规定买方要支付卖方协助提供出口单证的费用以及出口税和因出口而产生的其他费用。

(二)CFR

CFR(Cost and Freight... named port of destination)——成本加运费(……指定目的港)是指卖方必须在合同规定的装运期内在装运港将货物交至运往指定目的港的船上，承担货物装上船之前的一切货物灭失或损坏的风险及由于各种事件造成的任何额外费用，并负责租船订舱，支付至目的港的正常运费。CFR 术语的后随地点必须是进口国的目的港，本术语只适用于海洋运输和内河运输。

1. 买卖双方的责任划分

根据《2010 通则》对 CFR 的解释，买卖双方的主要义务如下：

(1)卖方义务。

①签订从指定装运港将货物运往目的港的合同；在买卖合同规定的时间和港口，将合同要求的货物装上船并支付到目的港的运费；装船后及时通知买方。

②承担货物在装运港装上船之前的一切费用和风险。

③取得出口许可证或者其他官方证明，并办理货物出口所需的一切海关手续。

④提交发票、运输单据或具有相同作用的电子信息。

(2)买方义务。

①接受卖方提供的有关单据，受领货物，并按合同规定支付货款。

②承担货物在装运港装上船之后的一切风险。

③取得进口许可证或者其他官方证明，并办理货物进口所需的一切海关手续，支付关税及其他相关费用。

概括地说，CFR 术语买卖双方的责任划分可用表 2—3—7 说明。

表 2—3—7　　CFR 术语买卖双方主要责任义务划分一览

卖　方	买　方
交货(按合同规定)、移交单据	付款、接单、提取货物
办理出口清关手续、支付费用	办理进口清关手续、支付费用
租船订舱、支付运费	
	办理保险、支付保险费
承担货物在装运港装上船之前的一切风险	承担货物在装运港装上船之后的一切风险

从表 2—3—7 可以看出，CFR 与 FOB 贸易术语的不同点就在于办理租船订舱、支付运费这项责任上，CFR 这项责任由卖方承担，FOB 则由买方承担。

2. 使用 CFR 术语应注意的问题

(1)装船通知的重要性。以 CFR 术语成交，必须特别注意的是，卖方在货物装船之后一定要及时向买主发出装船通知，以便买方及时办理投保手续。

(2)卖方的装运义务。以 CFR 术语成交，虽然是卖方负责安排运输，但卖方必须按合同规定期限发运货物，卖方的随意延迟装运或提前装运行为都属违约，买方将有权拒收货物或提出索赔。另外，按照惯例，卖方在安排运输时，只需按照通常的航线和使用通常的船只即可，买方无权对此提出过多要求。

(3)关于卸货费用的承担。在使用租船运输时，如前所述，买卖双方需明确装卸费用的负担，以 CFR 术语成交，由卖方负责签订运输合同和支付运费，因而装运港的装船费用理应由卖方承担，而为了明确以 CFR 术语成交的交易在卸货费上的问题，在买卖双方商订合同时，可以在原术语后附加下列短语，以表明卸货费用由谁负担的具体条件：

①CFR 班轮条件(CFR Liner Terms)。由卖方或船方承担货物的卸货费，包括驳船费和码头费。

②CFR 卸至岸上(CFR Landed)。由卖方承担将货物卸到码头上的各项有关费用,包括驳船费和码头费。

③CFR 舱底交货(CFR Ex Ship's Hold)。买方负担货物到达目的港后自船舱舱底起吊直至卸到码头的卸货费用。

④CFR 吊钩下交货(CFR Ex Tackle)。卖方负责将货物从船舱吊起卸到船舶吊钩所及之处(码头上或驳船上)的费用。在船舶不能靠岸的情况下,租用驳船的费用和货物从驳船卸到岸上的费用,概由买方负担。

微型案例

我方以 CFR 贸易术语与客户签约成交某出口商品一批,我方于 10 月 1 日凌晨 2:00 装船完毕,受载货轮于当日下午起航。因 10 月 1 日为我国法定国庆假日,2 日又适逢星期例假,我方未及时向买方发出装船通知,至 3 日上班时突然收到买方急电,报告说货轮已于 2 日 16:00 遇难沉没,货物全部灭失,要求我方赔偿全部损失。问:我方是否该承担责任?

【评析】货物损失应由我方承担。因为在 CFR 术语成交的情况下,租船订舱和办理投保手续分别由卖方和买方办理。因此,卖方在装船完毕后应及时向买方发出装运通知,以便买方及时办理投保手续,否则由此产生的风险应由卖方承担。本案中,由于我方未及时发出装运通知,导致买方未能及时办理投保手续,因此我方应承担全部责任。

(三)CIF

CIF(Cost, Insurance and Freight... named port of destination)——成本加保险费、运费(……指定目的港),是指卖方必须在合同规定的装运期内在装运港将货物交至运往指定目的港的船上,承担货物装上船之前的一切货物灭失或损坏的风险及由于各种事件造成的任何额外费用,并负责办理货运保险,支付保险费,以及负责租船订舱,支付从装运港到目的港的正常运费。CFR 术语的后随地点必须是进口国的目的港,本术语只适用于海洋运输和内河运输。

1. 买卖双方的责任划分

根据《2010 通则》对 CIF 的解释,买卖双方的主要义务如下:

(1)卖方义务。

①卖方必须在约定的日期或期限内,在指定的装运港,将符合销售合同规定的货物交至运往指定目的港的船上,并给予买方已按照规定交货的充分通知,以便买方能够为受领货物而采取通常必要的措施。

②卖方必须自担风险和费用,取得任何出口许可证或其他官方许可,并办理出口货物所需的一切海关手续。

③卖方必须承担货物在装运港装上船之前的一切货物灭失或损坏的风险及由于各种事件造成的任何额外费用。

④卖方必须自负费用向买方提供商业发票和证明货物已交至船上的交货凭证、运输单据或具有同等作用的电子信息。

⑤卖方必须自负费用按照通常条件订立运输合同,经由惯常航线,将货物用通常可供运输

合同所指货物类型的海轮(或船只)装运至指定目的港。

⑥卖方必须按照合同规定,自负费用取得货物保险,并向买方提供保险单或其他保险凭证,以使买方或任何其他对货物具有保险利益的人有权直接向保险人索赔。

(2)买方义务。

①买方必须按照销售合同规定支付价款。

②买方必须自担风险和费用,取得任何进口许可证或其他官方许可,并在需要办理海关手续时,办理货物进口和在必要时从他国过境的一切海关手续。

③买方必须承担货物在装运港装上船之后的一切货物灭失或损坏的风险及由于各种事件造成的任何额外费用。

④买方必须收取卖方按合同规定交付的货物,接受按合同规定提交的交货凭证。

概括地说,CIF 术语买卖双方的责任划分可用表 2—3—8 说明。

表 2—3—8　　CIF 术语买卖双方主要责任义务划分一览

卖　方	买　方
交货(按合同规定)、移交单据	付款、接单、提取货物
办理出口清关手续、支付费用	办理进口清关手续、支付费用
租船订舱、支付运费	
办理保险、支付保险费	
承担货物在装运港装上船之前的一切风险	承担货物在装运港装上船之后的一切风险

从表 2—3—8 可以看出,CIF 与 CFR 贸易术语的不同点就在于办理保险并支付保险费这一项责任,CIF 这项责任由卖方承担,CFR 则由买方承担。

微型案例

某进出口公司以 CIF 伦敦向英国某客商出售供应圣诞节的应节杏仁一批,由于该商品的季节性较强,买卖双方在合同中规定:买方须于 9 月底以前将信用证开抵卖方,卖方保证不迟于 12 月 5 日将货物交付买方,否则,买方有权撤销合同。如卖方已结汇,卖方仍需将货款退还买方。问:该合同是否还属于 CIF 合同? 为什么?

【评析】本案中合同性质已不属于 CIF 合同。因为:(1)CIF 合同是“装运合同”,即按此类销售合同成交时,卖方在合同规定的装运期内在装运港将货物交至运往指定目的港的船上,即完成了交货义务,对货物在运输途中发生灭失或损坏的风险以及货物交运后发生的事件所产生的费用,卖方概不承担责任。而本案的合同条款规定卖方必须于 12 月 5 日前将货物实际交给买方,这显然已经改变了“装运合同”的性质。(2)CIF 是典型的象征性交货,在象征性交货的情况下,卖方凭单交货,买方凭单付款,而本合同条款规定:“如卖方已结汇,卖方仍需将货款退还买方”,该条款已改变了“象征性交货”下卖方凭单交货、买方凭单付款的特点。由此可见,本案的合同性质已不属于 CIF 合同。除非卖方有绝对把握能保证 12 月 5 日前到货,否则是绝对不能答应这样的合同条款的。

2. 使用 CIF 术语时应注意的问题

(1)CIF 术语属于装运合同。由于 CIF 术语后面跟的是目的港，所以一直被称作“到岸价”，其实这种叫法是不准确的，它容易被人们误解为卖方负责将货物运到目的港并承担到此为止的一切费用和风险，这与 CIF 本身的含义是相违背的，必须加以注意。

(2)关于保险的有关规定。按 CIF 术语达成的交易，卖方必须为买方代买保险。买卖双方在订立合同时应该对保险险别、投保加成、保险金额等问题做出明确规定，以防发生争议，如果没有具体规定，按照国际惯例，卖方一般只需投保最低险别，最低保险金额应包括合同规定的价款另加 10%(即发票金额的 110%)。

(3)关于象征性交货问题。所谓“象征性交货”，是针对“实际交货”而言的。象征性交货是指卖方只要按期在约定地点完成装运，并向买方提交合同规定的(包括物权凭证)有关单据，就算完成了交货的义务，而无须保证到货。CIF 就是一种典型的象征性交货。

(4)关于租船运输方式下卸货费用的确定问题。以 CIF 术语成交，如前述的 CFR 一样，如果采用班轮运输，有关装卸货费用均由班轮公司负责，实际上由支付运费的一方即卖方负担。而在租船运输中，有关装货费用可理解为由支付运费的一方(卖方)负担，卸货费则可用 CIF 的变形来解决，有关 CIF 的变形主要有：

①CIF 班轮条件(CIF Liner Terms)，是指卸货费用按班轮条件办理，即由支付运费的一方(卖方)负担。

②CIF 舱底交货(CIF Ex-ship's Hold)，是指买方负担将货物从目的港船舱舱底起吊、卸到码头的费用。

③CIF 卸到岸上(CIF Landed)，是指货物到达目的港后，包括驳船费和码头费在内的卸货费由卖方负担。

④CIF 吊钩交货(CIF Ex-tackle)，是指卖方负担货物从舱底吊至船边卸离吊钩为止的费用。

FOB、CFR 和 CIF 的异同如表 2—3—9 所示。

表 2—3—9　　FOB、CFR、CIF 异同点一览

		卖　方	买　方
相同点		1. 装货、充分通知 2. 出口手续、提供证件 3. 交单	1. 接货 2. 进口手续、提供证件 3. 受单、付款
相同点		4. 都是装运港交货，风险、费用划分一致，都是以货交船上为界 5. 都是凭单交货、凭单付款，属于“装运合同”“象征性交货”性质 6. 都仅适用于海洋运输和内河运输	
不同点	FOB		租船订舱、支付运费(F) 办理保险、支付保险费(I)
不同点	CFR	租船订舱、支付运费(F)	办理保险、支付保险费(I)
不同点	CIF	租船订舱、支付运费(F) 办理保险、支付保险费(I)	

(四)FCA

FCA(Free Carrier... named Place)——货交承运人(……指定地)，是指卖方必须在合同规定的交货期内在指定地或地点将经出口清关的货物交给买方指定的承运人监管，并承担货物被交由承运人监管为止的一切费用和货物灭失或损坏的风险。本术语适用于各种运输方式。

需要说明的是,交货地点的选择对于在该地点装货和卸货的义务会产生影响。若卖方在其所在地交货,则卖方应负责装货,若卖方在任何其他地点交货,卖方不负责卸货,即当货物在卖方的运输工具上,尚未卸货,而将货物交给买方指定的承运人或其他人或由卖方选定的承运人或其他人处置时,交货即算完成。

1. 买卖双方主要责任义务的划分

根据《2010 通则》对 FCA 的解释,买卖双方的主要义务如下:

(1)卖方义务。

①卖方必须自担风险和费用,取得任何出口许可证或其他官方许可,并在需要办理海关手续时,办理出口货物所需的一切海关手续。

②卖方必须在指定的交货地点,在约定的交货日期或期限内,将货交给买方指定的承运人,并给予买方说明已按照规定交货的充分通知。

③卖方必须承担货物被交由承运人监管为止的一切与货物有关的费用和货物灭失或损坏的风险。

④卖方必须自负费用向买方提供商业发票和证明货物已交给承运人的交货凭证、运输单据或具有同等作用的电子信息。

(2)买方义务。

①买方必须自行负责订立自指定地承运货物的合同,支付运费,并将承运人名称及其他有关信息及时通知卖方。

②买方必须承担货物被交由承运人监管之后的一切与货物有关的费用和货物灭失或损坏的风险。

③买方必须收取卖方按合同规定交付的货物,接受按合同规定提交的交货凭证或相等的电子信息,并按合同规定支付货款。

④买方必须自担风险和费用,取得任何进口许可证或其他官方许可,并在需要办理海关手续时,办理货物进口和在必要时从他国过境的一切海关手续。

⑤买方应对货物在运输途中可能发生的灭失或损坏的风险取得货物保险,订立保险合同,并支付保险费。

概括地说,FCA 术语买卖双方的责任划分可用表 2—3—10 说明。

表 2—3—10　　FCA 术语买卖双方主要责任划分一览

卖　方	买　方
交货(按合同规定)、移交单据	付款、接单、提取货物
办理出口清关手续、支付费用	办理进口清关手续、支付费用
	办理运输、支付运费
	办理保险、支付保险费
承担货物交给承运人处置之前的一切风险和费用	承担货物交给承运人处置之后的一切风险和费用

2. 使用 FCA 术语应注意的问题

(1)交货点和风险的转移。由于 FCA 适用于各种运输方式,它的交货点需按不同的运输方式和不同的指定交货点而定。总的来说，有以下几种：

①交货点在卖方所在地，则当货物被装上由买方指定的承运人的收货运输工具上，卖方即完成了交货义务。

②交货点在买方所在地，且在卖方的送货工具上(未卸下)，被交由买方指定的承运人处置时，卖方即完成了交货义务。

③买方安排运输，FCA 适用于各种运输方式，包括公路、铁路、江河、海洋、航空运输以及多式联运。采用这一交货条件时，买方要自费订立从指定地点起运的运输契约，并及时通知卖方。如果买方有要求，或者根据商业习惯，卖方也可因买方的请求而按通常条件为买方代为订立运输契约，但费用和风险要由买方承担。反之，如卖方不愿意按买方的请求或商业习惯协助买方订立运输合同，也必须及时通知买方，以便买方另做安排。否则，遗漏安排运输，也会引起额外的费用和风险。

(2)集合化的费用负担。由于在 FCA 术语下，卖方要承担完成交货义务之前所发生的一切费用，而采用 FCA 术语时，货物大多作集合化或成组化包装，因此，卖方应注意将货物集合化所需的费用也计算在价格之内。

微型案例

我国某进出口公司向新加坡某贸易公司出口香料 15 公吨，对外报价为每公吨 2 500 美元 FOB 湛江，装运期为 10 月，集装箱装运。我方于 10 月 16 日收到买方的装运通知，为及时装船，公司业务员于 10 月 17 日将货物存于湛江码头仓库，不料入库后货物因当夜仓库发生火灾而全部灭失。问：烧毁的损失由谁负担？有何启示？

【评析】货物损失由我方承担。我方若选择 FCA 术语成交，则可以在货物运至湛江码头时(或之前)将货物交给承运人，不必承担本案中的损失。本案采用集装箱运输，若采用 FCA 术语成交，比 FOB 术语成交多以下好处：(1)可以提前转移风险；(2)可以提早取得运输单据；(3)可以提早交单结汇，提高资金的周转率；(4)可以减少卖方的风险责任。这样，不但我方不用承担本案中的风险，还可以提早取得运输单据，提早交单结汇。

(五)CPT

CPT(Carriage Paid to... named place of destination)——运费付至(……指定目的地)，是指卖方支付货物运至指定目的地的运费，在货物被交由承运人保管时，货物灭失或损坏的风险，以及由于在货物交给承运人后发生的事件而引起的额外费用，即从卖方转移至买方。本术语适用于各种运输方式，包括多式联运。

1. 买卖双方的责任划分

根据《2010 通则》对 CPT 的解释，买卖双方的主要义务如下：

(1)卖方义务。

①办理出口结关手续，自费订立运输合同，按期将货物交给承运人，以运至指定目的地，并向买方发出货物已交付的充分通知。

②承担货物交付承运人以前的一切费用和货物灭失与损坏的一切风险，以及从装运地至目的地的通常运费。

③向买方提交约定的单证或相等的电子信息。

④在买方自负风险和费用的情况下，按买方要求提供买方安全清关和后续所需的单据和信息。

(2)买方义务。

①从卖方交付货物时起，承担货物灭失和损坏的一切风险。

②支付除通常运费之外的有关货物在运输途中所产生的各项费用和卸货费。

③在目的地从承运人那里受领货物，并按合同规定受领单据和支付货款。

④自担风险和费用，取得进口许可证和其他官方文件，办理进口报关手续。

⑤在卖方自担风险和费用的情况下，按卖方要求提供卖方运输、出口和安全清关所需的信息。

概括地说，CPT术语买卖双方的主要责任划分可用表2—3—11说明。

表2—3—11　　CPT术语买卖双方主要责任划分一览

卖　方	买　方
交货(按合同规定)、移交单据	付款、接单、提取货物
办理出口清关手续、支付费用	办理进口清关手续、支付费用
办理运输、支付运费	
	办理保险、支付保险费
承担货物交给承运人处置之前的一切风险和费用	承担货物交给承运人处置之后的一切风险和费用

2. 使用CPT术语应注意的问题

(1)及时向买方发出已交货通知。卖方将货物交给承运人后，应及时向买方发出货已交付的通知，以便买方能及时办理保险及在目的地受领货物。关于这一问题的重要性及其处理方法，可参阅CFR术语中的有关阐述。

(2)关于风险划分的界限问题。按照CPT术语成交，虽然卖方要负责订立从起运地到指定目的地的运输契约，并支付运费，但是卖方承担的风险并没有延伸至进口国的目的地。按照《2010通则》的解释，货物自交货地点至目的地的运输途中的风险由买方承担，而不是卖方，卖方只承担货物交给承运人控制之前的风险。

微型案例

我国某公司以CPT条件出口一批服装，公司按期将货物交给指定承运人，但运输途中由于天气原因延期了1个月，错过了销售季节，买方以此向该公司提出索赔。问：此项损失应由谁承担？

【评析】买方应承担该项损失。根据CPT术语，当卖方在指定交货地点将货物交给承运人处理后风险便转移给买方，即货交承运人后的风险由买方承担。在本案中，卖方已履行了自己的义务，按期将货物交给指定承运人，至于交货后在运输途中因天气原因产生的损失应由买方承担，因此买方无权向出口公司索赔。

（六）CIP

CIP(Carriage and Insurance Paid to... named place of destination)——运费、保险费付至（……指定目的地），是指卖方负责安排运输和投保，并支付相应的运输费用和保险费用，在货物被交由承运人保管时，货物灭失或损坏的风险以及由于在货物交给承运人后发生的事件而引起的额外费用，即从卖方转移至买方。与CPT术语相同，本术语适用于各种运输方式。

1. 买方双方责任的划分

根据《2010通则》对CIP的解释，买卖双方的主要义务如下：

（1）卖方责任。

①卖方必须自担风险和费用，取得任何出口许可证或其他官方许可，并在需要办理海关手续时，办理出口货物所需的一切海关手续。

②卖方必须自费订立将货物运往指定目的地的运输合同，并支付有关运费。

③卖方必须在合同规定地点和日期将货物交给承运人，并给予买方已交货的充分通知。

④卖方必须承担货物被交由承运人监管为止的一切与货物有关的费用和货物灭失或损坏的风险。

⑤卖方必须对货物在运输途中可能发生的灭失或损坏的风险取得货物保险，订立保险合同，并支付保险费。

⑥卖方必须自担费用向买方提供商业发票和证明货物已交给承运人的交货凭证、运输单据或具有同等作用的电子信息。

（2）买方责任。

①买方必须承担货物被交由承运人监管之后的一切与货物有关的费用和货物灭失或损坏的风险。

②买方必须收取卖方按合同规定交付的货物，并按合同规定支付货款。

③买方必须接受按合同规定提交的交货凭证或相等的电子信息。

④买方必须自担风险和费用，取得任何进口许可证或其他官方许可，并在需要办理海关手续时，办理货物进口和在必要时从他国过境的一切海关手续。

从上述责任划分可以看出CIP术语有关买卖双方的责任划分，只要将FCA买方责任中①、②两项责任归在FCA卖方责任中即可。

CIP术语买卖双方的有关义务和责任可以用表2－3－12说明。

表2－3－12　　CIP术语买卖双方责任划分一览

卖　方	买　方
交货(按合同规定)、移交单据	付款、接单、提取货物
办理出口清关手续、支付费用	办理进口清关手续、支付费用
租船订舱、支付运费	
办理保险、支付保险费	
承担货交承运人控制之前的一切风险和费用	承担货交承运人控制之后的一切风险和费用

2. 使用CIP术语应注意的问题

（1）卖方办理保险。在CIP条件下，如果买卖双方事先未在合同中规定保险险别和保险金额，卖方只需按最低责任的保险险别取得保险，最低保险金额为CIP合同价款的110％，并以合同货币投保。

(2)合理确定价格。与 FCA 相比,CIP 条件下的卖方要承担较多的责任和费用。卖方要负责办理从交货地至目的地的运输,承担有关的运费;办理货物保险,并支付保险费。因此,卖方在对外报价时,要认真核算成本和价格。

从 FCA、CPT、CIP 三种价格术语的责任划分可以看出,买卖双方的主要责任依然是运输和保险,同时,这两项责任也是上述三种价格术语的差别所在。这三种价格术语买卖双方责任划分的基本原则与 FOB、CFR、CIF 三种术语是基本相同的,但由于它们所适用的运输方式完全不同,因此还是有区别的,具体表现在以下几个方面:

(1)适用的运输方式不同。FOB、CIF、CFR 仅适用于海洋运输和内河运输;而 FCA、CPT、CIP 适用于任何运输方式和多种运输方式的联运。

(2)交货地点及风险、费用转移界限不同。FOB、CFR、CIF 三种术语的交货地点均为出口国装运港,风险和费用的划分则以装运港货装上船为界;FCA、CPT、CIP 三种术语的交货地点应视不同的运输方式和不同的约定而定,它可以是出口地的某运输工具上,也可以是承运人的运输站或其他地点,至于风险和费用则于卖方将货物交由承运人处置时转移至买方。

(3)装卸货费用负担不同。FOB、CFR、CIF 三种术语,在租船运输情况下,有关装卸货费用必须通过价格术语的变形或合同的具体规定确定。而 FCA、CPT、CIP 三种术语由于其风险费用的转移以货交承运人为界,因此就不存在上述问题,装卸货费用均由支付运费的一方承担。

(4)运输单据不同。FOB、CFR、CIF 条件下,卖方一般提供已装船海运提单;而 FCA、CPT、CIP 条件下,卖方提交的运输单据因运输方式的不同而不同,如备运提单、海运单、铁路运单、航空运单、国际多式联运单据等。

(5)运费负担不同。按 FOB、CFR、CIF 术语,运费主要是指从装运港到目的港的海运运费;而按 FCA、CPT、CIP 术语,运费则包括从出口国指定地点到进口国指定地点的费用,其中可能涉及一种或多种不同的运输方式,运费也就是一种或几种运输方式的运费之和。

(6)保险的内容不同。FOB、CFR、CIF 主要涉及的是海洋货物运输保险;FCA、CPT、CIP 则涉及各种运输方式下的货物保险,若涉及多种不同的运输方式,保险费用则为多种不同的运输方式的投保费用之和。

FOB、CFR、CIF 与 FCA、CPT、CIP 的区别如表 2—3—13 所示。

表 2—3—13　FOB、CFR、CIF 与 FCA、CPT、CIP 的区别

比较项目	FOB、CFR、CIF	FCA、CPT、CIP
运输方式	海运和内河运输	各种运输方式
承运人	船公司	船公司、铁路局、航空公司或多式联运承运人
交货地点	装运港船上	视不同运输方式而定
风险转移界限	装运港货交船上	货交承运人处置后
装卸费用负担	FOB 的各种变形以明确装船费用由谁负担 CFR、CIF 的变形以明确卸货费用由谁负担	FCA 卖方负担装船费 CPT、CIP 卖方负担卸货费,不存在术语变形

续表

比较项目	FOB、CFR、CIF	FCA、CPT、CIP
运输单据	已装船清洁提单	提单、海运单、内河运单、铁路运单、航空运单或多式联运单据
术语后随地名	FOB后加注装运港名称，CFR、CIF后加注目的港名称	FCA后加注装运地名称，CPT、CIP后加注目的地名称

（七）EXW

EXW（Ex Works... named place）——工厂交货（……指定地点），是指卖方将货物从工厂或仓库交付给买方，除非另有规定，卖方不负责将货物装上买方安排的车或船上，也不办理出口报关手续。买方负担自卖方工厂交付后至最终目的地的一切费用和风险。如买方不能直接或间接地办理货物出口报关手续，则不宜采用此贸易术语。EXW是卖方责任最小的贸易术语。

1. 买卖双方的责任划分

根据《2010通则》对EXW的解释，买卖双方的主要义务如下：

（1）卖方的主要义务。

①卖方必须按照合同约定的日期或期限，在指定的地点将未置于任何运输车辆上的货物交给买方处置。

②卖方必须提供符合销售合同规定的货物和商业发票或有同等作用的电子信息，以及合同可能要求的、证明货物符合合同规定的其他任何凭证。

（2）买方的主要义务。

①买方必须按照合同规定支付价款。

②买方必须自担风险和费用，取得任何出口和进口许可证或其他官方许可，在需要办理海关手续时，并办理货物出口和进口的一切海关手续。

③买方负担卖方货物交给买方处置之时起的一切风险和费用。

④接受卖方按合同规定交付的货物，接受与合同相符的单据。

概括地说，EXW术语买卖双方的责任划分可用表2—3—14说明。

表2—3—14　EXW术语买卖双方主要责任划分一览

卖　方	买　方
交货（按合同规定）、移交单据	付款、接单、提取货物
	办理出口清关手续、支付费用 办理进口清关手续、支付费用
	租船订舱、支付运费
承担买方处置货物之前的一切风险和费用	承担卖方交货之时起的一切风险和费用

2. 采用EXW术语应注意的问题

（1）EXW贸易术语代表了商品在产地或储存地交货的贸易条件，根据实际交易地点的不同，该术语可变形为工场交货（Ex Factory）、仓库交货（Ex Warehouse）等。

（2）EXW术语下，出口手续由买方负责办理，如果买方不能直接或间接地办理出口手续，则不应采取此术语。

(3)EXW是《2010通则》所解释的11种贸易术语中卖方义务最小的贸易术语。EXW由于适合采购物流中的集运要求,目前已使用得日益广泛。

(八)FAS

FAS(Free alongside Ship... named port of shipment)——装运港船边交货(……指定装运港),是指卖方将货物运至指定装运港的船边或驳船内交货,并在需要办理海关手续时,办理货物出口所需的一切海关手续,买方承担自装运港船边(或驳船)起的一切费用和风险。

1. 买卖双方的责任划分

根据《2010通则》对FAS的解释,买卖双方的主要义务如下:

(1)卖方的主要义务。

①卖方必须在买方指定装运港、在买方指定的装货地点、在约定日期或期限内,按照该港习惯方式将货物交至买方指定的船边,并给予买方充分的通知。

②卖方必须自担风险和费用,取得任何出口许可证或其他官方许可,并在需要办理海关手续时,办理货物出口所需的一切海关手续。

③负担货物在装运港交至买方指定船边之前的费用和风险。

④卖方必须提供符合销售合同规定的货物和商业发票或有同等作用的电子信息,以及合同可能要求的、证明货物符合合同规定的其他任何凭证。

(2)买方的主要义务。

①买方必须按照销售合同规定支付价款。

②买方必须自付费用,订立自指定的装运港运输货物的合同,并给予卖方船名、要求装货地点和要求交货时间的充分通知。

③买方必须自担风险和费用,取得任何进口许可证或其他官方许可,并在需要办理海关手续时,办理货物进口和从他国过境所需的一切海关手续。

④负担货物在装运港交至买方指定的船边之后的一切费用和风险。

⑤收取卖方按合同规定交付的货物,接受与合同相符的单据。

概括地说,FAS术语买卖双方的责任划分可用表2—3—15说明。

表2—3—15　　FAS术语买卖双方主要责任划分一览

卖　方	买　方
交货(按合同规定)、移交单据	付款、接单、提取货物
办理出口清关手续、支付费用	办理进口清关手续、支付费用
	租船订舱、支付运费
承担货交船边之前的一切风险和费用	承担货交船边之后的一切风险和费用

2. 采用FAS术语应注意的问题

(1)对FAS的不同解释。在与北美一些国家交易时,要使用FAS且等同于《2000通则》中FAS的含义时,必须在FAS后面加上"Vessel"字样,才表示"船边交易"。

(2)关于装运点的选择问题。由于买卖双方风险和费用划分的界限在指定的装运港,港口作业习惯的不同会导致相关费用的差异,因此,买卖双方应对指定装运港具体的装运点做出明确的规定。若买方没有对具体的装运点做出规定,则卖方有权在指定装运港选择最合适的装运点。

（九）DAT

DAT(Delivered at Terminal ... named terminal of destination)——运输终端交货(……指定运输终端)，是指卖方将货物运至指定目的港或目的地的指定运输终端(或称运输集散站)，并将货物从抵达的运输工具上卸下交由买方处置，即为完成交货。运输终端(或称运输集散站)意味着任何地点，例如码头、仓库、集装箱堆场或公路、铁路、空运货站等。卖方承担货物卸下后完成交货之前的一切风险。

1. 买卖双方的责任划分

根据《2010 通则》对 DAT 的解释，买卖双方的主要义务如下：

(1)卖方的主要义务。

①卖方必须在约定的日期或者期限内，在指定目的地的运输终端将货物交给买方处置。

②卖方必须自担风险和费用，取得出口许可证和其他官方文件，办理出口手续。

③卖方必须自付费用，订立运输合同，将货物运至指定的运输终端。

④承担货物在指定运输终端卸下后交买方处置之前的费用和风险。

⑤卖方必须提供符合合同规定的货物和商业发票或有同等作用的电子信息。

(2)买方的主要义务。

①买方必须按照销售合同规定支付价款。

②买方必须自担风险和费用，取得进口许可证或其他官方文件，办理进口手续。

③买方负担货物在运输终端交买方处置之后的费用和风险。

④在卖方按规定交货时受领货物。

概括地说，DAT 术语买卖双方责任划分可用表 2—3—16 表示。

表 2—3—16　　DAT 术语买卖双方责任划分一览

卖　方	买　方
交货、移交单据	付款、接单、提取货物
办理出口清关手续、支付费用	办理进口清关手续、支付费用
订立运输合同、支付费用	
承担货物在指定运输终端卸下后交买方处置之前的费用和风险	承担货物在指定运输终端卸下后交买方处置之后的费用和风险

2. 采用 DAT 要注意的问题

(1)DAT 与《2000 通则》的 DEQ(目的港码头交货)相近，不同的是 DAT 涵盖了各种运输方式和范围更广泛的运输终端，而非仅仅局限于水运码头。因此，交易双方应精确规定“指定运输终端”，以免因说明不清而给履约带来不便。

(2)以 DAT 术语成交，卖方应当在“指定运输终端”将货物从运输工具上卸下来，并承担卸货费。有时候，交易双方会有由卖方承担将货物由运输终端运至另一地点的需求，且要求由卖方承担风险和费用，在这种情况下，也可使用本术语来签订合同。

（十）DAP

DAP(Delivered at Place... named place of destination)——指定目的地交货(……指定目的地)，是指卖方将货物运至进口国指定目的地，将还在运输工具上可供卸载的货物交由买方处置时，即为交货。卖方承担将货物运往指定目的地的一切风险。买方自行负责从运输工具上卸载货物,并承担可能发生的费用和一切风险。但如运输合同中已包含了在目的地的卸货费用,该费用仍应由卖方承担。

1. 买卖双方的责任划分

根据《2010 通则》对 DAP 的解释,买卖双方的主要义务如下:

(1)卖方的主要义务。

①卖方必须在约定的日期或期限内,在指定的目的地将在运输工具上尚未卸下的货物交给买方处置。

②卖方必须自担风险和费用,取得出口许可证和其他官方文件,办理出口手续。

③卖方负责订立运输合同,支付运费,将货物运至指定目的地。

④承担货物在目的地交买方处置之前的费用和风险。

⑤提供符合合同规定的货物及商业发票或有同等作用的电子信息。

(2)买方的主要义务。

①按照销售合同规定支付价款。

②买方必须自担风险和费用,取得进口许可证和其他官方文件,办理进口手续。

③负担货物在指定地点交买方处置之后的风险和费用。

④在买方按规定交货时接受货物。

概括地说,DAP 术语买卖双方责任划分可用表 2—3—17 说明。

表 2—3—17　　DAP 术语买卖双方责任划分一览

卖　方	买　方
交货(按合同规定)、移交单据	付款、接单、提取货物
办理出口清关手续、支付费用	办理进口清关手续、支付费用
订立运输合同、支付运费	
承担货物在指定目的地交买方处置之前的费用与风险	负担货物在指定目的地交买方处置之后的费用与风险

2. 采用 DAP 要注意的问题

(1)买卖双方必须精确规定指定的地点,如未明确规定或按照惯例也无法确定具体的交货点,则卖方可在目的地选择最适合其交货目的的交货点。

(2)如果卖方订立运输合同支付的运费中包含了卸货费,除非买卖双方另有约定,否则卖方无权向买方索偿。

(十一)DDP

DDP(Delivered Duty Paid... named place of destination)——进口国完税后交货(……指定目的地),是指卖方将货物运至进口国指定地点,将在交货运输工具上尚未卸下的货物交付给买方,卖方负责办理进口报关手续、支付在需要办理海关手续时在目的地应缴纳的任何进口税费。卖方负担将货物交付给买方前的一切费用和风险。DDP 是卖方责任最大的贸易术语,如卖方无法直接或间接地办理进口清关手续,则不宜采用本术语。

1. 买卖双方的主要义务

根据《2010 通则》对 DDP 的解释,买卖双方的主要义务如下:

(1)卖方的主要义务。

①卖方必须在约定日期或交货期内,在指定的目的地将在交货运输工具上尚未卸下的货物交给买方或买方指定的其他人处置。

②卖方必须自担风险和费用,取得任何出口和进口许可证或其他官方许可文件,办理出口和进口手续。

③卖方必须自付费用,订立运输合同,将货物运至指定的目的地。

④负担货物在指定目的地交买方处置之前的一切费用和风险。

⑤提供符合合同规定的货物和商业发票或有同等作用的电子信息。

(2)买方的主要义务。

①买方必须按合同规定支付价款。

②在卖方按规定交货时,受领货物。

③承担货物在指定目的地交由买方处置之后的一切费用和风险。

概括地说,DDP术语买卖双方责任划分可用表2—3—18说明。

表2—3—18　　DDP术语买卖双方主要责任划分一览

卖　方	买　方
交货(按合同规定)、移交单据	付款、接单、提取货物
办理出口清关手续、支付费用 办理进口清关手续、支付费用	
租船订舱、支付运费	
负担货物在指定目的地交买方处置之前的一切费用与风险	承担货物在目的地买方处置之后的一切费用和风险

2. 采用DDP术语应注意的问题

(1)按照《2010通则》的解释,以DDP术语成交,进口手续由卖方办理。如果卖方不能直接或间接地办理进口清关手续,则不应使用此术语。在使用DDP时,如当事人双方希望将进口时所要支付的一些费用(如增值税)从卖方义务中排除,则应在销售合同中写明。

(2)对本术语的选用应充分估量卖方的能力与交易的具体条件。DDP术语是《2010通则》所解释的11种术语中卖方责任、义务、风险最大的一种,选用本术语前卖方应格外慎重,如不具备能力和条件,应避免使用。

《2010通则》中后5种贸易术语EXW、FAS、DAT、DAP、DDP的对比见表2—3—19。

表2—3—19　　《2010通则》中其他5种贸易术语对比

	交货地点	出口手续	进口手续
EXW	出口国工厂	买方	买方
FAS	出口国装运港船边	卖方	买方
DAT	进口国指定运输终端	卖方	买方
DAP	进口国指定地点	卖方	买方
DDP	进口国指定地点	卖方	卖方

在此，将《2010 通则》中 11 种贸易术语的交货地点、买卖双方的风险划分、适用的运输方式、进出口清关办理等进行总结对比，如表 2—3—20 所示。

表 2—3—20　　《2010 通则》11 种贸易术语对比

英文缩写	中文全称	交货地点	风险划分	出口清关	进口清关	适用的运输方式	标价时后注
EXW(Ex Works)	工厂交货	卖方处所	买方处置货物后	买方	买方	任何方式	指定地点
FCA(Free Carriage)	货交承运人	出口国内地、港口	承运人处理货物后	卖方	买方	任何方式	指定地点
CPT(Carriage Paid to)	运费付至指定目的地	出口国内地、港口	承运人处理货物后	卖方	买方	任何方式	指定目的地
CIP(Carriage and Insurance Paid to)	运费、保险费付至指定目的地	出口国内地、港口	承运人处理货物后	卖方	买方	任何方式	指定目的地
DAT(Delivered at Terminal)	指定运输终端交货	进口国指定运输终端	买方在指定运输终端收货后	卖方	买方	任何方式	指定运输终端
DAP(Delivered at Place)	指定目的地交货	进口国指定目的地	买方在指定地点收货后	卖方	买方	任何方式	指定目的地
DDP(Delivered Duty Paid)	指定目的地完税后交货	进口国指定目的地	买方在指定目的地收货后	卖方	卖方	任何方式	指定目的地
FAS(Free alongside Ship)	装运港船边交货	出口国装运港口	货交船边后	卖方	买方	水上运输	指定装运港
FOB(Free on Board)	装运港船上交货	出口国装运港口	货物装上船	卖方	买方	水上运输	指定装运港
CFR(Cost and Freight)	成本加运费到指定目的港	出口国装运港口	货物装上船	卖方	买方	水上运输	指定目的港
CIF(Cost, Insurance and Freight)	成本加保险加运费到指定目的港	出口国	装运港口货物装上船	卖方	买方	水上运输	指定目的港

四、使用贸易术语通则应注意的问题

（一）INCOTERMS 的性质

INCOTERMS 历来的宗旨是为国际贸易中最普遍使用的贸易术语提供一套解释的国际规则，以避免因各国不同解释而出现的分歧和不确定性。INCOTERMS 本身不是法律，不具有强制性，只有当事人在买卖合同中选用时，才对当事人有约束力。

（二）明确选用哪个版本的国际贸易术语解释通则

新修订的《2020 年国际贸易术语解释通则》虽然在 2020 年 1 月 1 日已经生效，但人们认识、学习和接受新版本还需要一个过程。因此有一点我们需要特别强调，即并不是新版本出来旧版本就立即过时了，无论是新版本的被接受还是旧版本的逐渐淡出，都需要时间和实践。国际贸易当事人有权选择其合同条款引用或适用某一版本的国际贸易术语解释通则。因此，《2020 年国际贸易术语解释通则》生效之后，合同双方当事人就有一个特别值得注意的问题，即一定要在贸易合同中就适用的国际贸易术语解释通则的版本加以明确说明，尤其是对不同版本通则中有实质性变化的贸易术语，在合同或信用证中更应给予明确，以免责任不清，产生纠纷，并进而影响合同的履行。如："FOB... INCOTERMS® 2010""CIP... subject to INCOTERMS 2010""CIF... Incoterms® 2020"等。

小链接

《2020通则》的主要变化及说明

《2020通则》相比《2010通则》并未有大幅度的修改，主要是改进了一些贸易术语的细节问题。其主体内容仍旧延续了《2010通则》的规定。《2020通则》修改的主要内容及其说明如下：

1. FCA术语下就提单问题引入了新的附加机制

《2020通则》规定，FCA术语下虽然买方负责运输，但买方和卖方同意买方指定的承运人在装货后将向卖方签发已装船提单，然后再由卖方向买方做出交单（可能通过银行链）。现行的FCA术语中存在的一个主要问题是该术语的效力在货物装船前就已经随货交承运人而截止，这就导致卖方无法获得已装船提单。但是在一般情况下，已装船提单是银行在信用证项下的常见单据要求，因此对FCA规则的修订充分考虑到这一市场上的实际情况。

2. CIF和CIP术语中最低保险范围的规定有所不同

在《2010通则》中，CIF和CIP术语下如果双方没有特别约定，卖方只有义务投保最低级别的海上货物运输保险（中国保险条款即平安险）。但在《2020通则》中则有所不同。在适用CIP术语的贸易中，最低保险范围已经提高到《协会货物保险条款》(A)条款的要求（即"一切险"，不包括除外责任），CIF仍旧和以前相同。

3. 将DAT改为DPU

《2020通则》将之前的DAT(Delivered at Terminal)术语更名为DPU(Delivered at Place Unloaded)，并且相应的含义也发生了变化。在《2020通则》的规定下，DPU术语的交货地点仍旧是目的地，但这个目的地不再限于运输的终点，即目的地≠终点，而可以是任何地方。除了这一点之外，其余内容均和之前2010版中的DAT术语完全一致。

4. 明确了FCA、DAP、DPU以及DDP术语项下可用自有运输工具安排发货

《2020通则》规定，当采用FCA、DAP、DPU和DDP术语贸易时，买卖双方可以根据运输义务使用自有运输工具，而不再像2010版术语那样推定适用第三方承运人运输。双方承担的运输义务不变，仍旧遵循2010版的规定。

5. 在运输责任及费用方面明确了与安全相关的要求

《2020通则》每个术语项下的A4和A7部分都明确规定了与安全有关的义务分配规则，为履行该义务产生的费用的承担方式也在A9、B9部分载明。例如，FOB术语项下的A4部分载明"卖方必须遵守任何与运输安全有关的要求，直至交付"。并且《2020通则》对双方应该承担的费用提供了"一站式费用清单"。这些规定反映了当前国际贸易领域对安全问题日益增加的关注。

总体而言，《2020通则》中其余部分的规定较2010版本并没有实质性变化。在此次修订中，国际商会旨在通过对各个贸易术语项下规则的介绍性和解释性说明，以及对排版和术语排列顺序的变化使各个术语的内容更加清晰明确，进而鼓励使用者根据其所从事的贸易采用最合适的贸易术语，尤其是避免在非海运贸易中使用海运术语。

(三)正确选用贸易术语

《2010通则》所解释的11种贸易术语中FAS、FOB、CFR、CIF这4种术语只适用于单一海上运输和内河运输。应使用FCA的交易，如果不适当地使用FOB，卖方承担的货物风险就不是在将货物交给买方指定的承运人为止，而是要延伸到将货物装上船。不恰当使用贸易术语的情形，在我国的外贸实践中经常出现，有的还比较突出。例如，对中国香港出口，不论何种运输方式，几乎都使用CIF香港；空运去法国的货物，却使用CIF巴黎，巴黎是内陆城市而非港口，何况CIF不适用于空运。因此，在外贸实践中，应按不同运输方式、交货方式正确选用贸易术语。

提醒您

> 在既能使用FOB、CFR、CIF，又能使用FCA、CPT、CIP的出口交易中，使用后三种术语，对我方(卖方)是比较有利的。具体表现在两个“提前”，即风险转移的时间提前和从承运人处取得运输单据的时间提前，从而有利于及时收汇。按照目前实践，除少数农矿产品外，即使在单一海运的交易中，卖方通常也在货物装船以前，有时甚至在船舶抵达装运港之前，就把货物交给了承运人。在此情况下，采用货物的交付不涉及“装上船”的FCA、CPT、CIP来代替FOB、CFR、CIF是一种较好的选择。

《2020通则》的生效与使用，加强了国际贸易术语在世界各国使用时的一致性、准确性、严谨性和权威性，无疑会对我国对外贸易实务产生重大影响。因此，我们应迅速、全面地学习和掌握它，以便在实践中正确熟练地加以运用。

子任务2 成本核算与报价

报价是一项很复杂而又十分重要的工作。为了做好这项工作，外贸从业人员必须正确贯彻进出口商品的作价原则，切实了解国际市场价格变动趋势，充分考虑影响价格的各种因素，做好比价工作和加强成本核算，掌握价格换算的方法，并做好盈亏核算工作。

一、作价方法与计价货币

(一)作价原则

我国进出口商品的作价原则是，在贯彻平等互利的原则上，根据国际市场价格水平，结合国别(地区)政策，并按照我们的购销意图确定适当的价格。由于价格构成因素不同，影响价格变化的因素也多种多样，要注意同一商品在不同情况下应有合理的差价，防止出现不区分情况、采取全球同一价格的错误做法。

除了遵循上述作价原则外，还须考虑下列因素：商品的质量和档次、运输距离、交货地点和交货条件、季节性需求的变化、成交数量、支付条件和汇率变动的风险、交货期的远近、国际市场商品供求变化和价格走势等因素。

(二)作价方法

根据有关法律或国际惯例，贸易合同中的价格可以是明确规定的，也可以只规定作价的方法而不明确规定价格。进出口贸易中的作价方法，一般均采用固定作价，即在磋商交易时把价格确定下来，事后无论发生什么情况均按确定的价格结算应付货款。但在实际业务中，有时也采用暂不固定价格、暂定价格和浮动价格等作价方法。

1. 固定价格

固定价格是指在价格条款中明确规定的价格。除非经双方当事人的同意，任何一方均不得随意变更。这种方法适用于交货期较短的交易，因为贸易双方均承担市场变化的风险。

货物的价格，通常是指货物的单价(Unit Price)。国际贸易的单价远比国内贸易的单价复杂，商品价格的表示方法也与国内价格不同，它需由计价货币、单位价格金额、计量单位、贸易术语四项内容组成。例如，USD 20.00 PER CARTON CIF NEW YORK 或每公吨 300 美元 CIF 纽约。

上列单价，如买卖双方对此无其他特殊约定，应理解为固定价格，即订约后买卖双方按此价格结算货款，即使在定约后市价有重大变化，任何一方均不得要求变更原定价格。

2. 暂不固定价格

暂不固定价格又称"活价"，是指贸易双方只规定作价的方法和期限，而不规定具体价格。某些货物因其国际市场价格变动频繁，并且变动幅度较大，或交货期较远，买卖双方对市场难以预测，但又确有订约的意图，则可采用暂不固定价格，而约定将来如何确定价格的方法。按此作价方法，买卖双方都不承担市价变动的风险。但是，也由于合同未订明价格而容易造成履约的困难，甚至无法履约。因此，这种方法往往只在长期交往的贸易伙伴间使用。

3. 浮动价格

浮动价格又称滑动价格，是在价格条款中规定一个基础价格，并同时明确调整价格的依据和方法。例如，规定在合同履行期间该商品的市场价格、生产该商品人员的工资或原料价格等指数一有变动，或超过规定的幅度，基础价格则做相应调整。也可规定以某金融交易所的价格变化作为调整基础价格的依据(这实际上是保值条款)。这种作价方法适用于价格变动频繁的大宗贸易或交货周期长的成套设备贸易。

4. 暂定价格

买卖双方在洽谈某些市价变化较大的货物的远期交易时，可先在合同中规定一个暂定价格，待日后交货前的一定时间，再由双方按照当时市价商定最后价格。在出口业务中，有时与信用可靠、业务关系密切的客商洽谈大宗货物的远期交易时，偶尔也采用这种暂定价格的做法。但这种做法，如缺乏明确的定价依据，到时候双方在商定最后价格时可能各持己见不能取得协议，而导致无法履行合同。所以，订有"暂定价格"的合同存在较大的不确定性。

(三)币种选择

1. 计价货币和支付货币

计价货币(Money of Account)是买卖双方用来计算债权债务的货币。在合同中，也就是用来计算价格的货币。

支付货币(Money of Payment)是买卖双方用来清偿债权债务的货币。在合同中，也就是双方约定的、可用来清偿按计价货币表示的货款的等值货币。

在国际贸易中，计价货币通常与支付货币为同一种货币，但也可以是计价货币为一种货币，而支付货币为另一种甚至另几种货币。这些货币可以是出口国的货币或进口国的货币，也可以是第三国的货币，由买卖双方协商确定。合同中的价格只用一种货币来表示，没有规定其他支付货币的，那么这种货币既是计价货币，也是支付货币。如果在规定计价货币的同时，还规定了支付货币，那么支付货币和计价货币就为两种不同的货币。在后一种情况下，就要注意用什么汇率将计价货币折成等值的支付货币。按惯例，一般按付款日计价货币和支付货币两种货币的汇率,将计价货币表示的价款折成等值的支付货币来支付。除非买卖双方另有规定。

2. 计价货币和支付货币的选择

由于不同的国家使用不同的货币,因此用来计价和支付的货币就有不同的选择。在国际金融秩序相对稳定的条件下,采用哪一种货币来计价和支付,并无大的差异。但在国际金融动荡不定的条件下,采用不同的货币对买卖双方利益会产生较大的影响。尤其在当前国际金融市场普遍实行浮动汇率制的情况下,买卖双方都将承担一定的汇率风险。而且,由于进出口买卖的周期比较长,其间货币的币值可能发生较大变化,甚至出现大幅度的变动,贸易的任何一方都有可能因合同规定的计价货币的汇率发生变动而造成损失。因此,作为交易的当事人,在选择使用何种货币时,就不能不考虑外汇风险,选择一种能兼顾双方利益的币种,有利于减少外汇风险。

在进出口业务中,选择何种货币计价和支付,应考虑使用可自由兑换并且汇率相对稳定的货币。使用可自由兑换的货币,有利于调拨和运用,也有助于在必要时转移货币汇价风险。但对那些已与我国签订协定并限定使用某种货币的国家,则应使用协定规定的货币。对可自由兑换的货币,还需考虑其稳定性。

小技巧

在出口业务中,一般应尽可能争取使用从成交到收汇这段时期内汇价比较稳定且趋势上浮的货币,即所谓的"硬币"。

在进口业务中 ,则应争取使用从成交到收汇这段时期内汇价比较疲软且趋势下浮的货币,即所谓的"软币"或称"弱币"。

在实际业务中,以哪种货币作为计价和支付货币,还应结合企业的经营意图、国际市场供需情况和价格水平等情况,做全面综合的分析,但需避免因单纯考虑外汇风险而影响交易的正常进行。如果为了达成交易而采用对我方不利的货币,则应采用一定的方法予以补救。例如,根据该种货币今后可能的变动幅度和走势,相应地调整对外报价;在可能的条件下,争取保值条款等。

二、出口成本核算

出口商品的交易主要包括货源采购、出口报关、货交买方三个基本阶段。由此产生的成本、费用是构成出口商品价格的重要因素,加强成本核算,掌握出口总成本、出口销售外汇(美元)净收入和人民币净收入的数据,对估算和比较各种商品出口的盈亏情况,具有现实的意义。

(一)与出口价格有关的概念

1. 出口总成本与出口成本价格

出口总成本是指外贸企业为出口商品支付的国内总成本。它由两个基本因素构成:进货成本和国内费用。如果是需要缴纳出口税的商品,出口总成本中还要包括出口税。

出口成本价格是企业以出口总成本为基础计算出来的单位成本价格。它与出口成交价格的主要区别在于,出口成本价格并不涉及有关国外的任何费用;而出口成交价格则可能包括单位商品的国外费用,如国外运费、保险费、佣金等。

2. 出口外汇净收入与出口换汇成本

出口外汇净收入是指出口外汇总收入扣除劳务费用等非贸易外汇后的外汇收入。如采用FOB价格成交，成交价格就是外汇净收入。如采用CIF价格成交，则扣除国外运费和保险费等劳务费用支出后，即为外汇净收入。如果以含佣价成交，还要扣除佣金。

出口换汇成本是指某商品出口净收入一个单位的外汇所需要的人民币成本。其计算公式为：

出口换汇成本＝出口总成本(人民币)/出口外汇净收入(外汇)

从上式可以看出，出口换汇成本与出口总成本成正比，与出口外汇净收入成反比。出口换汇成本是进出口交易盈亏的重要指标。它与外汇牌价比较能直接反映出商品出口是否盈利。换汇成本越高，盈利越小或亏损越大；换汇成本越低，亏损越小或盈利越大。

小技巧

出口商品共500件，每件报价为10美元CIF伦敦，其中运费为200美元，保险费为100美元。进价每件为人民币50元，国内增值税税率为13%，费用定额率为10%，出口退税率为10%，银行美元买入价为7.00人民币元/美元。求：该笔交易的出口换汇成本。

解：出口换汇成本＝出口总成本(人民币)/出口外汇净收入(外汇)
＝[出口商品购进价(含增值税)＋定额费用－出口退税收入]
÷FOB出口外汇净收入(美元)
＝[50×500＋50×500×10%－50×500/(1＋13%)×10%]
÷(10×500－200－100)
＝5.38(元人民币)

答：因为5.38小于7.00，所以盈利。

3. 出口盈亏额与盈亏率

出口盈亏额是指出口销售人民币净收入与出口总成本的差额。如果差额为正数，为盈余额；如果差额为负数，则为亏损额。出口商品盈亏率是盈亏额与出口总成本的比率，用百分比表示。它是衡量出口盈亏程度的一项重要指标。其计算公式为：

出口盈亏率＝(出口销售人民币净收入－出口总成本)/出口总成本×100%

小技巧

上述案例的出口盈亏率是多少呢？

解：出口盈亏率＝(出口销售人民币净收入－出口总成本)/出口总成本×100%
＝{(10×500－200－100)×7.00－[50×500＋50×500×10%
－50×500/(1＋13%)×10%]}÷[50×500＋50×500×10%
－50×500/(1＋13%)×10%]
＝30.1%

4. 外汇增值率

外汇增值率又称出口创汇率，通常用以反映进料加工出口的创汇效果。其计算公式如下：

外汇增值额＝成品出口外汇净收入(FOB价)－原料外汇支出(CIF价)

外汇增值率＝(外汇增值额－进口原料外汇支出)/进口原料外汇支出×100%

(二)出口商品价格构成

出口商品价格构成通常包括三个方面的内容：进货成本、费用和利润。

1. 进货成本

进货成本有时也称为实际成本，是相对于含税成本(采购成本)而言的，是含税成本扣掉退税金额(如有)后的实际成本价。它们之间的换算关系为：

含税成本＝货价×(1＋增值税率)

退税金额＝货价×出口退税率

实际成本＝含税成本－退税金额

＝含税成本－含税成本÷(1＋增值税率)×出口退税率

2. 费用

价格构成中，费用的核算最为复杂，它通常包括国内费用和国外费用两部分。

国内费用项目较多，主要有：(1)加工整理费用；(2)包装费用；(3)保管费(仓储/租金、火险等)；(4)国内运输费用(仓至码头)；(5)证件费用(包括商检费、公证费、领事签证费、产地证费、许可证费、保管费等)；(6)装船费(装船、起吊费和驳船费等)；(7)银行费用(贴现利息、手续费等)；(8)预计损耗(耗损、短损、漏损、破损、变质等)；(9)邮电费(电报、电话、电传、传真、电子邮件等费用)。

国外费用主要有：(1)国外运费(装运港至目的港的海上运输费用)；(2)国外保险费(海上货物运输保险)；(3)支付给中间商的佣金等。

3. 利润

利润基于报价计算，通常是报价的10%～30%，有时甚至更高。企业确定利润率一般会考虑多种因素。同一商品不同企业利润率会不同，同一企业不同的出口商品利润定位通常也会不一样。

在我国进出口业务中，最常用的贸易术语是FOB、CFR和CIF三种。这三种术语仅适用于海上或内河运输。FCA、CPT和CIP三种贸易术语，是国际商会为适应国际贸易的新发展而制定的贸易术语，它们的使用范围比较广。尽管由于采用的运输方式不同、交货地点和交货方式不同，FCA、CPT和CIP三种贸易术语下的有关费用也有所不同，但两组间对应术语的价格构成整体相似。它们的计算公式如下：

FOB价(FCA价)＝进货成本＋国内费用＋利润

CFR价(CPT价)＝进货成本＋国内费用＋国外运费＋利润

CIF价(CIP价)＝进货成本＋国内费用＋国外运费＋国外保险费＋利润

(三)主要贸易术语的价格换算

在对外洽商交易过程中，有时一方按某种贸易术语报价时，对方要求改报其他术语所表示的价格，这就涉及价格的换算问题。了解贸易术语的价格构成及其换算方法，是外贸从业人员所必须掌握的基本知识和技能。

根据上述主要贸易术语的价格构成公式，可以得出不同贸易术语之间的价格换算。

1. FOB、CFR和CIF三种价格的换算

(1)FOB 价换算为其他价。

CFR 价＝FOB 价＋国外运费

$$\text{CIF 价}=\frac{\text{FOB 价}+\text{国外运费}}{1-\text{投保加成}\times\text{保险费率}}$$

(2)CFR 价换算为其他价。

FOB 价＝CFR 价－运费

$$\text{CIF 价}=\frac{\text{CFR 价}}{1-\text{投保加成}\times\text{保险费率}}$$

(3)CIF 价换算为其他价。

FOB 价＝CIF 价×(1－投保加成×保险费率)－国外运费

CFR 价＝CIF 价×(1－投保加成×保险费率)

注:投保加成＝1＋投保加成率。

小技巧

常用贸易术语的价格换算

例 1:我一进出口公司出口一批货物,报价为 CFR 价 2 000 美元,现客户要求按 CIF 价加 30%投保海上一切险,我方同意,若现保险费率为 2%,则我方应向客户收取多少保费?

解:保险费＝CIF 价－CFR 价

CIF 价＝CFR 价/(1－保险加成×保险费率)

＝2 000/(1－130%×2%)

＝2 000/0.974

＝2 053.39(美元)

保险费＝CIF 价－CFR 价＝2 053.39－2 000＝53.39(美元)

答:我方应向客户收取保费 53.39 美元。

例 2:我某商品对某国出口的 CFR 单价是 160 美元,如客户要求我方改报 CIF 价,在不影响我外汇净收入的前提下,我方应报何价?(注:按发票金额的 110%投保,保险费率为 0.5%)。

解:CIF 价＝CFR/(1－投保加成×保险费率)

＝160/(1－110%×0.5%)

＝160.9(美元)

答:我方应向客户报价 160.9 美元。

2. FCA、CPT 和 CIP 三种价格的换算

(1)FCA 价换算为其他价。

CPT 价＝FCA 价＋国外运费

$$\text{CIP 价}=\frac{\text{FCA 价}+\text{国外运费}}{1-\text{投保加成}\times\text{保险费率}}$$

(2)CPT 价换算为其他价。

$$\text{FCA 价}=\text{CPT 价}-\text{运费}$$

$$\text{CIP 价}=\frac{\text{CPT 价}}{1-\text{投保加成}\times\text{保险费率}}$$

(3)CIP 价换算为其他价。

$$\text{FCA 价}=\text{CIP 价}\times(1-\text{投保加成}\times\text{保险费率})-\text{国外运费}$$

$$\text{CPT 价}=\text{CIP 价}\times(1-\text{投保加成}\times\text{保险费率})$$

(四)佣金和折扣

实际业务中,在磋商和计算价格时,有时会涉及佣金和折扣的规定。正确掌握和运用佣金和折扣,有利于灵活掌握价格和调动外商经销产品的积极性。合同中所规定的价格,可分为包含有佣金或折扣的价格和不包含这类因素的净价(Net Price)。

1. 佣金

佣金(Commission)是指代理人或经纪人为委托人服务而收取的报酬。在国际贸易中,佣金常常表现为交易一方支付给中间商的酬金。佣金有明佣和暗佣两种,前者是指在买卖合同中明确规定佣金的百分比;后者是指不在买卖合同中明确规定佣金,而是另行约定佣金。中间商采用暗佣的目的是为了从买卖双方处获得"双头佣金"或为了逃税。佣金直接关系到商品的价格,货价中是否包括佣金和佣金比例的大小,都会影响商品的价格。显然,含佣价比净价要高。正确运用佣金,有利于调动中间商推销和经营我商品的积极性,增强有关货物在国外市场上的竞争力,从而扩大销售。因此,佣金在我国进出口业务中经常使用。

(1)佣金的规定办法。

在价格条款中,对于佣金可以有不同的规定方法。

①用文字来说明。例如,"每公吨 200 美元 CIF 纽约包含 2%佣金"(USD200 per M/T CIF New York including 2% Commission)。

②在贸易术语上加注佣金的英文字母 C 和佣金率。例如,"每打 25 美元 CFR C2%香港"(USD25/DOZ CFR C2% HK)。其中 C 是 Commission 的缩写,佣金率可以用百分比表示,也可以用绝对数表示。例如,"CIF 价包含 2%的佣金"可表示为 CIF C2%或 CIF C2。

(2)佣金的计算方法。

计算佣金有不同的方法。在实际业务中,利用不同的计算方法,即使含佣价相同,也可以得出几种佣金数。因此,佣金的计算是一种技巧,可以因交易对象或市场需求而异。在实际业务中,最常见的是以买卖双方的成交额或发票金额为基础计算佣金。例如,卖方报价为每公吨 1 000 美元,CIF C3%,则每公吨货物应支付的佣金为 30 美元(1 000×3%);卖方每公吨实际收入应为 970 美元(1 000-30)。

佣金的计算公式为:

$$\text{单位货物佣金额}=\text{含佣价}\times\text{佣金率}$$

净价的计算方法为:

$$\text{净价}=\text{含佣价}-\text{单位货物佣金额}$$

或

$$\text{净价}=\text{含佣价}\times(1-\text{佣金率})$$

如果已知净价,则含佣价的计算公式为:

$$\text{含佣价}=\frac{\text{净价}}{1-\text{佣金率}}$$

例如,我方报价 USD20/CTN CFR KOBE,对方要求改报 CFR C3 KOBE。如果保持我方的净收入不变，则对外改报的含佣价应为：

$$含佣价=\frac{20}{1-3\%}=USD20.62$$

(3)佣金的支付方式。

佣金的支付方式有三种：

①从货价中扣除，即合同中规定价格为含佣价(如 CIF C5＝USD200)，买方实际支付价格为扣除佣金之后的价格(如 CIF＝USD190)。

②待出口商收妥货款后，再按事先约定的期限和佣金率，汇付给中间商。

③如采用信用证付款，则在信用证中规定佣金在议付时直接从信用证款项中扣除，称为“议扣”。

小技巧

> 我某出口商品每千克 200 美元 CFR C2%纽约，试计算 CFR 净价和佣金各为多少？如对方要求将佣金增加到 5%，我方可同意，但出口净收入不能减少，试问：CFR C5%应报何价？
>
> 解：净价＝200－200×2%＝196(美元/千克)
>
> 佣金＝200×2%＝4(美元/千克)
>
> CFR C5%＝196/(1－5%)＝206.3(美元/千克)

2. 折扣

折扣(Discount，Allowance)是卖方给予买方一定百分比的价格减让。从性质上看，它是一种优惠。在外贸业务中，使用折扣主要是为了照顾老客户、确保销售渠道、扩大销售等目的。业务员应根据具体情况，针对不同客户，灵活运用各种折扣方法。如为了扩大销售，使用数量折扣(Quantity Discount)；或为发展关系，可以适当给予特别折扣(Special Discount)。

折扣有明扣和暗扣。前者在买卖合同中明确规定折扣率；后者不在合同中规定折扣率，而是另行约定。

(1)折扣的规定办法。

在国际贸易中，折扣通常在规定价格条款时，用文字明确表示出来。例如，“每公吨 200 英镑 CIF 伦敦包括 3%折扣”(GBP200 per M/T CIF London including 3%discount)。此例也可表示为：“每公吨 200 英镑 CIF 伦敦，减 3%折扣”(GBP200 per M/T CIF London less 3%discount)。此外，也可用绝对数来表示，例如，“每公吨折扣 6 英镑”。

(2)折扣的计算及支付方式。

折扣通常是以成交额或发票金额为基础计算出来的。例如，每公吨 1 000 美元 CIF 中国香港，折扣 2%，则卖方给予买方的折扣额应为 20 美元(1 000×2)。实际上，卖方收回的净收入为 980 美元(1 000－20)。

因此，折扣的计算公式为：

单位货物折扣额＝原价×折扣率

净收入＝含折扣价－单位货物折扣额

或　　净价＝含折扣价×(1－折扣率)

折扣的支付方式为：明扣在买方支付货款时预先扣除；暗扣则不从货价中扣除，而是另付。

三、进口成本核算

(一)进口成本构成

进口成本即供应商报价(进口可接受价)加各项进口费用，也就是进口合同价加各项进口费用。计算公式如下：

进口成本＝进口合同价格＋进口费用

其中，进口费用包括进口税、贷款利息、银行费用、增值税、消费税等费用。

(二)进口盈亏率

进口商品盈亏率是指外贸企业自营进口商品的销售净盈利额或净亏损额(进口盈亏额)对进口总成本的比率。计算公式如下：

进口盈亏率＝进口盈亏额/进口总成本

进口盈亏额＝进口商品销售收入(国内销售价)－进口总成本

进口商品销售收入(国内销售价)＝进口总成本＋利润＋代理费(如有)

进口商品销售收入大于进口商品销售成本为净盈利，进口商品销售收入小于进口商品销售成本为净亏损。

进口商品盈亏率能反映进口商品的盈亏状况，是决定商品进口的重要依据，影响其盈亏率大小的主要因素是进口商品的价格。

子任务3 明确价格条款

国际贸易买卖合同中的价格条款，一般包括两大部分内容：商品的单价和总值。

一、单价

国际贸易中，商品的单价(Unit Price)由四个部分构成：计量单位、单位价格金额、计价货币和贸易术语。

例如，每件10美元FOB上海(USD10 per pc FOB Shanghai)。其中，计量单位是“件”，单位价格金额是“10”，计价货币是“美元”，贸易术语是“FOB上海”。

提醒您

> 在制定价格条款时，还应注意：
>
> (1)计价货币。同一货币名称，在不同的国家和地区，代表的币值不一样。因此，在合同中必须将有关货币的国别(地区)写明。如“元”，应写明美元、加元、日元、港元等。
>
> (2)计量单位。不同国家使用不同的度量衡制度，合同中价格条款的计量单位必须写清楚。如以吨为计量单位，应写明公吨、长吨或短吨。此外，对计量单位的书写应规范。例如，公吨(Metric Ton，MT)。
>
> (3)贸易术语后面的港口名或地名。比如，FOB、FCA术语后须分别写明装运港、发货地的名称。

二、总值

总值(Total Amount)也称为总价，是合同中货物的全部总金额。总值使用的货币应与单价使用的货币一致，计算总值时如果品质、数量在合同中有机动幅度的，在机动幅度内一般按原有单价计价，在机动幅度外的应在合同中写明计价方法。另外，总值必须用大小写同时表示。

例如，Total Amount：USD1 234 567.00（Say US Dollars One Million Two Hundred Thirty Four Thousand Five Hundred and Sixty Seven Only）。

三、贸易合同中价格条款举例

贸易合同中常见的价格条款示例：

例 1：每打 550 日元 FOB 上海(JPY550 per dozen FOB Shanghai)。

例 2：每公吨 400 美元 CIF 纽约，合同成立后，不得调整价格(USD400 per MT CIF NEW-YORK. No price adjustment shall be allowed after conclusion of this contract)。

例 3：每纸箱 5 000 港元 CIF C2 中国香港（HKD 5 000 per carton CIF C2 HONGKONG)。

小　结

1. 国际商品出口贸易和进口贸易都可以分为三个基本阶段，即交易磋商前的准备、交易磋商和履行合同三个阶段。

2. 交易磋商一般包括询盘、发盘、还盘和接受四个环节，其中发盘和接受是不可缺少的环节。

3. 发盘，也称发价，是指交易的一方向另一方提出买入或卖出某种商品的各项交易条件，并愿意按这些交易条件达成交易、订立合同的一种肯定表示。发盘有卖方发盘和买方发盘。发盘的构成要件有四个。

4. 接受是指交易的一方同意对方发盘中提出的交易条件，并愿意按这些交易条件达成交易、订立合同的一种肯定表示。接受在法律上称为“承诺”，它与发盘一样，一经做出，也就承担了与对方订立合同的法律责任。

5. 商品品名条款是买卖合同中不可缺少的一项主要交易条款。表示商品品质的方法有凭实物表示和凭说明表示两大类。国际贸易中确定商品质量时需注意品质机动幅度或品质公差。

6. 商品的数量是国际货物买卖合同中的主要交易条件之一。国际贸易中确定商品数量时应注意数量机动幅度条款：溢短装或“约”量条款。

7. 商品包装可分为运输包装和销售包装。运输包装包含运输标志、指示性标志和警告性标志。销售包装又称内包装，除了具有保护商品的功能，更应具有促销的功能。

8. 贸易术语(Trade Terms)又称贸易条件、价格条件，是进出口商品价格的一个重要组成部分，它是用一个简短的概念或三个字母的缩写，来说明交货地点、商品的价格和买卖双方有关风险、责任和费用的划分，以确定卖方交货和买方接货过程中应尽的义务。

9.《2010 年国际贸易术语解释通则》于 2011 年 1 月 1 日起生效，共有 11 种贸易术语，包括 EXW、FCA、CPT、CIP、DAT、DAP、DDP、FAS、FOB、CFR 和 CIF。相较于《2000 通则》，

《2010 通则》在诸多方面都有新的调整和变化。《2020 年国际贸易术语解释通则》于 2020 年 1 月 1 日起生效。《2020 通则》主体内容延续了《2010 通则》的规定，改进了一些贸易术语的细节问题。

10. 出口商品价格构成通常包括三个方面的内容：进货成本、费用和利润。价格构成中，费用的核算最为复杂，它通常包括国内费用和国外费用两部分。

11. 佣金是指代理人或经纪人为委托人服务而收取的报酬。含有佣金的价格为含佣价，不含佣金的价格则为净价。

12. 国际贸易买卖合同中的价格条款，一般包括两大部分内容：商品的单价和总值。商品的单价由四个部分构成：计量单位、单位价格金额、计价货币和贸易术语。

职场体验

案例分析

1. 我某进出口公司向国外某商人询购某商品，不久，我方收到对方 8 月 15 日的发盘，发盘有效期至 8 月 22 日。我方于 8 月 20 日向对方复电："若价格能降至 56 美元/件，我方可以接受。"对方未做答复。8 月 21 日我方得知国际市场行情有变，于当日又向对方去电表示完全接受对方 8 月 15 日的发盘。问：我方的接受能否使合同成立？为什么？

2. 我某公司向国外某客户出口榨油大豆一批，合同中规定大豆的具体规格为含水分 14%、含油量 18%、含杂质 1%。国外客户收到货物不久，我方便收到对方来电称，我方的货物品质与合同规定相差较远，具体规格为含水分 18%、含油量 10%、含杂质 4%，并要求我方给予合同金额 40%的损害赔偿。问：对方的索赔要求是否合理？合同中就这一类商品的品质条款应如何规定为宜？

3. 我方以 CFR 贸易术语与 B 国的 H 公司成交一批消毒碗柜的出口合同，合同规定装运时间为 4 月 15 日前。我方备妥货物，并于 4 月 8 日装船完毕，由于遇星期日休息，我公司的业务员未及时向买方发出装运通知，导致买方未能及时办理投保手续，而货物在 4 月 8 日晚因发生火灾被烧毁。问：货物损失责任由谁承担？为什么？

4. 我某出口公司就钢材出口对外发盘，每公吨 2 500 美元 FOB 广州黄埔，现外商要求我方将价格改为 CIF 伦敦。问：(1)我出口公司对价格应如何调整？(2)如果最后按 CIF 伦敦条件签订合同，买卖双方在所承担的责任、费用和风险方面有何不同？

5. 1898 年鲁特玻璃公司一名年轻的工人亚历山大·山姆森在同女友约会中，发现女友穿着一条筒型连衣裙，显得臀部突出，腰部和腿部纤细，非常好看。约会结束后，他突发灵感，根据女友穿着这条裙子的形象设计出一个玻璃瓶。经过反复的修改，亚历山大·山姆森不仅将瓶子设计得非常美观，很像一位亭亭玉立的少女，他还把瓶子的容量设计成刚好一杯水大小。瓶子试制出来之后，获得大众交口称赞。有经营意识的亚历山大·山姆森立即到专利局申请专利。当时，可口可乐的决策者坎德勒在市场上看到了亚历山大·山姆森设计的玻璃瓶后，认为非常适合作为可口可乐的包装。于是他主动向亚历山大·山姆森提出购买这个瓶子的专利。经过一番讨价还价，最后可口可乐公司以 600 万美元的天价买下此专利。100 多年前，600 万美元可是一项巨大的投资。然而实践证明可口可乐公司这一决策是非常成功的。亚历山大·山姆森设计的瓶子不仅美观，而且使用非常安全，易握不易滑落。更令人叫绝的是，其中下部是扭纹型的，如同少女所穿的条纹裙子；而瓶子的中段则圆满丰硕，如同少女的臀部。此外，由于瓶子的结构是中大下小，当它盛装可口可乐时，给人的感觉是分量很多的。采用亚历山大·山姆森设计的玻璃瓶作为可口可乐的包装以后，可口可乐的销量飞速增长，在两年的时间内，销量翻了一倍。从此，采用山姆森玻璃瓶作为包装的可口可乐开始畅销美国，并迅速风靡全世界。600万美元的投入，为可口可乐公司带来了数以亿计的回报。思考：从本案中能得出什么结论？商品的包装是如何影响商品的国际贸易交易的？

业务操作

一、制作唛头

上海对外贸易有限公司向日本信诚贸易有限公司出口某产品500箱，已知收货人代号为：JQL；目的地为：Osaka Japan；参考号为：01-368-98。请根据以上已知条件制作一标准化唛头。

二、小组活动：进出口贸易磋商

卖方：上海申发进出口公司

SHANGHAI SHENFA IMPORT & EXPORT CORPORTATION

2218 WEST ZHONGSHAN ROAD，SHANGHAI，CHINA

买方：英国 WONDERFUL IMPORTS CO. LTD

1396 QUEENSWAY，2008 UK

任务1：交易前准备

全班学生分成若干组（偶数），每组3～5人，不同组之间自由组合成买卖双方，双方共同讨论、确定交易的商品，做好交易前准备：了解市场供求、价格行情、竞争情况，准备公司介绍和相关资料。

任务2：交易磋商模拟

买卖双方按照交易磋商的四个环节（即询盘、发盘、还盘、接受），模拟贸易洽谈，并在课堂上进行谈判汇报演示，每场谈判时限为15～20分钟。

本次小组活动实行教师和学生（代表）共同评分，评价标准和内容参见附录4。洽谈双方除了需要注意交易磋商各环节内容的安排与设计，还要注意商务谈判的礼仪与谈判现场布置和安排。

学习评价

一、单项选择题

1. 交易的一方向另一方提出一定的交易条件，并愿意按照这些条件与对方达成交易、订立合同的一种肯定的表示，称为（　　）。

(A)询盘　(B)发盘　(C)还盘　(D)接受

2. 衡量外贸企业和进出口交易盈亏的重要指标是（　　）。

(A)出口外汇净收入　(B)出口成本价格

(C)出口盈亏率　(D)出口换汇成本

3. 商品的进口盈亏额与进口总成本的比率，称为（　　）。

(A)进口盈亏率　(B)进口盈亏额　(C)出口盈亏率　(D)出口盈亏额

4. 外贸中商品从外观上即可确定商品品质，可以凭（　　）成交。

(A)商品的图片　(B)商品的文字描述

(C)商品的库存量　(D)商品的样品

5. 每箱1 000美元FOB新港，以毛作净是合同条款内容中的（　　）。

(A)品名质量条款　(B)数量条款

(C)价格条款　　　　　　　　　　(D)装运条款

6. 国际贸易合同价格条款中,具有明确具体、便于核算的优点的作价方法是(　　)。

(A)非固定价格　　　　　　　　　(B)部分固定价格

(C)部分不固定价格　　　　　　　(D)固定价格

7. 下列属于外贸合同商品包装条款主要内容的是(　　)。

(A)商品库存　　(B)交货方式　　(C)计量单位　　(D)运输标志法

8. 按国际贸易惯例,佣金一般是按(　　)为基础计算的。

(A)保险金额　　(B)运输金额　　(C)发票金额　　(D)预估金额

9. 关于折扣的计算,下列说法不正确的是(　　)。

(A)折扣的计算一般按实际发票金额乘以约定的折扣率,即为应减除的折扣金额

(B)折扣的计算不存在按 FOB 或 FCA 价还是按 CIF 或 CIP 价计算的问题

(C)折扣的计算存在按 FOB 或 FCA 价还是按 CIF 或 CIP 价计算的问题

(D)折扣额＝发票金额×折扣率

10. 在以 CIF 和 CFR 术语成交的条件下,货物运输保险分别由卖方和买方办理,运输途中货物灭失和损坏的风险(　　)。

(A)前者由卖方承担,后者由买方承担　　(B)均由卖方承担

(C)前者由买方承担,后者由卖方承担　　(D)均由买方承担

二、多项选择题

1. 买卖双方交易磋商的程序,不可缺少的环节是(　　)。

(A)询盘　　(B)发盘　　(C)还盘　　(D)接受

(E)实施

2. 有效的发盘的条件有(　　)。

(A)表明订约意旨　　　　　　　(B)向一个或一个以上特定的人提出

(C)内容十分确定　　　　　　　(D)传达到受盘人

(E)传达到所有人

3. 有效的接受,必须具备的条件是(　　)。

(A)接受必须是被发盘人做出的

(B)接受必须是无条件同意发盘的全部内容

(C)接受必须在一项发盘的有效期限之内表示

(D)接受应由被发盘人采用声明或做出其他行为的方式表示,并且这种表示传达给发盘人才有效

(E)接受是有条件同意发盘的全部内容

4. 出口换汇成本是(　　)。

(A)指某商品出口净收入一个单位的外汇所需要的人民币成本

(B)等于出口总成本(人民币)与出口外汇净收入(外汇)之比

(C)是衡量外贸企业和进出口交易盈亏的重要指标

(D)与外汇牌价进行比较能直接反映出商品出口是否盈利

(E)与出口总成本成反比,与外汇净收入成正比

5. 进口成本由(　　)组成。

(A)进口合同价格　　(B)进口费用　　(C)人员费用　　(D)折扣

(E)以上均正确

6. 有关贸易术语的国际贸易惯例有(　　)。

(A)《2000 通则》　　　　　　　(B)《1932 年华沙—牛津规则》

(C)《1941 年美国对外贸易定义修订本》　　(D)《汉堡规则》

(E)《2010 通则》

7. 在使用集装箱海运的出口贸易中，卖方采用 FCA 贸易术语比采用 FOB 贸易术语更为有利的具体表现是(　　)。

(A)可以提前转移风险　　(B)可以提早取得运输单据

(C)可以提早交单结汇，提高资金的周转率　　(D)可以减少卖方的风险责任

(E)以上均正确

8. 按 CIF 条件成交，卖方报价中应包括(　　)。

(A)进货成本价　　(B)国内费用　　(C)国外运费　　(D)国外保险费

(E)净利润

9. 在进出口合同中，单价条款包括的内容是(　　)。

(A)计量单位　　(B)单位价格金额

(C)计价货币　　(D)贸易术语

(E)大写金额

10. 下列单价条款对佣金描述正确的有(　　)。

(A)每公吨 150 美元 CIF 上海包括 20%的佣金

(B)每公吨 150 美元 CIF 上海，每公吨付佣金 3 美元

(C)每公吨 150 美元 CIF C2%上海

(D)每公吨 150 美元 CIF 上海，包含佣金

(E)每公吨 150 美元 CIF C 上海

三、判断题

1. 买卖双方交易磋商的程序，一般从询盘开始，经过发盘、还盘、接受几个环节，最后于交易达成而告终。(　　)

2. 买卖双方交易磋商，询盘只能由买方提出。(　　)

3. 商品的名称和质量是进出口交易当事人首先需要确定的交易条件，是买卖双方交易的物质基础。(　　)

4. 运输包装上的标志都必须在运输单据上标明。(　　)

5. 根据《公约》的规定，如卖方所交货物多于约定数量，买方可以全部收下合同规定和卖方多交的货物，也可以全部拒收合同规定和卖方多交的货物。(　　)

6. 国际贸易惯例已得到各国的公认，因此，它对于买卖合同中的当事人都具有普遍的法律约束力。(　　)

7. 我国从汉堡进口货物，如按 FOB 条件成交，需由我方派船到汉堡口岸接运货物；而按 CIF 条件成交，则由出口方洽租船舶将货物运往中国港口，可见，我方按 FOB 进口承担的货物运输风险比按 CIF 进口承担的风险大。(　　)

8. 出口换汇成本是衡量外贸企业和进出口交易盈亏的重要指标。(　　)

9. CIF 价格构成中的保险费是以 FOB 价格为基础计算的。(　　)

10. 进口商品盈亏率是指该商品的进口盈亏额与进口总成本的比率。(　　)

四、简答题

1. 国际商品出口贸易和进口贸易各自分为哪三个基本阶段？各阶段的重要性是什么？

2. 交易磋商可分为哪几个环节？《联合国国际货物销售合同公约》对于发盘和接受是如何规定的？

3. 商品品质的表示方法有哪些？

4. 什么是运输标志？标准运输标志应包括哪些内容？

5. 什么是对等样品？凭样品买卖时应注意的问题有哪些？

6. 什么是国际贸易术语？它有什么作用？

7. FCA、CPT、CIP 与 FOB、CFR、CIF 有哪些区别？

五、计算题

1. 某公司向香港客户报水果罐头 200 箱，每箱 132.6 港元 CIF 中国香港，客户要求改报 CFR 中国香港含 5%佣金价。假定保险费相当于 CIF 价的 2%，在保持原报价格不变的情况下，试求：(1)CFR C5%香港价应报多少？(2)出口 200 箱应付给客户多少佣金？(3)某公司出口 200 箱可收回多少外汇？

2. 我某出口商品对外报价为每公吨 1 200 英镑 FOB 黄埔，对方来电要求改报 CIF C5%伦敦，试求：CIF C5%伦敦价为多少？(已知保险投保加成一成，保险费率为 1.68%，运费合计为 9.68 英镑。)

3. 某笔交易中，我方向外商的报价为每公吨 780 欧元 CFR 中国香港，含 2%的折扣，该笔交易的数量为 200 公吨。试求：我方扣除折扣后的总收入是多少？

4. 某公司出口单晶糖 200 公吨，每公吨 USD450 CIF C2%利物浦，货物装船后，公司财会部门根据合同规定将 2%的佣金汇给中间商。试求：应付的佣金为多少？

5. 我出口某商品对外报价为 480 欧元/公吨 FOB 湛江，现外商要求将价格改报 CIF 旧金山。试求：我方的报价应为多少才能使 FOB 净值不变？(设运费是 FOB 价的 3%，保险费为 FOB 价的 0.8%。)

项目三　国际贸易合同签订

知识目标

◆ 了解国际贸易合同的形式

◆ 理解国际贸易签订书面合同的意义

◆ 熟悉国际贸易合同的结构

◆ 掌握国际贸易合同的基本条款，重点掌握主要交易条款

能力目标

◆ 能够根据往来函电拟定销售确认书

◆ 能够根据相关材料缮制国际贸易合同

重点难点

◆ 掌握国际贸易合同的基本条款

◆ 读懂外贸英文函电，能够起草外销合同

任务引入

如何制作外销合同？

徐彬是青岛捷太贸易有限公司的一名业务员，在2019年春季纽约国际家纺会上认识了纽约 Alice Home Fashions 公司的业务员鲍勃，两人互留了联系信息，徐彬还向鲍勃提供了公司最新的产品手册和样品。不久，鲍勃给徐彬发来了询盘，两人通过 E-mail 洽谈了一批窗帘交易。经过一波三折，两人终于达成一致，鲍勃希望尽快收到售货合同。徐彬应如何制作售货合同呢？

任务一　国际贸易合同基本认知

合同的订立，是双方当事人意思表示一致的结果。当事人取得意思一致的过程，就是合同订立的过程，也就是交易磋商的过程，包括两个步骤：一是发盘或发价（法律上称为要约）；二是接受（法律上称为承诺）。经过交易磋商，一方的发盘或还盘被对方有效地接受后，即达成了交易，双方之间就建立了合同关系，但国际贸易中买卖双方一般还会签订一份书面合同，进一步明确双方的权利义务。

子任务1 国际贸易合同形式与结构认知

在国际贸易中，买卖双方之间经常会出现关于合同是否成立的争议或纠纷。合同成立需要很多条件，其中之一便是合同需要符合一定的法律形式。尽管《联合国国际货物销售合同公约》以及西方大多数国家的法律对买卖合同的形式，原则上不加以限制，但在实际业务中，买卖双方的习惯做法，依然是在达成协议之后，再签订一份书面合同（Contract），将各自的权利和义务用书面方式加以明确。我国在加入《联合国国际货物销售合同公约》时对合同形式做了保留，买卖双方达成协议后必须采取书面形式，书面合同是合同生效和合同履行的依据。

一、签订书面合同的意义

按照法律规则，合同成立取决于一方发盘被另一方接受，签订书面合同不是合同有效的必要条件。例如，许多国家的法律规定，除非当事人约定以签订书面合同作为合同成立要件外，口头合同和书面合同同样在法律上得到承认。然而，凡是合同都须能得到证明，一旦发生争议而诉诸法律，法院将要求当事人对合同的成立提供书面证据。因此，签订书面合同有以下意义：

1. 合同成立的证据

法律要求合同必须能得到证明，包括人证和物证。在用信件、电报磋商时，提供证明较易，而口头磋商的合同，如果没有书面形式确定，就有可能因为不能被证明而无效。因此，签订一份书面合同可作为证明合同成立的依据。

2. 合同生效的条件

如果买卖双方磋商时，一方提出以最终签订书面合同为准，则在书面合同签订之前，合同不能生效。此时，签订合同是合同生效的条件。此外，按规定应由一国政府机构审批的合同，也是有一定格式的书面合同。

3. 合同履行的依据

国际贸易中，达成交易只是磋商阶段的结束，合同的履行中，由于涉及企业内外很多部门，过程较复杂，因此有必要将合同的各个条款综合起来，为方便履行合同提供依据。

总之，国际货物买卖合同的履行环节复杂，涉及的部门多，若只有口头协议，或凭分散于往来函电中的协议条款履行合同，将会给履行工作带来麻烦。因此，买卖双方不论是通过口头还是书面磋商，在达成交易后都应将商定的交易条件全面清楚地一一列明在一份书面文件上，并由双方签字确认，对进一步明确双方的权利义务、为合同正确履行提供依据，具有重要的意义。

二、书面合同的形式

在国际贸易中，对书面合同的形式（名称）没有具体的限制，从事进出口贸易的买卖双方，既可采用正式合同[销售合同（Sale Contract）和购货合同（Purchase Contract）]、确认书[售货确认书（Sale Confirmation）和购货确认书（Purchase Confirmation）]、协议书（Agreement），也可采用备忘录（Memorandum）等形式。此外，还有订单（Order）和委托订购单（Indent）等。在我国外贸业务中主要使用合同、确认书和协议等形式。

1. 合同

合同（Contract）是双方经过交易磋商，就某种商品的买卖所达成的对双方都有约束力的法律文件。其形式比较正规，内容比较全面、详细，除商品的名称、数量、包装、价格、交货期、付款方式、商品检验外，还有索赔、仲裁、不可抗力等条款。卖方草拟提出的合同称为“销售合同”；买方草拟提出的合同称为“购货合同”。

2. 确认书

确认书(Confirmation)是合同的简化形式。卖方出具的确认书称为“售货确认书”；买方出具的确认书称为“购货确认书”。使用的文字是第一人称语气。确认书包括的内容与合同相同，但较合同条款简单，其法律效力与合同完全相同。

3. 协议书

协议书也称协定，是合同的另一种形式。合同的形式比较简明、规范，格式固定；协议书一般格式比较灵活，包括的内容较广。在工业商品贸易中，特别是在涉及技术的大型成套设备交易中，许多条款是一般商品贸易中所不涉及的，如关键词语的定义、安装调试和考核验收、零部件的供应、技术保密、技术服务培训等。所以，采用一般形式的合同难以对上述条款详尽阐述，故采用协议书方式较多。协议书在法律上具有与合同同等的效力。

4. 备忘录

备忘录是交易洽商时用来记录洽商的内容，以备今后核查的文件。如果双方当事人把洽商的交易条件完整、明确、具体地记入备忘录，并经双方签字，那么这种备忘录的性质和作用就与合同无异。如果双方洽商后，只是对某些事项达成一定程度的相互理解，并记入备忘录，或者直接冠以“理解备忘录”的名称，则这种备忘录不具有法律约束力。

5. 订单

订单是指进口商或实际买家拟制的货物订购单。在我国外贸实践中，有的客户往往发出订单，要求我方签回。这种经洽商成交后发出的订单，实际上是国外客户的购买合同或购买确认书。

此外，往来函电、传真等也可以作为书面形式来证明合同内容。

三、书面合同的结构和内容

书面合同的结构(框架)可以概括为三段式：约首、本文和约尾。

1. 约首

约首是指合同的序言部分，其中包括合同的名称、编号、订约双方当事人的名称、电传或传真号码、地址(要求写明全称)等。除此之外，在合同序言部分常常写明双方订立合同的意愿和执行合同的保证。该序言对双方均具约束力。因此，在规定该序言时，应慎重考虑。

2. 本文

这是合同的主体部分，具体列明各项交易的条件或条款，如品名、品质规格、数量、价格、包装、交货时间与地点、运输与保险条款、支付方式以及检验、索赔、不可抗力和仲裁条款等。这些条款体现了双方当事人的权利和义务。

3. 约尾

一般列明合同的份数，使用的文字及其效力，订约的时间、地点和双方有权签字人的签署及生效的时间。我国出口合同的订约地点一般都在我国。有时，有的合同将“订约时间和地点”在约首订明。

在实际业务中，订立合同时应注意合同条款之间的内在联系，合同内容应符合政策，合同条款要明确、完善和肯定。

合同格式通常由外贸企业根据经营情况自行设计，一式两份，经双方签署后各执一份，作为履行合同和处理争议的法律依据。

国际贸易合同的格式和说明参见附录1。

四、合同有效成立的条件

发盘经过对方有效接受，合同即告成立。但合同的法律效力还取决于是否具备一定的条件，否则不受法律保护。一份合法有效的合同必须具备以下条件：

(1)当事人必须在自愿和真实的基础上达成协议，采取欺诈、胁迫手段订立的合同无效。

(2)当事人必须具有订立合同的行为能力，未成年人、精神病人等不具备行为能力的人，订立合同无效。

(3)合同的标的和内容必须合法，以非法经营的产品为基础订立的合同不受法律保护。

(4)合同必须有对价和合法的约因，国际货物买卖合同是双务合同，合同必须互为有偿。

(5)合同的形式必须符合法律规定的要求。我国合同法规定，当事人订立的合同，有书面形式、口头形式和其他形式。

书面合同有广义和狭义之分。广义的书面合同是由一定的书面文件形成的合同，它可以是一份由买卖双方签署的有一定格式的书面合同，也可以是买卖双方为订立合同磋商而往来的多份信件、电报与电传构成的书面合同。至于狭义的书面合同，仅指前一种有一定格式的书面合同。我们这里讲的就是关于这种狭义书面合同的签订。

子任务2　国际贸易合同基本条款认知

无论是口头合同还是书面达成的协议，在贸易实务中，买卖双方都需要将各自应享受的权利和义务(各项条款)用文字明确规定下来，作为正确履行合同的依据。

表3—1—1　　国际贸易合同的条款

主要交易条件	一般交易条件
商品的品质	保险
数量	商检
包装	索赔
价格	仲裁
装运	不可抗力等
结算方式等	

在实际业务中，一般都使用固定格式的合同，那些相对固定的交易条件已印就在合同中，只要对方没有异议，就不必逐条协商，这些条件也就构成双方交易的基础。双方只洽谈主要交易条件，就可以节省来往函电的费用和交易磋商的时间。

国际贸易合同中的品质、数量、包装、价格条款在前述项目二中已做说明，国际贸易合同中的装运、结算、保险、商检、索赔、仲裁、不可抗力等条款在后续相关项目任务中将做说明，此处不再赘述。

国际贸易合同基本条款中英文举例：

SALES CONTRACT

NO.：
DATE：

THE BUYERS：
ADDRESS：
TEL：　　　　　　　　FAX：
买方：
地址：

THE SELLERS：
ADDRESS：
TEL：　　　　　　　　FAX：
卖方：
地址：

This Contract is made by and between the Buyers and the Sellers, whereby the Buyers agree to buy and the Sellers agree to sell the under mentioned commodity according to the terms and conditions stipulated below：

买方与卖方就以下条款达成协议：

1. COMMODITY：

Item No.	Description 名称及规格	Unit 单位	Qty 数量	Unit Price 单价	Amount 总价
				CIP NEW YORK	
	TOTAL VALUE CIP NEW YORK USD Say U. S. Dollars only.				

2. COUNTRY AND MANUFACTURERS：

原产国及制造商：

3. PACKING：

To be packed in standard airway packing. The Sellers shall be liable for any damage of the commodity and expenses incurred on account of improper packing and for any rust attributable to inadequate or improper protective measures taken by the sellers in regard to the packing.

包装：标准空运包装。如果由于不适当的包装而导致的货物损坏和由此产生的费用，卖方应对此负完全的责任。

4. SHIPPING MARK：

The Sellers shall mark on each package with fadeless paint the package number, gross weight, net weight, measurement and the wordings: "KEEP AWAY FROM MOISTURE" "HANDLE WITH CARE" "THIS SIDE UP" etc. and the shipping mark：

唛头：卖方应用不褪色的颜料在每个箱子外部刷上箱号、毛重、净重、尺寸，并注明"防潮""小心轻放""此面向上"等，唛头为：

5. TIME OF SHIPMENT(装运期)：within 30 days after receipt of L/C

6. PORT OF SHIPMENT(装运港)：

7. PORT OF DESTINATION(目的港)：　　　　　　,USA

8. SHIPMENT：

The Sellers shall ship the goods within the shipment time from the port of shipment to the destination. Transshipment is allowed. Partial shipment is not allowed.

运输：卖方应于交货期内将合同货物从装货港运到目的港，不许分批，允许转运。

9. INSURANCE(保险)：To be covered by sellers for 110% invoice value against All Risks.

卖方按发票金额的110%投保一切险。

10. PAYMENT(付款方式)：The buyer open an irrevocable 100% L/C at sight in favor of seller.

信用证付款：买方给卖方开出100%不可撤销即期信用证。

银行资料：

11. DOCUMENTS：

(1)Full set of Air waybill in original showing "Freight Prepaid" and consigned to applicant. 空运提单一套。

(2)Invoice in three copies. 发票一式三份。

(3)Packing list in three copies issued by the Sellers. 装箱单一式三份。

(4)Certificate of Quality issued by the Sellers. 卖方出具的质量证明书。

(5)Insurance Policy. 保险单一份。

(6)Certificate of origin issued by the Sellers. 原产地证书。

(7)Manufacturer's certified copy of fax dispatched to the applicant within 24 hours after shipment advising flight No. , B/L No. , shipment date, quantity, Gross weight, Net weight, and value of shipment. 制造厂家通知开证申请人有关货物装运的详细资料传真复印件一份。

(8)The seller's Certificate and waybill certifying that extra documents have been dispatched according to the contract terms by express airmail. 卖方有关另外用特快专递邮寄一套单据给开证申请人的证明书及邮寄底单。

(9)Certificate of No Wooden Packing or Certificate of Fumigation. 非木包装声明或熏蒸证。

In addition, the Sellers shall, within three days after shipment, send by express airmail one extra sets of the aforesaid documents directly to the Buyers.

另外，卖方应于货物发运后三天内，用特快专递寄送一套上述单据给买方。

12. SHIPPING ADVICE：

The sellers shall，immediately upon the completion of the loading of the goods，advise by fax the buyers of the Contract No. ，commodity，quantity，invoiced value，gross weight，name of vessel and date of delivery etc. In case due to the sellers not having faxed in time，all losses caused shall be borne by the sellers.

装运通知：卖方应于装货后，立即用传真将有关合同号、货物、数量、发票价值、毛重、运输工具名称、交货日期、货物预计抵达日等资料通知买方。由于卖方未能通知买方而造成的所有损失均由卖方承担。

13. GUARANTEE OF QUALITY：

The Sellers guarantee that the Commodity hereof is made of the best materials with first class workmanship，brand new and unused，and complies in all respects with the quality and specification stipulated in this Contract. The guarantee period shall be 12 months counting from the date of signing the Acceptance Report of this machine at the end-user's site.

质量保证：卖方保证合同货物采用最好的材料、精湛的做工，全新、未使用过，质量和技术规格均符合合同的要求。质保期为最终用户签署验收报告后 12 个月内。

14. CLAIMS：

Within 90 days after the arrival of the goods at destination，should the quality，specification，or quantity be found in unconformity with the stipulations of the Contract except those claims for which the insurance company or not the owners of the vessel are liable，the Buyers shall，on the strength of the Inspection Certificate issued by China Customs or the site inspection report issued by the seller's engineer，have the right to claim for replacement with new goods，or for compensation，and all expenses（such as inspection charges，freight for returning the goods and for sending the replacement，insurance premium，storage and loading and unloading charges etc.）shall be borne by the Sellers. As regards quality，the Sellers shall guarantee that if within 12 months from the date of signing the acceptance report of this machine，damages occur in the course of operation by reason of inferior quality，bad workmanship or the use of inferior materials，the Buyers shall immediately notify the Sellers in writing and put forward a claim supported by Inspection Certificate issued by China Customs. The Certificate so issued shall be accepted as the base of a claim. The Sellers，in accordance with the Buyers' claim shall be responsible for the immediate elimination of the defect(s)，complete or partial replacement of the commodity or shall devaluate the commodity according to the state of defect(s). If the Sellers fail to answer the Buyers within one month after receipt of the aforesaid claim，the claim shall be reckoned as having been accepted by the Sellers.

索赔：货物抵达目的地后 90 天内，如果发现质量、技术规格或数量与合同的规定不符（除保险公司和运输公司所负的责任外），买方应该依据中华人民共和国海关的检验报告或者是卖方的调试人员在安装调试时出具的报告，有权要求替换或补偿，所有的费用（包括商检费、替补件来回的运费、保险费、仓储费、货物装货卸货费等）均由卖方承担。卖方的质量保证为签署关于此批货物的验收报告后 12 个月内。由于货物内在的质量、差的做工、选材不当而造成操作中的货物损坏，买方应立即书面通知卖方，并同时随附中国海关出具的检验报告作为索赔依据。卖方在接到买方的索赔后，有责任立即解决相应的质量问题，全部或部分地替换货物或根据货物损坏的程度折价。如果卖方在收到买方的上述索赔后一个月内未能做出答复，则视为索赔已为卖方所接受。

15. FORCE MAJEURE:

The Sellers shall not be held responsible for the delay in shipment or non-delivery of the goods due to Force Majeure, which might occur during the process of manufacturing or in the course of loading or transit. The Sellers shall advise the Buyers immediately of the occurrence mentioned above and within fourteen days thereafter, the Sellers shall send by airmail to the Buyers for their acceptance a certificate of the accident issued by the Competent Government Authorities where the accident occurs as evidence thereof. Under such circumstances the Sellers, however, are still under the obligation to take all necessary measures to hasten the delivery of the goods. In case the accident lasts for more than 10 weeks, the Buyers shall have the right to cancel the Contract.

不可抗力：对于制造或装船运输过程中可能产生的不可抗力而造成的迟交货或不能交货，卖方可以不承担责任。卖方应立即在不可抗力产生的 14 日内将有关情况通知买方，并且卖方应用航空邮件将有关政府部门出具的证明不可抗力产生的文件寄送给买方。在此情况下，卖方仍应尽最大努力采取各种措施促使货物的发运。如果事故持续 10 周，买方有权取消该合同。

16. LATE DELIVERY AND PENALTY:

Should the Sellers fail to make delivery on time as stipulated in the Contract, with exception of Force Majeure causes specified in Clause 15 of this Contract. The Buyers shall agree to postpone the delivery on condition that the Sellers agree to pay a penalty which shall be deducted by the paying bank from the payment. The Penalty, however, shall not exceed 5% of the total value of the goods involved in the late delivery. The rate of penalty is charged at 0.5% for every seven days. Odd days less than seven days should be counted as seven days. In case the Sellers fail to make delivery ten weeks later than the time of shipment stipulated in the Contract, the Buyers shall have the right to cancel the contract and the Sellers, in spite the cancellation, shall still pay the aforesaid penalty to the Buyers without delay.

延迟交货和罚金：如果卖方未能按合同规定及时交货(除了本合同第 15 条所言的不可抗力)，买方同意在卖方付罚金的前提下迟交货。罚金的金额不超过迟交货的合同货物部分的价值的 5%，罚金按每 7 日 0.5%计算，少于 7 日的增加天数按 7 日计。如果卖方未能于合同规定的交货期之后的 10 周内发运，买方就有权取消该合同，除此之外，卖方仍要将有关罚金不加拖延地付给买方。

17. ARBITRATION:

Any dispute arising from or in connection with this Contract shall be submitted to China International Economic and Trade Arbitration Commission for arbitration which shall be conducted in accordance with the Commission's arbitration rules in effect at the time of applying for arbitration. The arbitral award is final and binding upon both partied. Arbitration fee shall be borne by the losing party.

仲裁：与此合同有关的争议应通过友好协商解决。如果协商无法解决，提交中国国际经济贸易仲裁委员会仲裁。按照申请仲裁时该会现行有效的仲裁规则仲裁。仲裁裁决是终局的，对双方均有约束力。仲裁费用由败诉方承担。

18. BANK CHARGES：All bank charges outside China will be on the account of the Buyers.

银行费用：所有中国之外的银行费用均由买方承担。

19. OTHER：This contract signed in three copies，the seller holds one copy and the buyer hold two copies.

其他：本合同一式三份，卖方执一份，买方执两份。

THE BUYERS　　　　THE SELLERS

任务二　国际贸易合同签订

前文提及书面合同的重要性，在实际业务中，买卖双方的习惯做法，是在达成一致之后，再签订一份书面合同，用书面方式明确各自的权利和义务。正确、及时签订贸易合同也是业务员的一项重要岗位技能。

［拟定合同训练］　根据任务引入中的案例背景及以下往来函电，起草外销合同。

1. E-mail 1

From：Bob Klein
ALICE HOME FASHIONS
210，5th Avenue，New York，NY 10016
Tel：1-212-6095648
Fax：1-212-6093648
E-mail：info@alicefashions. com
Date：Mar 3，2019

To：Ruth Xu
Qingdao General Textiles Co.，Ltd
No. 999 Hong Kong Road，Qingdao，China
Tel：+86-532-5886666　　Fax：+86-532-5897777

Dear Ruth：

It was a great pleasure to meet you at the New York Home Textiles Show. I enjoyed the chat very much.

After studying your samples，I find interest in some of your curtains. Would you make an offer for the following items for delivery in June. Please note that I'd like to have your lowest prices.

100% POLYESTER CURTAINS		
Art. No.	Size and Color	Quantity
GRC 242629	60×90″+18″ WHITE/WHITE	850 PCS
	60×84″+18″	150 PCS
	60×90″+18″ BEIGE/BEIGE	1 700 PCS
	60×84″+18″	300 PCS
	60×90″+18″ BEIGE/GOLD	2 550 PCS
	60×84″+18″	450 PCS
	60×90″+18″ GOLD/GOLD	1 700 PCS
	60×84″+18″	300 PCS
	60×90″+18″ BLUE/BLUE	850 PCS
	60×84″+18″	150 PCS
	60×90″+18″ SAGE/SAGE	850 PCS
	60×84″+18″	150 PCS
	60×90″+18″ BURGUNDY/GOLD	850 PCS
	60×84″+18″	150 PCS
Total		11 000 PCS

This quantity makes up a 20′ container.
Thank you and look forward to your reply.

Best wishes

Bob Klein
ALICE HOME FASHIONS

2. E-mail 2
From: ruth_xu@126. com
To: info@alicefashions. com
Date: Mar 7,2019

Dear Bob:

Thank you for your order. I'm now sending you my best quotation for the items you enquire for.

100% POLYESTER CURTAINS				
				CIF NEW YORK
Art. No.	Size and Color	Quantity	Unit Price (USD)	Amount (USD)
GRC 242629	60×90″+18″ WHITE/WHITE	850 PCS	4.60	3 910.00
	60×84″+18″	150 PCS	4.45	667.50
	60×90″+18″ BEIGE/BEIGE	1 700 PCS	4.60	7 820.00
	60×84″+18″	300 PCS	4.45	1 335.00
	60×90″+18″ BEIGE/GOLD	2 550 PCS	4.60	11 730.00
	60×84″+18″	450 PCS	4.45	2 002.50
	60×90″+18″ GOLD/GOLD	1 700 PCS	4.60	7 820.00
	60×84″+18″	300 PCS	4.45	1 335.00
	60×90″+18″ BLUE/BLUE	850 PCS	4.60	3 910.00
	60×84″+18″	150 PCS	4.45	667.50
	60×90″+18″ SAGE/SAGE	850 PCS	4.60	3 910.00
	60×84″+18″	150 PCS	4.45	667.50
	60×90″+18″ BURGUNDY/GOLD	850 PCS	4.60	3 910.00
	60×84″+18″	150 PCS	4.45	667.50
TOTAL:		11 000 PCS		50 352.50

Packing: One piece in a PVC bag, 50 pcs in one carton
Shipment: By sea in one 20′ container from Qingdao to New York before July 31, 2012
Payment: L/C payable by draft at sight
Insurance: To be effected by the sellers for 110% of the invoice value against All Risks
Quantity Tolerance: +/− 5%

I hope this offer will be acceptable to you.
Best regards

Ruth Xu
Qingdao General Textiles Co., Ltd

3. E-mail 3
From: info@alicefashions.com
To: ruth_xu@126.com
Date: Mar 8, 2019

Dear Ruth:

100% POLYESTER CURTAINS

Thank you for your offer but I have two points to make:

No. 1 Your prices are not good enough. I said in my last letter that I want your best price. The way I see it, your prices would remain good enough if you reduce each item by 10 cents.

No. 2 I want the goods to be delivered in June the latest, not July.

Please consider the above.

Bob Klein
ALICE HOME FASHIONS

4. E-mail 4
From：ruth_xu@126. com
To：info@alicefashions. com
Date：Mar 10,2019

Dear Bob：

In reply to the two points you raised in your last e-mail,I'd like to tell you that：

1. I'll reduce the prices for each item by 10 US cents,seeing you are an old customer;

2. As to the time of delivery,I'm sorry to say that the factory has a heavy backlog. Besides,part of the processing of the curtains has to be done by countrywomen,who will be very busy in June,when the reaping of wheat begins. So I propose delivery before July 31 to be written in the contract,but certainly I will try my best to advance shipment if possible.

I am looking forward to your favorable reply.
Best wishes,

Ruth Xu
For Qingdao General Textiles Co. ,Ltd

5. E-mail 5
From：info@alicefashions. com
To：ruth_xu@126. com
Date：Mar 11,2019

Dear Ruth：

I accept your proposal of delivery. But don't you think it's time now to change the terms of payment? I have been paying you by L/C at sight,which is very costly to me. Now that we have been doing business for quite a while,I think it's time that you consider some better terms of payment. I'd propose payment in two installments,30% by T/T before shipment,and 70% by D/P 30 days after sight. What do you say?

Bob Klein
ALICE HOME FASHIONS

6. E-mail 6
From：ruth_xu@126. com

To：info@alicefashions. com
Date：Mar 12,2019

Dear Bob：

While I agree to the idea for a change in payment terms, the one you proposed is too dramatic. I would propose that you pay 30% of the contract value by T/T before shipment, and the balance by D/P SIGHT after you take delivery of the goods.

I hope this could be acceptable.

Best wishes,

Ruth Xu
Qingdao General Textiles Co. ,Ltd

7. E-mail 7
From：info@alicefashions. com
To：ruth_xu@126. com
Date：Mar 15,2019

Dear Ruth：

Your terms of payment are acceptable. Please send your sales contract/confirmation as soon as possible.

I'm glad to have concluded the deal and please arrange production as soon as you can.

Best wishes,

Bob Klein
ALICE HOME FASHIONS

根据以上材料填制下面的英文合同：

青岛捷太贸易有限公司
QINGDAO General Textiles CO. ,LTD
No. 999 Hong Kong Road, Qingdao, China
Tel:+86-532-5886666 Fax:+86-532-5897777

SALES CONFIRMATION

No. GRC04020-1
Date：March 16,2019
Place：(1)

The buyers：
ALICE HOME FASHIONS

210 5TH AVENUE,NEW YORK, NY 10016

We hereby confirm the business closed between buyers and sellers under the following terms and conditions:

(2)				
				(3)
Art. No.	Size and Color	Quantity	Unit Price (USD)	Amount (USD)
GRC 242629	60×90″+18″ WHITE/WHITE	850 PCS	(6)	(7)
	60×84″+18″	150 PCS	(8)	(9)
	60×90″+18″ BEIGE/BEIGE	1 700 PCS	(10)	(11)
	60×84″+18″	300 PCS	(12)	(13)
	60×90″+18″ BEIGE/GOLD	2 550 PCS	4.60	11 730.00
	60×84″+18″	450 PCS	4.45	2 002.50
	60×90″+18″ GOLD/GOLD	1 700 PCS	4.60	7 820.00
	60×84″+18″	300 PCS	4.45	1 335.00
	60×90″+18″ BLUE/BLUE	850 PCS	4.60	3 910.00
	60×84″+18″	150 PCS	4.45	667.50
	60×90″+18″ SAGE/SAGE	850 PCS	4.60	3 910.00
	60×84″+18″	150 PCS	4.45	667.50
	60×90″+18″ BURGUNDY/GOLD	850 PCS	4.60	3 910.00
	60×84″+18″	150 PCS	4.45	667.50
TOTAL		(4)		(5)

Packing:(14)
Shipment:(15)
Payment:(16)
Insurance:(17)
Quantity Tolerance:(18)

Sellers:(19) Buyers:(20)

小 结

1. 尽管《联合国国际货物销售合同公约》以及西方大多数国家的法律对买卖合同的形式，原则上不加以限制，但在实际业务中，买卖双方的习惯做法，依然是在达成协议之后，再签订一份书面合同，将各自的权利和义务用书面方式加以明确。

2. 我国在加入《联合国国际货物销售合同公约》时对合同形式做了保留，买卖双方达成协议后必须采取书面形式，书面合同是合同生效和合同履行的依据。

3. 买卖双方不论是通过口头还是书面磋商，在达成交易后将商定的交易条件全面清楚地一一列明在一份书面文件上，并由双方签字确认，对进一步明确双方的权利义务、为合同正确履行提供依据，具有重要的意义。

4. 书面合同的内容一般由约首、本文和约尾三部分组成。

5. 书面合同的形式(名称)有合同、确认书、协议、订单、备忘录等。

6. 国际贸易合同的条款包括主要交易条件和一般交易条件。买卖双方一般围绕主要交易条件——品质、数量、包装、价格、装运、支付方式等——洽谈。

职场体验

案例分析

我国某技术贸易公司就某项技术贸易的进口事宜与国外某客户洽谈,经过双方多次的函电往来,最终使交易得以达成,但未订立正式的书面合同。根据双方的函电往来表明,对方应于 2018 年 12 月前向我方提供一项技术贸易的出口,然而时至 2019 年 1 月,对方仍未向我方提供该项技术贸易。我方曾多次要求对方履行合约,对方却以未订立正式书面合同为由否认合约已达成。问:

(1)双方的交易是否已达成?为什么?

(2)就此案例,我方应如何处理?

业务操作

一、阅读以下资料,寻找并列出外贸合同的主要条款(交易条件)。

Xi'an Global Imp. & Exp. Co. sold to ABC Company in New York, on Sept. 20, 2019, 2,000 dozens "White Dove" Brand Women's wool sweaters, red and green, L-size and M-size are equally assorted in each color at the price of US$93 per dozen, CIP New York, for shipment during Nov. 2019. Insurance is to be effected for 110% of the invoice value against All Risks and War Risk as per the China Insurance Clauses. The goods are to be packed in cartons, 2 dozens into a carton, and the terms of payment are by sight Letter of Credit. Shipping marks are to be designed by the sellers.

二、根据往来函电及补充资料拟定销售确认书。

函 1:

英国 A. B. C. 公司业务员 Smith Kay 在秋交会上获知上海华心国际贸易公司经营 HALOGEN FITTING,遂于 2019 年 4 月 2 日发来询盘如下:

敬启者:

在 2018 年秋交会上,获悉贵公司供应 HALOGEN FITTING,我方对 W500 产品感兴趣,请报 8 000PCS CIF LONDON。

我方渴望了解你公司最优惠的交易条件和有关的资信情况,我公司业务往来银行是伦敦银行。

盼早复。

Smith Kay

2019 年 4 月 2 日

函 2:

上海华心公司接英国 A. B. C. 公司的邮件后,业务员吴明即于 4 月 4 日发盘并建议增加订货数量以便凑成一整集装箱货柜。

敬启者:

很高兴收到你方 4 月 2 日询价,我公司经营 HALOGEN FITTING 已有 20 多年的历史。

该产品在欧洲深受欢迎。建议贵方将产品数量增加到9 600PCS，以便我们装成40′FCL整柜。现报价如下：

(1)商品：HALOGEN FITTING

(2)包装：箱包装，每箱12件

(3)数量：9 600件

(4)型号：W500

(5)价格：每件4美元CIF LONDON

(6)支付方式：不可撤销的即期信用证，作成以我方为受益人

(7)装运：收到信用证后3～4周内装运

我公司业务往来银行为中国银行上海分行，有关我公司的资信情况，请径洽询中国银行伦敦分行。

盼早来首次订单。

吴明

2019年4月4日

函3：

英国A. B. C. 公司Smith Kay接信后，认为价格太高，于4月8日来信强调该公司的经营优势，要求上海华心公司降低价格。

敬启者：

贵方4月4日信已收到，谢谢贵方要求将数量增加到9 600PCS，我方没有异议。但价格偏高，我方难以接受。

我方对本地区市场有充分的了解并在英国拥有广泛的销售组织，我们有信心推广贵公司该型号产品，请贵方报最优惠价。

盼早复。

Smith Kay

2019年4月8日

函4：

上海华心公司吴明接对方信后，经研究同意降低价格，以便打开英国的市场。于是4月12日去信英国A. B. C. 公司如下：

敬启者：

你方4月8日信收悉，谢谢。

我方在欧洲销售该产品的价格均不低于USD 4.00/PC。但考虑到贵公司首次与我方合作，并对我方产品有信心，我方愿降低价格，现报价如下：

(1)商品：HALOGEN FITTING

(2)包装：箱包装，每箱12件

(3)数量：9 600件

(4)型号：W500

(5)价格：每件3.90美元CIF LONDON

同时，我方要求以不可撤销即期信用证支付，若贵方能在本月底前下订单并开立信用证，我方可保证在5月交货。

正如贵方所看到的那样，我方产品在欧洲地区享有盛名。由于我方产品物美价廉，无疑必

将有助于贵方开拓市场。

请贵方尽快答复。

吴明
2019 年 4 月 12 日

函 5：

英国 A. B. C. 公司接上海华心公司的降价信后，即于 4 月 15 日来信表示接受。

敬启者：

我方接受贵方 4 月 12 日的发盘。由于我方急需此货，望你方按报盘许诺的 2019 年 5 月装运，不允许分批装运。装船通知必须在装船后两天内寄给开证申请人，告知毛重和净重、船名、提单号码、提单日及合同号码。请贵方尽快准备好合同并寄我方签署。一旦签订合同，我方即申请开证。

希望很快收到合同。

Smith Kay
2019 年 4 月 15 日

补充资料：

合同号	SCSH201904067
卖方	SHANGHAI HUAXIN INTERNATIONAL TRADE CORP. 198，ZHONGSHAN ROAD，SHANGHAI，CHINA
买方	A. B. C. CORPORATION 136 BRYANSTON STREET，LONDON，ENGLAND

SALES CONFIRMATION 销售确认书

SELLER：　　　　　　　　S/C NO.
ADDRESS：　　　　　　　DATE：
　　　　　　　　　　　　PLACE：

BUYER：
ADDRESS：

This Sales Contract is made by and between the Sellers and the Buyers，whereby the sellers agree to sell and the buyers agree to buy the under-mentioned goods according to the terms and conditions stipulated below：

(1)Art No.	(2)Name of Commodity and Specification	(3)Quantity	(4)Unit Price	(5)Amount
Total				

(6) Total in Words：

(7) Packing：

(8) Time of Shipment: ____________________, With transshipment ________ allowed and partial shipment ________ allowed.

(9) Loading Port & Destination: Shipment from ____________ to ____________.

(10) Terms of Payment: By an Irrevocable Letter of Credit in favor of the Sellers to available by sight draft to be opened and to reach China before ________________ and to remain valid for negotiation in China until the 15th days after the aforesaid Time of Shipment.

(11) Insurance:

☐ To be effected by Seller for 110% of full invoice value covering ________________ as per ________________.

☐ To be effected by Buyer.

(12) Shipping Marks:

(13) Arbitration: All disputes in connection with the contract or the execution thereof shall be settled amicable by friendly negotiation. In case of settlement can not be reached through negotiation, the case shall then be submitted to China International Economic and Trade Arbitration Commission. The arbitration shall take place in China and shall be executed in accordance with the provisional rules of Procedure of the said Commission and the decision made by the Commission shall be accepted as final and binding upon parties for setting the disputes. The fees, for arbitration shall be borne by the losing party unless otherwise awarded.

The Seller: The Buyer:

学习评价

一、单项选择题

1. 以下属于合同有效成立的条件是(　　)。

(A)只要一方的发盘经对方有效接受，合同即告成立，合同就具有法律效力

(B)合同不需要对价

(C)当事人必须具有订立合同的行为能力

(D)对签约时间没有特殊要求

2. 订立进出口合同应注意的事项是(　　)。

(A)尽量让对方起草合同文本

(B)进出口签约人必须是企业成员

(C)应注意各条款之间协调一致

(D)举行合同缔结或签字仪式，要尽量争取在对方举行

3. 体现了双方当事人具体的权利和义务是合同的(　　)。

(A)约首部分　　(B)本文部分　　(C)约尾部分　　(D)间隔部分

4. 合同的名称、订约双方当事人的名称和地址以及双方订立合同的意愿和执行合同的保证在合同的(　　)。

(A)约首部分　　(B)本文部分　　(C)约尾部分　　(D)间隔部分

5. 合同中的 2019 年 6/7 月由上海运往热那亚，每月平均装运，允许转运是合同条款内容中的(　　)。

(A)品名质量条款　　(B)数量条款　　(C)包装条款　　(D)装运条款

6. 每箱 1 000 美元 FOB 新港，以毛作净是合同条款内容中的(　　)。

(A)品名质量条款　　(B)数量条款　　(C)价格条款　　(D)装运条款

7. 下列属于外贸合同商品包装条款主要内容的是(　　)。
(A)商品库存　(B)交货方式　(C)计量单位　(D)运输标志法
8. 下列不属于外贸合同中装运条款主要内容的是(　　)。
(A)装运时间　(B)运输方式
(C)运输公司　(D)装运方式以及装运通知方法

二、多项选择题

1. 合同有效成立的条件是(　　)。
(A)当事人必须在自愿基础上就合同条款达成协议
(B)当事人必须具有订立合同的行为能力
(C)合同标的内容必须合法
(D)合同必须有对价,即合同当事人之间相互给付、互为有偿
(E)对签约时间没有特殊要求
2. 订立进出口合同应注意的事项是(　　)。
(A)合同文本的起草
(B)明确合同双方当事人的签约资格
(C)合同中的条款应具体详细
(D)争取在我方所在地举行合同的缔结或签字仪式
(E)进出口签约人必须是企业成员
3. 书面合同的内容有(　　)。
(A)约首部分　(B)本文部分　(C)约尾部分　(D)间隔部分
(E)分段部分
4. 以下属于进出口合同条款的内容的有(　　)。
(A)品名质量条款　(B)数量条款　(C)包装条款　(D)价格条款
(E)保险条款
5. 国际贸易合同中的单价条款包括(　　)。
(A)金额　(B)计价货币　(C)计量单位　(D)贸易术语
(E)总价

三、判断题

1. 当事人必须在自愿基础上就合同条款达成协议是合同有效成立的条件之一。(　　)
2. 进出口签约人必须是企业的授权代表,不能是未成年人或精神病患者。(　　)
3. 合同序言对双方没有约束力,规定序言时只要双方能接受就行。(　　)
4. 商品的名称和质量是进出口交易当事人首先需要确定的交易条件,是买卖双方交易的物质基础。(　　)
5. 国际贸易合同必须用书面形式达成。(　　)

四、简答题

1. 国际贸易合同的形式有哪些?
2. 简要说明签订书面合同的意义。
3. 国际贸易书面合同有哪些类型?
4. 一份合法有效的合同必须具备哪些条件?
5. 国际贸易合同的条款有哪些?

项目四　国际贸易合同履行

知识目标

◆ 了解进出口合同履行的程序和各个环节的工作
◆ 理解国际贸易中的结算工具和结算方式，掌握信用证结算业务的操作流程
◆ 熟悉常用的运输方式、运输单据和货物运输保险条款
◆ 掌握装运环节工作的内容和要求，掌握班轮运费、保险金额和保险费的计算

能力目标

◆ 清楚知道国际贸易合同当事人的权利义务
◆ 能够说出进出口合同履行的业务流程
◆ 能够正确分析贸易合同和信用证，恰当履行进出口合同

重点难点

◆ 明确国际贸易合同当事人的权利义务，知道进出口双方履行合同的工作任务
◆ 理解不同结算方式的特点，理解信用证的性质和业务操作要求

任务引入

如何履行贸易合同？

近日，上海园林用品进出口有限公司(SHANGHAI GARDEN PRODUCTS IMP. AND EXP. CO., LTD.)的业务员李明，从网站上获悉塞浦路斯 LAIKI PERAGORA ORPHANIDES LTD. 公司对 WOODEN GARDEN PRODUCTS 感兴趣。于是，李明与 LAIKI 公司的业务员 Henry 展开了贸易洽谈，双方最后签订了销售合同(S/C NO. 12SGP1201)，约定采用 L/C 支付方式，CIF 价格条款。接下来，李明将怎样着手履行这份贸易合同？他需要做哪些工作呢？作为进口商，LAIKI 公司在履行合同中首先要完成什么工作？

任务一　出口合同履行——落实结算方式

国际货款结算涉及信用证和使用何种货币、票据，以及在什么时间、以何种方式收付等问题。货款顺利收回是一笔交易圆满结束的重要标志，采用什么样的结算方式能够及时、安全收回货款，是业务员应当知道的基本常识。国际货款的收付，以现金结算的较少，大多采用非现金结算，即使用代替现金作为流通手段和支付手段的信用工具来结算国际债权债务。在进出

口贸易实务中，买卖双方都极力争取有利于自身的结算方式，以便买方融通资金和卖方安全收汇，因此成为合同的重要交易条款。

子任务 1　国际贸易结算工具认知

进出口贸易货款的结算，大多为非现金结算，通过使用代替现金作为流通手段和支付手段的信用工具来结算买卖双方的债权债务。票据就是一种基本的支付工具，广泛用于进出口贸易结算。票据是以支付金钱为目的的有价证券，是由出票人签名于票据上，约定由自己或另一人无条件地支付确定金额的可流通转让的证券。票据具有四个特性：流通性、无因性、文义性和要式性。这四个特性减少了票据的使用纠纷，保证了票据的顺利流通，使票据更好地发挥在经济活动中的汇兑、支付和信用工具的功能。国际贸易中使用的票据主要有汇票(Bill of Exchange，Draft)、本票(Promissory Note)和支票(Cheque，Check)，其中以使用汇票为主。

一、汇票

汇票是由出票人签发的、委托付款人在见票时或者在指定日期无条件支付确定的金额给收款人或者持票人的一种票据。付款是一种要求无条件付款的命令，而不是一种请求。在出口贸易中，当出口人索取货款时，往往开出汇票作为要求付款的凭证。

(一)汇票的必备内容

汇票必须要式齐全，即应当具备必要的形式和内容。我国《票据法》第 22 条明确规定，汇票必须记载下列事项：(1)表明"汇票"的字样；(2)无条件支付的委托；(3)确定的金额；(4)付款人(Payer)名称；(5)收款人(Payee)名称；(6)出票日期；(7)出票人(Drawer)签章。汇票上未记载上述规定事项之一的，汇票无效，汇票样本参见表 4－1－1。在实际业务中，汇票通常还需列明付款日期、付款地点和出票地点等内容。

表 4－1－1　　汇票的样式

BILL OF EXCHANGE

(1)NO. TC2019-101

(2)For USD98 000. 00　　(3)Feb. 01 2019 SHANGHAI

(amount in figure)　　(place and date of issue)

At (4)　××× sight of this FIRST Bill Of exchange (SECOND being unpaid)

Pay to (5)　BANK OF CHINA　or order the sum of

(6)U. S. DOLLARS NINTY-EIGHT THOUSAND ONLY

(amount in words)

Value received for　(7)　of　(8)

(quantity)　(name of commodity)

Drawn under (9)　SAKURA BANK, LTD., THE(FORMERLY MITSUI TAIYO KOBE)TOKYO

L/C No.　(10)　645-3000598　dated　(11)　JAN. 12 2019

To:(12)　SAKURA BANK, LTD., THE(FORMERLY MITSUI TAIYO KOBE)TOKYO

(Signature)(13)SHANGHAI MACHINERY IMPORT AND EXPORT CORP. (GROUP)

（二）汇票的种类

汇票可以从不同的角度分类：

1. 按出票人不同，汇票可分为商业汇票（Commercial Draft）和银行汇票（Banker's Draft）

商业汇票是指出票人是工商企业或个人，付款人可以是工商企业或个人，也可以是银行的汇票。实际业务中商业汇票通常由进出口公司签发。

银行汇票是指出票人是银行，同时付款人也是银行的汇票。

2. 按付款时间不同，汇票可分为即期汇票（Sight Draft）和远期汇票（Time Bill or Usance Bill）

即期汇票是指在提示或见票时立即付款的汇票。一般在银行的 2 个或 3 个工作日之内付款。

远期汇票是指在一定期限或特定的日期付款的汇票。远期汇票的付款时间，有以下几种规定办法：(1)见票后若干天付款（At... days after sight）；(2)出票后若干天付款（At... days after date）；(3)提单签发日后若干天付款（At... days after date of B/L）；(4)指定日期付款（At a fixed date in future）。

3. 按承兑人不同，汇票可分为商业承兑汇票（Commercial Acceptance Draft）和银行承兑汇票（Banker's Acceptance Draft）

商业承兑汇票是指以工商企业出票而以另一工商企业为付款人的经付款人承兑的远期汇票。

银行承兑汇票是指以工商企业出票而以银行为付款人的经付款银行承兑的远期汇票。

4. 按是否附有货运单据，汇票可分为光票（Clean Bill）和跟单汇票（Documentary Bill）

光票是指仅凭汇票来收取货款。银行汇票多是光票。

跟单汇票是指附有其他的货运单据一块来收取货款。商业汇票一般是跟单汇票。跟单汇票所跟的单据主要有海运提单、保险单、商业发票等。跟单汇票对卖方收取货款保证较大，在国际贸易中，大部分货款是用跟单汇票来收取的，而光票只是用来收取货款的一些尾数。

一张汇票往往可以同时具备几种性质。例如，一张商业汇票同时又可以是即期的跟单汇票，一张远期的商业跟单汇票同时又是银行承兑汇票。

（三）汇票的使用

汇票的使用随其是即期汇票还是远期汇票而有所不同。即期汇票只需经过出票（To Draw）、提示（Presentation）和付款（Payment）的程序，而远期汇票还须经过承兑（Acceptance）手续。如需流通转让，通常要经过背书（Endorsement）。汇票遭到拒付（Dishonour）时，还要涉及做成拒绝证明、依法行使追索权等法律问题。

1. 出票

出票是指出票人签发票据并将其交付给收款人的票据行为。出票后，出票人承担保证该汇票必须会被承兑和（或）付款的责任。

小资料

> 汇票上收款人的抬头有三种写法：
>
> (1)限制式抬头。如"Pay ××× Co. only"或"Pay ××× Co. not negotiable"，这种汇票不能转让，只能由抬头人收取货款。

(2)指示式抬头。如“Pay ××× Co. to the order”或“Pay to the order of ××× Co.”,这种汇票经背书后可转让。

(3)持票人或来人抬头。如“Pay bearer”,这种汇票无须背书即可转让。

2. 提示

持票人将汇票提交付款人,要求付款或承兑的行为,称作提示。前者称为付款提示,后者称为承兑提示。付款人看到汇票称作见票(Sight)。

3. 承兑

承兑是付款人在持票人向其提示远期汇票时,在汇票上签名,承诺于汇票到期时付款的行为。具体做法是付款人在汇票正面写明“承兑”(Accepted)字样,注明承兑日期,于签章后交还持票人。

4. 付款

付款是指汇票人向持票人支付汇票金额以消灭票据关系的行为。即期汇票在付款人见票时即付;远期汇票于到期日在持票人提示付款时由付款人付款。持票人获得付款时,应当在汇票上签收,并将汇票交给付款人作为收据存查。汇票一经付款,汇票上的一切债权债务即告消灭或结束。

5. 背书

背书是一种以转让票据权利为目的的票据行为,是票据转让的一种重要方式。背书是持票人在汇票背面签上自己的名字或再加上受让人的名字,并把汇票交给受让人的行为。背书后,原持票人成为背书人,担保受让人所持汇票得到承兑和付款的责任,否则受让人有权向背书人追索清偿债务。与此同时,受让人成为被背书人,取得汇票的所有权,可再背书再转让,直到付款人付款把汇票收回为止。对于汇票的受让人来说,所有在他以前的背书人(Endorser)以及原出票人都是他的“前手”,而对于出让人来说,在他出让以后的所有受让人都是他的“后手”。前手对后手负有担保汇票必然会被承兑或付款的责任。

6. 拒付与追索

当汇票在提示时,遭到付款人拒绝付款或拒绝承兑,称为拒付,又称退票。汇票经过转让,如果遭到拒付,最后的持票人有权向所有的“前手”追索,一直追索到出票人。持票人为了行使追索权,应及时做出拒付证书(Protest)。拒付证书是由付款地的法定公证人(Notary Public)或其他依法有权制作这种证书的机构,例如法院、银行等所做出的付款人拒付的文件,是最后持票人凭以向其“前手”追索的法律依据。如拒付的汇票已经承兑,出票人也可凭拒付证书向法院起诉,要求承兑汇票的付款人付款。此外,汇票的出票人或背书人为了避免承担追索的责任,可在背书时加注“不受追索”(Without Recourse)的字样,凡列有这种批注的汇票,在市场上一般是很难流通转让的。

案例思考

下面有三种汇票的抬头

1. ... pay to Smith Co., Ltd. Only

2. ... pay to the order of Smith Co., Ltd.

3. . . . pay to bearer

讨论：哪种汇票可以转让？转让时有什么手续？

二、本票

本票是指出票人签发的、承诺自己在见票时无条件支付确定金额给收款人或者持票人的票据。本票的基本当事人只有两个：出票人和收款人。出票人就是付款人。按我国《票据法》规定，本票仅指银行本票，并且银行本票都是即期的。在国际贸易结算中使用的本票，基本上都是银行本票。

三、支票

支票是指出票人签发的、委托办理支票存款业务的银行或其他金融机构在见票时无条件支付确定的金额给收款人或持票人的票据。按我国《票据法》，支票可分为现金支票和转账支票两种。用以支取现金或是转账，均应分别在支票正面注明。现金支票只能用于支取现金；转账支票只能用于通过银行或其他金融机构转账结算。

我国很多外贸公司和工业企业在国外都设有分支机构。国内外贸公司和工业企业将货物发运给驻国外的分支机构在当地销售。国外的买者即用支票向我驻外分支机构付款，然后我驻外分支机构将全部货款用汇款或转账的方式寄交国内的中国银行。

提醒您

空头支票

简单地说，支票是以银行作为付款人的即期汇票。出票人在签发支票时，应在付款银行存有不低于票面金额的存款，如果存款不足，支票持有人向付款银行提示支票要求付款时，就会遭到拒付。这种支票称为空头支票。开空头支票的出票人要负法律责任。

四、汇票、本票与支票的比较

汇票、本票和支票之所以能成为不同的票据，是因为它们都有各自不同的特点，彼此间存在一些差异。具体地讲，主要表现在以下几个方面：

1. 基本性质不同

汇票与支票都是无条件的支付命令，是由出票人命令另一个人支付款项，是委付证券。所不同的是，汇票的付款人可以是银行、企业或个人，而支票的付款人一定是银行。本票是一种无条件的支付承诺，出票人承诺由其本人支付款项，属于自付证券或承诺证券。

2. 基本当事人不同

汇票和支票的当事人都是三个，即出票人、付款人和收款人；而本票的当事人只有两个，即出票人和收款人，因为出票人本身承担着付款责任，与付款人是同一人。

3. 出票人承担的责任不同

即期汇票与本票、支票的出票人，自始至终都承担主债务人的责任；而远期汇票在承兑后就由承兑人承担主债务人的责任，出票人退居为从债务人。

4. 付款期限不同

支票是即期付款的票据，见票即付，没有远期支票。汇票和本票都有即期付款和远期付款之分，有到期日的记载。但是，汇票有承兑等票据行为而本票没有，因为本票的出票人与付款人是同一人，无须承兑。

5. 当事人的资金关系不同

汇票的出票人与付款人之间，不必事先有资金关系；本票是无条件的支付承诺，出票人就是付款人，无所谓双方间的资金关系；而支票的出票人与付款人之间则必须先有资金关系，才能签发。

6. 出票份数不同

汇票一般一式两份，在实务中可以成套签发，这种做法主要是为了防止因一次性寄单发生延误、遗失或损毁的意外事件，避免影响交货和收款的顺利进行；而本票和支票都只有一张正本。

子任务2 国际贸易结算方式认知

货款的支付方式根据资金的流向与支付工具的传递方向是否相同，可以分为顺汇和逆汇两种方法。国际货款的结算方式主要有汇付、托收和信用证三种，其中汇付属于顺汇，托收和信用证属于逆汇。这三种方式虽然都是通过银行办理，但银行的作用并不相同。在汇付和托收方式下，银行只是提供服务，并未承担任何时候的付款责任，买卖双方是在根据贸易合同相互提供信用的前提下，各自履行进口商付款和出口商提供货运单据的责任，所以汇付和托收以商业信用为基础。而信用证以银行信用为基础，开证行在一定条件下承担第一性的付款责任。

一、汇付

汇付(Remittance)又称汇款，是指债务人或付款人通过银行将款项汇交债权人或收款人的结算方式。汇付是最简单的国际货款结算方式。

(一)汇付的当事人

在汇付业务中，通常涉及四方当事人。

1. 汇款人

汇款人(Remitter)是指汇出款项的人。在进出口贸易中，汇款人通常是进口商。

2. 收款人

收款人(Payee or Beneficiary)是指接受汇款的人。在进出口贸易中，收款人通常是出口商。

3. 汇出行

汇出行(Remitting Bank)是指接受汇款人的委托，汇出款项的银行。在进出口贸易中，汇出行通常是进口地的银行。

4. 汇入行

汇入行(Paying Bank)，又称解付行，是指接受汇出行的委托解付汇款的银行。在进出口贸易中，汇入行通常是出口地银行。

在上述当事人中，汇款人和收款人也可以是同一人，即汇款人将款项汇出后，可以自己到异地取款。

(二)汇付的种类

1. 电汇

电汇(Telegraphic Transfer，T/T)是指汇出行应汇款人的申请，用电报或电传委托国外的汇入行向收款人付款的一种汇款方式。电汇方式的优点是迅速收到汇款，但费用较高。

2. 信汇

信汇(Mail Transfer，M/T)是指汇出行应汇款人的申请，将信汇委托书寄给汇入行授权解付一定金额给收款人的一种汇款方式。信汇方式的优点是费用较低，但收款时间较慢。

电汇和信汇的收付程序如图 4—1—1 所示。

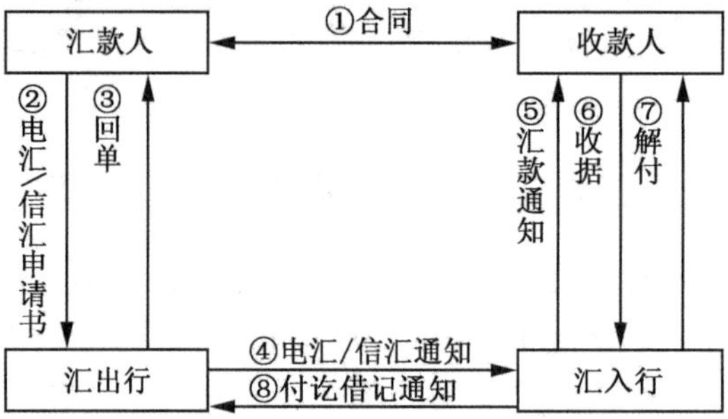

说明：

①买卖双方订立合同，并规定采用电汇/信汇方式付款。

②汇款人填写电汇/信汇申请书，向汇出行交付金额款项及支付一定的费用，委托汇出行汇款。

③汇出行交汇款人回单。

④汇出行根据申请书的指示，向汇入行发出电汇/信汇通知，委托汇入行向指定收款人解付汇款。

⑤汇入行在收到电报电传并核对密押无误后，向收款人发出汇款通知。

⑥收款人出示收据和适当的证明文件向汇入行取款。

⑦汇入行付款。

⑧汇入行向汇出行收汇垫款或邮寄付讫借记通知转账，并将收据交汇出行，作为款项已付的凭证。

图 4—1—1 电汇和信汇的收付程序

3. 票汇

票汇(Demand Draft，D/D)是指汇出行应汇款人的申请，代汇款人开立以其分行或代理行为解付银行的即期汇票，交给汇款人，由汇款人寄给收款人或自行携带出国，由指定的付款行凭票支付一定金额给收款人的一种汇款方式。

(三)汇付方式在国际贸易中的使用

在国际贸易中，汇款方式通常用于预付货款(Payment in Advance)、随订单付现(Cash with Order)、赊销(Open Account)等。采用预付货款和随订单付现，对出口方来说，是先收款后交货，风险较小，但对进口方来说风险较大；而采用赊销时，对出口方来说，是先交货后收款，风险较大。总之，汇付支付方式对交易双方总是处于不平衡状况。

二、托收

托收(Collection)是指由卖方开立汇票，委托出口地银行通过其在国外的分行或代理行，向买方收取货款或劳务费用的一种结算方式。近年来，出口贸易采用托收方式结算的情况有所增加，其原因是国际市场竞争激烈，为了扩大出口而采取有利于进口方灵活支付的方式。

(一)托收的当事人

1. 委托人

委托人(Principal)是开立汇票，委托银行向国外付款方收款的人，通常是出口方。

2. 托收行

托收行(Remitting Bank)是接受委托人的委托，转托国外银行代为收款的银行，一般是出口地银行。

3. 代收行

代收行(Collecting Bank)是接受托收行的委托，代向付款人收款的银行，一般是进口地银行。

4. 付款人

付款人(Drawee/Payer)是支付货款的人，通常为进口方。

委托人与托收行的关系以及托收行与代收行的关系都是委托代理关系。委托人与托收行的委托代理关系以委托人提交的托收申请书确定，托收行与代收行之间通常订有代理合同并按托收委托书确定双方的委托代理关系。付款人与代收行之间不存在任何契约关系。如果付款人拒付，代收行除将拒付情况通知托收行并由托收行通知委托人外，并不承担付款责任。

(二)托收的种类

国际贸易中货款的收取大多采用跟单托收。根据交单条件的不同，分为付款交单和承兑交单两种。

1. 付款交单

付款交单(Documents against Payment，D/P)是指出口方的交单以进口方的付款为条件。其基本做法是：出口方根据买卖合同先行发货，取得货运单据，然后将汇票连同整套商业单据交给银行办理托收，并指示银行只有在进口方付清货款时才能交出货运单据。

按付款时间的不同，付款交单又可分为即期付款交单和远期付款交单两种：

(1)即期付款交单(Documents against Payment at Sight，D/P at Sight)，是指出口方发货后开具即期汇票连同货运单据，通过银行向进口方提示，进口方见票后立即付款，进口方在付清货款后向银行领走货运单据。其收付程序如图4－1－2所示。

(2)远期付款交单(Documents against Payment after Sight，D/P after Sight)是指出口方发货后开具远期汇票连同货运单据，通过银行向进口方提示，进口方审核无误后在汇票上承兑，于汇票到期日付清货款后再领取货运单据。

在使用D/P，尤其是远期D/P时，价格术语最好用CIF，因为CIF项下由卖方办理保险，如货物出现风险，还可向保险公司索赔。如不选用CIF，最好加保卖方利益险。卖方利益险是指当货物在运输途中受损而买方又不支付货款时，保险公司承担赔偿责任。

2. 承兑交单

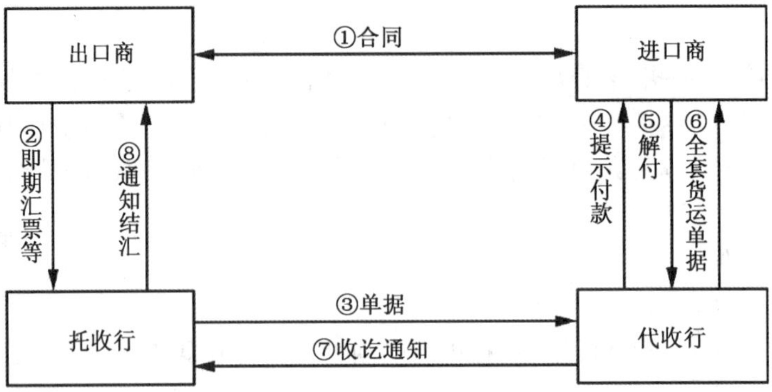

说明：

①进出口商在贸易合同中，规定采用即期付款交单方式支付。

②出口商按照合同规定装货并取得货运单据后，填写托收申请书，并开具即期汇票，连同全套货运单据交托收行，委托代收货款。

③托收行按照托收委托书中的规定核实所收到的单据；确定单据表面与托收委托书所列一致时，寄送进口地代收行。

④代收行收到全套单据后，按托收委托书的指示立即向进口商提示付款。

⑤进口商见票后立即付清全部货款。

⑥代收行将全套货运单据交进口商。

⑦代收行电告或邮告托收行，款已收妥并转账。

⑧托收行收到全部货款通知出口商结汇。

图 4—1—2 即期付款交单的收付程序

承兑交单(Documents against Acceptance，D/A)是指代收行的交单以进口方在汇票上承兑为条件。即出口方在装运货物后开具远期汇票，连同货运单据，通过银行向进口方提示，进口方承兑汇票后，代收行即将货运单据交给进口方，在汇票到期时方履行付款义务。承兑交单方式只适用于远期汇票的托收。由于承兑交单是进口方在付款之前就可以取得货运单据，凭此提货，因此，收款的保障依赖进口方的信用，一般不采用。

(三)托收方式使用中应注意的问题

在付款交单的情况下，进口方在没有付清货款之前，货物的所有权仍属于出口方，如果进口方拒付，出口方有权另行转卖货物，但出口方需承担仓储保管费用、损耗、手续费和风险等。

至于在承兑交单的情况下，进口方只要在汇票上履行承兑手续，即可取得装运单据，凭此提货。一旦进口方拒付，虽然可以起诉，但往往进口方已陷于无力付款境地，甚至破产倒闭等，出口方将招致款、货两空的损失。为避免风险和损失，使用托收方式应注意以下问题：

(1)调查和考虑进口人的资信情况和经营作风，成交金额应妥善掌握，不宜超过其信用额度。

(2)了解进口国家的有关政策法令、贸易管制、外汇管制条例，以免货到目的地后，由于不准进口或收不到外汇而造成损失。

(3)了解进口国家的商业惯例，以免由于当地习惯做法影响安全迅速收汇。如有的国外代收行只接受即期付款交单的托收委托，而把远期付款交单当作承兑交单处理，并不承担任何责任和风险；有的国家商人在即期付款交单情况下，要按“当地习惯”，即在货物到达目的港后，而不是代收行提示后即行“见票”,这种“习惯”在欧洲和非洲都有。按此“习惯”,万一货物到达不了目的港,进口商就可永不“见票”,永不付款。因此,为避免进口商以“当地习惯”为借口迟付或逃避付款,除应在出口合同中加列利息条款外,还应明确规定进口商应在汇票第一次提示时即行付款或承兑。

(4)出口合同应争取按 CIF 或 CIP 条件成交,由出口人办理货运保险,或投保出口信用险。在不采取 CIF 或 CIP 条件时,应投保卖方利益险。

(5)要严格按照合同规定办理出口,制作单据,以免授人以柄拖延付款或拒付货款。

(6)对托收方式的交易,要建立健全管理制度,定期检查,及时催收清理,发现问题应迅速采取措施,以避免或减少可能发生的损失。

微型案例

D/P 改 D/A 造成出口方损失案

某外贸公司与某美籍华人客商做了几笔顺利的小额交易,付款方式都为预付。后来客人称销路已经打开,要求增加数量,可是,由于数量太多,资金一时周转不开,最好将付款方式改为“D/P at Sight”。当时,此外贸公司考虑到采用 D/P at Sight 的情况下,如果对方不去付款赎单,就拿不到单据,货物的所有权仍然归我方所有。结果,未全面调查客户的资信,就发出了一个 40 英尺货柜的货物,金额为 8 万美元。后来,事情发展极为不顺。货物到达目的港后,客户借口资金紧张,迟迟不去赎单。10 天后,各种费用相继发生。此时,外贸公司考虑到这批货物的花色品种为客户特别指定,拉回来也是库存,便不顾委托行再三强调 D/A 的风险性后,被迫将“D/P at Sight”修改为“D/A at 30 Days Sight”。可是,当美籍华人客商将货提出之后,就再也没有音信。到涉外法律服务处与讨债公司一问才知道,到美国打官司费用极高,于是只好作罢。

【评析】我方没有全面调查买方的资信,就冒险地选择托收这种商业信用的支付方式,并且在对方不去付款赎单、产生各种费用的情况下,无视 D/A 的风险性,将“D/P at Sight”修改为“D/A at 30 Days Sight”,产生了货款两空的结果。

三、信用证

信用证收付方式是在银行与金融机构参与国际贸易结算的过程中逐步形成的。随着国际贸易的发展日益迅猛,信用证收付方式把由进口方履行的付款责任,转为由银行来履行付款,以保证卖方安全迅速收到货款,买方按时收到货运单据。

信用证在一定程度上解决了买卖双方之间互不信任的矛盾,并为双方提供了资金融通的便利。信用证付款已成为国际贸易中普遍采用的一种主要支付方式。

信用证(Letter of Credit,L/C)是一种银行开立的有条件承诺付款的书面文件。在进出口业务活动中,一般是指银行(即开证行)根据进口方(即开证申请人)的请求和指示向出口方(即受益人)开立的一定金额的,并在一定期限内凭规定的单据承诺付款的书面文件。

(一)信用证的当事人

信用证的当事人如下:

1. 开证申请人

开证申请人(Applicant)是指向银行申请开立信用证的人,即进口方或实际买主。在信用证中往往又称开证人。

2. 开证银行

开证银行(Opening Bank or Issuing Bank)是指接受开证申请人的委托,开立信用证的银行,它承担保证付款的责任。开证行一般是进口方所在地银行。

3. 通知银行

通知银行(Advising Bank or Notifying Bank)是指受开证行的委托,将信用证转交出口方的银行。它只证明信用证的真实性,并不承担其他义务。通知银行一般是出口方所在地银行。

4. 受益人

受益人(Beneficiary)是指信用证上所指定的有权使用信用证的人,即出口方或实际供货人。

5. 议付银行

议付银行(Negotiating Bank)是指愿意买入受益人交来的跟单汇票的银行。

6. 付款银行

付款银行(Paying Bank or Drawee Bank)是指定的付款银行。它一般是开证行,也可以是它指定的另一家银行,根据信用证条款的规定来决定。

7. 保兑银行

保兑银行(Confirming Bank)是应开证行的请求在信用证上加具保兑的银行,具有与开证行相同的责任。它对受益人独立负责,在付款或议付后,不论开证行发生什么变化,都不能向受益人追索,业务中通常由通知行兼任,也可以由其他银行加具保兑。

8. 偿付银行

偿付银行(Reimbursing Bank)是指接受开证银行在信用证中委托,代开证银行偿还垫款的第三国银行,即开证银行指定的对议付行进行偿还的代理人(Reimbursing Agent)。偿付行产生的原因是,进出口商在信用证中规定的支付货币,既不是进口国的货币,也不是出口国的货币,而是第三国的货币,而开证行拥有的第三国货币资金调度或集中在第三国银行,要求该银行代为偿付信用证规定的款项,偿付银行通常是开证银行的存款银行或约定的垫款银行。

(二)信用证的收付程序

信用证的收付程序如图4—1—3所示。

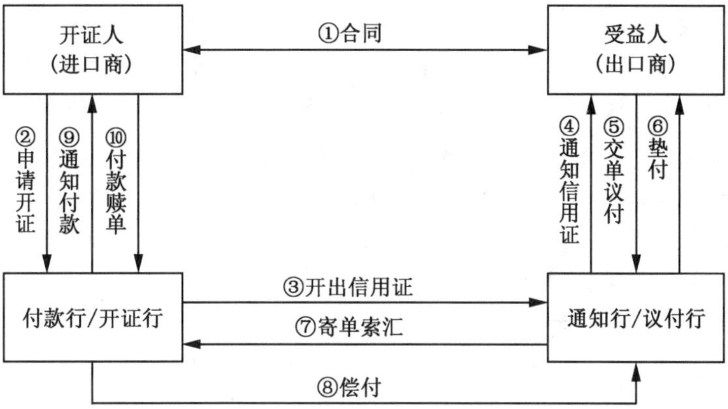

说明：

①买卖双方在贸易合同中，规定使用信用证方式支付。

②进口方向当地银行提出申请，填写开证申请书，依照合同填写各项规定和要求，并缴纳押金或提供其他保证，请开证行开证。

③开证行根据申请书内容，向出口方(受益人)开出信用证，并寄交出口方所在地分行或代理行(统称通知行)。

④通知行核对印鉴无误后，将信用证交与出口方。

⑤出口方审核信用证与合同相符后，按信用证规定装运货物，并备齐各项货运单据，开出汇票，在信用证有效期内，送请当地银行(议付行)议付。

⑥议付行按信用证条款审核单据无误后，按照汇票金额扣除利息，把货款垫付给出口方(议付/押汇)。

⑦议付行将汇票和货运单据寄开证行(或其指定的付款行)索偿。

⑧开证行(或其指定的付款行)核对单据无误后，付款给议付行。

⑨开证行向议付行偿付后，即通知开证人付款赎单。

⑩进口方付款赎单。

图4—1—3　信用证的收付程序

小资料

信用证的性质

1. 信用证是一种银行信用

开证行以自己的信用做出付款保证，开证行负第一性的付款责任。即使开证申请人事后失去偿付能力，只要受益人提交的单据符合信用证的规定，开证行也要负付款责任。

2. 信用证是一项自足的文件

信用证的开立以买卖合同为依据，但是，信用证一经开出就成为独立于买卖合同的另一种契约。信用证的各当事人要按信用证条款办事，而不受买卖合同的约束。受益人提交的单据即使符合买卖合同，但若与信用证的条款不一致，仍会遭银行拒付。

3. 信用证是一种单据交易

在信用证方式下,实行的是凭单付款,银行处理的是单据,而不是与单据有关的货物、服务或其他履约行为。只要受益人提交的单据表面上与信用证规定相符,银行就得付款。银行对任何单据的格式、完整性、准确性、真实性、伪造、法律效力,以及单据上规定的、附加的一般或特殊条件,一概不负责;对于任何单据所代表的货物的描述、数量、重量、品质、状态、包装、交货、价值和存在,或者货物发货人、承运人、运输商、收货人、保险人以及其他任何人的诚信、行为、疏漏、清偿能力、履行能力和资信情况,也不负责。所以,受益人提交的单据必须做到单证一致和单单一致。

(三)信用证的内容

(1)关于首部,包括开证行名称与地址、开证日期、信用证号码、受益人、信用证种类、开证申请人、信用证金额、有效日期和有效地点。

(2)关于汇票,包括出票人、付款人、汇票期限、汇票金额、出票条款。

(3)关于基本单据,包括商业发票、提单或运输单据、保险单证。

(4)关于附属单据,包括产地证、商检证、进出口许可证和重量单等。

(5)关于商品的描述,如货名、数量、单价和贸易条件等。

(6)关于运输,包括装货港、装运期限、卸货港或目的地、可否分批装运、可否转船。

(7)其他事项,包括开证行对议付行的指示条款;开证行承诺付款条款;开证行名称和签字;其他特别条款,如信用证上一般还印有"按照国际商会《跟单信用证统一惯例》(UCP 600)办理"。

信用证的式样参见表 4—1—2。

表 4—1—2　　信用证的式样

Issue of a Documentary Credit		
Sequence of Total	*27:	1/1
Form of Doc. Credit	*40 A:	IRREVOCABLE TRANSFERABLE
Doc. Credit Number	*20 :	ILCT507553
Date of Issue	31 C:	020529
Expiry	*31 D:	DATE 020701 PLACE CHINA
Applicant	* 50:	ABC CO. LTD
Beneficiary	* 59:	GUANGDONG TEXTILES I. AND E. CORP. 68 XIAO BEI ROAD, GUANGZHU, CHINA
Amount	* 32 B:	CURRENCY USD AMOUNT 80 000.00
Pos. /Neg. Tol. %	39A:	02/02
Available with/by	* 41 D:	ANY BANK IN CHINA BY NEGOTIATION
Drafts at...	42 C:	SIGHT
Drawee	42 D:	JPMORGAN CHASE BANK
Partial Shipments	43 P:	ALLOWED
Transshipment	43 T:	ALLOWED
Loading in Charge	44 A:	GUANGZHOU CHINA
For Transport to	44 B:	NEW YORK
Latest Date of Ship	44 C:	020710
Description of Goods	45 B:	

续表

	LADIES JEANS ASSORTED STYLE AND COLOR ABOUT 800 DOZEN SHIPPING TERMS: CIF NEW YORK
Documents Required	46 A:
	* CERTIFICAE OF ORIGIN AND 3 COPIES. * FULL SET CLEAN ON BOARD BILIS OF LADING PLUS 2 NON-NEGOTIABLE COPIES CONSIGNED TO ORDER OF JPMORGAN CHASE BANK NOTIEY APPLICANT AND MARKED FREIGHT PREPAID EVIDENCIING CONTAINERIZED SHIPMEMT. * INSURANCE POLICY FOR 110 PERCENT OF INVOICE VALUE COVERING ALL RISKS AND WAR RISKS AS PER AND SUBJECT TO OCEAN MARINE CARGO CLAUSE AND OCEAN MARINE CARGO WAR RISKS CLAUSE OF THE PEOPLE'S INSURANCE COMPANY OF CHINA DATED 1/1/1981.
Additional Condition	47 A:
	AN ADDITIONAL FEE OF USD 50.00 OR EQUIVALENT WILL BE DEDUCTED FROM THE PROCEEDS PAID UNDER ANY DRAWING WHERE DOCUMENTS PRESENTED ARE FOUND NOT TO BE IN STRICT CONFORMITY WITH THE TERMS OF THIS CREDIT. THIS LETTER OE CREDIT IS TRANSFERABLE BY BANK OF CHINA, CHINA. ANY TRANSFER(S) EFFECTED BY THE TRANSFERRING BANK MUSF BE ADVISED TO US STATING 1. NAME OF TRANSFEREE(S) 2. THE AMOUNT OF THE TRANSFER(S) AND 3. WHETHER OR NOT THE FIRST BENEFICIARY HAS ELECTED TO SUBSTITUTE THEIR DRAFT(S) AND/OR INVOICE FOR THOSE OF THE TRANSFEREE(S). IF WE DO NOT RECEIVE SUCH NOTICE UPON PRESENTATION OF THE DRAWING DOCUMENTS AND IF THE DRAWER IS NOT THE ORIGINAL BENEFICIARY, WE WILL CONSIDER THE DRAWING AS DISCREPANT AND MAY IN OUR SOLE JUDGEMENT APPROACH THE APPLICANT FOR A WAIVER OF THE DISCREPANCY (IES).
Presentation Period	48:
	DOCUMENTS MUST BE PRESENTED NOT LATER THAN 15 DAYS AFTER THE DATE OF SHIPMENT, BUT WITHIN THE VALIDITY OF THE CREDIT
Detail of Charges	71 B:
	ALL BANKING CHARGES OUTSIDE USA FOR BENEFICIARY ACCOUNT
Confirmation	* 49:　　WITHOUT
Instructions	78 :
	PLEASE REFER TO OUR DOCUMENTARY CREDIT NUMBER R－225938 ON ALL COMMUNICATIONS WITH US
Send. To Rec. Info.	72 B49:
Trailer	ORDER IS <MAC:> <PAC:> <ENC:> <CHK:> <TNG:> <PDE:> MAC: B3DEFB51 CHK: 3D4F84D99341

SWIFT 信用证的格式及填写说明参见附录 2。

(四)信用证的种类

1. 光票信用证和跟单信用证

根据信用证项下的汇票是否附有货运单据，可分为光票信用证和跟单信用证。

(1)光票信用证(Clean L/C)是指开证行仅凭不附有单据的汇票付款的信用证。

(2)跟单信用证(Documentary L/C)是指凭跟单汇票或仅凭货运单据付款的信用证。

2. 不可撤销信用证和可撤销信用证

根据开证行所负的责任，可分为不可撤销信用证和可撤销信用证。

(1)不可撤销信用证(Irrevocable L/C)是指信用证一经开出，未经受益人同意，开证行不得修改或撤销信用证。只要受益人提交的单据符合信用证规定，开证行就必须履行付款责任。

(2)根据《跟单信用证统一惯例》(UCP 600)的规定，信用证是不可撤销的，即使信用证中对此未做指示也是如此。

3. 保兑信用证和不保兑信用证

根据是否有另外一家银行为信用证担保，可分为保兑信用证和不保兑信用证。

(1)保兑信用证(Confirmed L/C)是指开证行开出信用证后，又由另一家银行保证对符合信用证条款的单据也履行付款的义务。承担保证兑付义务的银行称为保兑行。保兑行与开证行承担相同的第一性付款责任。

(2)不保兑信用证(Unconfirmed L/C)是指未经另一家银行加保兑的信用证，当开证行资信好且成交金额不大时，一般都使用这种不保兑的信用证。

4. 即期信用证和远期信用证

根据付款时间，可分为即期信用证和远期信用证。

(1)即期信用证(Sight L/C)是指开证行或付款行在收到符合信用证条款的跟单汇票或装运单据后，立即履行付款义务的信用证。

(2)远期信用证(Usance L/C)是指开证行或付款行收到信用证项下的单据后，在规定的时间内履行付款义务的信用证。远期信用证又分为以下几种情况：

第一，银行承兑远期信用证。

第二，延期付款信用证，是指开证行在信用证上规定，货物装运后若干天付款的信用证。延期付款信用证不要求出口商开具汇票，出口商不能利用贴现市场上的资金。

第三，假远期信用证，规定受益人开立延期汇票，由付款行贴现，并规定，贴现利息和贴现费用由进口商负担。

5. 可转让信用证和不可转让信用证

根据受益人是否可以转让信用证，可分为可转让信用证和不可转让信用证。

(1)可转让信用证(Transferable L/C)是指信用证上注有"Transferable"字样，受益人有权将信用证的全部或部分转让给一个或几个第三者使用(第二受益人)。受益人可以要求办理转让的银行向受让人开出新证，新证的开证行仍是原证的开证行，原证条款不变，但其中信用证金额、商品单价可以降低，有效期和装运期可以提前，投保比例可以增加，原证申请人一栏可以抹去。一般可转让信用证只能转让一次。当第二受益人向转让行交单后，第一受益人有权以自己的发票和汇票替换第二受益人的发票和汇票，以赚取差额。

(2)不可转让信用证(Non-transferable L/C)是指受益人不能将信用证的权利转让给他人的信用证。凡信用证中未注明"可转让"字样，就是不可转让信用证。

6. 循环信用证

循环信用证(Revolving L/C)是指受益人全部或部分使用完信用证金额以后，其信用证余额又恢复到原金额，受益人可再次使用，直至达到规定的次数或累计总金额为止。该证适用于分批均衡供货、分批结汇的长期合同，以减少进口方开证的手续、费用和押金。循环信用证可分为按时间循环信用证和按金额循环信用证两种。

7. 对开信用证

对开信用证(Reciprocal L/C)是指两张互相制约的信用证,进出口双方互为开证申请人和受益人,双方的银行互为开证行和通知行。这种信用证一般用于补偿贸易、易货贸易和对外加工装配业务。

8. 对背信用证

对背信用证(Back to Back L/C),又称转开信用证,是指受益人要求原证的通知行或其他银行以原证为基础,另开一张内容相似的新证。对背信用证的受益人可以是国外的,也可以是国内的。对背信用证主要用于以下几种情况:中间商转售他人货物,从中图利;两国不能直接办理进出口贸易而需要通过第三国沟通贸易;原证是不可转让的;原证受益人不提供全部规定货物;等等。

对背信用证的内容除开证人、受益人、金额、单价、装运期限、有效期限等可有变动外,其他条款一般与原证相同。由于对背信用证的条款修改时,新证开证人需得到原证开证人的同意,因此,修改比较困难,而且所需时间也较长。

9. 预支信用证

预支信用证(Anticipatory L/C)是指开证行授权代付行(通常是通知行)向受益人预付信用证的全部或一部分,由开证行保证偿付并负担利息的信用证。预支信用证与远期信用证相反,开证人付款在先,受益人交单在后。预支信用证可分全部预支和部分预支。预支信用证凭出口人的光票或一份负责补交信用证规定单据的声明书付款。如出口方以后不交单,开证行和代付行并不承担责任。当货运单据交到后,代付行在付给剩余货款时,将扣除预支货款的利息。

10. 备用信用证

备用信用证(Standby L/C)是一种特殊形式的信用证,又称担保信用证或保证信用证,是开证行对受益人承担一项独立的、第一性的义务的凭证。在此凭证中,开证人未履约时,开证行保证为其支付。如果开证申请人按期履行合同的义务,受益人就无须要求开证行在备用信用证项下支付任何货款或赔款,这就是“备用”的由来。

备用信用证属于一种跟单信用证,它们在最基本的方面有相同的特点。主要表现在:

(1)通常在买卖合同的基础上开立,而一旦开立就与这些合同无关,成为开证行对受益人的一项独立的义务。

(2)开证行所承担的责任都是第一性的。

(3)开证银行及其指定的银行均为凭符合信用证规定的凭证(单据)付款。

(4)均可适用《跟单信用证统一惯例》。

(五)国际商会《跟单信用证统一惯例》

随着国际贸易的发展,信用证方式逐渐成为国际贸易中通常使用的一种支付方式。但因缺乏统一的解释和公认的准则,争议和纠纷经常发生。国际商会为了减少因解释或习惯不同而引起的争端,制定了《跟单信用证统一惯例》(Uniform Customs and Practice for Documentary Credits,UCP),于 1933 年正式公布,并于 1951 年、1962 年、1974 年、1983 年、1993 年、2007 年进行了六次修改。目前使用的是 2007 年的修订本,称为《国际商会第 600 号出版物》(International Chamber of Commerce Publication No. 600),即 UCP600,于 2007 年 7 月 1 日起正式实施。

提醒您

汇付、跟单托收和跟单信用证的区别

项　目	汇　付	跟单托收	跟单信用证
1. 信用性质	商业信用	商业信用	银行信用
2. 顺逆汇	顺汇	逆汇	逆汇
3. 使用的汇票	信汇和电汇不使用汇票，票汇多使用即期银行汇票	一般使用出口人开出的以进口人为受票人的商业汇票	一般使用出口人开出的以开证行(付款行)为受票人的商业汇票
4. 卖方收款风险	如为交货后付款，风险较大；如为预付款，风险较小	风险较大，D/A 风险大于 D/P	风险较小
5. 银行手续费	较少	一般	较高

四、银行保证函

在国际贸易业务中，银行保证函(Letter of Guarantee or Bank Guarantee，L/G)是银行代替进口方或出口方向对方开立的以对方为受益人的保证承担付款、签订合同和履行合同的书面文件。具体可分为进口银行保证函和出口银行保证函。

进口银行保证函是指银行应进口方(委托人)的请求开给出口方(受益人)的保证函。在函中规定，出口方按有关合同交货和交来规定的单据时，如果进口方未能付款或未能及时付款，由银行保证付款。进口银行保证函又可分为成套设备进口保证函、补偿贸易进口保证函、加工装配业务保证函等。

出口银行保证函是指银行应出口方(委托人)的请求开给进口方(受益人)的保证函。在函中规定，银行保证出口方成交或投标后一定签约或履约，如果出口方未能签约或履约，银行保证支付给进口方一定金额。对于签约后进口方预付给出口方的定金或贷款，若出口方未能履约交货，银行保证将预付金额的本息如数退还进口方。出口银行保证函可分为投标保证函、履约保证函、退款保证函等。

在有些国家(如美国、日本等)禁止银行开具银行保证书的情况下，银行一般会开备用信用证。

小资料

银行保证函与信用证的区别

银行保证函与信用证都是银行根据委托人的请求而授予受益人的银行信用，但两者是有区别的：

(1)信用证是开证行向受益人承担首先付款的责任；保证函则是在委托人未按照保证函内所规定的条款办理时，保证行才负责付款。所以，信用证的开证行负第一性的付款责任，而保证函的保证行负第二性的付款责任。

(2)信用证是以装运单据与货款支付为依据的;保证函则往往是以合同或某些条件未履行为前提的,它所行使的职能远远超过信用证,在保证函项下不一定有货物,也不一定有款项的支付。

五、国际保理

随着国际贸易的不断发展,国际市场竞争日趋激烈,买方市场日益明显。在国际结算方面,使用信用证的比例逐年下降,代之以非信用证方式的比例逐年上升。我国的出口商为了提升其产品在国际市场上的竞争力,不断开拓国际市场,就要适应这一国际结算变化的趋势,采用优惠灵活的非信用证结算方式,如托收中的承兑交单(D/A)和记账赊销(O/A)等。这些方式对于进口商而言,不占压资金,能增强进口商在当地市场的竞争力。而对出口商来讲,却要承担资金占压,甚至无法收回货款的风险。在这种情况下,出口商可以采用一种既能安全收汇又能给予进口商方便的、新型的具有出口竞争优势的国际结算方式——国际保理(International Factoring)。

国际保理又称承购应收账款业务,是指在使用托收、赊销等非信用证方式结算货款时,保理商(Factor)向出口商提供包括对进口商资信调查、坏账担保、货款催收、销售分类账管理以及贸易融资等方面的综合性金融服务。简而言之,国际保理业务提供的是一种集结算、风险担保、财务管理和融资为一体的综合性现代金融服务。

(一)国际保理的当事人

国际保理的当事人如下:

(1)出口商:对所提供的货物或劳务出具发票,其应收账款由出口保理商做保理的当事人。

(2)进口商:对提供货物或劳务所产生的应收账款负有付款责任的当事人,通常是货物或劳务的购买者。

(3)出口保理商:在出口保理合同下对出口商的应收账款负责,并就进口商的履约行为对进口保理商负责的当事人。

(4)进口保理商:有责任向进口商催收由出口商出具发票表示的转让给出口保理商的应收账款,进口保理商对转让给它的并已承担信用风险的应收账款必须付款。

(二)国际保理的业务流程

国际保理的收付程序如图4—1—4所示。

(三)国际保理业务的选择

国际保理业务可对出口商提供综合性的金融服务,有利于出口商的资金周转,扩大出口。因此,出口商在下列情况下可酌情选择国际保理业务:

(1)出口商对进口国的有关法规、外汇管制、关税政策等缺乏了解,在出口交易中遇到实际困难。

(2)希望扩大出口,同时又希望尽量减少收汇风险。

(3)采用托收或赊销等非信用证方式,可能发生逾期或拖欠货款的情况。

(4)遇有良好出口机会,但进口商不愿开立信用证。

(5)出口商有融资要求。

(6)对进口商资信情况及清偿能力存在顾虑,希望解除账面管理和应收账款烦恼,以避免

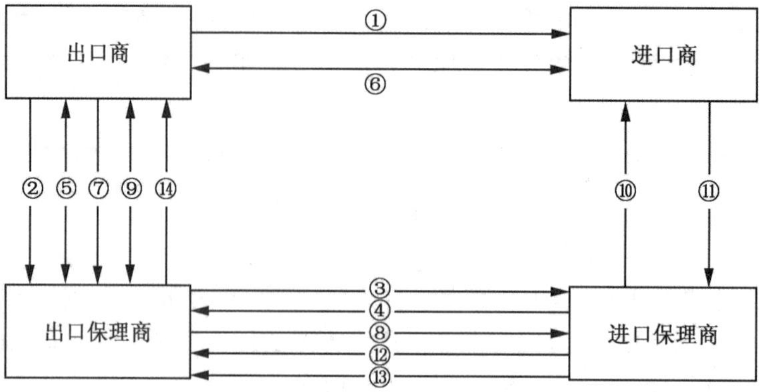

说明:

①出口商寻找有合作前途的进口商。

②出口商在决定以托收或赊销方式成交前,先与出口保理商联系,把买卖合同内容和进口商的名称地址告诉出口(本国的)保理商,向其提出出口保理业务申请,填写出口保理业务申请书(又称信用额度申请书),用于为进口商核准信用额度。

③出口保理商选择一家进口保理商,通过由国际保理商联合会开发的保理电子数据交换系统将有关情况通知进口保理商,请其评估进口商信用。

④如进口商信用良好,进口保理商将为其核准信用额度。

⑤出口保理商将被核准的进口商的信用额度以及自己的报价通知出口商,出口商接受出口保理商的报价,并与其签订出口保理协议。

⑥出口商在保理协议规定的额度内与进口商签订买卖合同,并按合同规定发货后,将附有转让条款的正式发票及有关商业单据寄送进口商。

⑦出口商将发票副本及有关商业单据副本交出口保理商,并提交债权转让通知书。

⑧出口保理商通知进口保理商有关发票详情。

⑨如出口商有融资需求,出口商提交出口保理融资申请书,出口保理商按照出口保理协议付给出口商不超过发票金额 80%的融资款。

⑩进口保理商于发票到期日前若干天开始向进口商催收。

⑪进口商于发票到期日向进口保理商付款。

⑫进口保理商将款项付给出口保理商。

⑬如果进口商在发票到期日 90 天后仍未付款,进口保理商做担保付款。

⑭出口保理商扣除融资本息(如有)及费用,将余额付给出口商。

图 4—1—4 国际保理的收付程序

坏账损失。

(四)使用国际保理业务时的注意事项

使用国际保理业务时,出口商应注意以下两点:

(1)保理公司只承担信用额度内的风险担保,因此,贸易合同金额不应超出保理商建议的信用额度。

(2)因货物质量、数量和交货期不符合合同规定等违约行为所引起的拒付、少付,保理商不予担保,因此,出口商要严格执行买卖合同,以避免合同纠纷而失去保理权利。

小资料

国际保理对出口商和进口商的益处

益　处	对出口商	对进口商
增加营业额	为新的或现有的客户提供更有竞争力的O/A、D/A付款条件，以拓展海外市场，增加营业额	利用O/A、D/A优惠付款条件，以有限的资本，购进更多货物，加快资金流动，扩大营业额
风险保障	进口商的信用风险转由保理商承担，出口商可以得到100%的收汇保障	纯因公司的信誉和良好的财务表现而获得进口商的信贷，无需抵押
节约成本	资信调查、账务管理和账款追收都由保理商负责，减轻业务负担，节约管理成本	省却了开立信用证和处理繁杂文件的费用
简化手续	免除了一般信用证交易的烦琐手续	在批准信用额度后，购买手续简化，进货快捷
扩大利润	由于出口额扩大，降低了管理成本，排除了信用风险和坏账损失，利润随之增加	由于加快了资金和货物的流动，生意更发达，从而增加了利润

六、结算方式的选择

结算方式的选择直接关系到双方的切身利益，结算方式也是买卖双方交易磋商的重要内容。不同的结算方式，双方承担的风险、涉及的信用有着明显的区别，因此需要慎重对待。为保证安全、迅速收取外汇，加速资金周转，促进贸易的发展，进出口双方可以选择对自己有利的支付方式。选择支付方式时一般要考虑对方信用、货物销路、贸易方式以及运输状况等，以取得最佳效果。在比较不同结算方式利弊的诸多因素中，安全是第一重要问题，其次是占用资金时间的长短，至于办理手续费的繁简、银行费用的多少也应给予适当的注意。国际贸易常用的结算方式的比较如表4—1—3所示。

表4—1—3　　国际贸易常用结算方式的比较

结算方式	手续繁简	银行收费	资金负担	买方风险	卖方风险
款到发货(汇付，前T/T)	简单	最小	不平衡	最大	最小
货到付款(汇付，后T/T)	简单	最小	不平衡	最小	最大
付款交单(托收，D/P)	稍多	稍大	不平衡	较小	较大
承兑交单(托收，D/A)	稍多	稍大	不平衡	极小	极大
信用证(L/C)	最繁	最大	较平衡	较大	较小

七、支付条款的订立

支付条款(Terms of Payment)主要包括付款时间、地点、金额、方法、条件等。在一般的国际货物买卖合同中，通常只单独使用一种方式。但在特定情况下，也可在同一笔交易中把两种甚至两种以上不同方式结合起来使用。下面列举不同的支付条款实例。

(一)汇付支付条款

(1)买方应不晚于2019年5月5日将全部货款用电汇(信汇或票汇)方式预付给卖方。

The Buyer shall pay the total value to the Sellers in advance by T/T(M/T or D/D)not later than May 5,2019.

(2)买方应不迟于10月15日将100%的货款由票汇预付至卖方。

The buyers shall pay 100% of the sales proceeds in advance by Demand Draft to reach the Sellers not later than Oct. 15.

(3)买方同意在本合同签字之日起，1个月内将本合同总金额30%的预付款，以电汇方式交卖方。

30% of the total contract value as advance payment shall be remitted by Buyer to the Seller through telegraphic transfer within one month after signing this contract.

(二)托收支付条款

(1)货物装运后，卖方应将以买方为付款人的汇票连同本合同的各种货运单据，通过卖方银行寄交买方银行转交买方，并托收货款。

After delivery,the Seller shall send through the Seller's bank a draft drawn on the Buyer together with the shipping documents to the Buyer through the Buyer's bank for collection.

(2)买方应凭卖方开具的即期跟单汇票于见票时立即付款，付款后交单。

Upon first presentation the buyers shall pay against documentary draft drawn by the Sellers at sight. The shipping documents are to be delivered against payment only.

(3)买方应凭卖方开具跟单汇票，于提单日(出票)后××天付款，付款后交单。

The Buyers shall pay against documentary draft drawn by the Sellers at... days after date of B/L(draft). The shipping documents are to be delivered against payment only.

(三)信用证支付条款

(1)买方应通过为卖方所接受的银行于装运月份前××天开立并送达卖方不可撤销即期信用证，有效至装运月份后第15天在中国议付。

The Buyers shall open through a bank acceptable to the Sellers an Irrevocable Sight Letter of Credit to reach the Sellers... days before the month of shipment,valid for negotiation in China until the 15th day after the month of shipment.

(2)买方应通过为卖方所接受的银行于装运月份前××天开立并送达卖方不可撤销见票后30天付款的信用证，有效至装运月份后第15天在上海议付。

The Buyer shall open through a bank acceptable to the Sellers an Irrevocable Letter of Credit at 30 days sight to reach the Sellers... days before the month of shipment,valid for negotiation in Shanghai until the 15th day after the month of shipment.

(3)买方应通过为卖方所接受的银行于第一批装运月份前××天开立并送达卖方不可撤销的即期循环信用证，该证在20××年期间，每月自动可供××(金额)，并保持有效至20××

年1月15日在北京议付。

The Buyers shall open through a bank acceptable to the Sellers an Irrevocable Revolving Letter of Credit at sight to reach the Sellers... days before the month of first shipment. The Credit shall be automatically available during the period of 20××. for...(value) per month, and remain validity for negotiation in Beijing until Jan 15,20××.

(四)汇付与信用证相结合

汇付与信用证结合是指部分货款采用信用证支付,余额用汇款方式结算。例如,对于矿砂等初级产品的交易,双方约定,用信用证方式凭装运单据先付发票金额的若干成,余额待货到目的地后或再经检验合格后用汇款方式支付。

(五)信用证与托收相结合

信用证与托收结合是指部分货款采用信用证支付,余额用托收方式结算。一般做法是:出口方开具两张汇票,属于信用证部分货款凭光票付款,而全套装运单据附在托收的汇票之下,按即期或远期托收。但要明确信用证的种类和支付金额以及托收方式的种类等。例如,"货款××%应开立不可撤销即期信用证,其余××%见票即付或见票后××天付款交单。全套装运单据随附于托收项下,在发票金额全数付清后方予交单。如××%托收金额未被交付时,开证行应掌握单据,由卖方处理"。(××% of the goods value by Irrevocable Sight Letter of Credit and remaining ××% on collection basis D/P at sight or after ×× days sight, the full set of shipping documents are to be accompany the collection items. All the documents are to be delivered to Buyers until full payment of the invoice value. In case of non-payment of the ××% in collection item, the documents should be held by the issuing bank at the entire disposal of the Sellers.)

(六)汇付与银行保证函相结合

一些成套设备和大型产品,如船舶、飞机等业务由于成交金额大、生产周期长,买方可以根据制造、交货的过程,按进度分期付款。在这种情况下,一般采用汇付与银行保证函相结合的方式。在我国进口业务中,购买机器设备,国外出口方往往要求我国以汇付(一般是信汇)方式预付全部价款的5%~10%,其余金额由我方银行出具保证函再分期付款或延期付款。

子任务3 落实信用证

信用证付款是国际贸易中普遍采用的一种主要支付方式。在采用信用证支付方式下,信用证是卖方结算货款的重要文件,是开证行对受益人的付款承诺。买方必须按合同规定及时办理开立信用证的手续,而且所开信用证的内容应与合同相符或者虽有不符,但其不符内容能为卖方接受。因此,对于规定以信用证方式付款的合同,催证、审证、改证就成为履行这类出口合同的重要环节。

一、催证

信用证条件下,按时开证是买方应尽的义务。但在实际业务中,遇到市场变化或资金发生短缺时,国外买方可能会拖延开证。对此,我们应当结合备货情况及时催证,必要时可请我驻外机构或有关银行协助代为催证。在催证函中向其表示如不及时开证,将被视为撕毁合同,我方有权要求赔偿,以维护合同的严肃性。

在正常情况下,买方信用证最少应在货物装运期前15天开到卖方手中。为使出口合同顺利履行，在下列情况下，应及时催促买方开立信用证：

(1)合同规定装运期限较长(如3个月)，同时规定买方应在装运期前一定期限(如15天)内开证，出口商应在通知进口商预期装运期时，同时催促对方按约定时间开证。

(2)结合船期情况或有可能提前装运时，也可与进口商商议要求提前开证。

(3)买方未在销售合同规定的期限内开立信用证，卖方有权利向买方要求损害赔偿，并在此之前，仍可催促进口商开证。

(4)开证期限未到，但发现客户资信不佳，或市场情况有变，也可催促对方开证。

二、审证

国外买方开来的信用证本应与合同一致，但在实际业务中，由于种种原因，如工作的疏忽、电文传递的错误、贸易习惯的不同、买方有意利用开证的主动权加列对其有利的条款等，往往会出现信用证条款与合同规定不符的情况，对此我们应当依据合同核对与审查。

审证的基本原则是信用证条款规定比合同条款严格时，应当提出修改；而当信用证的规定比合同条款宽松时，往往可不要求修改。但在实际业务中，经常以我方能够做到又不影响收取外汇为准则，决定是否修改信用证。

在实际业务中，银行和出口单位应共同承担审证任务。

(一)银行审证要点

(1)政策上审核。来证内容应符合我国方针政策，不得有歧视性内容。

(2)对开证行资信及信用证真实性的审查。审查开证行的资信、经营作风等。对来证进行印押审查，如信函开证，核对印鉴是否相符，如果相符，银行在来证上盖有核符戳记；如SWIFT开证，电文尾端有“SAC”或“MAC”表示密押相符。

(3)信用证生效及开证行付款责任的审查。对于不可撤销信用证，证内要载有开证行保证付款的文句。但对信用证加列限制性条款或保留条件的条款，如“领到许可证后方能生效”等字样，应在接到上述生效通知书或信用证详细条款后再履行交货义务。

(二)出口单位审证要点

(1)对开证申请人和受益人的名称及地址要仔细核对。

(2)信用证金额、币种、付款期限规定是否与合同一致。

(3)商品品名、货号、规格、数量规定是否与合同一致。

(4)信用证中的装运条款是否与合同一致。

(5)信用证到期日、到期地点、交单日和最迟装运日期。有效期一般比装运期要晚一段时间(一般为15天左右)，以便出口方能在装运货物后有足够的办理单证时间，又不至于耽误进口方及时提取货物。信用证的到期地点一般应在我国境内。未规定到期日的信用证是无效信用证，不能使用。凡晚于到期日提交的单据，银行有权拒收。

(6)对单据的审核。卖方议付单据通常包括商业发票、保险单、海运提单、装箱单、原产地证明、检验证书以及其他证明文件，要注意单据由谁出具、能否出具，信用证对单据是否有特殊的要求，单据的规定是否与合同条款一致，前后是否有矛盾等。对于必须由第三方或开证申请人签字的单据，一定要求改证。

三、改证

受益人审证后，发现内容与合同和惯例规定不一致，应及时向开证申请人提出。卖方应区分问题的性质，分别同银行、运输、保险、商检等有关部门研究，做出恰当妥善的处理。凡是属于不符合我国对外贸易方针政策，影响合同执行和安全收汇的情况，我们必须要求国外客户通过开证行修改，并坚持在收到银行修改信用证通知书后才能对外发货，以免发生货物装出后而修改通知书未到的情况，造成我方工作上的被动和经济上的损失。

(一)信用证修改的一般程序

(1)受益人向开证申请人提出修改信用证的请求。

(2)开证申请人向开证银行申请修改信用证，提交信用证修改申请书。

(3)开证银行审核同意后，向信用证原通知行发出信用证修改书，修改书一经发出就不可撤销。

(4)通知行收到修改书后，审核修改书的表面真实性后，将修改书转交给受益人。

(5)修改书的通知程序与信用证的通知程序大致相同。修改通知书上应做如下指示："请书面回复我行可否接受本次修改以便答复开证行"。受益人如不接受信用证项下修改，应尽快告知通知银行并将修改书正本退回，以便通知银行将受益人意见及时转告开证银行。

(6)受益人同意接受信用证修改后，则信用证项下修改正式生效；如受益人拒绝接受信用证修改，将修改通知书退回通知银行，并附上表示拒绝接受修改的文件，则此项修改不能成立，视为无效。受益人对修改拒绝或接受的表态，可延期至交单时。

(二)在改证中应注意的问题

(1)一份信用证如需要修改，应集中一次通知开证申请人办理，避免一改再改，既增加双方费用又浪费时间，而且还会造成不良影响。修改信用证的要求一般应通过电讯通知开证人，同时最好规定一个修改书的到达时限。

(2)对收到的信用证修改通知书应认真审核，如发现修改内容有误或我方不能同意的，出口企业有权拒绝接受，但应及时表示，以免影响合同的顺利履行。

(3)根据 UCP600 的规定，一份信用证的修改通知书的内容要么全部接受，要么全部拒绝，不能接受其中一部分或拒绝一部分。

(4)信用证修改通知书必须由原通知行转递或通知，如由开证人或开证行直接寄给出口企业的，应提请原证通知行证实。

任务二　出口合同履行——组织装运

在国际贸易中，国际货物买卖是通过货物的交付和价款的支付进行的。对于卖方来说，交付货物是最基本的义务，除此以外，卖方还应移交与货物有关的单据和把货物的所有权转移给买方。

子任务 1　准备货物

一、备货的含义

备货也叫排产，是指进出口公司根据合同和信用证规定，向有关企业或部门采购和准备货物的过程。准备好货物是保证卖方按时、按质、按量履行合同的前提条件，应当引起高度重视。

目前在我国，出口企业有两种情况：一种是生产型企业；另一种是贸易型企业。无论是哪种类型的企业，在备货工作中，都应注意以下问题：

(1)货物的品质规格，应按合同的要求核实，必要时应加工整理，以保证货物的品质规格与合同相一致。

(2)货物的数量,应保证满足合同或信用证对数量的要求,备货的数量应适当留有余地,备作装运时可能发生的调换和适应舱容之用。

(3)货物的包装及运输标志,应认真检查和核实,使之符合信用证的规定,并要做到对保护商品和适应运输的要求。如发现包装不良或破坏,应及时修整或换装,运输标志应按合同的规定式样刷制。

(4)备货时间,应根据信用证的规定,结合船期安排,以利于船货衔接。

(5)卖方交付的信用证必须是任何第三方不能根据工业产权或其他知识产权提出任何权利或请求的。

二、备货的基本要求

(1)货物的品质必须符合合同的规定和法律的要求。

(2)交货数量应符合合同的规定。

(3)货物包装应与合同和法律的要求一致。

(4)按合同规定的时间交货。

子任务2 安排运输

国际货物运输是国际贸易中非常重要的、必不可少的一个环节,涉及什么时候装运、在哪里装运、采用什么运输方式、找谁办理运输、运费怎么付、货物发运后获取什么单据等问题。

一、国际贸易中的主要运输方式

当今国际贸易实践中常见的运输方式很多,可以使用海运、空运、陆路等各种运输方式。但不同的货物种类、不同的国家之间适用的运输方式是不同的。为了合理地选择运输方式,必须对各种运输方式的特点有所了解。

(一)海洋运输

海洋运输(Ocean Transport)是国际货物运输中采用最广的一种运输方式,其运量在国际货物运输总量中占80%以上。这是由于海洋运输具有运载能力大、成本低、不受道路和轨道限制等优点。我国是一个海岸线很长的国家,沿海有许多终年不冻的优良港口。我国主要海港有:大连、秦皇岛、天津、烟台、青岛、连云港、南通、上海、宁波、温州、福州、厦门、黄埔、北海、湛江等。国际海洋货物运输,按照船舶营运方式不同,有班轮运输和租船运输两种。

1. 班轮运输

班轮运输(Liner Transport)是指按照预先规定的航行时间表,在固定的航线和港口往返航行,从事客货运输业务并按事先公布的费率收取运费。班轮运输比较适用于运输小批量的货物。为方便货主安排货物,及时办理订舱手续,班轮公司都备有船期表(Sailing Schedule)印发给货主,有的还在报刊上公布。

(1)班轮运输的特点。

①"四固定",即固定的航行时间表、固定的航线、固定的港口、固定的运费。

②"一负责",即船方负责装、卸,运费内已包括装卸费,班轮公司与托运人双方不计滞期费和速遣费。

③班轮公司和货主双方的权利、义务和责任豁免均以班轮公司签发的提单条款为依据。

(2)班轮运费。

班轮运费(Liner Freight)是班轮公司为运输货物而向货主收取的费用。班轮运费由基本运费和附加费用构成。基本运费是从装运港到目的港的基本费用,它构成班轮费用的主体。

基本运费的计算标准有以下几种:

①按重量计收:又称重量吨,在运价表上用"W"表示,以货物的毛重作为计算运费的单位。

②按体积(容积)计收:又称尺码吨,在运价表上用"M"表示,每一立方米为一尺码吨。

③按货物的价格计收:又称从价运费,在运价表中用"A. V. "或"Ad. Val"表示。即以货物FOB价值的百分之几收费。适用于古玩、精密仪器等高价值物品。

④按重量或体积(容积)从高计收:在运价表上用"W/M"表示,由船公司在重量吨和尺码吨的计费标准中,从高计收。

⑤按货物的重量、体积或价值三者从高计收:在运价表上用"W/M or Ad. Val"表示,由船公司在三种计收标准中选择收费最高的一种计收。

⑥按货物的重量或尺码选择其高者,再加上从价运费计收:在运价表上用"W/M Plus A. V. "表示。即先按货物重量或体积计收,然后另加一定百分比的从价运费。

⑦按货物的件数计收:在运价表上用"per unit"表示。若运输的货物为卡车,则按"每辆"(per unit)计收运费。若运输的货物为活牲畜,则按"每头"(per head)计收运费。

⑧按船货双方临时议定的价格计收:运价标上用"Open"表示。适用于大宗、低值货物,如粮食、煤炭、矿石等。

附加运费是班轮公司由于某些需要特殊处理的货物或情况的变化而另外加收的费用。常见的附加费有:超重附加费、超长附加费、选卸附加费、直航附加费、绕航附加费、转船附加费、港口附加费、燃油附加费等。附加费的计算方法可分为两种:一种是用绝对数表示,即按每运费吨加收若干金额计算;另一种是用百分数表示,即按基本运费的一定百分率计算。

(3)班轮运费的计算。

计算运费的单价或费率称为班轮运价。班轮运价一般是以班轮运价表的形式公布的。运价表一般包括:说明及有关规定、货物分级表、航线费率表、附加费率表、冷藏货及活牲畜费率表等。班轮运价表内对基本费率有两种表示方法:一种是单项费率运价表,把商品列名和费率标明在一起,查到商品即可查到运价;另一种是等级运价表,将承运的商品分为若干等级,一般分为 20 个等级,每一等级有一基本费率。在实际业务中,等级运价表用得最多。

我国的自订运价表和双边运价表基本属于等级运价表。除了开头的"条款及其规定"对运价的计算、收费方法及托运人与承运人双方的责任、义务做了说明和规定之外,还包括以下两大部分:①货物分级表。表内按不同的货物,规定运费的计算标准和等级。货物等级划分为二十级,第一级货物运费标准最低,第二十级货物运费标准最高。②各航线的等级费率表。表内按不同的航线,并根据货物等级规定运费的基本费率。

按照上述运价表计算运价的方法是:先根据商品的英文名称,从货物分级表中,按字母的顺序,查出有关商品是属于哪个等级和按什么标准计算(是按重量计算,还是按体积计算等)。然后,再根据商品的等级和计算标准,从按航线划分的等级费率表中,查出有关商品的基本费率。最后,再加上各项必须计算的附加费,所得的总和就是有关商品的单位运费(每重量吨或每尺码吨的运费)。如果是从价运费,则按规定的百分比乘 FOB 货值计算。

例:以 CFR 温哥华条件出口罐头 24 000 瓶,24 瓶装 1 箱,每箱尺码 0.032 8 立方米,毛重 30 千克,试计算该批货物的运价。计算步骤如下:

①按 Canned Goods 从货物分类表(Classification of Commodities)中查出罐头的运价等级是 8 级,计算标准是 W/M。由于每箱毛重为 0.03 公吨即 0.03 重量吨,每箱体积为 0.032 8 尺码吨,因此该批货物为轻货,即按体积收取运费比按重量收取运费高,按体积计算运价。

②从中国—加拿大航线等级费率表(Scale of Class Rates for China—Canada Service)中查得 8 级货物基本费率为每运费吨 26 美元。

③考虑附加费,假设中国至加拿大航线的燃油附加费为 12%,无其他附加费,则该批货物的总运价为:

1 000 箱×0.032 8 运费吨/箱×26 美元/运费吨(1+12%)=955.14(美元)

2. 租船运输

租船运输(Charter Transport)又称不定船期运输,是指船舶所有人以获取租金为目的,按照一定条件把船舶租给承租人用于运输货物的业务。在国际贸易中,使用租船,有利于减少运费支出、降低经营成本。

(1)租船运输的特点。

①船舶的航行时间、航线和停泊的港口由船舶的所有人和承租人在租船合同中约定。

②运价和租金按船舶市场行市变化而定。货物装卸费和船期延误费在租船合同中做出明确规定。

③以租船合同作为确定双方权利和义务的依据。

④适用于运输大宗低值货物,如粮食、矿砂、煤炭、化肥、水泥等。

(2)租船运输的方式。

在国际海运业务中,租船运输方式分为定程租船、定期租船和光船租船三大类。

①定程租船(Voyage Charter),又称航次租船,是指所租船舶在指定港口之间进行一个或数个航次的租船运输,分为单程租船、来回航次租船、连续航次租船、包运合同。采用这种方式,船方必须按照合同规定的航程完成货物运输任务,并负责船舶的经营管理和船舶在航行中的一切开支。租船的租金或运费是按货物的数量计算的,也有按航次包租总金额计算的。

小资料

定程租船装卸费的规定

(1)船方负担装费和卸费(Gross Terms)。即装卸费用按班轮做法,货物的装卸费用包括在运费内,租船人负担运费,装卸费用由船方支付。在这种条件下,双方的费用划分以船的吊钩为界。多用于木材和包装货物的运输。

(2)船方管装不管卸(Free Out,F. O)。船方负责装货及费用,但不负责卸货及费用。

(3)船方管卸不管装(Free In,F. I)。船方负责卸货及费用,但不负责装货及费用。

(4)船方不管装不管卸(Free In and Out,F. I. O)。船方既不负担装货费用也不负担卸货费用。这种条件一般适用于散装货。

(5)船方不管装卸费用及平舱、理舱费用(Free In and Out,Stowed and Trimmed,F. I. O. S. T)。船方不负担装货费、卸货费、平舱费和理舱费四项费用。

采用定程租船还要规定装卸期限和装卸率,用以计算滞期费和速遣费。

②定期租船(Time Charter),又称期租船,是指按一定期限租用整只船,不限航次,租期可按月、年计算。承租人可将租赁的船舶作为班轮或定程租船使用,并由其调度船舶,负责船员工资及船舶给养、维护、修理。租船的租金一般是按每月每吨若干金额计算。

③光船租船(Bare Boat Charter),是指船舶所有人将船舶出租给承租人使用一个时期,但是所提供的船舶没有配备船员并且由承租人自己负责船舶管理所需的一些费用。由于这种租船方式复杂,因此在国际贸易中很少使用。

(二)铁路运输

铁路运输(Rail Transport)是指利用铁路运输国际贸易货物的一种方式。铁路运输具有运载量大、速度快、成本低、连续性强、手续简单、风险小等特点和优势,它是国际贸易中仅次于海洋运输的一种主要运输方式。铁路运输可分为国际铁路联运和国内铁路运输两种。

1. 国际铁路联运

国际铁路联运是指两个或两个以上不同国家铁路当局按照协议,利用各自的铁路,联合完成一票货物的全程运输的方式。凡是采用国际铁路联运的进出口货物,从发货国家的始发站到收货国家的终点站,只要在始发站办妥托运手续,使用一份统一的国际联运单据,即可由铁路部门全权负责经过两国或两国以上铁路的全程运输。发货人和收货人不参与货物在不同国家间的交接。

2. 国内铁路运输

国内铁路运输是指进出口货物经铁路在口岸和内地之间的集散。

铁路把欧亚大陆连成一片,从而为发展我国与其他亚洲国家、欧洲各国之间的经济贸易关系提供了十分有利的条件。我国与朝鲜、蒙古、越南等国的进出口货物,绝大部分是通过铁路来运输的。1980 年,我国成功地试办了通过西伯利亚大陆桥实行集装箱国际铁路联运,货运里程比海运可缩短 1/3 或 1/2。1992 年,东起我国连云港,途经陇海、兰新、北疆铁路进入独联体直达荷兰鹿特丹的新亚欧大陆运输的正式营运,更进一步加快了货运速度,节省了运杂费用,促进了我国对外贸易的发展。

小链接

中欧班列

中欧班列(China Railway Express,缩写 CR Express)是由中国铁路总公司组织,按照固定车次、线路、班期和全程运行时刻开行,运行于中国与欧洲以及“一带一路”沿线国家间的集装箱等铁路国际联运列车,是深化我国与沿线国家经贸合作的重要载体和推进“一带一路”建设的重要抓手。中欧班列通道不仅连通欧洲及沿线国家,也连通东亚、东南亚及其他地区;不仅是铁路通道,也是多式联运走廊。

中欧班列自 2011 年 3 月 19 日开始运行,首列中欧班列由重庆开往德国杜伊斯堡,当时称作“渝新欧”国际铁路。2016 年 6 月 8 日,中国铁路正式启用“中欧班列”品牌,按照“六统一”(统一品牌标志、统一运输组织、统一全程价格、统一服务标准、统一经营团队、统一协调平台)的机制运行,集合各地力量,增强市场竞争力。

目前,中欧班列铺划了西、中、东三条通道:

——西通道。一是由新疆阿拉山口(霍尔果斯)口岸出境,经哈萨克斯坦与俄罗斯西伯利亚铁路相连,途经白俄罗斯、波兰、德国等,通达欧洲其他各国。二是由阿拉山口(霍尔果斯)口岸出境,经哈萨克斯坦、土库曼斯坦、伊朗、土耳其等国,通达欧洲各国;或经哈萨克斯坦跨里海,进入阿塞拜疆、格鲁吉亚、保加利亚等国,通达欧洲各国。三是由吐尔尕特(伊尔克什坦)口岸出境,与规划中的中吉乌铁路等连接,通向吉尔吉斯斯坦、乌兹别克斯坦、土库曼斯坦、伊朗、土耳其等国,通达欧洲各国。

——中通道。由内蒙古二连浩特口岸出境,途经蒙古国与俄罗斯西伯利亚铁路相连,通达欧洲各国。

——东通道。由内蒙古满洲里(黑龙江绥芬河)口岸出境,接入俄罗斯西伯利亚铁路,通达欧洲各国。

中欧班列运行线分为中欧班列直达线和中欧班列中转线。中欧班列直达线是指内陆主要货源地节点、沿海重要港口节点与国外城市之间开行的点对点班列线;中欧班列中转线是指经主要铁路枢纽节点集结本地区及其他城市零散货源开行的班列线。

截至2019年6月底中欧班列累计开行近1.7万列,连通中国62个城市和境外16个国家的53个城市,铺行路线达68条。中欧班列以其安全快捷、绿色环保、受自然环境影响小的优势,成为国际物流中陆路运输的重要方式,也成为"丝绸之路经济带"发展战略的重要组成部分。除了中欧班列,还有中亚班列、中俄班列等国际铁路集装箱运输。截至2020年2月19日,铁路国际联运进出口货运量完成867万吨,同比增长8.1%,其中,中欧班列累计完成8.3万标箱,同比增长1.5%。

(三)航空运输

航空运输(Air Transport)是指利用飞机通过空中飞行在航空港之间运送货物的运输方式。航空运输具有速度快、成本较高、交货迅速、安全准确、货损率低、不受地面条件限制等优点。它适宜运送易腐商品、鲜活商品、急需物资和贵重物品。

1. 航空货运的方式

航空货运的方式有:班机运输、包机运输、集中托运和航空急件传送。

(1)班机运输(Airline Transport)有固定航线和停靠航站,又能定期开航,能安全、迅速并准时地到达世界各通航地点,使收货人能掌握货物起运和到达的时间和地点,有利于商品投入市场,因此最受货主的欢迎。一般航空公司都使用客货混合型飞机。一些较大的航空公司也在某些航线上开辟有全货机航班运输。

(2)包机运输(Chartered Carrier Transport)有整包和分包两种。整架包机适用于运输大宗货物。部分包机适用于一吨以上不足整机的货物运输,运费较班机低,但运送时间较班机长。

(3)集中托运(Consolidation Transport)是指航空货运代理机构把若干批单独发送的货物组成一整批向航空公司集中托运,填写一份总运单发运到同一目的站,由航空货运代理机构委托目的站所在地代理人负责收货,并将货物分拨给各个实际收货人。这种托运方式可争取较低的运价,在航空运输中使用较为普遍。

(4)航空急件传送(Air Express Service)是一种最快捷的运输方式。它是由一个专门经营此项业务的机构与航空公司密切合作，设专人用最快速度在发货人、机场和收货人之间传送急件，特别适用于急需的药品、医疗器械、贵重物品、图纸资料、货样及单证等的传送，被称为“桌到桌”运输（Desk to Desk Express Service）。

2. 航空运输的运价和运费

航空运费一般按照 W/M 方式计算，即货物实际重量（千克）与体积重量二者从高计收。

航空运费＝运价×计费重量

航空运价有几种情况：

(1)特种货物运价（Special Cargo Rate）：特定货物在特定航线上享有的特别优惠的运价。特定运价规定有起码重量（100 千克），达不到则不能按此价计算。

(2)等级货物运价（Class Cargo Rate）：仅适用于少数货物。通常在一般货物运价基础上增加或减少一定的百分比计收，其起码重量为 5 千克。

(3)一般货物运价（General Cargo Rate）：货物的种类既不适用特种货物运价也不适用等级货物运价，必须按一般货物运价计收。以 45 千克为划分点，45 千克以上比 45 千克以下的运价低。换言之，重量越大其运价越低。

(4)航空附加费。航空附加费主要有声明价值费（Valuation Charges）、制单费、货到付款附加费、提货费。

计费重量（Chargeable Weight）是据以计算运费的货物的数量。它有重货和轻货之分。凡重量大而体积相对小的货物用实际重量作为计费重量。货物体积大而重量相对小的称为轻泡货物，用体积重量作为计费重量。国际航空货物运输组织规定在计算体积重量时，以 6 000 立方厘米折合为 1 千克。

（四）集装箱运输

集装箱运输（Container Transport）是以集装箱作为运输单位开展货物运输的现代运输方式。它可适用于各种运输方式的单独运输和不同运输方式的联合运输。集装箱运输能够快速装卸，并能直接从一个运输工具方便地装卸到另一个运输工具上；减少货损、货差，提高货运质量；简化货运手续，便利货物运输。

1. 集装箱的种类

国际标准化组织（ISO）为统一集装箱的规格，推荐了 3 个系列 13 种规格的集装箱，其中在国际航运上主要使用 20 英尺和 40 英尺两种，即 1A 型 $8'\times8'\times20'$ 和 1C 型 $8'\times8'\times40'$。为便于统计计算集装箱运输的货运量，目前国际上都以 20 英尺集装箱作为计量单位，用 TEU（Twenty-foot Equivalent Unit）表示。在统计不同型号的集装箱时，按集装箱的长度换算成 20 英尺单位（TEU）加以计算。

表 4—2—1　　国际货运常用集装箱规格

箱　型	20 英尺箱	40 英尺平箱	40 英尺高箱
箱重（千克）	2 200	3 700	3 970
最大载重（千克）	21 800	26 780	26 510
门宽（毫米）	2 341	2 341	2 338
门高（毫米）	2 280	2 280	2 585
内长（毫米）	5 905	12 036	12 036

续表

箱　型	20英尺箱	40英尺平箱	40英尺高箱
内宽(毫米)	2 350	2 350	2 350
内高(毫米)	2 392	2 392	2 697
容积(立方米)	33.2	67.7	76.3

2. 集装箱运输的交接

集装箱货物有整箱货和拼箱货之分：

(1)整箱货(Full Container Load，FCL)。整箱货适用于货方有足够的货源装载一个或数个整箱的情况。整箱货由货方在工厂或仓库自行装箱，也可由承运人代为装箱，装箱后加锁、铅封，并打上印记，直接送往集装箱堆场(Container Yard，YD)等待装运。承运人也可在内陆转运站(Inland Depot)接箱。货到目的港(地)后收货人可直接从目的港(地)集装箱堆场提货。

(2)拼箱货(Less than Container Load，LCL)。拼箱货是指货量不足一整箱，由货方将货物运到集装箱货运站(Container Freight Station，CFS)或内陆转运站，再由承运人或其代理人根据货物的性质和所到目的地分类整理，将不同发货人的货物拼装在一个集装箱内，货到目的港(地)后，由承运人拆箱后将货物分拨给各收货人。

集装箱运输货物的交接，可以在起运港和目的港之间进行，即采用"港到港"(Port to Port)方式；也可以在发货人和收货人的工厂和仓库之间进行，即采用"门到门"(Door to Door)方式；还可以在集装箱堆场和集装箱堆场之间(CY to CY)进行。

3. 集装箱运输的海运运费

集装箱运输的海运运费由船舶运费和有关杂费组成，其计收方法基本上有两种：一是按包箱费率即每个集装箱作为一个计费单位(整箱货通常按一个货柜计收运费)计收运费；二是按每运费吨计收运费(拼箱货常用这种方法计收运费)。在实际操作中，提高积载技术，充分利用整箱空间对发货人十分重要。

(五)国际多式联运和大陆桥运输

1. 国际多式联运

国际多式联运(International Multi-model Transport)是一种利用集装箱进行联运的新式运输组织方式，是指按照多式联运合同，以至少两种不同的运输方式，由多式联运经营人将货物从一国境内接收货物的地点运往另一国境内指定交付货物的地点的运输方式。

国际多式联运的特点：

(1)具有一份多式联运合同。该运输合同是多式联运经营人与托运人之间权利、义务、责任与豁免的合同关系和运输性质的确定，也是区别多式联运与一般货物运输方式的主要依据。

(2)使用一份全程多式联运单证。该单证应满足不同运输方式的需要，并按单一运费率计收全程运费。

(3)至少两种不同运输方式的连续运输。

(4)必须是国际货物运输。这不仅是区别于国内货物运输，主要是涉及国际运输法规的适用问题。

由此可见，国际多式联运的主要特点是，由多式联运经营人对托运人签订一份运输合同，统一组织全程运输，实行运输全程一次托运、一单到底、一次收费、统一理赔和全程负责。它是一种以方便托运人和货主为目的的、先进的货物运输组织形式，有着诸多优点，是今后国际运输发展的方向。

开展国际多式联运是实现“门到门”运输的有效途径，它简化了手续，减少了中间环节，加快了运输速度，降低了运输成本，并提高了货运质量。目前，我国已开办的多式运输路线可到达欧、美、非洲的港口或内地城市，形式也多种多样。

2. 大陆桥运输

大陆桥运输（Land-bridge Transport）是指以横贯大陆的铁路或公路运输系统作为中间桥梁，把大陆两端海洋运输连接起来的连贯运输方式。它是以集装箱运输为媒介的特殊的国际多式联运方式，是海—陆—海的连贯运输形式。大陆桥运输具有运输里程短、运输成本低、货物运输快的特点。

目前世界上主要有三条大陆桥：北美大陆桥，是从日本港口海运至太平洋沿岸港口卸货，再用铁路从美、加西部港口运送至美、加东部大西洋沿岸港口，再由海运至欧洲各地；西伯利亚大陆桥，是以俄罗斯西伯利亚铁路作为桥梁，把远东地区与波罗的海、黑海沿岸以及西欧大西洋口岸连接起来；新欧亚大陆桥，东起我国的连云港，西至荷兰的鹿特丹，全长10 800千米，比原有的穿过西伯利亚北部的主干铁路缩短了3 000千米。

（六）公路、内河、邮政和管道运输

1. 公路运输

公路运输（Road Transport）是一种现代化的运输方式，具有机动灵活、快速方便等特点，可以实现“门到门”的运输；但是成本较高，载货量有限。我国同尼泊尔、缅甸等许多周边国家有公路相通，同这些国家的货物运输可以采用这种方式。

2. 内河运输

内河运输（Inland Waterway Transport）是水上运输的组成部分，是连接内部腹地和沿海地区的纽带，是边疆地区同邻国边境河流的连接线。它具有投资少、运量大、成本低的特点。

3. 邮政运输

邮政运输（Parcel Post Transport）是一种以邮政部门作为承运人的最简单的运输方式。国际邮件可分为函件和包裹两大类。邮政运输对邮件的重量和体积均有限制，因此，它比较适用于体小量轻的货物。

国际上邮政部门之间签订有协定和《万国邮政公约》，对各国协调和改善邮递业务具有积极作用。

国际邮政运输具有广泛的国际性，而且通常需要经过两个或两个以上国家的邮政局和两种或两种以上不同的运输方式的联合作业才能完成，而寄件人只要向邮局办理一次托运手续，一次付清邮资并取得邮包收据（Parcel Post Receipt）作为邮局收到邮包的凭证（收据）和邮包灭失或损坏时凭以向邮局索赔的依据，其余事宜概由各有关邮局负责办理。等邮件运抵目的地，收件人即可凭当地邮局到件通知和身份证明提取邮件。所以，国际邮政运输实属国际多式联运性质。而各国邮局遍布各地，寄件人一般可在当地就近邮局投寄邮件，邮件到达目的地后，收件人一般也在当地就近邮局提取。因此，邮政运输也是一种“门到门”运输。

近年来，特快专递业迅速发展。目前在我国从事国际快递业务的公司主要有敦豪国际快件公司（DHL）、联合包裹运输公司（UPS）等。国际特快专递（EMS）是我国邮政部门办理的特快专递业务。

4. 管道运输

管道运输(Pipeline Transport)是一种特殊的运输方式,主要适用于运送石油、天然气等货物。它具有运输速度快、流量大、运费低廉等特点。我国向朝鲜出口石油主要是通过管道运输。

二、运输单据

运输单据是承运人收到承运货物后签发给出口商的证明文件,具体反映了同货物运输有关的各种关系人(如发货人、承运人、收货人等)的责任和权益。运输单据是交接货物、处理索赔与理赔以及向银行结算货款或议付的重要单据。

根据运输方式分类,运输单据主要包括海运提单、海运单、航空运单、国际铁路运单、邮政收据以及国际多式联运单据等。

(一)海运提单

海运提单(Ocean Bill of Lading,B/L),简称提单,是船方或其代理人签发的,证明已收到货物,允诺将货物运至目的地,并交付给收货人的书面凭证。海运提单也是收货人在目的港据以向船公司或其代理提取货物的凭证。

1. 海运提单的性质和作用

(1)货物收据。提单是承运人或其代理人签发的货物收据(Receipt for the Goods),它证明承运人已收到提单上所列货物。

(2)货物所有权的凭证。提单是货物所有权的凭证(Document of Title),提单的合法持有人可以凭提单提货,也可以用作抵押,还可以转让给他人。

(3)运输合同的证明。提单是承运人与托运人之间订立的运输合同的证明(Evidence of the Contract of Carrier)。提单本身不是运输合同,但是海运提单一般载有运输契约中应具备的各项重要条件和条款,承运人和托运人双方按提单上所载明的条款行使其权利和义务。

2. 海运提单的种类

(1)根据货物是否装船,可分为"已装船提单"和"备运提单"。

"已装船提单"(On Board B/L)是指轮船公司已经将货物装上指定船舶后所签发的提单,这种提单以文字表明货物已经装在船上。

"备运提单"(Received for Shipment B/L)是指船公司已经收到了托运货物在等待装运期间签发的提单,此种提单签发时货物尚未装船。

(2)根据提单上对货物表面状况有无不良批注,可分为"清洁提单"和"不清洁提单"。

"清洁提单"(Clean B/L)是指货物在装船时"表面状况良好",船公司在提单上未加任何有关货物受损或包装不良等批注的提单。

"不清洁提单"(Unclean B/L)是指船公司在提单上加注货物表面状况或包装不良等批注的提单。

(3)根据收货人抬头不同,可分为"记名提单""不记名提单"和"指示提单"。

"记名提单"(Straight B/L)是指在提单的收货人栏填写收货人名称的提单。这种提单不能转让,只能由提单上指定的收货人提货。记名提单失去了转让流通的便利,所以进出口贸易中较少采用,一般只有在价值贵重或特殊货物交易时使用。

"不记名提单"(Bearer B/L)是指收货人栏内不写明具体收货人的名称,只填写"货交提单持有人"(to Bearer,to Holder),或不填写任何内容的提单。不记名提单的特点是:谁持有提单,谁就可以提货;提单无须背书就可以实现转让;一旦提单遗失或被盗,货物就容易被人提走。这种提单在国际贸易中很少用。

“指示提单”(Order B/L)是指在提单的收货人栏内填上“凭指定”或“凭某某人指定”的提单。这种提单可以通过指示人的背书而转让给他人,故在进出口贸易中使用最广。

指示提单的收货人栏通常有以下几种填法:

①To Order,即“凭指定”和“To Order of Shipper”,即与“凭发货人指定”含义相同。这种提单只有经过发货人背书才能转让。

②To Order of Applicant,即“凭开证申请人指定”。这种填法的提单必须经开证申请人背书后才能转让。

③To Order of Issuing Bank,即“凭开证行指定”。这种填法的提单必须经开证行背书后才能转让。

指示提单通过背书可以转让,背书的方法有“空白背书”和“记名背书”两种。

①空白背书:仅由背书人在提单背面签字而不需要注明受让人名称的背书。经空白背书的提单再行转让时,仅凭交付即可转让,而不必再行背书。

②记名背书:背书人除在提单背面签字外,还要列明受让人名称的背书。经记名背书的提单再行转让时,必须再次背书。

在实际业务中,使用最多的是“凭指示”并经“空白背书”的提单。

(4)根据运输方式,可分为“直达提单”“转船提单”和“联运提单”。

“直达提单”(Direct B/L)是指从装运港装船后直接运抵目的港的提单,提单上不得出现“在某地转船”字样。

“转船提单”(Transshipment B/L)是指货物在装运港装船后,需要在中途一次或几次换装其他船舶运往目的港而签发的提单,提单上载有“在××港转船”等字样。

“联运提单”(Through B/L)又称全程提单,是指海运不能直达而需要在中途换装其他种类运输工具运往目的地,由第一程承运人或其代理人所签发的包括全程并能凭以在目的港提货的提单。必须注意:①第一程是海运;②转运手续由承运人办理;③联运提单往往用于海—陆或海—空等联合运输中,由第一程承运人收取全程运费,货到转运港后,由第一程承运人或其代理人负责将货物交给下一运程的承运人或其代理人;④各承运人只对自己运输的一段运程负责,联运提单的签发人只对第一程运输负责;⑤联运提单包括转船提单,但转船提单不包括联运提单。

(5)根据船舶营运方式,可分为“班轮提单”和“租船提单”。

“班轮提单”(Liner B/L)是指由班轮公司承运货物后签发给托运人的提单。

“租船提单”(Charter Party B/L)是指承运人根据租船合同而签发的提单。

(6)根据提单使用效力,可分为“正本提单”和“副本提单”。

“正本提单”(Original B/L)是指提单上有承运人、船长或其代理人签名盖章并注明签发日期的提单。这种提单在法律上是有效的单据。正本提单上必须要标明“正本”(Original)字样,通常签发一式三份,凭其中的一份提货后,其余两份自动作废。为防止他人冒领货物,买方与银行通常要求卖方提供船公司签发的全部正本提单,即所谓“全套”(Full Set)提单。

“副本提单”(Copy B/L)是指提单上没有承运人、船长或其代理人签字盖章,而仅供参考之用的提单。副本提单上一般都标明“副本”(Copy)字样或“不可转让”(Non-negotiable)字样。

(7)其他种类提单。

①过期提单(Stale B/L):错过规定的交单日期或晚于货物到达目的港的提单。前者是按《跟单信用证统一惯例》(UCP600)有关条款的规定,因在提单签发日起 21 天后才向银行交单而被银行拒收的提单;后者一般是因航线较短或银行转递单据较慢,以致货物到达目的港时仍未被收货人收到的提单。对于后者,一般均认可。

②倒签提单(Antedated B/L):承运人应托运人的请求签发的其签发日期早于实际装船日期的提单,以便符合信用证对装船日期的规定,从而便于收汇。这种做法实际上是一种违法的行为。

③预借提单(Advanced B/L):又称无货提单,是指信用证规定的装运期和议付期已届满,货物虽已由承运人接管但未能及时装船,由托运人出具保函,要求承运人签发的已装船提单。由于货物可能在装船前遭到损失、灭失或退关的风险,这种做法也不足取。

④电子提单(Electronic B/L):通过电子数据交换系统(Electronic Data Interchange,EDI)传递的有关海上货物运输合同的数据。电子提单采用现代电子通信网络(EDI 技术)传递单据,较传统的文件传递节省了时间和费用。采用电子提单这种提货方式,货物所有人在转让物权时应通知承运人,经承运人确认后由承运人通知被转让人,经被转让人确认后,承运人便销毁前手货物持有人的密码,然后向被转让人发出一个新的密码。

⑤运输代理行提单(House B/L):运输代理人签发的提单,它只是运输代理人收到托运货物的收据,而不是可以转让的物权凭证。因此,银行一般不接受这种提单。除非信用证另有授权,否则银行将只接受运输代理行出具的表面上载有以下两项注明之一的运输单据:作为承运人或多式运输经营人的运输行的名称并由其签署;承运人或多式运输经营人的名称,并由作为承运人或多式运输经营人的具名代理人的运输行签署。

3. 海运提单的内容和缮制要点

每个船舶公司的提单格式都不相同,但基本内容大致相同,分为正面的记载事项和背面印刷的运输条款。

(1)提单正面的内容。

①承运人(Carrier)。应包括承运人的名称与主要营业处所(一般在提单的上端印就)。

②托运人(Shipper)。应打出名称和地址。在实务中,除非信用证规定第三方为托运人,一般以信用证的受益人为托运人,即出口商。

③收货人(Consignee)。根据信用证的规定选择填写方式,一般有三种填法:

a. 凭指示。如信用证要求“Full set of B/L made out to order”,收货人一栏则应填“To Order” 或“To the Order of Shipper”,是指示抬头,由信用证受益人背书后才得转让物权。

b. 记名收货人。如信用证要求“Full set of B/L made out ABC CO. LTD”,收货人一栏则应填“ABC CO. LTD”,是所谓的记名抬头,不能背书转让。

c. 记名指示。如信用证要求“Full set of B/L made out our order”,开证行名称为“New York Bank”,收货人一栏则应填“To order of New York Bank”,“our”在这里指的是开证行。这也是指示抬头,但由信用证开证行背书后才得转让物权。

该栏又称提单抬头,应严格按照信用证规定制作,如以托收方式结算,则一般做指示抬头,即写成“To Order”或“To order of ××× Bank”字样,不可做成以买方为抬头的记名提单或以买方为指示人的提单,以免过早转移货物所有权。

④通知人(Notify Party)。根据信用证或托收合同规定填制,如果信用证没有规定,正本提单可不列通知人,但副本上必须列明客户名称和地址,以便船公司通知收货人接货。

⑤装货港(Port of Loading)和目的港(Port of Discharge/Destination)。应根据信用证填写,并与其他单据一致。如果转船,应列出转运港,也可填 With Transshipment。如果信用证规定应告知第二程船名或船公司,必须在提单上列明。如果信用证规定装运港为 China Port,则提单应显示实际装船港口,如 Shanghai。

⑥船名和航次(Vessel Name and Voyage No.)。根据配仓单填列。这是发货人向收货发送装船通知的主要内容。

⑦唛头(Shipping Mark)。如果信用证规定有唛头,则提单应照样不变地填制,唛头的各组成部分的位置和形状都不能变;如果信用证未规定唛头,则提单及其他单据上可以打上 N/M(即 No Mark)。

⑧件数(Number of Packages)。提单上的件数必须同时用大写和小写表示,大小写应一致。例如,件数的小写为"80 CTNS",大写为"Say Eighty Cartons only"。

⑨货物名称(Description of Goods)。原则上要严格按信用证规定填写。如果信用证规定的货物名称(描述)很复杂(包括规格、成分等),则提单上可以只写货物总的类别名称,而不必详细列明商品的规格、成分等,但不得与信用证及发票中的货物描述有抵触。

⑩毛重(Gross Weight)和尺码(Measurement)。毛重一般以"千克"计量,尺码一般以"立方米"计量,保留小数点后三位。

⑪运费(Freight & Charges)支付情况。CIF、CIP 价或 CFR、CPT 价应列明"FREIGHT PREPAID"(运费预付);FOB、FCA 价可列为"FREIGHT COLLECT"(运费到付)或"FREIGHT PAYABLE AT DESTINATION"(运费在目的港付)。

⑫正本提单份数(Number of Original B/L)。用文字"THREE"表示。

⑬提单的签发地和签发日期(Place and Date of Issue)。提单日期,除收妥备运提单外,均为装船日期,即货物全部已装上船的日期。提单日期不得迟于信用证规定的最迟装期。提单的签发地点应按装运地点填写。

⑭有关装运的其他条款。有时信用证要求受益人提供航线证明、船籍证明、船龄证明,或者信用证指定运输公司、装运船名、转运港等,如果不能接受,则应及时通知修改信用证。如果能接受,则应照办。

⑮由船长、承运人或承运人的代理人在提单右下方签名盖章。如果信用证要求手签,则不能用手签章代替。

⑯根据信用证规定加注进口许可证号、信用证号码或目的港船代理名称、地址,及其他需要加注的内容。

海运提单正面内容和形式见表 4－2－2。

表 4—2—2　　　　　　　　　　　　　　　海运提单

<table>
<tr><td colspan="2">(1)SHIPPER
NANTONG QIANJIN GARMENT CO. ,LTD
NO. 69 GONGDONG ROAD,NANTONG JIANGSU CHINA</td><td colspan="4" rowspan="2">(8)B/L NO. DH015034
CARRIER:
C O S C O
中国远洋运输(集团)总公司</td></tr>
<tr><td colspan="2">(2)CONSIGNEE
TO ORDER</td></tr>
<tr><td colspan="2">(3)NOTIFY PARTY
SASAKO GARMENT TRADING CORPORATION
3-5-8 ORBURA,MINATO-KU,OSAKA 105-8005,
JAPAN</td><td colspan="4" rowspan="4">**CHINA OCEAN SHIPPING(GROUP)CO.**

ORIGINAL
Combined Transport BILL OF LADING</td></tr>
<tr><td>PLACE OF RECEIPT</td><td>(4)OCEAN VESSEL
SUZHOUHAO</td></tr>
<tr><td>(5)VOYAGE NO.
V. 922</td><td>(6)PORT OF LOADING
SHANGHAI</td></tr>
<tr><td>(7)PORT OF DISCHARGE
OSAKA</td><td>PLACE OF DELIVERY</td></tr>
<tr><td>(9)MARKS &
NOS. CONTAINER /SEAL NO</td><td>(10)NO. OF
PACKAGES</td><td colspan="2">(11)DESCRIPTION
OF GOODS</td><td>(12)GROSS
WEIGHT(Kg)</td><td>(13)MEASUREMENT
(M^3)</td></tr>
<tr><td>SASAKO
CONT/NO. CHJ01-01
CTN/NO. 1-320
MADE IN CHINA</td><td>320 CARTONS

SHIPPER'S LOAD AND COUNT</td><td colspan="2">MAN'S SHIRT</td><td>2 720KGS

FREIGHT PREPAID
CY/CY</td><td>1. 345CBM</td></tr>
<tr><td colspan="6">(14)TOTAL NUMBER OF. CONTAINERS OR PACKAGES(IN WORDS)
SAY THREE HUNDRED AND TWENTY CARTONS ONLY</td></tr>
<tr><td>FREIGHT&CHARGES</td><td>REVENUE TONS</td><td>RATE</td><td>PER</td><td>PREPAID</td><td>COLLECT</td></tr>
<tr><td>PREPAID AT</td><td colspan="2">PAYABLE AT</td><td colspan="3" rowspan="2">(16)PLACE AND DATE OF
ISSUE **SHANGHAI ,JUN. 15 2015**</td></tr>
<tr><td>TOTAL PREPAID</td><td colspan="2">(15)NUMBER OF ORIGINAL B(S)L
THREE</td></tr>
<tr><td colspan="3">LOADING ON BOARD THE VESSEL
DATE:　　　　　BY</td><td colspan="3">(17)SIGNED FOR THE
CARRIER

××××</td></tr>
</table>

(2)提单的背面条款。

提单的背面条款即提单背面印就的文字,由船公司自己拟订内容,规定承运人、托运人及提单持有人的责任。各船公司签发的提单,其背面条款规定不一。为了统一提单背面条款,国际上先后签署了三个国际公约,即《海牙规则》《维斯比规则》和《汉堡规则》。但一般以《海牙规则》的内容为依据的居多。

(二)海运单

自从提单问世后,海运中货物权利的转移就一直是通过提单的转让来实现的,提单成为国际海运的唯一凭据。但是在实践中,利用提单在目的港交货也存在不便。比如,按正本提单放货,当货到而提单未到收货地或收货人还未经承兑或付款取得正本时,就会出现因货等提单而引起延迟卸货或码头拥挤现象。另外,由于海运提单是所载货物的物权凭证,取得提单的人就有权支配该货物,如果第三者非法得到提单,就可以取货,因此提单对收货人来说就存在一定的风险。要解决这两个问题,就要在不必使用提单的情况下,尽量使用海运单,使货物一到目的港,就能及时卸交。

海运单(Sea Waybill),是发货人和承运人之间货物运输合同的凭证。海运单是一种物流单证,不是货物的物权凭证,故不得转让。海运单主要有以下三种作用:

(1)承运人收到由其照管的货物的收据证明。

(2)它是承运人与托运人之间订立海上货物运输合同的证明。

(3)在解决经济纠纷时,可作为货物担保的基础。

海运单作为契约证明,应根据承托双方一致同意的条件来签发。但是,如经托运人请求,也可以签发两份或两份以上正本。运输契约的海运单通常只签发一份正本。

海运单流转的程序是:租船公司签发运单给托运人;租船公司在船舶到达卸货港前约一个星期向通知运单上标明的具体收货人发出到货通知;收货人签署完这个到货通知,并退还给船代理;船代理据以签发提货单给收货人;船抵港后,收货人凭提货单提货。

(三)其他运输单据

1. 国际铁路运输单据

通过国际铁路联运的货物,由始发站铁路承运人签发运单,称为国际铁路运输单据(Railway Bill)。它是铁路与货主之间的运输契约的证明,是铁路同货主交接货物、核收运杂费和处理索赔理赔的依据。该运单正本随货物到达终点站并交给收货人。运单副本是卖方凭以向银行结算货款的主要证件之一。

由于收货人向铁路提取货物时,无须提交运单,因此,铁路运单并非物权凭证,也不能通过背书转让或作为抵押品向银行融资。

2. 航空运单

航空运单(Airway Bill,AWB)是承运人与托运人之间签订的运输合同,也是承运人或其代理人签发的货物收据,还可作为承运人核收运费的依据和海关查验放行的基本单据。但航空运单不代表货物所有权,不能转让,也不能凭运单提货。货到目的地后,收货人凭承运人的到货通知和身份证明提取货物。所以,航空运单的收货人必须做成“记名抬头”方式,不能做成“指示抬头”,必须详细填写收货人的名称和地址。一份航空运单正本给出口商办理结汇。

3. 邮政收据

邮政收据(Post Receipt)是邮政部门或国际信使专递公司收到由其负责邮递的信函、样品或包裹等邮件后向寄件人出具的注有寄发日期的货物收据,也是邮件发生灭失或损坏事故后寄件人或收件人向邮政部门索赔的凭证。但是,邮政收据不代表货物所有权,既不能转让,也不能凭收据提货。邮包运输由邮局通知单指定人提货。

4. 国际多式联运单据

国际多式联运单据(Multimodal Transport Document,MTD)是证明多式联运经营人已收到指定货物并负责按合同条款运输货物到目的地的单据。它是货物所有权的凭证,可以凭单据提取货物,也可以凭单据转让、流通或抵押。

提醒您

不同运输单据之间在性质和使用上存在区别,应注意业务中的使用。

(1)海运提单和国际多式联运单据是货物所有权凭证,可以凭单据提取货物,也可以凭单据转让、流通或抵押。

(2)海运单、国际铁路运输单据、航空运单和邮政收据均不是货物所有权凭证,不可以凭单据提取货物，也不可以凭单据转让、流通或抵押。货到目的地后，收货人凭承运人的到货通知和身份证明提取货物。

三、进出口合同中的装运条款

在安排运输过程中，应严格按照贸易合同装运条款的规定。在进出口合同中，运输条款一般须订明货物装运时间、装运港和目的港、能否分批和转运等内容。

（一）装运时间

装运时间是卖方履行交货的时间，是买卖合同的主要条件。它有以下几种规定方法：

1. 明确规定装运时间

例如，2019 年 10 月份装运（Shipment during/in Oct 2019）。

2. 规定在某月某日/某月底以前装运

例如，2019 年 2 月底或以前装运（Shipment by or before the end of Feb 2019；2019 年 9 月 20 日以前装运（Shipment on or before Sept. 20，2019）。

3. 规定跨月装运

例如，2019 年 5/6 月份装运（Shipment during May/June 2019）；2019 年 1/2/3 月份装运（Shipment during Jan/Feb/Mar 2019）。

4. 规定收到信用证后若干天内装运

在这种情况下，应在买卖合同中同时规定信用证的最迟开到日期，并规定买方如果不按合同规定开证，则构成违约，卖方有权提出索赔。

例如，收到信用证后 45 天内装运（Shipment within 45 days after receipt of relevant L/C）。

（二）装运港（地）和目的港（地）

1. 装运港（或发货地）

在 FOB、CFR、CIF 条件下，当卖方按合同规定在装运港将货物装上开往目的港的船舶并提交运输单据，就算完成了交货义务，因此，在采用这类条件的货物买卖合同中通常都应明确规定装运港（Port of Shipment）。而在采用 FCA、CPT、CIP 术语的情况下，由于卖方只需按合同规定在出口国把货物交付给承运人或第一承运人接管，就算完成了交货义务，因此，在买卖合同中应当明确规定发货地（Place of Shipment）。

在出口业务中，一笔交易合同通常只规定一个装运港或发货地，但在货物数量较大而货源又分散在几处的情况下，可以规定几个装运港或发货地，如“青岛和上海”。

如成交时具体装运港或发货地不能确定，也可规定“中国口岸”（China Port）。

2. 目的港（或目的地）

为便于安排运输和买方接货与使用，凡 CIF、CFR 合同，均需规定目的港（Port of Destination）；而在 CIP、CPT 合同中，则需规定目的地（Place of Destination）。

目的港或目的地通常由买方提出，经卖方同意后确定。出口合同中一般规定一个目的港或目的地；有时根据实际业务需要，也可规定两个或两个以上供选定，在发运前由买方确定后通知卖方据以安排运输。

目的港或目的地必须明确具体。一般不宜使用“欧洲主要港口”（European Main Ports，

EMP)、“非洲主要港口”(African Main Ports,AMP)等笼统的规定方法。另外,买卖合同中装运港/目的港后面应明确注明城市名及国家名,以防港口重名。

(三)分批装运和转运

分批装运和转运条款直接关系到买卖双方利益,是合同中装运条款的重要内容。根据《跟单信用证统一惯例》(UCP600)规定,信用证业务中,除非信用证做相反规定,通常视为允许分批装运和转运。但有些国家的合同法规定,如合同对此不做规定,买卖双方事先对此也没有特别约定或习惯做法,则卖方不得分批装运和转运。因此,为了避免纠纷,争取顺利地履行合同,早出口、早收汇,除非买方坚持,原则上应在出口合同中订入“允许分批装运和转运”。

1. 分批装运

分批装运(Partial Shipments)是指一个合同项下的货物分若干批装运。国际货物交易中,买卖双方可根据交货数量、运输条件和市场销售需要等因素在合同中规定分批装运条款。

小链接

国际商会《跟单信用证统一惯例》对分批装运的规定

(1)除非信用证另有规定,否则可准许分批装运。

(2)运输单据表面上注明同一运输工具、同一航次、同一目的地的多次装运,即使其表面上注明不同的装运日及/或不同的装货港、接受监管地或发运地,也将不视为分批装运。

(3)如信用证规定在指定的时期内分期装运,而任何一期未按时装运,除非信用证另有规定,否则信用证对该期及以后各期均告失败。

微型案例

分批装运争议案

某国际贸易公司与欧洲某进口商订立出口某商品500公吨的合同,规定采用信用证支付,允许交货数量可有5%增减。买方银行开来的信用证规定:“分4批装运:1月100公吨,2月150公吨,3月150公吨,4月100公吨,每月内不得分批。”贸易公司审查信用证后认为可以接受,虽于1月、2月分别按信用证要求装运两批货物并顺利收回货款。等到3月装运第三批时,因货源不足,经协商,船公司同意于3月15日由该船先在青岛装货70公吨,接着于3月20日到烟台再装75公吨,然后驶往目的港。贸易公司持分别于青岛和烟台签发的两套提单前去银行议付,议付行议付后将单据交到开证行索偿。开证行认为单证不符,拒绝偿付。理由是:(1)信用证规定每月内不得分批,出口方却在青岛和烟台两地分批装运;(2)3月要求装运150公吨,出口方只装了145公吨,数量不足。

【评析】开证行的拒付是没有道理的。首先,按照《跟单信用证统一惯例》(UCP600)的规定,同一船只、同一航次中的多次装运货物,即使是提单表示不同的装运日期或不同的装货港口,也不作为分批装运。在本案例中,在青岛装完70公吨后同一艘船又在烟台装运了

75公吨，然后145公吨货物同时抵达目的港。因此符合《跟单信用证统一惯例》(UCP600)的规定，不算分批，没有违反有关信用证的规定。

其次，合同中的溢短装条款规定允许交货数量可有5%增减，在3月交货的数量是145公吨，比150公吨只少了5公吨，而150公吨的5%是7.5公吨，在溢短装条款规定的幅度范围之内，因此卖方交货的数量符合合同和有关信用证的规定。

因为卖方提交的单据符合信用证的规定，因此，开证行的拒付理由不充分，应当按照规定支付货款。

2. 转运

转运(Transshipment)是指货物从装运港到目的地的运输途中，由于没有直达船或无合适的船舶运输，而从中途港转船。买卖双方可以在合同中商定"允许转船"的条款。

小链接

国际商会《跟单信用证统一惯例》对转运的规定

(1)如果同一单据包括全程运输，除非信用证条款禁止转运，否则银行接受表明货物将被转运的运输单据。

(2)即使信用证禁止转运，银行也将接受下列单据：

①注明将发生转运。如果同一提单包括全程海运，只要提单证明有关货物是装在集装箱、拖车及/或拉希式载驳船中装运的。

②如果同一份空运单据包括全程运输，注明将发生或可能发生转运的空运单据。

③如果全程运输是用同一种运输方式并由同一运输单据所包括，注明将发生或可能发生转运的公路、铁路或内河运输的运输单据。

总之，《跟单信用证统一惯例》所谓的"禁止转运"，实际上仅是指禁止海运港至港除集装箱之外的货物运输的转运。

(四)滞期、速遣条款

滞期、速遣条款是在采用租船运输大宗进出口货物的情况下，买卖合同中装运条款的组成部分。规定这个条款的目的在于租船人为了使对方按照约定时间定额完成装卸任务。滞期、速遣条款的主要内容包括：

(1)装卸时间。装卸时间是指合同双方约定的完成装卸任务的时间，一般以天数或小时数来表示。

(2)装卸率。装卸率是指每日装卸货物的数量。装卸率的具体确定，应按照港口习惯的正常装卸速度做出规定。

(3)滞期费和速遣费。滞期费是指实际装卸时间超过许可装卸时间，租船人支付给船东一定的补偿金。速遣费是指实际装卸时间少于许可装卸时间，船东因节省船舶在港费用和时间而支付给租船人一定金额的奖励。滞期费和速遣费通常约定为每天若干金额。按惯例，速遣费为滞期费的一半。

由于买卖合同中的滞期、速遣条款是以承租人与船舶所有人之间租船合同为基础制定的，因此，它的规定应与租船合同的相应条款一致。

应当指出的是，在采用班轮运输时，装运条款中不需要加订滞期、速遣条款。

(五)进出口合同中的装运条款示例

(1)2019 年 5/6/7 月装运，允许分批和转运。

Shipment during May/June/July 2019, with partial shipments and transhipment allowed.

(2)2019 年 5/6/7 月每月平均装运，允许转运。

Shipment during May/June/July 2019 in three equal monthly lots(in three equal monthly shipments), transhipment to be allowed.

(3)5/6 月分两次装运，禁止转运。

During May/June in two shipments, transshipment is prohibited.

(4)5 月底或以前装船，由上海至纽约，允许分批装运和转船。

Shipment on or before May 31 from Shanghai to New York, allowing partial shipments and transhipment.

(5)5 月装运，由伦敦至上海。卖方应在装运月份前 45 天将备妥货物可供装船的时间通知买方。允许分批装运和转船。

Shipment during May from London to Shanghai. The Sellers shall advise the Buyers 45 days before the month of shipment of the time the goods will be ready for Shipment. Partial shipments and transhipment allowed.

四、安排装运

按 CFR、CIF 条件成交的合同，出口方办理租船订舱，或以 FOB 条件成交而进口方委托出口方代办的，出口方也应该办理托运手续。

(一)托运

由我方安排运输的出口合同，我国出口企业通常都委托我国对外贸易运输公司(以下简称“外运公司”)或其他国际货物运输代理(International Freight Forwarder 或 Freight Forwarding Agent，以下简称“货运代理”或“货代”)办理对外装运货物、租订运输工具和办理各项有关运输事项。所以，在货、证齐全后，出口企业应立即向货运代理办理托运手续。所谓托运，是指出口企业委托货运代理办理出口货物运输事宜。在 CIF 合同以及使用集装箱班轮装运货物出口的情况下，我国出口企业办理托运，应向货运代理提交出口货运代理委托书。此外，出口企业还必须向货运代理公司提供与出口货物有关的单证，如提货单(出仓单)、商业发票、装箱单和/或重量单(磅码单)、出口货物报关单、外汇核销单等。对有些特定货物，还需提供出口许可证、商检证等。

(二)订舱

货运代理收到出口企业的货运代理委托书后，缮制托运单(其中包括装货单、配舱回单、收货单等)，向船公司办理订舱手续，船公司根据托运的货量、船舶的舱容和抵港受载的日期，分轻重缓急配载。如接受订舱则在托运单的几联单据上编制提单号码，填上船名、航次并签署，表示确认托运人的订舱，并将其中的配舱回单、装货单退还给托运人，托运人凭装货单办理报关手续。出口公司在船公司通知的时间内，将货物发运到港区内指定仓库或货栈，准备装运。

托运单样式如表 4—2—3 所示。

表 4—2—3　　　　托运单

Shipper (发货人)				D/R No.(编号)	
Consignee (受货人)				集装箱货物托运单	
Notify Party (通知人)					
Pre-carriage by (前程运输)				Place of Receipt(收货地点)	
Ocean Vessel(船名) Port of		Voy No.(航次)		Loading(装货港)	
Port of Discharge (卸货港)		Place of Delivery (交货地点)		Final Destination (目的地)	
Container No. (集装箱号)	Seal No.(封志号) Marks & No. (标记与号码)	No. of Containers or Pkgs (箱数或件数)	Kind of Pkgs; Description of Goods (包装种类与货名)	Gross Weight (毛重/千克)	Measurement (尺码/立方米)
Total Number of containers or Packages (IN WORDS) 集装箱数或件数合计(大写)					
Freight & Charges (运费)	Revenue Tons (运费吨)	Rate (运费率)	Per (每)	Prepaid (运费预付)	Collect (运费到付)
Ex Tate (兑换率)	Prepaid at (预付地点)	Payable at (到付地点)		Place of Issue (签发地点)	
	Total Prepaid (预付总额)		No. of Original B(S)/L (正本提单份数)		
Service Type on Receiving (接收服务类型) □—CY □—CFS □—DOOR	Service Type on Delivery (交付服务类型) □—CY □—CFS □—DOOR	Reefer-Temperature Required (冷藏温度)		°F	°C
Type of Goods (种类)	□Ordinary,□Reefer,□Dangerous,□Auto. (普通) (冷藏) (危险品) (裸装车辆) □Liquid,□Live Animal,□Bulk ______ (液体) (活动物) (散货)		危险品	Class: Property: IMDG Code Page: UN No.	
可否转船		可否分批			
装　期		有效期			
金　额					
制单日期					

子任务 3　办理保险

在国际贸易中,货物一般都要经过长途运输、装卸和储存等环节,遇到各种风险而遭受损失的可能性较大。为了在货物遭受损失时能得到经济补偿,就需办理货物运输保险。国际货物运输保险一般是货主(投保人)在货物发运以前,估定一定的投保金额,向保险人(即保险公司)投保运输险。投保人按投保金额、投保险别及保险费率,向保险公司支付保险费并取得保险单(保险合同)。保险公司负责对投保货物在运输过程中遭受投保险别责任范围内的损失时,按投保金额及损失程度赔偿给保险单证的持有人。

一、海上货物运输保险承保的范围

风险是造成损失的起因,风险不同,造成的损失也不同。但保险公司并不是对所有的风险都予承保,也不是对一切损失都予以补偿,保险公司只是按照投保人投保的不同险别所包括的风险所造成的损失承担赔偿责任。在保险业务中，风险、损失和险别三者之间有着紧密的联系：风险是造成损失的起因，险别则是保险公司对风险与损失的承保责任范围。因此，要了解各种险别的内容，就不能不对风险和损失有正确的理解。

货物在海洋运输过程中可能遇到的风险与损失很多，但可从保险得到保障的范围只限于保险合同约定的风险与损失。其中包括可保障的风险、可补偿的损失和可为保险公司承担的费用三个方面。

(一)风险

1. 海上风险

海上风险又称海难，一般是指船舶或货物在海上运输过程中发生的，或随海上运输所发生的风险，包括自然灾害和意外事故。

(1)自然灾害是指由于自然界变异引起破坏力量所造成的现象。但海上保险业务中，它并不是泛指一切自然界变异所造成的破坏，而是仅指恶劣气候、雷电、海啸、地震或火山爆发等人力不可抗拒力量所造成的灾害。

(2)意外事故是指由于偶然的非意料中的原因所造成的事故。在海上保险业务中，它不同于一般的意外事故，而是仅指运输工具遭受搁浅、触礁、沉没，船舶与流冰或其他物体碰撞，以及失踪、失火、爆炸。

2. 外来风险

外来风险一般是指海上风险以外的原因所造成的风险，主要包括：

(1)一般外来风险，是指被保险货物在运输中由于偷窃、短量、雨淋、玷污、渗漏、破碎、受热受潮、串味等一般外来原因所造成的风险。

(2)特殊外来风险，是指由于军事、政治、国家政策法令以及行政措施等外来原因所造成的风险与损失。

(二)损失

有风险就会有损失，不但有货物本身的损失，而且也有遭遇风险施救货物而支出费用的损失。损失分为两大类：海上损失和其他损失。

1. 海上损失与费用

海上损失与费用是指被保险货物在海上运输过程中，因遭受海上风险所造成的损失与费用。

(1)海上损失。海上损失按照程度不同，可分为全部损失和部分损失。

①全部损失(Total Loss)，简称全损，是指运输途中整批货物或不可分割的一批货物的全部损失。根据情况不同，可分为实际全损和推定全损。

实际全损(Actual Total Loss)是指保险货物完全灭失、变质或实际上已不可能归还保险人。

推定全损(Constructive Total Loss)是指保险事故发生后，认为实际全损已不可避免，或者为了避免发生实际全损所需支付的费用与继续将货物运抵目的地的费用之和超过保险价值。

微型案例

有一被保险货物——精密仪器一台，货价为16 000美元，运载该货物的海轮在航行中同另一艘海轮发生互撞事故，由于船身的剧烈震动，使该台仪器受到损坏。事后经专家鉴定，认为该台仪器如修复原状，则需要修理费用18 000美元，如果拆卸为零件出售，尚可收回6 000美元。试问，在这种情况下，这台受损仪器应属何种损失？保险公司又应如何处理这一损失案件？

【评析】这台受损仪器应属于推定全损。因为修理费用加上运至目的地的费用，超过该货物在目的地的价值。保险公司对于发生推定全损的货物，除按保单的规定给予赔款外，被保险人应将货物委托给保险公司，即将该货物的权益转让给保险公司，并由被保险人签署权利转让书作为证据，从而使保险公司在赔付货款以后，能够自行处理该货的残余部分，并享受该货物有关的其他权益。

②部分损失(Partial Loss)，是指被保险货物的损失没有达到全部损失的程度。部分损失按损失的性质又可分为共同海损和单独海损。

共同海损(General Average)是指载货的船舶在海上遇到共同危险，为了维护船货共同安全，由船方有意采取合理的施救措施，所直接造成的特殊牺牲和支付的额外费用。

共同海损的分摊：共同海损牺牲和费用由船方、货方和运费收入方根据获救价值按比例分摊。

构成共同海损应具备的条件：共同海损的危险必须是实际存在的，不可避免的；必须是自动地、有意识地采取合理的措施；必须是为船货共同安全而采取的措施；其牺牲和费用支出是非常性质的。

单独海损(Particular Average)是指共同海损以外的意外损失，它仅涉及船舶或货物所有人单方面利益的损失，该损失由受损者单独负担。

小资料

单独海损与共同海损的主要区别

(1)损失的构成不同。单独海损一般是货物本身的损失，不包括费用损失，而共同海损的损失，既包括被保险货物损失，也包括支出的特殊费用。

(2)造成海损的原因不同。单独海损是海上风险直接导致的货物损失，而共同海损是为了解除或减轻这些风险而人为造成的损失。

(3)损失的承担者不同。单独海损由受损方自己承担，而共同海损由受益方(船、货、运费三方)按获救财产价值的多少，按比例共同分摊。

(2)海上费用。海上费用是指保险货物遭遇保险责任范围内的事故所产生费用方面的损失，主要有施救费用和救助费用。对于这种费用，保险人也给予赔偿。

2. 其他损失

其他损失是指外来风险造成的被保险货物的损失。一般外来风险所造成的损失称为一般外来风险损失，特殊外来风险所造成的损失称为特殊外来风险损失。

微型案例

某货物从天津新港驶往新加坡，在航行中航船货物起火，大火蔓延到机舱，船长为了船货的安全决定采取紧急措施，往舱中灌水灭火，火遂被扑灭，但由于主机受损，无法继续航行，于是船长决定雇用拖轮，将货船拖回新港修理，检修后，重新驶往新加坡。事后调查，这次事件造成的损失有：①1 000件货物被烧毁；②600箱货物由于灌水灭火受到损失；③主机和部分甲板被烧坏；④拖船费用；⑤额外增加的燃料和船长、船员的工资。从上述情况和各项损失的性质来看，哪些属单独海损，哪些属共同海损，为什么？

【评析】(1)以上各项损失，属于单独海损的有①③；属于共同海损的有②④⑤。(2)本案例涉及海上损失中部分损失的问题，部分损失分两种：一种是单独海损，一种是共同海损。所谓单独海损，是指损失仅属于特定方面特定利益方，并不涉及其他货主和船方。所谓共同海损，是指载货船舶在海上遇到灾害、事故，威胁到船货等各方面的共同安全，为了解除这种威胁，维护船货安全使航程得以继续完成，船方有意识地、合理地采取措施，造成某些特殊损失或支出特殊额外费用。构成共同海损必须具备以下条件：①共同海损的危险必须是实际存在的，或者是不可避免而产生的，不是主观臆测的；②消除船、货共同危险而采取的措施，必须是有意的和合理的；③必须是属于非正常性质的损失；④费用支出是额外的。(3)本案例中，①③损失是由于货船火灾导致，属意外事故，故其为单独海损；②④⑤损失是船长为避免实际的火灾风险而采取的有意的、合理的避险措施，属于非正常性质的损失，费用支出也是额外的，故其属于共同海损。

二、我国海运货物运输保险的险别与条款

中国人民财产保险公司根据保险业务的实际需要并参照国际保险市场的习惯做法，分别制定了不同运输方式的货物运输保险条款以及适用于不同运输方式的各种附加险条款，总称“中国保险条款”(China Insurance Clause，C. I. C.)。我国的货物运输险别，按照能否单独投保，可分为基本险和附加险两类。基本险可以单独投保，承保海上风险(自然灾害和意外事故)和一般外来风险所造成的损失。附加险不能独立投保，只有在投保某一种基本险的基础上才能加保，承保由于外来风险造成的损失。

(一)保险险别

保险险别是指保险人对风险和损失的承保责任范围，又是承保人责任义务大小及被保险人缴付保费数额的依据。海运货物保险的险别可分为基本险和附加险。

1. 基本险

基本险又称主险，是可以独立承保的险别。

(1)平安险。

“平安险”(Free from Particular Average，FPA)一词是我国保险业的习惯叫法，其英文含义是单独海损不赔。当前我国保险公司对平安险的承保责任范围如下：

①被保险货物在运输途中由于自然灾害造成的实际全损或推定全损。

②由于运输工具遭遇到搁浅、触礁、沉没、互撞、与流冰或其他物体碰撞,以及失火、爆炸等意外事故所造成的货物全部或部分损失。

③运输工具发生搁浅、触礁、沉没等意外事故,不论意外事故发生之前或者之后货物在海上由于遭受了恶劣气候、雷电、海啸等自然灾害所造成的被保险货物的部分损失。

④在装卸或转船过程中,被保险货物一件或数件落海所造成的全部损失或部分损失。

⑤被保险人对遭受承保责任内的危险货物采取抢救,防止或减少货损措施支付的合理费用,但以不超过该批被毁货物的保险金额为限。

⑥运输工具遭遇自然灾害和意外事故,需要在中途的港口或者在避难港口停靠,因此引起的卸货、装货、存仓以及运送货物所产生的特别费用。

⑦发生共同海损所引起的牺牲、分摊费和救助费用。

⑧运输契约订有“船舶互撞责任”条款,根据该条款规定由货方偿还船方的损失。

(2)水渍险。

“水渍险”(With Particular Average,WPA)也是我国保险业沿用已久的名称,其英文含义是负责单独海损。保险公司对水渍险的责任范围除了包括上述平安险的各项责任外,还负责被保险货物由于恶劣气候、雷电、海啸、地震、洪水自然灾害所造成的部分损失。

对水渍险和平安险的承保责任细加比较,可以发现两者差异不大,只有在发生部分损失的情况下,两者才有所不同。然而,水渍险虽然对单独海损负责,但对锈损、碰碎、破损以及散装货的部分损失是不负责的。

提醒您

> 需要特别指出的是,平安险和水渍险只对海水所致的各种损失负赔偿责任,而不承保由于淡水、雨淋、冰雪融化所造成的损失。货物在运输中由于淡水、雨淋以及冰雪融化所造成的损失,可投保淡水雨淋险予以赔付。

(3)一切险。

一切险(All Risks,AR)的责任范围除了包括平安险和水渍险的各项责任外,还负责被保险货物在运输途中由于一般外来风险所致的全部损失和部分损失。换句话说,一切险是平安险、水渍险和一般附加险的总和。

上述三种基本险别,被保险人根据需要可以从中任选一种。

2. 附加险

附加险是对基本险的补充和扩大。投保人只能在投保基本险的基础上才可加保一种或数种附加险。附加险有一般附加险和特殊附加险之分。前者承保由于一般外来风险造成的全部或部分损失;后者承保由于特殊外来风险造成的全部或部分损失。

(1)一般附加险。

由于保险公司对一般附加险(General Additional Risk)的承保责任范围均已包括在一切险的承保责任范围内,因此,投保人如已投保了一切险,就不需要再加保一般附加险。

小资料

一般附加险

(1)偷窃、提货不着险(Theft,Pilferage and Non-Delivery,TPND)。
(2)淡水雨淋险(Fresh Water &/or Rain Damage)。
(3)短量险(Shortage)。
(4)混杂、玷污险(Intermixture and Contamination)。
(5)渗漏险(Leakage)。
(6)碰损、破碎险(Clash and Breakage)。
(7)串味险(Taint of Odour)。
(8)受潮受热险(Swear and Heating)。
(9)钩损险(Hook Damage)。
(10)包装破裂险(Breakage of Packing)。
(11)锈损险(Rust)。

(2)特殊附加险。

特殊附加险(Special Additional Risk)不能独立投保,而只能在一种基本险的基础上加保。

根据国际保险行业的习惯做法,在投保战争险前提下加保罢工险不另收费。如仅要求加保罢工险,则按战争险费率收费。

小资料

特殊附加险

(1)战争险(War Risk)。
(2)罢工险(Strikes Risk)。
(3)舱面险(On Deck Risk)。
(4)进口关税险(Import Duty Risk)。
(5)拒收险(Rejection Risk)。
(6)黄曲霉素险(Aflatoxin Risk)。
(7)交货不到险(Failure to Deliver Risk)。
(8)货物出口到中国香港(包括九龙)或中国澳门存仓火险责任扩展条款(Fire Risk Extension Clause for storage of cargo at Destination Hong, including Kowloon or Macao, FREC)。

(二)保险责任起讫及期限

1. 基本险的责任起讫

根据中国人民保险公司海洋货物运输保险条款规定,保险公司对"平安险""水渍险"和"一切险”三种基本险别的责任起讫，均采用国际保险业惯用的“仓至仓条款”(Warehouse to Warehouse Clause,W/W Clause)，即规定保险公司所承担的保险责任，是从被保险货物运离保险单所载明的装运港(地)发货人仓库开始，直到货物到达保险单所载明的目的港(地)收货人仓库时为止。当货物一进入收货人仓库，保险责任即行终止。但是，当货物从目的港卸离海轮时起算满 60 天，不论被保险货物有没有进入收货人的仓库，保险责任均告终止。

2. 战争险的责任起讫

战争险的责任起讫与“平安险”“水渍险”及“一切险”的责任起讫不同，不采用“仓至仓条款”。战争险的责任起讫期限仅限于水上危险，海运战争险规定保险公司所承担的责任自被保险货物在保险单所载明的装运港装上海轮或驳船时开始，直到保险单所载明的目的港卸离海轮或驳船时为止。如果货物不卸离海轮或驳船，则保险责任最长延至货物抵达目的港的当日午夜起算满 15 天为止。如在中途港转船，则不论货物在当地卸载与否，保险责任以海轮抵达该港或卸货地点的当日午夜起算满 15 天为止，待货物再装上续运的海轮时，保险公司仍继续负责。

三、伦敦保险协会海运货物保险条款

英国伦敦保险协会是国际上有较大影响的保险机构，其《协会货物条款》(Institute Cargo Clauses,I. C. C.)在国际上广为采用。它于 1912 年制订，经多次修订，现在世界上大多数国家办理海上保险业务所使用的《协会货物条款》是 1983 年 4 月 1 日起实施的。

1. 伦敦保险协会的海运货物保险条款的种类

新修订的《协会货物条款》共有六种保险条款：协会货物条款 ICC(A)、协会货物条款 ICC(B)、协会货物条款 ICC(C)、协会战争险条款(货物)、协会罢工险条款(货物)和恶意损害险条款。六种险别中，只有恶意损害险属于附加险别，不能单独投保。

2. 协会货物保险的主要险别

(1)ICC(A)险条款。采用“一切风险减去除外责任”的规定方法。即除不适航、不适货、战争、罢工外，对其他一切风险所造成的损失(包括共同海损和救助费用)都予以承保。

(2)ICC(B)险条款。采用“列明风险”方式，即货物的灭失或损失归因于下列之一者，属于该条款的责任范围之内：火灾、爆炸；船舶或驳船触礁、搁浅、沉没或倾覆；陆上运输工具倾覆或出轨；船舶、驳船或运输工具同水以外的外界物体碰撞；在避难港卸货；地震、火山爆发、雷电；共同海损牺牲；抛货或浪击落海；海水、湖水或河水进入船舶、驳船、运输工具、集装箱、大型海运箱或储存处所；货物在装卸时落海或摔落造成整件的全损。除外责任：除 ICC(A)的除外责任，还将“海盗行为”与“恶意损害险”作为除外责任。

(3)ICC(C)险条款。只承保“重大意外事故”而不承保“自然灾害及非重大意外事故”所造成的损失。具体承保的风险是：火灾、爆炸；船舶或驳船触礁、搁浅、沉没或倾覆；陆上运输工具倾覆或出轨；在避难港卸货；共同海损牺牲；抛货。它的除外责任与 ICC(B)相同。

以上三种基本险别中，(A)险相当于中国保险条款中的一切险，其责任范围更为广泛，故采用承保“除外责任”之外的一切风险的方式表明其承保范围。(B)险大体上相当于水渍险。(C)险相当于平安险，但承保范围较小些。(B)险和(C)险都采用列明风险的方式表示其承保范围。

英国伦敦保险协会海运货物保险条款保险起讫的规定与我国海运货物保险起讫大致相同，也是“仓至仓”条款。

四、其他运输方式的货运保险

(一)陆上运输货物保险

1. 陆运险

陆运险的承保责任范围与海洋运输货物保险条款中的水渍险相似。保险公司对被保险货物在运输途中遭受暴风、雷电、洪水等自然灾害或由于运输工具遭受碰撞、倾覆或出轨，如有驳运过程，包括驳运工具搁浅、触礁、沉没或由于遭受隧道坍塌、崖崩或火灾、爆炸等事故造成的全部或部分损失负责赔偿。

2. 陆运一切险

陆运一切险的承保责任范围与海洋运输货物保险条款中一切险相似。保险公司除承担上述一些险外，还对由于一般外来原因造成的货物短少、偷窃、破损、发霉、串味等全部或部分损失负责赔偿。

3. 陆上运输货物保险责任起讫

陆运险责任的起讫期限与海洋货物保险“仓至仓”条款基本相同，是从被保险货物运离保险单所载明的起运地发货人的仓库或储存处所开始运输时生效，直至货物送交保险单所载明的目的地收货人仓库或储存处所为止。但最长不超过被保险货物到达最后卸载的车站后60天。

在陆上运输货物保险中，被保险货物投保了陆运险或陆运一切险的基础上，可以加保陆上运输货物保险的附加险，如陆运战争险等。

(二)航空运输货物保险

航空运输货物保险的基本险别有航空运输险和航空运输一切险。航空运输险的承保责任范围与海运水渍险大体相同。

航空运输一切险除包括上述航空运输险的责任外，对被保险货物在运输途中由于一般外来原因所造成的，包括偷窃、短少等全部或部分损失负责赔偿。

在航空运输货物保险的情况下，也明确规定了除外责任。

航空运输货物保险的货物起讫从被保险货物运离保险单所载明的起运地仓库或储存处所到被保险人用作分配、分派或非正常运输的其他储存处所为止。如被保险货物未到达上述仓库或储存处所，则以在最后卸货地卸离飞机后满30天为止。

被保险货物在投保航空运输险或航空一切险后，可加保航空运输货物战争险等附加险。

(三)邮运包裹保险

邮运包裹保险承保邮包在运输途中因自然灾害、意外事故和外来原因所造成的损失。它包括邮包险和邮包一切险。此外还有附加险，如邮包战争险等。

五、进出口货物运输保险实务

在进出口货物运输保险业务中，被保险人在选择确定投保的险别后通常涉及的工作有：确定保险金额、办理投保并交付保险费、领取保险单证以及在货损时办理保险索赔。

(一)保险险别的选择

保险险别中关于保险人与被保险人之间的权利与义务的规定，是保险公司确定所负赔偿责任的主要依据。险别不同，保险公司的责任也不同，收取的保险费也不同。一般来说，合同当事人可以根据商品的特点以及运输过程中风险的程度约定投保的险别。在双方未约定险别的情况下，按惯例，卖方可按最低的险别予以投保。

(二)保险金额的确定和保险费的计算

保险金额(Insured Amount)是保险人赔偿的最高金额，也是计算保险费的基础。保险金额是根据保险价值(Insurable Value)确定的。保险价值一般包括货价、运费、保险费以及预期利润等。在国际货物买卖中，凡按CIF、CIP条件达成的合同一般均规定保险金额，而且，保险金额通常还须在发票金额的基础上增加一定的百分率，即所谓“保险加成率”，按照国际保险市场习惯，通常按CIF或CIP总值加成10%计算，加成的10%是作为买方的经营管理费用和预期利润。当通货膨胀比较严重和利息率较高时，买方也会要求提高投保加成。

保险金额保留整数，不设辅币，且小数点后零以上的数都应进位。例如，USD545.01，应写成USD546。

保险金额的计算公式为：

$$保险金额=CIF或CIP价\times(1+投保加成率)$$

保险金额一般是按CIF或CIP价格为基础加成确定的，如我方报CFR或CPT价，客户要求改报CIF或CIP价，则CIF或CIP价可按下列公式换算：

$$CIF价=\frac{CFR价}{1-投保加成\times保险费率}$$

(三)办理投保和交付保险费

出口合同采用CIF或CIP条件时，保险由卖方办理。卖方在向保险公司办理投保手续时应根据买卖合同或信用证规定，在备妥货物并确定装运日期和运输工具后，填制保险单，具体列明被保险人名称，被保险货物名称、数量、包装及标志，保险金额，起讫地点，运输工具名称，投保险别等，送交保险公司投保，并交付保险费。

保险费(Premium)是保险公司向被保险人收取的费用，是保险人经营业务的基本收入，是保险人所掌握的保险基金(即损失赔偿基金)的主要来源。保险费的计算公式如下：

$$保险费=保险金额\times保险费率$$

保险费是按照不同货物、不同目的地、不同运输工具和保险险别由保险公司根据货物损失率和赔付率，并在此基础上，参照国际保险费水平，结合我国实际情况制定的。

例如，某外贸企业按CIF条件出口一批货物，CIF总值为80 000美元，按发票金额加成10%投保一切险、战争险(一切险费率为0.3%，战争险费率为0.04%)，保险费计算如下：

$$
\begin{aligned}
保险金额&=CIF价\times(1+投保加成率)\\
&=80\ 000\times(1+10\%)=88\ 000(美元)
\end{aligned}
$$

$$
\begin{aligned}
保险费&=保险金额\times保险费率\\
&=88\ 000\times(0.3\%+0.04\%)=299.2(美元)
\end{aligned}
$$

(四)获取保险单证

保险单证既是保险公司对被保险人的承保证明，也是保险公司与被保险人之间的保险契约，它具体规定了保险公司和被保险人的权利和义务。在被保险货物遭受损失时，保险单证是被保险人索赔的依据，也是保险公司理赔的主要依据。在国际贸易中，保险单证是可以转让的。常用的保险单证有：

1. 保险单

保险单(Insurance Policy)又称“大保单”，是投保人与保险公司之间订立的正式的保险合同。它除了在正面载明证明双方当事人建立保险关系的文字、被保险货物的情况、承保险别、理赔地点以及保险公司关于所保货物如遇出险可凭本保险单及有关证件给付赔款的声明等内容外，在背面还对保险人和被保险人的权利和义务做了规定。

2. 保险凭证

保险凭证(Insurance Certificate)，俗称“小保单”，是一种简化的保险合同，它与正式的保险单具有同样的效力。保险凭证只有正面的内容，无背面条款，但表明按照正式保险单上所载保险条款办理。

3. 联合凭证

联合凭证(Combined Certificate)，又可称为“联合发票”，是一种将发票和保险单相结合的比保险凭证更为简化的保险单证。这种单证只有我国采用，并且仅适用于对港、澳地区的出口业务。

4. 预约保险单

预约保险单(Open Policy)，又称为“开口保险单”，是经常有相同类型货物需要陆续分批装运时所采用的一种保险单。严格来讲，它是一种没有总保险金额限制的预约保险总合同，是保险人对被保险人将要装运的属于约定范围的一切货物负自动承保责任的总合同。在我国，预约保险单常用于进口业务。

5. 批单

保险单签发后，投保人如需要补充或变更其内容时，可根据保险公司的规定，向保险公司提出申请，经同意后即另出一种凭证，注明更改或补充的内容，这种凭证即称为批单(Endorsement)。保险单一经批改，保险公司即按批改后的内容承担责任。

(五)保险索赔

进出口货物在保险责任有效期内发生属于保险责任范围内的损失，被保险人按照保险单的有关规定向保险公司提出赔偿要求，称为保险索赔。在索赔工作中，被保险人应做好下列工作：

1. 损失通知

保险货物遭受损失时，被保险人应立即通知保险公司或保险单上载明的保险公司在当地的检验、理赔代理人，并申请检验。

2. 向承运人等有关方面提出索赔

除向保险公司报损外，被保险人还应立即向承运人或有关当局(如海关、港务当局等)索取货损货差证明。如货损货差涉及承运人等方面责任的，还应及时以书面形式向有关责任方提出索赔。

3. 采取合理的施救、整理措施

被保险货物受损后，被保险人应迅速对受损货物采取必要合理的施救、整理措施，以防止损失的扩大。

4. 备妥索赔单证

提出索赔时，除应提供检验报告外，还须提供其他单证，如保险单或保险凭证正本、运输单据、发票、装箱单或重量单、货损货差证明等。

5. 代位追偿

在保险业务中，为了防止被保险人双重获益，保险人在履行全损赔偿或部分损失赔偿后，在其赔付金额内，要求被保险人转让其对造成损失的第三者责任方要求全损赔偿或相应部分赔偿的权利。这种权利称为代位追偿权(Right of Subrogation)，或称代位权。在实际业务中，保险人需首先向被保险人赔付，才能取得代位追偿权。具体做法是：被保险人在获得赔偿的同时签署一份权益转让书，作为保险人取得代位权的证明，保险人便可向第三者责任方追偿。

六、进出口合同中的保险条款

保险条款是国际货物买卖合同的重要组成部分之一，必须订得明确、合理。保险条款的内容依选用不同的术语而有所区别。

采用不同的贸易术语，办理投保的人就不同。

(1)以 FOB、CFR 或 FCA、CPT 条件成交的合同，保险条款可订为：

“保险由买方负责”(Insurance：To be covered by the buyer)。

如买方委托卖方代为办理保险，则应明确规定保险金额、投保险别、按什么条款保险以及保险费由买方负担等。

(2)以 CIF 或 CIP 条件成交的合同，条款内容须明确规定由谁办理保险、保险险别、保险金额的确定方法和按什么条款保险，并注明该条款的生效日期。例如：

“保险由卖方按发票金额的 110%投保一切险和战争险，以 1981 年 1 月 1 日中国人民保险公司海洋运输货物保险条款为准”(Insurance is to be covered by the sellers for 110% of the invoice value against All Risks and War Risk as per Ocean Marine Cargo Clauses of the People’s Insurance Company of China dated Jan 1,1981)。

如国外客户要求按伦敦保险业协会的《协会货物条款》或我方保险公司可以承保的其他保险条款投保，我方出口企业可以接受。如接受，也应在合同的保险条款中明确规定。

七、保险单的内容及缮制要求

保险单是证明保险合同成立的法律文件，既反映保险人与被保险人之间的权利和义务关系，又是保险人承保保险责任的书面证明；保险单是赔偿依据，在保险单已定的风险发生时，被保险人就可以凭保险单要求赔偿；保险单是权利凭证，通过背书转让，被背书人可将其具有的损害赔偿请求权及相应的诉讼权转让给受让人。

保险单样张如表 4—2—4 所示。

表 4—2—4 **保险单**

中保财产保险有限公司

The People’s Insurance (Property) Company of China, Ltd.

发票号码 保险单号次

Invoice No. ISX0526 Policy No. SH043102084

海 洋 货 物 运 输 保 险 单

MARINE CARGO TRANSPORTATION INSURANCE POLICY

被保险人

Insured：Shanghai Import & Export Corporation

中保财产保险有限公司(以下简称本公司)根据被保险人的要求，及其所缴付约定的保险费，按照本保险单承担的险别和背面所载条款与下列特别条款承保下列货物运输保险，特签发本保险单。

This policy of Insurance witnesses that The People’s Insurance (Property) Company of China, Ltd. (hereinafter called “The Company”), at the request of the Insured and consideration of the premium paid by the Insures, undertakes to insure the under-mentioned goods in transportation subject to the condition of this Policy as per the Clauses printed overleaf and other special clauses attached hereon.

保险货物项目 Descriptions of Goods	包装　单位　数量 Packing　Unit　Quantity	保险金额 Amount Insured
CHINESE GREEN TEA	66CARTONS	USD36080.00

ORIGINAL

承保险别　FOR 110% OF THE INVOICE VALUE COVERING　货物标记　AS PER INVOICE NO. ISX0526
Condition　ALL RISKS AS PER PICC DATE 1/1/1981　Marks of Goods

总 保 险 金 额：
Total Amount Insured: SAY US DOLLARS THIRTY SIX THOUSAND EIGHTY ONLY

保费　As arranged　运输工具　开航日期：
Premium　Per conveyance S. S　PUDONG V. 603　Slg. On or abt　JUN 10, 2015

起运港　目的港
From　SHANGHAI　To　OSAKA

所保货物，如发生本保险单项下可能引起索赔的损失或损坏，应立即通知本公司下述代理人查勘。如有索赔，应向本公司提交保险单正本(本保险单共有 2 份正本)及有关文件。如一份正本已用于索赔，其余正本则自动失效。

In the event of loss or damage which may result in a claim under this Policy, immediate notice must be given to the Company's Agent as mentioned hereunder. Claims, if any, one of the Original Policy which has been issued in TWO Original (s) together with the relevant documents shall be surrendered to the Company, If one of the Original Policy has been accomplished, the others to be void.

THE PEOPLE'S INSURANCE (PROPERTY) COMPANY OF CHINA, LTD. OSAKA BRANCH 98 LSKL MACH OSAKA JAPAN

TEL: 028—5436×××　　中保财产保险有限公司

THE PEOPLE'S INSURANCE (PROPERTY) COMPANY OF CHINA, LTD.

赔款偿付地点
Claim payable at　OSAKA

日期　在
Date　JUN 05, 2015　at　SHANGHAI

The People's Insurance (Property) Company of China.

General Manager: 凡玲

地址：
Address:

1. 保险人名称(The Name of the Insurer)

(1)保险公司。有些国家的法律规定只有以公司名义注册的保险组织才能经营保险业务。

(2)保险商。保险商是个体的保险经营人，这是英国特有的。

(3)保险代理。有许多业务上的处理，比如检验货物、理赔等，保险公司无法自己完成，因此就签订代理合同，请海外的机构代办。

2. 被保险人

(1)在 CIF 或 CIP 情况下，一般以信用证的受益人为被保险人(The Insured)，保单必须由被保险人背书，以表明该保险单的权益和义务转让给了保险单的持有人。

(2)如果信用证规定保险单作成指示抬头，即“To Order”，则在被保险人栏内照填“To Order”，且加以背书，其效果与填信用证受益人后加以背书一样。

(3)如果信用证要求以特定方为被保险人，则在被保险人栏内填上该特定方的名称，不用背书。

(4)如果信用证规定“... issued to the order of ××× Bank”，则在被保险人栏内照填“To the order of ××× Bank”。

(5)有时信用证虽然没有规定被保险人，却指明“如果发生赔偿请偿付给 A 公司”(Loss if any, pay to A Co.)。为了做到单证一致最好仍以信用证受益人为被保险人并背书，且在赔款偿付地点栏后填“Pay to A Co.”。

3. 保险标的物

货物名称、货物件数、唛头等应与其他单据一致，称为保险标的物(Subject Matter)。商品名称可用统称，但不能与信用证和发票上的名称相矛盾。实际业务中，经常在保险单的标记栏中注明“Marks & Numbers as per Invoice No. ×××”。但有些挑剔的开证申请人借口提出“保险单没有填唛头”而保留追索权。所以，最好把唛头直接填到保险单上，使保险单表面上与其他单据严格保持一致。

4. 保险金额

保险金额(Amount Insured)是保险人最高的赔偿限额。保险金额必须用大小写同时表示，且大小写应完全一致。保险金额不设辅币，其货币单位以下的辅币采取进位，例如：USD474.01，则应在保险金额栏内填上 USD475.00。保险金额一般按发票额的 110%投保。

5. 承保条款及险别

承保条款及险别(Clauses & Conditions)应严格按信用证规定填制。

6. 保险的船名、航次及起航日期

要把具体的船名(Vessel Name)和航次(Voyage No.)填在保险单上。起运地和目的地必须与提单一致。由于保险必须在货物实际装运前办理，不一定能确定具体的装运日期，为确保万无一失，单、单一致，在保险单起航日期(Sailing Date)栏内可填写：

(1)As per B/L；

(2)On or about××月××日，××××年(包括前后五天)。

7. 保险费

保险费(Premium)一般不打出具体数字，而是印上“Premium as arranged”。

8. 赔付地点

如果信用证规定了赔付地点(Claim Payable at/in)，则按信用证规定填制；如果信用证未规定赔付地点，则以目的港为赔付地点。

9. 出单地点和日期

出单日期(Issuing Date)应早于运输单据的日期，最晚可与运输单据日期为同一天，但也不能早于发票日期。

10. 保险人签字(The Signature of the Insurer)

如果保险单表明所出具的正本单据是一份以上，则必须向银行提交全部正本保险单。

保险单是保险索赔和理赔的主要依据。投保人通过背书将保单项下的全部权益包括提出索赔的权利转让给进口方。

子任务 4 报检与报关——关检融合、单一窗口

凡属法定检验的出口货物，必须根据国家有关进出口商品检验方面的法规，在规定的时间和地点向海关报验。经检验合格，由海关签发检验证书，否则不得出口。商品检验合格取得检验证书后，必须在有效期内（14 天到 2 个月不等）出运货物；超出有效期的，应向海关申请展期，由海关复验合格后，方能出口。

报关是指货物装运前向海关办理申报手续。出口公司须填写出口货物报关单，提交必要的单证[如发票、装箱单、装货单、合同副本、出口许可证（如需）等]向海关申报。根据海关法规定，出口货物的发货人除海关特准的外应当在货物运抵海关监管区后，装货的 24 小时以前，向海关申报。经海关审核单证、查验、征税后，即可放行装船。目前，我国出口企业办理报关手续时，既可以自行办理，又可以通过专业的报关公司或国际货运代理公司办理。代表报关单位的报关人员按照报关流程从事报关工作。

一、商品检验

关检融合后，商检的工作并没有减少，只是原来分开做的工作，现在合并在一起做了。

（一）商品检验检疫的意义

国际贸易中进出口商品检验检疫（Import and Export Commodity Inspection），简称“商检”，是指在国际商品买卖中，检验卖方交付给买方的商品的品质、数量和包装，以确定其是否符合合同规定；有时还对装运技术条件或商品在装卸运输过程中发生的残损、短缺进行检验和鉴定，以明确事故的起因和责任的归属。

商品检验检疫是进出口商品贸易业务中不可缺少的环节。在进出口商品贸易中买卖双方分处两个国家，一般不当面交接货物，因而会对交付货物的品质或数量等问题发生争议，为了保障买卖双方各自的利益，避免发生争议以及发生争议后便于明确责任处理，往往由权威的、公正的商检机构检验商品，并出具检验证书，作为买卖双方交接货物、支付货款或索赔与理赔的依据之一。

（二）商品检验检疫机构

1. 我国的商检机构

2018 年 3 月国务院进行机构改革，将原国家质量监督检验检疫总局的出入境检验检疫管理职责和队伍划入海关总署。中华人民共和国海关总署是国务院直属机构，负责全国海关工作、组织推动口岸“大通关”建设、海关监管工作、进出口关税及其他税费征收管理、出入境卫生检疫和出入境动植物及其产品检验检疫、进出口商品法定检验、海关风险管理、国家进出口货物贸易等海关统计、全国打击走私综合治理工作、制定并组织实施海关科技发展规划以及实验室建设和技术保障规划、海关领域国际合作与交流、垂直管理全国海关、完成党中央国务院交办的其他任务。海关总署下辖卫生检疫司、动植物检疫司、进出口食品安全局、商品检验司等检验机构，负责我国出入境检验检疫工作。

根据我国《商检法》和《商检法实施条例》的规定，我国出入境检验检疫机构在进出口商品检验方面的基本任务有以下三项：

（1）实施法定检验。法定检验是指为了保证进出口商品、动植物（或产品）及其运输设备的安全、卫生符合国家有关法律法规和国际上的有关规定，出入境检验检疫部门对规定的进出口商品或有关的检验检疫事项实施强制性的检验检疫。属于法定检验的出口商品，未经检验的

不准出口；属于法定检验的进口商品，未经检验的不准销售、使用。

小资料

我国法定检验的范围

(1)列入《商检机构实施检验的进出口商品种类表》的商品。

(2)《中华人民共和国食品卫生法》和《进出境动植物检疫法》规定的商品。

(3)危险货物的包装容器、危险货物运输设备和工具的安全技术的性能鉴定和使用鉴定。

(4)装运出口易腐烂变质食品、冷冻品的船舱、集装箱等运载工具的适载检验。

(5)对有关国际条约规定须经商检机构检验的进出口商品的检验。

(6)对其他法律、行政法规规定须经商检机构检验的进出口商品的检验。

(2)公证鉴定业务。商检机构和检验机构可以接受对外贸易关系人以及国内外有关单位或者外国检验机构的委托，办理规定范围内的进出口商品鉴定业务，签发鉴定证书。鉴定业务与法定检验不同，它不是强制性的。进出口商品鉴定业务包括：

①进出口商品的质量、数量、重量、包装鉴定和货载衡量。

②进出口商品的监视装载和监视卸载。

③进出口商品的积载鉴定、残损鉴定、载损鉴定和海损鉴定。

④装载进出口商品的船舶、车辆、飞机、集装箱等运载工具的适载鉴定。

⑤装载进出口商品的船舶封舱、舱口检视、空距测量。

⑥集装箱及集装箱货物鉴定。

⑦与进出口商品有关的外商投资财产的价值、品种、质量、数量和损失鉴定。

⑧抽取并签封各类样品。

⑨签发价值证书及其他鉴定证书。

⑩其他进出口商品鉴定业务。

(3)监督管理。监督管理主要是监督检查和管理指导出口商品生产、经营单位和进出口商品收购、用货单位的检验工作以及进出口商品质量。监督管理的目的是为了促进提高出口商品质量，扩大出口，维护国家信誉；对进出口商品实行监督，可以防止次劣商品进口，保障国家和人民群众利益。

2. 国外的商检机构

国外的商检机构有官方机构，也有同业工会、协会或民间私人经营的机构或半官方的机构；有综合机构，也有专业机构。检验机构名称也多种多样，如检验公司、公证行、鉴定公司、公证鉴定人或实验室等。

目前，国际上比较著名的检验机构有：

(1)瑞士通用公证行(Society General De Surveillance，SGS)，是当今世界上最大的检验鉴定公司，是全球检验检测认证服务行业领导者。

(2)美国粮谷检验署(FGES)。

(3)美国食品药物管理局(FDA)。

(4)法国国家实验室检测中心。

(5)日本海事鉴定协会(Nippon Kaiji Kentei Kyokai，NKKK)，是日本最大的综合性商品检验鉴定机构。

(6)劳氏船级社(Lloyd's Register of Shipping)，是世界上规模最大、历史最悠久的船舶入级和海事鉴定权威公证机构。

(7)英之杰检验集团(Inchcape Inspection and Testing Services，IITS)。

(8)美国保险人实验室(Underwriters Laboratories，UL)，是美国最权威、在全球范围内享有盛誉的最大的从事安全检验和鉴定的民间机构，也是一个独立的、非营利的、为公共安全做试验的专业机构。

(三)商品检验检疫的时间和地点

确定商品检验的时间和地点实际上就是确定买卖双方哪一方行使对商品的检验权，即哪一方提供检验证书的问题。在国际商品贸易合同中对商品检验的时间和地点的规定，主要有以下三种方法：

1. 在出口国检验

(1)在产地检验。货物离开产地之前由卖方或其委托的检验人员或买方的验收人员检验或验收货物。卖方只承担货物离开产地之前检验或买方验收为止的责任。

(2)装运前或装运时在装运港检验，即以离岸品质、重量(或数量)为准。按此规定，货物在装运前或装运时由双方约定的装运港(地)的检验机构检验，该检验机构出具的品质和重量证书应视为决定交货品质和重量的最后依据。采用这种做法，买方在货物到达目的口岸后，虽然可以自行委托出证检验机构检验货物，但无权对货物的品质、重量(数量)提出任何异议。当然，所谓离岸品质和离岸重量(数量)，其代表的是风险转移时的品质和重量(数量)。至于风险转移后，如在运输途中发生货损货差，买方仍有权向有关责任方索赔。

2. 在进口国检验

(1)目的港(地)卸货后检验，即以到岸品质、重量为准。按此规定，货物须在到达目的港(地)卸货后，由双方约定的目的港(地)的检验机构检验，其出具的品质和重量证书视作决定交货品质和重量的最后依据。买方可据此向卖方提出质量和重量(数量)的任何异议，如属卖方责任，一般卖方不得拒绝。

(2)目的港买方所在地或最终用户所在地检验，以此作为决定交货品质和重量的最后依据。

3. 在出口国装运港(地)检验、进口国目的港(地)复验

这种方法即以装运港(地)的检验证书作为议付货款的依据，货到目的地后买方有复验权。按照这种规定，货物在装船前必须检验，但在装运港的检验证明书并不是最后的依据，而是作为卖方向银行议付货款的一种单据。货物在目的港卸货后，买方仍有复验权利。如复验后发现品质、重量(数量)与合同不符，除非造成不符的原因属于承运人或保险人的责任范围，买方可根据复验结果，向卖方提出异议，并作为索赔的依据。

在国际贸易中，普遍使用的是“在出口国装运港(地)检验、进口国目的港(地)复验”的做法，因为它可以同时照顾到买卖双方的利益，比较公平合理，并已成为一条公认的原则。即除合同另有规定，买方有权在货物到达目的港(地)后复验，如复验证明在货物的风险转移到买方时已存在任何不符合同的情形，卖方应负责任。我国的进出口贸易基本上都采用这一做法。

(四)商品检验检疫证书的种类和作用

1. 商品检验证书的种类

国际贸易中使用的商品检验证书有：

(1)品质检验证书(Inspection Certificate of Quality)。

(2)重量检验证书(Inspection Certificate of Weight)。

(3)数量检验证书(Inspection Certificate of Quantity)。

(4)兽医检验证书(Veterinary Inspection Certificate)。

(5)卫生检验证书(Sanitary Inspection Certificate)。

(6)消毒检验证书(Disinfecting Inspection Certificate)。

(7)产地检验证书(Inspection Certificate of Origin)。

(8)价值检验证书(Inspection Certificate of Value)。

(9)验残检验证书(Inspection Certificate on Damaged Cargo)。

(10)船舶检验证书(Inspection Certificate on Tank/Hold)。

为了明确要求、分清责任，在检验条款中应订明所需证书的类别。

2. 商品检验证书的作用

商品检验证书在国际贸易中的作用有：

(1)作为证明卖方所交货物的品质、重量(数量)、包装以及卫生条件等是否符合合同规定的依据。

(2)作为买方对品质、重量(数量)、包装等条件提出异议，拒收货物，要求索赔，解决争议的凭证。

(3)作为卖方向银行议付货款的单据之一。

(4)作为海关验关放行的凭证。

(五)合理订立进出口合同中的商品检验条款

1. 进出口合同中商品检验条款

进出口合同中的商品检验条款一般包括下列内容：检验机构、检验权、检疫或复验的时间和地点、检验内容和方法、检验证书等。其中检疫的时间和地点最为重要，它不仅关系到买卖双方的权利和义务，而且还涉及有关的法律和国际惯例。实际业务中一般采用在出口国检验、进口国复验的规定。

合同中的检验检疫条款举例如下：

买卖双方同意货物在装运港(地)装运前由 SGS 通标标准技术服务有限公司检验，签发的质量和重量(数量)检验证书，作为 L/C 项下议付单据的一部分，买方有权对货物运抵目的港(地)卸货后经双方同意的检验检疫机构复验。如发现货物的质量、数量、包装不符合合同规定时，买方有权向卖方索赔，并提供经卖方同意的公证机构出具的检验检疫报告。索赔期限为货物到达目的港(地)后 20 天内。

Both Buyer and Seller agree to inspect the goods before shipment at the port of shipment. The quality and weight(quantity)certificate issued by SGS-CSTC Standands Technical Services Co. ,Ltd. will be regarded as a part of documents presented for negotiation under the L/C. The Buyer has the right re-inspect the goods delivered at the port of destination by an inspection bureau agreed by both parties. In case the quality, quantity and packaging of the goods are found not in accordance with those stipulated in the contract, the Buyer should provide the inspection report issued by authority agreed by the Seller the duration for lodging claims should be within twenty days after the arrival of the goods at the destination port.

2. 订立检验条款应注意的问题

(1)检验条款应与合同其他条款相一致,不能相互矛盾。在检验条款中,规定检验时间和地点时,不能与使用的价格条件相矛盾。例如,出口合同规定采用 CIF 成交,若规定到岸品质与数量或重量和买方验货后决定付款,这样,价格条件与检验条款发生矛盾,使此合同成为名不副实的 CIF 合同了。

(2)要明确规定复验的期限、地点和机构。按照一般的解释,复验的期限实际就是索赔期限,买方只有在规定的期限内行使权利,索赔才有效。应根据货物的性质、运输港口情况等决定适宜的复验期限和地点。至于复验机构的选择,必须是在政治上对我国友好、在业务上有能力的商检或公证机构。

(3)应在检验条款中明确规定检验标准和方法。

(4)进口合同检验条款应规定我方有复验权,应根据进口货物的实际规定复验期限和地点,对于大型机械、大载重汽车在目的地复验,其时间应该稍长一些;成套设备的复验期限应更长,必须经过安装、试车和正式投产几个阶段,再决定其性能质量。

二、关检融合、统一申报

按照海关总署统一部署,从 2018 年 8 月 1 日起,海关对进出口货物实行整合申报,报关单、报检单合并为一张报关单。此次整合申报是关检业务融合的标志性改革举措,改变了企业原有报关流程和作业模式,实现报关报检"一张大表"申报。

整合申报按照"依法依规、去繁就简"的原则,梳理海关原报关单申报项目和检验检疫原报检单申报项目,优化整合,面向企业端形成"四个一":一张报关单、一套附随单证、一组参数代码、一个申报系统。

1. 一张报关单

整合原报关、报检申报数据项,将原报关、报检单总计 229 个申报数据精简到 105 个,形成以 105 个录入数据为主的新报关单,一次录入。新报关单以原报关单 48 个项目为基础,增加部分原报检内容,形成了具有 56 个项目的新报关单版式。文件(打印)布局改为横版,取消套打,不再印制空白格式单证。

2. 一套随附单证

整合原报关、报检重复提交的单据和相关单证,形成一套随附单据体系和统一的附随单证申报规范。

3. 一组参数代码

梳理原报关、报检项目涉及的参数代码,整合参数。按照国家标准—国际标准—行业标准的顺序,实现参数代码的标准化。涉及参数代码 19 项。

4. 一个申报系统

在申报项目整合的基础上,整合原报关、报检的申报系统,形成一个统一的申报系统。用户由"互联网+海关"国际贸易"单一窗口"接入。新系统按照整合申报内容调整了原有报关、报检的申报数据项、参数、附随单据等。

关检融合后,统一的系统为单一窗口和"互联网+海关"。关检融合能真正实现"统一申报单证、统一作业系统、统一风险研判、统一指令下达、统一现场执法"。无论是对于一般贸易还是跨境电商来说,关检合并后通关更为快捷,贸易更加便利。

小资料

我国关检融合、统一申报的施行进程

2018 年 3 月，中共中央印发了《深化党和国家机构改革方案》，将出入境检验检疫管理职能和队伍划入海关。2018 年 4 月，海关总署发布《关于企业报关报检资质合并有关事项的公告》，优化整合企业报关报检资质。其中，企业报关报检资质合并范围包括：(1)将检验检疫自理报检企业备案与海关进出口货物收发货人备案，合并为海关进出口货物收发货人备案。(2)将检验检疫代理报检企业备案与海关报关企业(包括海关特殊监管区域双重身份企业)注册登记或者报关企业分支机构备案，合并为海关报关企业注册登记和报关企业分支机构备案。(3)将检验检疫报检人员备案与海关报关人员备案，合并为报关人员备案。

2018 年 5 月，海关总署发布《关于全面取消入/出境货物通关单有关事项的公告》。该公告指出，将全面取消入/出境货物通关单。其中，涉及法定检验检疫要求的进口商品申报时，在报关单随附单证栏中不再填写原通关单代码和编号。企业可以通过"单一窗口"(包括通过"互联网＋海关"接入"单一窗口")报关报检合一界面向海关一次申报。如需使用"单一窗口"单独报关、报检界面或者报关报检企业客户端申报的，企业应当在报关单随附单证栏中填写报检电子回执上的检验检疫编号，并填写代码"A"。而涉及法定检验检疫要求的出口商品申报时，企业不需在报关单随附单证栏中填写原通关单代码和编号，应当填写报检电子回执上的企业报检电子底账数据号，并填写代码"B"。

2018 年 6 月，海关总署发布《关于修订〈中华人民共和国海关进出口货物报关单填制规范〉的公告》，自 2018 年 8 月 1 日起执行新版《中华人民共和国海关进出口货物报关单填制规范》，全国所有关区全面切换为新报关单，报关单、报检单将合并为一张报关单。

此外，海关总署在 6 月也发布了《关于修改进出口货物报关单和进出境货物备案清单格式的公告》，该公告根据《海关总署关于修订〈中华人民共和国海关进出口货物报关单填制规范〉的公告》要求，决定修改相关单证格式。

同样在 6 月，海关总署发布《关于进出口货物报关单申报电子报文格式的公告》。该公告表示，根据新修订的《中华人民共和国海关进出口货物报关单填制规范》，海关总署制定了进出口货物报关单申报电子报文格式，企业使用数据交换方式向海关申报，按照此报文格式生成电子数据报文，联调测试、接入等工作按照海关总署公告〔2016〕16 号和海关总署公告〔2017〕20 号办理。

三、"单一窗口"业务准备

1."单一窗口"的概念

按照联合国的相关标准，单一窗口是使贸易和运输相关各方在单一登记点递交满足全部进口、出口和转口相关监管规定的标准资料和单证的一项措施。单一窗口通过在单一平台提交标准化的信息来规范现有数据格式、实现数据的简化和便利(参见联合国第 33 号建议书：建立国际贸易单一窗口)。

2."单一窗口"业务准备

"单一窗口"业务准备包括用户(注册)管理、企业资质备案、办理卡介质等准备工作。

(1)用户(注册)管理

进入"单一窗口"标准版门户网站(https://www.singlewindow.cn),在页面右上角点击"注册"字样,进入"单一窗口"标准版注册界面,选择"企业用户",完成创建用户名/密码、企业/操作员基本资料、获取保存企业已备案好的资质信息、绑定 IC 卡信息等工作。

(2)企业资质备案

完成报关单位及人员备案。登录"单一窗口"标准版,进入企业资质备案子系统,新企业一次申请、同时备案,单一资质企业补录资质。

(3)办理卡介质

办理新报关单所需的电子口岸卡介质类型:IC 卡/Ikey,通过 www.chinaport.gov.cn 查询办理渠道。

四、关检融合、单一窗口报关单填制规范

关检融合后,企业可以从"单一窗口"标准版门户网站(https://www.singlewindow.cn)进入登录界面,也可通过各地方电子口岸"单一窗口"门户进入新版报关单。

新版出口报关单的录入界面如图 4—2—1 所示。

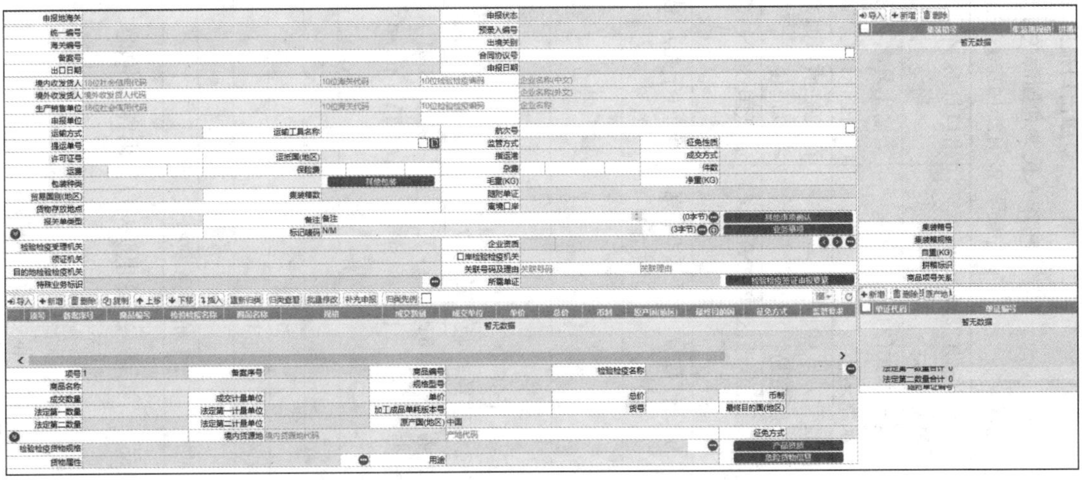

图 4—2—1　新版出口报关单录入界面

新版报关单具体填制规范说明详见:

1. 海关总署公告 2018 年第 60 号《关于修订〈中华人民共和国海关进出口货物报关单填制规范〉的公告》,http://www.customs.gov.cn/customs/302249/2480148/2481302/index.html。

2. 海关总署官网《中华人民共和国海关进出口货物报关单填制规范》,http://www.customs.gov.cn/customs/302249/2480148/2481302/2018062208581181523.doc。

3. 海关总署公告 2018 年第 61 号《关于修改进出口货物报关单和进出境货物备案清单格式的公告》,http://www.customs.gov.cn/customs/302249/2480148/2481298/index.html。

新版出口报关单内容和形式见表 4—2—5。

表 4—2—5

新版出口报关单样例

中华人民共和国海关出口货物报关单

预录入编号：220120191000123456　　海关编号：220120191000123456　（浦江海关）　　页码/页数：1/1

境内发货人(913101150880×××××) 上海××国际贸易有限公司	出境关别(2202) 吴淞海关		出口日期		申报日期 20191012	备案号	
境外收货人 TAK & MLA CORPORATION	运输方式(2) 水路运输		运输工具名称及航次号 CHENXING/V. W. 233		提运单号 HWASNCSH93813B09		
生产销售单位(913101150880×××××)	监管方式(0110) 一般贸易		征免性质(101) 一般征税		许可证号		
合同协议号 BFG20193576R	贸易国(地区)(JPN) 日本		运抵国(地区)(JPN) 日本		指运港(JPN501) 东京(日本)	离境口岸(310701) 外高桥	
包装种类(99) 其他包装	件数 1 800	毛重(千克) 35 124	净重(千克) 31 716	成交方式(3) FOB	运费	保费	杂费
随附单证及编号 随附单证 2：发票 ；企业提供的其他							
标记唛码及备注 TMC BFG20193576R TOKYO JAPAN C/N. 1-1800							

项号	商品编号	商品名称、规格型号	数量及单位	单价/总价/币制	原产国(地区)	最终目的国(地区)	境内货源地	征免
1	5601221000 (9536)	过滤烟嘴 0|0|醋酸纤维	31 716 千克 1 800 件	92. 858 0 167 144. 400 0 美元	中国 (CHN)	日本 (JPN)	(31222/310115) 上海浦东新区/ 上海市浦东新区	照章征税 (1)

特殊关系确认：否　　价格影响确认：否　　支付特许权使用费确认：否　　自报自缴：是

报关人员　报关人员证号 22123456　电话　兹申明对以上内容承担如实申报、依法纳税之法律责任 申报单位(91310110MA1B5×××××)上海××国际物流有限公司　申报单位(签章)	海关批注及盖章

任务三 出口合同履行——结汇与后续业务

子任务1 制单结汇

货物装运后，出口方按照信用证规定，缮制各种单据，在信用证的交单有效期内，递交银行办理结汇手续。

一、出口结汇办法

所谓结汇，是将出口货物销售获得的某种币制的外汇，按售汇之日中国银行外汇牌价的买入价卖给银行。我国出口结汇的办法有以下三种：

1. 收妥结汇

收妥结汇是指议付行收到出口单位的出口单据后，经审查无误，将单据寄交国外付款行索取货款，待收到付款行将货款拨入议付行账户的贷记通知书时，即按当日外汇牌价，折成人民币拨给出口单位。

2. 押汇

押汇又称买单结汇，是议付行在审单无误的情况下，按信用证条款买入出口单位的汇票和单据，从票面金额中扣除从议付日至估计收到票款之日的利息，将余款按议付日外汇牌价折成人民币，拨给出口单位。

3. 定期结汇

定期结汇是议付行根据向国外付款行索偿所需时间，预先确定一个固定的结汇期限，到期后主动将票款金额折成人民币拨交出口单位。

在上述三种结汇办法中，只有押汇才是真正意义上的议付。

二、对结汇单据的要求

开证行审核单据完全与信用证相符后，才承担付款的责任。因此，要求出口结汇单据正确、完整、及时、简明、整洁。

小资料

单证制作要求

提高单证质量，对保证安全迅速收汇有着十分重要的意义，特别是在信用证付款条件下，实行的是单据和货款对流的原则，单证不相符，单单不一致，银行和进口商就可拒收单据和拒付货款，因此，缮制结汇单据时，要求做到以下几点：

(1)正确。单据内容必须正确，既要符合信用证的要求，又要能真实反映货物的实际情况。各单据填制的内容之间不能相互矛盾。在信用证业务中，单据的重要性集中体现在单据与信用证条款的一致，单据与单据之间彼此一致。

(2)完整。单据的种类、份数应符合信用证的规定，不能短少，单据本身的内容应当完备，不能出现项目短缺情况。

> (3)及时。单证制作应及时,以免错过交单日期或信用证有效期。
>
> (4)简明。单据内容应按信用证要求和国际惯例填写,力求简明,切勿加列不必要的内容。
>
> (5)整洁。单据的布局要美观大方,缮写或打印的字迹要清楚醒目,单据表面要洁净,更改的地方要加盖校对章。一些重要单据如提单、汇票以及单据的主要项目如金额、件数、数量和重量等,不宜改动。

在实际业务中,单证不符情况时有发生。这时,首先要争取时间及时修改单证,使其与信用证相符。如果来不及修改单证,视具体情况,选择如下处理方法:

1. 表提

表提即信用证受益人在提交单据时出现单证不符,向议付行主动书面提出单证不符点,议付行要求受益人出具保函,担保日后遭到开证行拒付时,一切后果由受益人承担。这种做法也称担保结汇。表提做法一般适用于单证不符情况并不严重,或虽然是实质性不符,但事先已经与进口商确认为可以接受的情形。

2. 电提

电提又称电报提出,即在单证不符的情况下,议付行先向国外开证行拍发电报或电传,列明单证不符点,待开证行同意后再将单据寄出。使用电提方式可在短时间内由开证行征求买方的意见。如对方同意不符点,可立即寄单收汇;如不同意,卖方可及时处理运输中的货物。

3. 跟单托收

议付行不同意以表提或电提方式征询开证行的意见,这时,出口方只能采用托收方式收款。

以上几种方法,受益人都失去了开证行的付款保证,信用证的银行信用已经变成了商业信用。

三、主要结汇单据

结汇单据主要有:汇票、发票、装箱单、提单、保险单、海关发票、商检证书、受益人证明/声明、装运通知等。

1. 发票

发票种类很多,主要有商业发票,此外还有海关发票、领事发票、厂商发票、形式发票等。

(1)商业发票。简称发票,它是卖方开给买方的载有货物名称、品质、数量、价格、包装、支付方式等内容的清单,是贸易双方交接货物和结算货款的主要单证,是进口国确定征收进口关税的依据,也是买卖双方索赔、理赔的依据。

(2)海关发票。由进口国提供空白格式,出口商填写后作为结汇单据之一。它主要作为审查货物的原产地、估价完税、征收差别待遇关税或征收反倾销税的依据,此外还供编制统计资料之用。

(3)领事发票。其作用与海关发票相似。拉丁美洲国家、菲律宾等规定,凡运往该国的货物,出口商必须提供经该国领事签证的发票。国外来证要求我方提供领事发票的条款,一般不予接受。

(4)厂商发票。厂商发票是由出口制造厂商出具的以本国货币计算价格、证明出口国国内市场的出厂价格的发票。其作用同上。

2. 装箱单、重量单和尺码单

对不同特性的货物，买方关注的方面也不同，装箱单着重表示包装情况；重量单侧重说明重量情况；尺码单着重商品体积的描述。这些单据不仅在出口报关时所必需，而且信用证也常常将此类单据作为结汇单据之一。它们是商业发票的一种补充，便于国外买方在货物到达目的港时，核对货物的品种、花色、尺寸、规格和海关检查验收货物。

3. 产地证明书

产地证明书是一种证明货物原产地或制造地的证件。其作用是实行差别关税、分配和控制进口配额。它一般由出口地的公证行或工商团体签发，在我国，可由国家出入境检验检疫机构或中国国际贸易促进委员会签发。申请签发产地证明书，要向签证机构提供申请书一份、缮制好的证书一套，经签证机构核对签章后，成为有效结汇单据。通常，不使用海关发票或领事发票的国家要求提供产地证。

4. 受益人证明

这类证明多种多样，通常是证明货物的品质、唛头、包装标识、装运以及其他寄单事项的单据。这里包括装船通知证明、船公司证明、价值证明、产地证明、邮单证明等。

5. 装运通知

装运通知(Shipping Advice)是出口企业把货物装上船或交付承运人以后，通知进口方有关装船详细情况的证明。

6. 汇票、提单和保险单

这三种单据已在前面的章节中做了详细的说明，本处不再赘述。

国际贸易单证的格式和说明参见附录 3。

子任务 2 核销与退税

一、出口收汇核销

出口收汇核销是指跟踪每笔出口收汇，直到收回外汇为止。我国从 1995 年 7 月开始采取事后监督与事前监督并举的方式，将外汇管理局、银行、税务、海关及出口企业有机地结合起来，以防止出口企业高报出口价格骗税的行为。

根据国务院建设“中国电子口岸”的文件精神，由海关总署、外经贸部、国家税务总局、国家工商行政管理局、国家外汇管理局、国家出入境检验检疫局、信息产业部等部门联合开发建设的“电子口岸”部分联网应用项目于 2001 年 6 月 1 日在全国推广。“电子口岸”通过联网的方式，为外管局、海关、税务等有关部门和进出口企业提供口岸业务综合服务。通过“电子口岸”的“出口收汇系统”和“企业管理系统”，企业可以在网上向有关管理部门申领核销单、办理核销单交单以及挂失等。

“中国电子口岸”管理系统的出口收汇流程及相关业务如下：

(1)上网领单：用企业操作员卡在网上申领核销单，领单数量依据外汇管理局原核销系统记录的可发单数量，发给企业核销单，即企业领单数不能超过原系统记录的可发单数，由企业核销员到外汇管理局领取新版核销单。

(2)口岸备案：由企业操作员在网上输入口岸代码，进行企业备案。

(3)出口交单：在办理核销之前，操作员在网上交单。

(4)收汇核销:在网上交单后,到外汇管理局办理书面核销。核销所需单据有出口收汇核销单、报关单、收汇水单及出口发票。

即期业务在90天内办理核销;远期业务必须提交出口合同,在外汇管理局办理远期收汇备案。丢失空白核销单需在网上及外汇管理局同时挂失,破损的核销单必须到外汇管理局注销。若逾期未收汇,出口单位应及时向外汇管理局以书面形式申报逾期未收汇的原因,由外汇管理局视情况处理。

二、出口退税

出口退税是指一个国家为了扶持和鼓励本国商品出口,将所征税款退还给出口商的一种制度。出口退税是提高货物的国际竞争力、符合税收立法及避免国际双重征税的有力措施。我国也实行了出口货物税率为零的优惠政策。对出口的已纳税产品,在报关离境后,将其在生产环节已纳的消费税、增值税退还给出口企业,使企业及时收回投入经营的流动资金,加速资金周转,降低出口成本,提高企业经济效益。

1. 退税的基本条件

必须是报关离境的出口货物;必须是财务上作为出口销售处理的货物;必须是属于增值税、消费税征税范围的货物。现行的出口货物增值税退税率有13%、10%、9%、6%四档。

2. 退税程序

出口企业设专职或兼职办理出口退税人员,按月填报出口货物退(免)税申请书,并提供有关凭证,先报外经贸主管部门稽查签章后,再报进出口税收管理机构办理退税。目前,出口报关单、出口收汇核销单、出口税收缴款书已经全国联网,缺少其中一个信息,就不能退税。

小资料

退税提交凭证

(1)增值税专用发票(税额抵扣联)。

(2)税收(出口货物专用)缴款书或"出口货物完税分割单"。

(3)出口销售发票和销售明细账。

(4)出口货物报关单(出口退税联)。

(5)出口收汇核销单(出口退税专用)。

任务四 进口合同履行

进口合同签订以后,交易双方都要坚持"重合同、守信用"的原则,及时履行合同规定的义务。即买方应及时开证,卖方应按合同规定履行交货义务。

在我国的进口业务中,一般按FOB价格条件成交的情况较多,如果是采用即期信用证支付方式成交,履行这类进口合同的一般程序是:开立信用证、租船订舱、装运、办理保险、审单付款、接货报关、检验、拨交、索赔。这些环节的工作,是由进出口公司、运输部门、商检部门、银行、保险公司以及用货部门等各有关方面分工负责、紧密配合而共同完成的。

子任务1　开立信用证

进口合同签订后，进口企业应在合同规定的期限内向经营外汇业务的银行及时办理开证申请手续。信用证开出后，如发现内容与开证申请书不符，或因情况发生变化或其他原因，需修改信用证的，应立即向开证行提出修改申请。

一、申请开立信用证

1. 开证程序

(1)申请开证。开证申请人填制“开证申请书”，附进口合同副本，送交当地银行，要求银行按照“开证申请书”和进口合同的内容对外开证。

(2)审核开证申请。开证行接到开证申请后，应立即审核，以确定是否接受其开证申请。

(3)对外开证。如果审核后同意接受，开证申请人即可向开证行提供担保，或交付开证押金，开证行即可按照开证申请的要求缮制信用证，并通过通知行转交受益人。

2. 开证时间

买方应按照合同规定的时间向卖方开出信用证。开证时间太早，容易占压买方资金；过迟，容易导致卖方交货延迟，而使买方违约。一般情况下，可在合同装运期前30～45天将信用证开到对方。

提醒您

填写开证申请书应注意的问题

(1)信用证的种类：应按合同规定填写信用证的类别。在进口业务中，一般不宜开立可转让信用证，以防因第二受益人不可靠而造成意外损失。

(2)信用证金额：即受益人可使用的最高限额。大小写金额要一致，除非确有必要，不宜在金额前加“约”“近似”“大约”或类似词语，否则，按UCP600，将被解释为允许有不超过10%的增减幅度。另外，要注意进口合同中对于出口商佣金的规定，信用证金额需与之一致。

(3)汇票付款人和付款期限：汇票的付款人应规定为开证行或信用证指定的其他银行，而不能规定为开证申请人，否则，该汇票将被视作额外单据；汇票为即期还是远期应严格按合同规定。

(4)运输单据：如采用海洋运输，一般应要求提供全套空白背书并由发货人背书，或凭开证行指示的已装船提单；对集装箱运输、航空运输、铁路运输、邮包运输，则应在采用FCA、CIP、CPT贸易术语的条件下方可受理，同时必须注明提交相应的运输单据。

(5)其他单据：产地证、品质和重量检验证书、化验证明书等的签发机构、形式、内容及证明事项等应做明确规定。

(6)分批装运和转运：进口合同如规定不允许分批装运和转运的，应在信用证中明确注明不准分批装运(Partial Shipment Not Allowed)、不准转运(Transshipment Not Allowed)。如信用证对此不做规定的，将被视为允许分批装运和转运。

(7)到期日和到期地点:信用证必须规定一个到期日和除了自由议付信用证外的一个交单地点,否则,该信用证就不能使用。

(8)最迟装运日:信用证可以不规定最迟装运日,如未规定装运日期,理解为装运期与该证有效期为同一天,实践中称之为"双到期"。

二、修改信用证

信用证开出后,开证申请人如发现内容与开证申请书不符,或因情况发生变化或其他原因,需修改信用证的,应立即向开证行递交修改申请书,要求开证行办理修改信用证手续。但应尽量避免修改信用证,因为不仅会有银行费用的发生,也会占用时间,影响合同正常履行。

根据 UCP600 规定,凡未经开证行、保兑行(如有)以及受益人同意,信用证既不能修改也不能撤销。UCP600 还规定,在受益人向通知修改的银行表示接受该修改内容之前,原信用证(或包含先前已被接受修改的信用证)的条款和条件对受益人仍然有效。受益人应发出接受或拒绝接受修改的通知。如受益人未提供上述通知,当其提交至被指定银行或开证行的单据与信用证以及尚未表示接受的修改的要求一致时,则该事实即视为受益人已做出接受修改的通知,并从此时起,该信用证已被修改。

信用证经修改后,开证行即不可撤销地受该修改的约束。

在受益人请求改证的情况下,如果买方认为没有必要,可以拒绝修改。改证时应按国际惯例办理,对于不符合惯例的做法和要求,如改证内容不是一次性提出等,买方也可以拒绝。

子任务 2 办理其他进口手续

一、租船订舱

按 FOB 条件签订进口合同时,应由买方负责安排运输。如买方自己没有船舶,则应及时租船订舱或委托租赁代理办理租船订舱手续,当办妥租船订舱手续后,应及时将船名及船期通知卖方,以便卖方备货装船,避免出现船等货的情况。

对 CIF 和 CFR 条件下的进口合同,系由卖方负责租船、订舱,安排装运。但买方也应及时与卖方联系,掌握卖方的备货和装运情况。

二、接运货物

买方备妥船后,应做好催装工作,随时掌握卖方备货情况和船舶动态,催促卖方做好装船准备工作,对于数量大或重要的进口货物,必要时,可请我驻外机构就地协助了解和督促对方履约,或派员前往出口地点检验监督,以便接运工作的顺利进行。

三、办理保险

按照 FOB、CFR 条件成交的进口合同,由买方办理保险。一般有两种做法:一种是逐笔投保方式。收货人在接到国外卖方发来的装船通知后,直接到保险公司填写投保单,办理投保手续。保险公司出具保险单,投保人缴付保险费后,保险单随即生效。另一种是预约保险方式,由进口企业与保险公司签订预约保险合同,对应投保的险别做出具体规定。按照保险合同规定，所有预约保险合同项下的FOB或CFR进口货物保险都由该保险公司承保。因此，每批进口货物，在接到国外装船通知后，将装船通知寄到保险公司作为投保凭证，即办妥了保险手续。货物一经装船，保险公司便负有自动承保的责任。

四、审单付款

货物单据不仅是进口商付款的依据，也是核对出口商所供货物是否与合同相符的凭证。在进口业务采用信用证支付条件下，由开证行审核货物单据。在单据符合信用证规定的条件下，开证行应履行付款义务。

买方审单发现不符点时，根据UCP600，可视不同情况予以处理：

(1)拒绝接受单据并拒付全部货款。不符点性质非常严重，对买方利益有实质性损害时，买方可以拒收单据、拒付货款。

(2)部分付款、部分拒付。不符点性质不十分严重，按惯例也不宜拒付全部货款，买方可以部分付款、部分拒付。

(3)检验后付款。在买方不需要转让单据的情况下，不符点属于非实质性的，买方可以通知银行，要求货到检验后付款。

(4)凭担保付款。不符点性质一般，对买方利益不会造成明显损害时，买方可以接受卖方的担保，或国外议付行的担保对外付款。

(5)开证行对外付款，但保留追索权。不符点性质尚属一般的情况下，开证行可以在对方同意开证行保留追索权的前提下，对外付款。这样，如遇开证人拒付，开证行可追回已付货款。

(6)更正单据后付款。不符点确属操作错误，而且时间和其他条件都具备，卖方要求更改单据，买方可以接受。

五、进口报关、报验

买方付款赎单后，进口货物运抵目的港，进口货物收货人或其代理人开始进口报关、报验。

(一)进口报关

进口报关是指进口货物的收货人或其代理人向海关交验有关单据，办理进口货物申报的法律行为。进口报关程序是收单审单、估价征税、查验货物、签章放行。

1. 报关地点

一般情况下，进口货物由收货人或其代理人在货物的进境地海关办理手续。为了方便收货人办理海关手续，经收货人向海关提出申请，海关同意后，收货人可以在设有海关的指运地办理报关手续，这种异地办理报关手续的进口货物，称为转关货物。

2. 报关资格

海关规定，进出口货物要由海关准予注册的报关企业或者有权经营进出口业务的企业负责办理报关纳税手续。报关需要填制“进口货物报关单”，并上传随附单据(发票、提单等)，向海关申报，海关经查验认可后才能放行。未经海关放行的进口货物，任何单位和个人不得提取或发运。

3. 进口报关时限

根据海关法规定，进口货物的收货人应当自运输工具申报进境之日起14日内，向海关申报，超过这个期限报关的，由海关按日征收进口货物CIF(或CIP)价格的0.5‰的滞报金。超过3个月未向海关申报的，由海关提取变卖，所得价款在扣除运输、装卸、存储等费用和税款后，尚有余款的，自货物变卖之日起1年内，经收货人申请予以发还，超期无人申请的，统一上缴国家。

4. 进口纳税

海关按照规定对进口货物计征进口税。由海关征收的税种有关税、增值税、进口调节税等。

(1)关税

进口关税以CIF价为基数计算。其公式为：

$$进口关税税额=CIF价格\times关税税率$$

(2)增值税

增值税是由海关代征的税种。征收基数是完税价格，其公式如下：

$$应纳税额=完税价格\times税率$$

$$完税价格=\frac{CIF价格+关税}{1-税率}$$

(3)进口调节税

进口调节税是国家对限制进口的商品或其他原因加征的税种。其公式为：

$$进口调节税=CIF价格\times进口调节税税率$$

(二)进口报验

进口报验是指有些进口货物要向海关申请检验，以判明进口商品的规格、质量、数量、技术、性能等是否符合国家规定或订货合同的规定。

在下列三种情况下，应在卸货港口向海关报验：(1)属于法定检验的货物；(2)合同规定应在卸货港检验的货物；(3)发现货损货差情况，对进口货物进行残损或短缺鉴定，也称为索赔报验。

由于我国已经实行关检融合、统一申报，企业进口报关、报验可以通过“单一窗口”报关报检合一界面向海关一次申报。涉及法定检验检疫要求的进口商品申报时，在报关单随附单证栏中不再填写原通关单代码和编号。申报登录界面为“单一窗口”标准版门户网站(https://www.singlewindow.cn)，或通过各地方电子口岸“单一窗口”门户进入。登录界面后进入新版进口报关单的录入界面(如图4—4—1所示)。

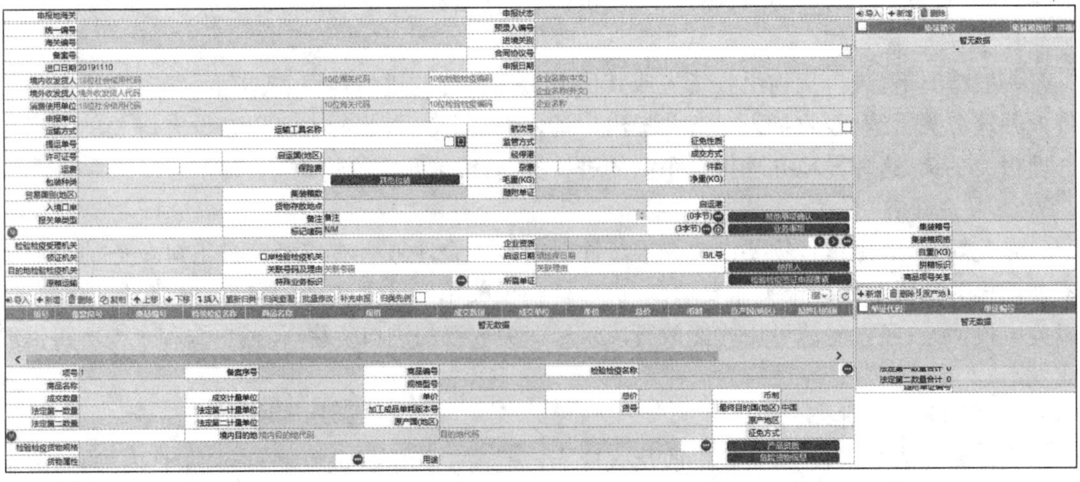

图4—4—1 新版进口报关单录入界面

六、提取与拨交货物

进口货物的报关报验等手续办完之后，即可在报关口岸按规定提取货物或拨交货物。在进口货物卸货时，港务局也应该核对。如发现货物短少应填制短卸报告交船方签认，并向船方提出保留索赔权声明；如发现货物残损，应将货物存放于海关指定仓库，由保险公司会同当地检验检疫机构出具检验证明，以便在有效索赔期内对外索赔。如用货单位在卸货口岸附件，则就近拨交货物；如用货单位不在卸货地区，则委托货运代理将货物转运内地，并拨交给用货单位。

在履行凭信用证付款的FOB进口合同时，上述各项基本环节是不可缺少的，但是在履行凭其他付款方式和其他贸易术语成交的进口合同时，则其工作环节有别。例如：在采用汇付或托收的情况下，就不存在买方开证的工作环节；在履行CFR进口合同时，买方则不负责租船订舱，此项工作由卖方办理；在履行CIF进口合同时，买方不仅不承担货物从装运港到目的港的运输任务，而且不负责办理货运投保手续，此项工作由卖方按约定条件代为办理。这就表明，履行进口合同的环节和工作内容，主要取决于合同的类别及其所采取的支付条件。此外，在履行进口合同过程中，往往因卖方未按期交货或货到后发现品质、数量和包装等方面有问题，致使买方遭受损失，而需向有关方面提出索赔，进口索赔虽不是每笔交易一定发生，但为了维护自身的利益，买方对此项工作应当常备不懈，一旦出现卖方违约或发生货运事故，就切实做好进口索赔工作，具体内容可参见项目五任务二。

小　结

1. 国际贸易货款的结算工具大多为票据，包括汇票、支票和本票，其中以使用汇票为主。汇票可以从不同角度分类。汇票在使用时一般要经过出票、提示、承兑、付款等环节；如需转让汇票，通常还需背书环节；汇票遭到拒付时，还要涉及行使追索权环节。

2. 国际贸易货款的结算方式主要有汇付、托收、信用证。此外，还有银行保证函、国际保理等方式。

3. 汇付是指付款人通过银行将款项汇交收款人的行为，分为电汇、信汇和票汇三种方式。

4. 托收是指由卖方开立汇票，委托出口地银行通过其在国外的分行或代理行，向买方收取货款或劳务费用的一种结算方式。托收可分为光票托收和跟单托收，其中跟单托收可以进一步分为付款交单(包括即期付款交单和远期付款交单)和承兑交单。承兑交单的风险大于付款交单，远期付款交单的风险大于即期付款交单。在托收方式中，银行不负责保证付款，因此托收是一种商业信用。

5. 信用证是开证行根据开证申请人的请求向受益人开立的一定金额的，并在一定期限内凭规定的单据承诺付款的书面文件。只要出口方提供正确完整的单据，开证行就承担付款责任，所以信用证是一种银行信用。信用证是独立于贸易合同以外的法律文本。

6. 进出口商品的运输方式主要有海洋运输、铁路运输、航空运输、集装箱运输、国际多式联运等。海洋运输是重要的运输方式，分为班轮运输和租船运输。班轮运输的运费由基本运费和附加费用构成，基本运费有不同的计算标准。

7. 海运提单是承运人与托运人之间运输合同的证明，是承运人收付货物的凭据，具有物权凭证的作用。海运提单可以从不同的角度分类。实践中经常使用已装船、清洁、指示提单。

8. 我国海运货物保险的险别为基本险和附加险。基本险包括平安险、水渍险和一切险；附加险包括一般附加险和特殊附加险。基本险的责任起讫采用“仓至仓”条款；战争险的责任起讫以水面危险为限。

9. 进出口商品贸易合同中的运输条款一般须订明货物装运时间、装运港和目的港、能否分批和转运等内容。订立海运保险条款首先需订明保险公司和保险条款(既可以以中国人民保险公司1981年1月1日生效的货物运输保险条款为依据,也可以以英国伦敦保险业协会货物保险条款为准)。此外还须订明保险金额、险别、保险单证等。

10. 履行合同对卖方而言是及时、安全收汇和树立良好信誉的关键;对买方而言是及时、安全获得货物和树立良好信誉的关键。出口合同履行程序包括准备货物、落实信用证、组织装运、制单结汇等几个环节。进口合同履行程序是与出口合同履行程序相对应的,包括开立信用证、安排运输、办理保险、审单付款、报检报关等内容和环节。

职场体验

案例分析

1. 某公司收到国外买方通过开证行开来的即期不可撤销跟单信用证,证中规定卖方不得迟于2019年2月15日装运。我方因港口舱位紧缺,无法如期装运,于2月6日电请买方将装运期延展至3月15日,信用证有效期同时延展。2月10日接买方来电称:"同意你2月6日电,将装运期改为不得迟于3月15日,信用证有效期同样延展一个月。"接电后,我方立即组织出运,于3月12日装船完毕并于15日备齐全套结汇单据向银行交单议付,但银行拒绝收单。问:银行的拒收是否有理?为什么?

2. 有一批运输途中的货物已向保险公司投保了水渍险,载货的船舶在途中遇到下雨,使该货物遭到部分水渍损失。试问:保险公司对上述损失负责赔偿吗?为什么?

3. 某公司与国外某客商达成一笔交易,合同中规定,数量为100公吨,可有5%的伸缩,多交部分按合同价格计价。商品的价格为1 500美元/公吨FOB上海。现该商品的市场行情上涨,问:

(1)卖方根据合同的规定最多和最少可交多少公吨货物?

(2)此案例中,卖方应多交还是少交?为什么?

业务操作

一、阅读下面的信用证,分析信用证主要内容并回答问题。

Issue of a Documentary Credit

打印日期: 2013-04-22 打印时间: 下午 04:08:25 操作员: I200A0

中国民生银行 CHINA MINSHENG BANKING CORP., LTD.

*FIN/Session/ISN :F01 :SS: :SEQ:
*Own Address :MSBCCNBJA002
*Input Message Type :700 Issue of a Docuementary Credit
*Sent to :IBSPIT2FX300
Priority/Obsol.Period :Normal/100 Minutes

---

27 /Sequence of Total
1/1
40A/+ Form of Documentary Credit
IRREVOCABLE
20 /+ Documentary Credit Number
0209LC13000092
31C/+ Date of Issue
130422
40E/Applicable Rules
UCP LATEST VERSION
31D/+ Date and Place of Expiry
130614ITALY
50 /+ Applicant
ORIENT INTERNATIONAL HOLDING
SHANGHAI FOREIGN TRADE CO., LTD.
NO 85 LOU SHAN GUAN ROAD SH CHINA
59 /+ Beneficiary
F.LLI ZANGHERI AND C. SRL
VIA A. MANZONI, 2 CERASOLO AUSA-
CORIANO (RIMINI)-ITALY
TEL: 0541-759262
32B/+ Currency Code, Amount
EUR20723,
39A/+ Percentage Credit Amount Tolerance
10/10
41D/+ Available With ... By ...
ANY BANK
BY NEGOTIATION
42C/+ Draft at ...
SIGHT FOR 100PCT OF
INVOICE VALUE SHOWING THIS L/C NO.
AND DATE OF ISSUE
42A/+ Drawee
MSBCCNBJ002
43P/+ Partial Shipments
NOT ALLOWED
43T/+ Transshipment
NOT ALLOWED
44E/Port of loading
ANY PORT IN ITALY
44F/Port of discharge
SHANGHAI,CHINA
44C/+ Latest Date of Shipment
130530
45A/Description of Goods and/or Services
VENEER BLOCKS
41.446 CBM EUR500.0/CBM
TOTAL AMOUNT: EUR20,723.00 CFR SHANGHAI CHINA

22/04 2013 16:40 FAX

PACKING: CONTAINER(S)
COUNTRY OF ORIGIN: ITALY
MANUFACTURER: F.LLI ZANGHERI AND C.SRL
中国民生银行
46A/Documents Required
+SIGNED COMMERCIAL INVOICE IN QUINTUPLICATE, INDICATING L/C NO. AND CONTRACT NO.13YN804-XS12135T.
+FULL SET OF ORIGINAL CLEAN ON BOARD OCEAN BILLS OF LADING MADE OUT TO ORDER AND BLANK ENDORSED, MARKED "FREIGHT PREPAID", NOTIFYING APPLICANT.
+WEIGHT MEMO / PACKING LIST IN DUPLICATE INDICATING QUANTITY / GROSS AND NET WEIGHTS OF EACH PACKAGE AND PACKING CONDITIONS AS CALLED FOR BY THE L/C.
+CERTIFICATE OF QUANTITY / WEIGHT IN DUPLICATE, ISSUED BY BENEFICIARY.
+CERTIFICATE OF QUALITY IN DUPLICATE, ISSUED BY BENEFICIARY.
+CERTIFICATE OF ORIGIN IN ONE ORIGINAL.
+CERTIFICATE OF CIRCUMSTANCE STATEMENT ISSUED BY BENEFICIARY.
47A/Additional Conditions
+BOTH QUANTITY AND AMOUNT 10PCT MORE OR LESS ARE ALLOWED.
+THIRD PARTY AS SHIPPER IS NOT ACCEPTABLE.
SHORT FORM/BLANK BACK B/L IS NOT ACCEPTABLE.
+ALL DOCUMENTS MUST INDICATE THIS LC NO.
+ONE EXTRA COPY/PHOTOCOPY OF INV.(S) AND TRANSPORT DOCUMENT(S) ARE REQUIRED TO BE PRESENTED TOGETHER WITH THE DOCUMENTS FOR ISSUING BANK'S RETENTION.
+THE NEGOTIATION BANK / PRESENTING BANK MUST INDICATE THE EXACT DATE OF DOCS PRESENTATION ON THEIR COVERING SCHEDULE. IF SUCH A DATE WAS NOT MENTIONED WITHIN THE COVERING SCHEDULE, THE DATE OF THE COVERING SCHEDULE WILL BE DEEMED TO BE THE DATE OF DOCS PRESENTATION.
71B/Charges
ALL BANKING CHARGES OUTSIDE THE ISSUING BANK ARE FOR BENEFICIARY'S ACCOUNT.
48 /+ Period for Presentation
DOCUMENTS MUST BE PRESENTED WITHIN 15 DAYS AFTER SHIPMENT DATE BUT WITHIN THE VALIDITY OF THIS CREDIT.
49 /+ Confirmation Instructions
WITHOUT
78 /Instructions to the Paying/Accepting/Negotiating Bank
+UPON RECEIPT OF THE DOCUMENTS AND THE DRAFTS IN COMPLIANCE WITH THE TERMS AND CONDITIONS OF THIS CREDIT, THE REIMBURSEMENT WILL BE EFFECTED AS PER THE NEGOTIATING BANK'S INSTRUCTION.
+THE AMOUNT OF EACH DRAFT MUST BE ENDORSED ON THE REVERSE OF THIS CREDIT BY THE NEGOTIATING/PRESENTING BANK.
+DISCREPANCY CHARGE USD80.-(IF ANY) AND PAYMENT CHARGE USD50.- OR EQUIVALENT IN THE CREDIT CURRENCY WILL BE DEDUCTED FROM THE PROCEEDS FOR EACH PRESENTATION.
+ALL DOCUMENTS MUST BE SENT IN ONE LOT THROUGH BENEFICIARY'S BANK TO US: CHINA MINSHENG BANKING CORP., LTD., TRADE FINANCE DEPARTMENT (SHANGHAI), F6, NO.100, PU DONG NAN ROAD, PU DONG, SHANGHAI, 200120 CHINA. T:0086-21-61877166/61877223.

根据以上信用证内容，回答下列问题，填入正确答案：

(1)开证行：

(2)开证申请人：

(3)受益人：

(4)信用证号码：

(5)开证日期：

(6)信用证有效期：

(7)到期地点：

(8)装运港：

(9)目的港：

(10)装运期限：

(11)是否允许分批：

(12)是否允许转船：

(13)商品名称：

(14)商品数量：

(15)商品单价：

(16)所需单据：

(17)交单期限：

(18)信用证是否保兑：

(19)信用证是否可转让：

(20)信用证金额：

(21)信用证金额增减百分比：

(22)数量增减百分比：

(23)汇票付款期限：

(24)汇票付款人：

(25)单据不符点扣款：

二、阅读下面的案例，根据业务操作的顺序，整理本笔出口交易的流程图。

【基本案情】

出口商：南京思科纺织服装公司 NANJING SICO TEXTILE GARMENT CO.，LTD.

进口商：FASHION FORCE CO.，LTD.

交易商品：COTTON BLAZER 全棉运动上衣

成交方式：CIF

付款方式：即期信用证(L/C AT SIGHT)

出口口岸：上海

通知行：中国银行江苏省分行

货运代理公司：上海凯通国际货运代理有限公司

承运船公司：中远集装箱运输有限公司

【业务操作】

(一)交易磋商

2018 年 12 月 2 日，加拿大 FASHION FORCE CO.，LTD.(简称 F. F.)公司传真一份制

作女式全棉上衣的指示书，并邮寄面料、色样及一件成衣样品给思科公司，要求思科公司于2019年3月25日前交货。

经过多次磋商，12月26日，双方最终确定以每件USD12.80的报价成交。F.F.公司要求思科公司根据该份报价单制作合同传真及会签，同时传真形式发票以供其开具信用证。

（二）签订出口合同

2018年12月29日，思科公司传真F.F.公司出口销售合同（S/C No.2018081967），请其会签，并随附形式发票（P/I No.20180942）。

（三）落实信用证

2019年1月31日，中国银行江苏省分行通知思科公司收到F.F.公司通过BNP PARIBAS (CANADA) MONTREAL银行开来的编号为63211020049的信用证电开本。

信用证相关信息如下：

1. 开证日期：2019年1月29日

2. 信用证有效期及地点：2019年4月10日，中国

3. 信用证金额：USD32 640.00

4. 商品描述：

SALES CONDITIONS：CIF MONTREAL/CANADA

SALES CONTRACT NO.2018081967

LADIES COTTON BLAZER（100%COTTON，40S×20/140×60）

USD12.80/PC

5. 不允许分批装运，允许转运，从中国运至加拿大蒙特利尔港口

6. 最后装船期：2019年3月25日

7. 议付单据要求：

(1)商业发票一式六份；

(2)加拿大海关发票一式四份；

(3)装箱单一式三份；

(4)3/3全套正本已装船的清洁海运提单，抬头人为"TO THE ORDER OF BNP PARIBAS(CANADA)"显示运费预付，并通知开证申请人；

(5)普惠制产地证副本一份(FORM A)；

(6)输加拿大纺织品出口许可证副本一份；

(7)受益人证明一份，证明装运后5天内，已经将有关单据副本（复印件）用快递方式直接寄送给开证人；

(8)提供开证人的传真确认函一份，确认货物在装运前生产的样品由开证人认可；

(9)客检证正本一份：要求出运前15天用DHL寄四件不同型号的成衣样品，经检验合格后由F.F.公司出具客检证；

(10)中国人民财产保险公司出具的保险单正、副本各一份。

（四）出口备货

确认信用证后，2019年2月1日，思科公司立即与早已联络好的服装加工厂签订订购合同，指定服装厂使用百合纺织的面辅料。2月5日，服装厂正式投产。

（五）租船订舱

2019年3月9日，服装全部生产、包装完毕，工厂制作装箱单传真给思科公司。单证储运

部门将出口货物明细单传真至上海凯通国际货运代理有限公司用于租船订舱。2019 年 3 月 12 日，凯通公司根据思科公司提供的出口货物明细单缮制集装箱货物托运单。

（六）申请配额

2019 年 3 月 9 日，思科公司向商务部申领输加拿大纺织品配额。3 月 13 日，拿到签发的输加拿大纺织品出口许可证。

（七）出口报检（出口申报前监管）和报关

2019 年 3 月 9 日，思科公司通过“单一窗口”界面，先填写报检相关数据，取得检验检疫编号，形成电子底账数据。随后填写报关数据，并在报关单随附单据栏中填写检验检疫编号，在新的报关单录入界面反填底账数据信息后报关。

（八）出口保险

2019 年 3 月 14 日，思科公司按约定的保险险别和保险金额，向中保财产保险有限公司投保。

（九）装船出运

2019 年 3 月 16 日上午，思科公司根据上海凯通的送货通知按时将货物送到上海凯通指定的仓库。3 月 20 日，上海凯通公司作为承运人中远集装箱运输有限公司的代理，签发了 COS6314623142 号提单。

（十）制单结汇

根据信用证的规定，思科公司随即制作了全套议付单据，于 4 月 2 日向议付银行——中国银行江苏省分行——交单议付。

学习评价

一、单项选择题

1. 卖方根据合同和信用证的规定，按时、按质、按量地准备好应交的货物，称为（　　）。

(A)备货　　(B)筹措资金　　(C)库存　　(D)出口配额

2. 以下不是信用证按流通方式划分的类别的是（　　）。

(A)保兑信用证　　(B)循环信用证　　(C)可转让信用证　　(D)背对背信用证

3. 信用证一经开出，在信用证有效期内，未经有关当事人的一致同意，不能撤销或修改其内容，称为（　　）。

(A)可撤销信用证　　(B)不可撤销信用证

(C)即期信用证　　(D)循环信用证

4. 在正常情况下，买方信用证最少应在货物装运期前（　　）开到卖方手里。

(A)15 天或 30 天　　(B)60 天　　(C)90 天　　(D)10 天

5. 关于催开信用证的情形，错误的是（　　）。

(A)合同规定装运期限较长，同时规定买方应在出口方装运期前一定期限内开证，出口方应在通知对方预计装运期时，同时催请对方按约定时间开证

(B)如果根据出口方备货和船舶情况，有可能提前装运时，也可与对方商量，要求其提前开证

(C)买方未在销售合同规定的期限内开立信用证，卖方有权利向买方要求损害赔偿。在此之前，仍可催促买方开证

(D)买方未在销售合同规定的期限内开立信用证，可催促买方开证，但卖方不能向买方要求损害赔偿

6. 集装箱货物托运单又称（　　）。

(A)场内收据　　(B)场站收据　　(C)航空托运单　　(D)运单

7. 以下情况不需要修改信用证的是（　　）。

(A)信用证内容与合同不符　(B)因备货过程中出现问题无法按时装运
(C)买卖双方的经济、政治条件发生变化　(D)信用证规定比合同规定宽松

8. 修改信用证应注意的要点有(　　)。
(A)需要修改的内容,可分次向开证申请人提出
(B)国外客户来证后又主动要求修改来证内容,我方不可以拒绝
(C)对同一修改通知中的修改内容只能全部接受或拒绝
(D)受益人收到信用证修改通知书后,不需要明确表示是接受还是拒绝此次修改

9. 按照国际保险市场习惯,保险金额通常是将 CIF 或 CIP 总值加成(　　)计算。
(A)5%　(B)10%　(C)15%　(D)20%

10. 在信用证方式下,单据的正确性集中体现在(　　)。
(A)单证一致和单单一致
(B)按照信用证的规定提供各项单据
(C)在信用证的有效期内,及时将单据送交议付银行
(D)单据的内容应按信用证要求和 UCP500 及国际惯例填写

二、多项选择题

1. 海运提单按货物是否已装船分类,可分为(　　)。
(A)已装船提单　(B)清洁提单　(C)记名提单　(D)备运提单
(E)提示提单

2. 海运提单的性质和作用有(　　)。
(A)货物收据　(B)运输契约的证明　(C)物权凭证　(D)报关依据
(E)包装单据

3. 买卖合同中卖方的基本义务有(　　)。
(A)按照合同规定交付货物　(B)移交一切与货物有关的单据
(C)转移货物的所有权　(D)办理租船订舱工作
(E)办理投保

4. 出口货物的通关基本程序是(　　)。
(A)出口申报　(B)出口查验　(C)缴纳关税　(D)出口放行
(E)退税核销

5. 一切险所承保的责任范围包括(　　)。
(A)被保险货物由于恶劣气候造成的部分损失　(B)由于轮船爆炸造成货物部分损失
(C)在运输时货物被雨水淋湿　(D)共同海损的救助费用
(E)运输中货物被盗

6. 某纺织品的 CIF 价格为 USD10 000,进口商要求按成交价格的 110%投保一切险(保险费率 0.8%)和战争险(保险费率 0.08%),保险金额与保险费分别是(　　)。
(A)保险费 96.8 美元　(B)保险金额 11 000 美元
(C)保险金额 10 000 美元　(D)保险费 108.8 美元
(E)保险费 150 美元

7. 结汇单据一般包括(　　)。
(A)汇票　(B)发票　(C)装箱单　(D)保险单
(E)生产订单

8. 我国出口结汇的方式主要有(　　)。
(A)买单结汇　(B)一次交单　(C)收妥结汇　(D)定期结汇
(E)二次交单

9. 申请开立信用证的步骤主要包括(　　)。
(A)开证前的准备工作　　(B)开证申请人的保证
(C)签订订货合同　　(D)填写开证申请书
(E)签订合作协议
10. 开证和改证中的注意事项是(　　)。
(A)根据贸易合同确定开证日期
(B)信用证条款要与合同一致,单据条款要明确
(C)国外受益人要求修改信用证时,我方一定要慎重考虑之后再予以答复
(D)信用证条款要与合同不同
(E)信用证条款与合同可以不一样,单据条款要明确

三、判断题

1. ICC(A)险、ICC(B)险、ICC(C)险条款的责任起讫是“仓至仓”条款。(　　)
2. 当合同规定比信用证规定严格时,应修改信用证。(　　)
3. 信用证类型按照其性质可以分为不可撤销信用证和可撤销信用证。(　　)
4. 买方未在销售合同规定的期限内开立信用证,卖方有权利向买方要求损害赔偿。在此之前,不能再催促买方开证。(　　)
5. 及时交货就必须使生产进度与订单交货期相吻合,可以提前交货,但不能延迟交货。(　　)
6. 信用证没有特别说明,一般默认该信用证为“可撤销信用证”。(　　)
7. 即期信用证增强了受益人的收汇安全性,在国际商务中得以广泛应用。(　　)
8. 外贸合同中如果商品定有选择港,则可以不用考虑增加的运费、附加费用由谁承担等内容。(　　)
9. 关检融合之后,只有一个报关单编号,没有报检号。(　　)
10. 结汇提货阶段,外运公司持提单及其他单据到议付行办理结汇。(　　)

四、简答题

1. 汇票、本票和支票之间有哪些相同点与不同点?
2. 为什么说托收是一种商业信用?
3. 简述信用证的业务程序。
4. 海运提单的性质和作用是什么?提单收货人一栏有几种填写方法?
5. 我国海上货物运输保险的险别有哪几种?各自的责任范围有何区别?
6. 审核信用证的依据是什么?通常应审核哪些内容?
7. 进口合同的履行程序与出口合同的履行程序有何不同?
8. 合同的装运条款应订明哪些内容?合同的保险条款应订明哪些内容?

五、计算题

1. 我方按CFR迪拜价格出口洗衣粉100箱,该商品内包装为塑料袋,每袋0.5千克,外包装为纸箱,每箱100袋,箱的尺寸为:长47cm、宽30cm、高20cm,基本运费为每尺码吨HK$367,另加收燃油附加费33%、港口附加费5%、转船附加费15%,计费标准为M。试计算:该批商品的运费为多少?

2. 某公司出口货物共200箱,对外报价为每箱438美元CFR马尼拉,菲律宾商人要求将价格改报为FOB价。试求每箱货物应付的运费及应改报的FOB价为多少(已知该批货物每箱的体积为45cm×35cm×25cm,毛重为30千克,商品计费标准为W/M,每运费吨基本运费为100美元,到马尼拉港需加收燃油附加费20%、货币贬值附加费10%、港口拥挤费20%)。

3. 某货主在货物装船前,按发票金额的110%办理了货物投保手续,投保一切险加保战争险。该批货物以CIF成交的总价值为20.75万美元,一切险和战争险的保险费率合计为0.6%。问:(1)该货主应交的保险

费是多少？(2)若发生了保险公司承保范围内的风险，导致该批货物全部灭失，保险公司的最高赔偿金额是多少？

4. 我方出口货物 3 000 件，对外报价为 2 美元/件 CFR 纽约。为避免漏保，客户来证要求我方装船前按 CIF 总值代为办理投保手续。查得该货的保险费率为 0.8%。问：我方对该货投保时的投保金额和应缴纳的保险费是多少？

项目五　国际贸易合同善后

知识目标

◆ 了解争议产生的原因和合同相关条款

◆ 理解不可抗力的构成和法律后果

◆ 熟悉争议的处理方式及其特点

◆ 掌握索赔和理赔的含义及操作注意事项

能力目标

◆ 能够读懂合同中不可抗力、仲裁、罚金、异议和索赔条款

◆ 发生合同争议时能选择恰当的处理方式

◆ 能够根据合同条款索赔和理赔

重点难点

◆明确违约和争议的处理方式，能够根据合同或法律规定提出索赔

◆知道如何理赔

任务引入

如何处理争议?

英国 S&F 公司向我国 XYZ 公司订购了一批冰箱，订单号 No. 1236。该批货于 2019 年 9 月 16 日由“长风”轮从上海港起运，共 150 箱。货物到达目的地利物浦后，英国 S&F 公司发现其中有 5 个箱子破裂，内装商品损坏；经过检验，认为损失系不良包装所致，应由供货方承担责任。于是，英国 S&F 公司向我国 XYZ 公司提出包括损坏和检验费用共计 6 000 英镑的赔偿。如果你是我国 XYZ 公司的业务员，面对英国 S&F 公司的索赔请求，应该如何处理呢?

任务一　争议预防

子任务 1　争议的产生与预防认知

由于国际货物买卖履约时间长、涉及面广、业务环节多，买卖双方在合同履行过程中常常因种种原因发生争议，甚至导致索赔、仲裁或诉讼等情况的发生。国际贸易中，如何预防和处理争议、如何最大限度地保护有关当事人的合法权益也是非常重要的工作。

一、争议的产生

争议(Disputes)是指交易的一方认为对方未能全部或部分履行合同规定的责任和义务而引起的纠纷。

交易中引起双方争议的原因是多种多样的,大致归纳为以下几种情况:

1. 卖方责任

属于卖方的责任:(1)不按合同规定的交货期交货,或不交货。(2)所交货物的品质、规格、数量、包装等与合同(或信用证)规定不符。(3)其他不符合合同条款规定的行为致使买方受到损失。

2. 买方责任

属于买方的责任:(1)在按信用证支付方式成交的条件下,不按期开证或不开证。(2)不按合同规定付款赎单,无理拒收货物。(3)在 FOB 条件下,不按合同规定如期派船接货等。(4)其他不符合合同条款规定的行为致使卖方受到损失。

3. 双方责任

买卖双方均负有违约责任,如合同条款规定不明确,致使双方理解或解释不统一,造成一方违约,引起纠纷。

从违约的性质看,争议产生的原因:一种是由当事人一方的故意行为造成的;另一种是由于当事人一方的疏忽、过失或业务生疏而导致的。此外,对合同义务的重视不足,往往也是导致违约、发生纠纷的原因之一。

二、与争议相关的合同条款

一方面 ,国际贸易中买卖双方应该恰当履约,尽量避免争议。另一方面,争议也难以完全避免。对此,国际贸易合同中也要订立与争议相关的条款。

1. 异议和索赔条款

异议和索赔条款(Discrepancy and Claim Clause)除了明确规定一方如违反合同,另一方有权提出索赔外,主要还包括索赔的依据、索赔的期限、赔偿损失的办法和金额等项内容。

索赔依据和索赔期限在异议和索赔条款中要明确地加以规定,并与检验条款相结合。例如对于索赔的规定:买方对于装运货物的任何异议,必须于货物运抵提单所列明目的港 60 天内提出,并须提供经卖方认可的公证机构出具的检验报告。

合同中异议和索赔条款举例:

买方对货物的任何异议必须于货到目的港后 30 天以内提出,并须提供经卖方同意的公证机构出具的检验报告。(Any claim by the Buyer regarding the goods shall be filed within 30 days after the arrival of the goods at the port of destination and supported by a surrey report issued by a surveyor approved by the Seller.)

在我国出口合同中,关于异议和索赔条款的规定通常如下:

索赔:买方对于装运货物的任何异议,必须于货物运抵提单所列明目的港 60 天内提出,并须提供经卖方认可的公证机构出具的检验报告。

2. 罚金条款

罚金条款(Penalty Clause)主要规定:一方如未履行或未完全履行合同所规定的义务时,应向对方支付一定数额的约定罚金,以补偿对方的损失。这种条款一般适用于卖方延期交货,或者买方延期接货等情况。其特点是双方在合同中预先约定一个赔偿的金额，其大小视延误时间长短而定。例如，"若卖方不能按期交货，则卖方同意由付款行从议付的货款中或从买方直接支付的货款中扣除罚金，罚金不超过交货金额的5%。罚金的支付并不解除违约方继续履行合同的义务，因此，违约方除支付罚金外，仍应履行合同义务，如因故不能履约，则另一方在收受罚金之外，仍有权索赔"。

合同中罚金条款举例：

买方不能按合同规定的时间开立信用证，应向卖方支付罚金。罚金按迟开证每10天收取信用证金额的1%，但罚金不超过买方应开信用证金额的10%。（Should the Buyer fail to open the L/C on time stipulated in the contract, the Buyer shall pay a penalty to the Seller. The penalty shall he charged at the rate of 1% of the amount of the L/C, however, the penalty shall not exceed 10% of the total value of the L/C which the Buyer should have opened.）

小资料

我国《合同法》有关罚金条款的规定

当事人可以约定一方违约时应当根据违约情况向对方支付一定数额的违约金，也可以约定因违约产生的损失赔偿额的计算方法。

约定的违约金过分高于或低于违反合同所造成的损失时，当事人可以请求仲裁机构或法院予以适当减少或增加。

当事人迟延履行约定违约金的，违约方支付违约金后，还应当履行债务。

此外，还有品质担保条款、法律适用条款、不可抗力条款等。

子任务2　不可抗力免责

一、不可抗力的含义

不可抗力（Force Majeure）又称人力不可抗拒，是指买卖双方签约后，发生了不是由于任何一方当事人的过失或疏忽而造成的当事人既不能预见和预防，又无法避免和克服的意外事故，致使合同无法履行或不能如期履行，发生意外事故的一方可以因此免除履约责任或延迟履行合同。

小链接

英美法中有"合同落空"原则的规定，其意思是指合同签订后，不是由于当事人的过失而发生意想不到的事件，致使订约目的受到挫折，发生事故的一方可以免责。大陆法有"情势变迁"原则的规定，其意思与"合同落空"基本一致。不过，法院对援引此原则免责的要求是很严格的。

二、不可抗力的原因及认定条件

造成不可抗力事件的原因大体可分为自然原因和社会原因两类。一类是自然原因引起的,如洪水、暴风、干旱、暴雪、地震、火灾等;另一类是社会原因引起的,如战争、罢工、政府封锁禁运、禁止进出口及国际航道封闭等。但应注意的是,并非所有自然原因和社会原因引起的事件都属于不可抗力事件。哪些意外事故应视作不可抗力,可由买卖双方在合同中约定。

构成不可抗力事件一般应当具备以下条件:

(1)事件是在签订合同之后发生的;

(2)事件不是由于任何一方当事人故意或过失所造成的;

(3)事件的发生及其造成的后果是当事人在订立合同时无法预见的;

(4)事件是当事人无法控制、无法避免和不可克服的。

因此,对于不可抗力事件的认定必须慎重,要与商品价格波动、汇率变化、买方无力偿付货款等正常的贸易风险区分开来。

三、不可抗力的法律后果

不可抗力事件所引起的后果主要有两种:一是解除合同;二是变更合同。所谓变更合同,是指对原订合同的条件或内容适当地变更,包括替代履行、减少履行或延迟履行。至于在什么情况下可以解除合同,在什么情况下不能解除合同而只能变更合同,要看不可抗力事件对履行合同的影响,也可由买卖双方在合同中具体规定。如合同中未做具体规定,一般原则是:如不可抗力事件使合同的履行成为不可能,且买卖双方买卖的是特定物,一旦遭遇不可抗力事件,可解除合同。如不可抗力事件只是暂时阻碍了合同的履行,买卖双方买卖的是种类物,则只要卖方还有可能从其他地方取得合同规定的货物,他就不得免除履约责任,而只能采用变更合同的方法,如替代履行、减少履行或延迟履行合同,以减少另一方的损失。

尽管如此,在实践中往往会出现一旦发生不可抗力事件,一方就提出要解除合同的情况。合同是变更还是解除,事关合同双方的经济利益。因此,合同中的不可抗力条款,仍应就不可抗力所引起的法律后果做出明确的规定,以利于执行。例如,我国的买卖合同一般都规定,由于不可抗力事件的影响而不能顺利履行合同时,可根据实际所受影响的时间延长履行合同的期限。

微型案例

2019年我国某出口企业以CIF纽约与美国某公司订立了200套家具的出口合同。合同规定12月交货。11月底,我国企业出口商品存放仓库发生雷击火灾,致使一半左右的出口家具烧毁。我国企业以发生不可抗力事故为由,要求免除交货责任,但美方不同意我方请求,坚持要求我方按时交货。我方经艰苦努力,于次年1月初交货,美方于是提出索赔。思考:(1)我方要求免除交货责任的要求是否合理?为什么?(2)美方的索赔要求是否合理?为什么?

【评析】

(1)本案中,我方出口商品仓库发生雷击火灾,致使一半左右的出口家具烧毁,这属于不可抗力事故，我方可以遭遇不可抗力事故为由，向美方提出延期履行合同的要求，但不能提出解除合同的要求。因为，本次不可抗力事件的严重程度只能定性为“暂时阻碍了合同的履行”，并没有严重到“使合同的履行成为不可能”。

（2）美方的索赔要求不合理。因为，既然发生了不可抗力事故，且已备好的货物一半被烧毁，这必然影响我方的交货时间。另外，不可抗力是一项免责条款，可免除遭受不可抗力事故一方不能如期履约的责任。美方应考虑实际情况同意延期履行合同。因此，美方的索赔要求是不合理的。

四、不可抗力免责的适用

1. 订立不可抗力条款

不可抗力条款是一种免责条款，即免除由于不可抗力事件而违约的一方的违约责任。一般应规定的内容有：不可抗力事件的范围、事件发生后通知对方的期限、出具证明文件的机构以及不可抗力事件的后果。

国际贸易合同中不可抗力条款主要有以下三种规定方法：（1）概括式；（2）列举式；（3）综合式。实际业务中常采用综合式。

合同中不可抗力条款举例：

如由于战争、地震、洪水、火灾、暴风雨、雪灾或其他不可抗力的原因，致使卖方不能全部或部分装运或延迟装运合同项下的货物，卖方对于这种不能装运或延迟装运本合同货物的情况不负责任。但卖方须用电报或电传通知买方，并须在××天内以航空挂号信件向买方提交由中国国际贸易促进委员会出具的证明此类事件的证明书。（If the shipment of the contracted goods is prevented or delayed in whole or in part by reason of war, earthquake, flood, fire, storm, heavy snow or other causes of Force Majeure, the Seller shall not be liable for non-shipment or late shipment of the goods of this contract. However, the Seller shall notify the Buyer by cable or telex and furnish the latter within ×× days by registered airmail with a certificate issued by the China Council for the Promotion of International Trade attesting such event or events.）

2. 不可抗力事故的通知

当发生不可抗力影响合同履行时，发生事故的一方当事人应按约定的通知期限和通知方式，将事故情况如实通知对方，对方在接到通知后，应及时答复，如有异议也应及时提出。为明确责任，买卖双方对此应在合同中明确规定。如一方遭受不可抗力事件以后，应以最快捷的方式通知对方，并应在 15 天内以航空挂号信提供事件的详细及影响合同履行程度的证明文件。

3. 不可抗力事故的证明

当一方援引不可抗力条款要求免责，必须向对方提交合同中规定的出证机构出具的证明文件。在国外，这种证明文件一般由当地的商会或法定公证机构出具。在我国，由中国国际贸易促进委员会及其设在口岸的贸促会分会出具。

发生不可抗力事件后，双方当事人都要认真分析事件的性质，看其是否属于不可抗力事故的范围，并就不可抗力的后果，按约定的处理原则和办法协商处理。

提醒您

处理不可抗力事件的注意事项

(1)区分商业风险和不可抗力事件。商业风险往往也是无法预见和不可避免的,它与不可抗力事件的根本区别在于:一方当事人承担了风险损失后,有能力履行合同义务,典型情况是对“种类物”的处理,此类货物可以从市场中购得,因而卖方通常不能免除其交货责任。

(2)重视“特定标的物”的作用。对于包装后刷上唛头或通过运输单据等已将货物确定为某项合同的标的物,称为“特定标的物”。此类货物由于意外事件而灭失,卖方可以确认为不可抗力事件。如果货物并未特定化,则会造成免责的依据不足,比如3万米棉布在储存中由于不可抗力损失了1万米,若棉布分别售予两个货主,而未对棉布做特定化处理,则卖方对两个买主都无法引用不可抗力条款免责。

任务二 违约及争议处理

子任务1 选择合适的争议处理方式

一、违约及其法律后果

买卖合同是对缔约双方具有约束力的法律文件。任何一方违反了合同义务,就应承担违约的法律后果。但是,各国的法律或国际组织的文件对于违约方的违约行为及由此产生的法律后果、对该后果的处理有不同的规定和解释。英国的《货物买卖法》将违约分为违反要件(Breach of Condition)和违反担保(Breach of Warranty)两种。违反要件是指违反合同的主要条款,即违反与商品有关的品质、数量、交货期等要件;合同一方当事人违反要件时,受损方有权解除合同,并提出损害赔偿。违反担保是指违反合同的次要条款,在违反担保的情况下,受损方只能提出损害赔偿,而不能解除合同。

与英国《货物买卖法》不同,《联合国国际货物销售合同公约》根据违约的严重性将违约分为根本性违约(Fundamental Breach)和非根本性违约(Nonfundamental Breach)两种。根本性违约是指违约方故意违约,如卖方完全不交货、买方无理拒收货物、拒付货款,结果给受损方造成实质损害(Substantial Detriment)。如果一方当事人根本违约,另一方当事人可以宣告合同无效,并要求损害赔偿。非根本性违约是指违约的状况尚未达到根本违反合同的程度,受损方只能要求损害赔偿,而不能宣告合同无效。

二、针对违约的救济措施

1. 卖方违约,买方可采取的措施

(1)如果卖方不交货,买方可要求:

①卖方按照合同规定履行交货义务,但需给卖方一段适当的宽限期。

②宣告合同无效并提出损害赔偿要求。

③要求损害赔偿，其范围包括可预见的利润在内。

(2)卖方延迟交货，买方可选择：

①宣告合同无效，但必须是在卖方延迟交货已构成根本性违反合同的情况下。

②接受货物，但对延迟交货所造成的损失要求损害赔偿。

(3)卖方提前交货，买方有权拒收货物，也可接受货物。

(4)卖方所交货物与合同不符，买方可根据实际情况采取不同的处理方法：

①可要求卖方交付替代货物。

②可要求修理货物。

③可要求降低货物价格。

④可要求损害赔偿。

⑤可宣告合同无效。

2. 买方违约，卖方可采取的措施

买方违约常常表现为不支付货款或不按期支付货款，或者不按合同规定收取货物或接受代表货物的单据。对此，卖方可采取：(1)要求买方履行合同义务；(2)要求损害赔偿；(3)宣告撤销合同；(4)控制货物，即在买方推迟收取货物、不支付货款或支付困难时，卖方可控制单据或货物处置权。

三、解决争议的几种方式

在国际贸易中，解决交易双方争议的方式或途径有很多，既可以由当事人双方自行协商处理，也可以由第三者出面调解，还可以通过仲裁或交司法机关审理。不同的争议处理方式有不同的特点，在实务中应注意选择合适的争议处理方式。

1. 友好协商

友好协商这种形式气氛比较友好，不伤感情，有利于今后贸易关系的发展。在一般情况下，买卖双方在发生纠纷时，首先应友好协商，双方彼此做出一些让步，承担一点损失，使问题在友好的基础上得到妥善解决。

2. 仲裁

仲裁(Arbitration)是指买卖双方在争议发生之前或发生之后，达成书面协议，自愿将争议提交双方所同意的第三者予以裁决，以解决争议的一种方式。由于仲裁是依照法律所允许的仲裁程序裁定争端，因而仲裁裁决具有法律约束力，并且是终局的，双方当事人必须遵照执行。任何一方当事人不得向法院起诉，也不得向其他任何机构提出变更裁决的请求，如败诉方不执行裁决，则胜诉方有权向法院起诉，请求法院予以强制执行。

合同双方有意采用仲裁解决争议的，应在合同中订立仲裁条款或订立仲裁协议。仲裁条款(协议)一般应包括仲裁地点、仲裁机构、仲裁程序、仲裁裁决的效力、仲裁费用的负担等。

合同中仲裁条款举例：

凡因执行本合同所发生的或与本合同有关的一切争议，双方应通过友好协商解决；如果协商不能解决，应提交仲裁。仲裁在被申请一方所在国进行。如在中国，则由中国国际经济贸易仲裁委员会根据该会仲裁规则仲裁。如在美国，则由纽约国际贸易促进委员会对外贸易仲裁委员会根据其仲裁规则仲裁。仲裁裁决是终局的，对双方都有约束力。(All disputes arising out of the performance of/or relating to this contract, shall be settled amicably through friendly negotiation. In case no settlement can be reached through negotiation, the case shall then be submitted for arbitration. The location of arbitration shall be in the country of the domicile of the defendant. If in China, the arbitration shall be conducted by the China International Economic and Trade Arbitration Commission in accordance with its rules of arbitration. If in U. S. A. , the case shall be submitted to the Foreign Trade Arbitration Commission of Council for the Promotion of International Trade N. Y. according to its rules of arbitration. The arbitral award is final and binding upon both parties.)

3. 诉讼

在买卖双方争议激烈，不愿意采取前两种方式解决纠纷时，可以通过向法院提起诉讼的方式来解决问题。但是采用这种方式耗时长、费用高，并会引起当事人之间关系紧张，甚至影响以后贸易的开展，故在国际贸易中很少采用。

提醒您

仲裁与诉讼的区别

(1)仲裁机构属民间性质，仲裁员是由双方当事人指定的；法院是国家机器，具有法定的管辖权，法官由国家任命。

(2)仲裁必须是双方同意的，仲裁协议是仲裁机构受理仲裁的依据，任何一方无权强迫对方仲裁；诉讼可以是一方提出的，无须对方同意。

(3)仲裁时间短，程序简便，费用低，争议双方关系较缓和；诉讼时间长，程序多，费用高，原、被告关系紧张。

(4)仲裁的结果是终局的；诉讼一般是二审终审制，诉讼的败诉方可以上诉。

(5)仲裁机构不能强制执行仲裁裁决；法院可以强制执行法院判决。

子任务 2　申诉、索赔和理赔

在执行合同的过程中，签约双方都应该严格遵守合同中的各项规定、履行其义务。任何一方失信违约而不能履约，都将给对方带来麻烦，甚至给对方造成经济损失。此时，受损方对责任方未能全部或部分履行合同规定的责任或义务，通常有权提出申诉或索赔。

一、申诉、索赔和理赔的含义

申诉(Complain)是指受损方抱怨责任方未能全部或部分履行合同规定的义务所带来的影响或损失，要求责任方予以修复或重新履行，并承担相应的责任。

索赔(Claim)是指受损一方在争议发生后，向违约一方提出赔偿的要求，主张获赔。理赔是指违约方审查和处理受损方所提出的索赔的过程。因此，索赔和理赔是一个问题的两个方面。

索赔、理赔是一项政策性、法律性都很强的工作。在我国对外贸易中，既要维护我方当事人的政治、经济利益，又要重合同、守信誉、树立良好的国家和企业信誉。因此，要做到依法办事、程序清楚、处理及时得当。

二、索赔的种类和对象

在国际贸易中，一般会涉及三种类型的索赔，即贸易索赔、运输索赔和保险索赔。这三种索赔对应的索赔对象是不同的。

国际贸易中发生了损害究竟向何方索赔，应视责任归属而定。如不交货或延期交货，或所交货物的品质、规格、数量、包装等与合同(或信用证)不符，或提供的单据不符要求等，应向卖方索赔；如数量少于提单载明的数量，收货人持有清洁提单而货物发生残损短缺，应向承运人索赔；如在承保范围内的货物损失，船公司(或承运人)不予赔偿的损失或赔偿不足以补偿货物的损失而又属承保范围以内的，应向保险公司索赔。我国的对外索赔，属于船方责任的，由有关运输公司代办；属于卖方责任和保险公司责任的，由各进出口公司自行办理。以上所述是各个索赔对象应负的单独责任，如果损失的发生牵涉几方面，则可根据具体情况由涉及的几方责任人共同承担。

三、索赔期限

索赔期限是指索赔方向违约方提出索赔的有效时限，若逾期提出索赔，违约方可不予受理。索赔期限有约定和法定之分。

1. 约定索赔期限

约定索赔期限是指买卖双方在合同中明确规定的索赔期限。约定索赔期限的长短，须视买卖货物的性质、运输、检验的繁简等情况而定。对于有质量保证期限的商品，合同中加订保证期。保证期可规定为 1 年或 1 年以上。对于某些食品、农产品等易腐商品，索赔期限通常规定得短一些；对于一般货物，索赔期限通常限定为货到目的地后 30 天或 45 天；对于机器设备则可订得长些，一般规定为货到目的地后 60 天或更长。如果是对机器设备的质量订有保证期限的合同，索赔期限可规定为一年或一年以上。

约定索赔期限时，同时要对索赔期限的起算时间做出具体规定，通常有以下几种起算方法：

(1)货物到达目的港后××天起算。

(2)货物到达目的港卸离海轮后××天起算。

(3)货物到达买方营业处后或用户所在地后××天起算。

(4)货物经检验后××天起算。法定的索赔期限较长。

在我国出口合同中，关于索赔期限通常规定：买方对于装运货物的任何异议，必须于货物运抵提单所列目的港 60 天内提出。

2. 法定索赔期限

法定索赔期限是指根据有关法律受损方有权向违约方要求损害赔偿的期限。法定索赔期限只有在买卖合同中未约定索赔期限时才起作用。

根据国际惯例，索赔期限的规定如下：

(1)向卖方索赔，应在合同规定的商品检验期限内提出或在合同规定的索赔有效期限内提出保留索赔权。如果买卖合同中没有规定索赔期限，《联合国国际货物销售合同公约》规定，买方行使索赔权的有效期限是自买方实际收到货物之日起不超过两年。

(2)向承运人索赔，期限为货物到达目的港交货后一年之内。

(3)向保险公司提出海运货损索赔的期限是自被保险货物运抵目的港全部卸离海轮后两

年内。

四、索赔的依据和单据

一方当事人提出索赔时，必须要有充分的索赔依据。索赔依据包括法律依据和事实依据。前者是指买卖合同规定（异议和索赔条款）和适用的法律规定；后者是指违约的事实、情节及其书面证明。如果索赔时证据不全、证据不足或出证机构不符合要求等，都可能遭到对方拒赔。

提出索赔时，应准备索赔清单，同时根据索赔对象不同，准备相应的单据，包括：

（1）公证检验机构出具的检验鉴定证书，证明索赔的事项和内容；

（2）索赔单或破损、残损证明，写明损失项目的名称、数量、索赔金额及计算方法；

（3）提单、保险单；

（4）商业发票、装箱单、重量单等；

（5）买卖合同以及往来函电；

（6）其他需要的证件。

五、索赔金额

根据国际惯例，受损方向责任方索赔的金额，应与对方违约造成的损失相等。除损失的商品价值外，索赔金额还可以包括其他有关费用，如商品检验费、装卸费、银行手续费、仓储费、利息以及预期的利润。具体包括哪几项，视具体情况确定。

如果买卖合同有约定的损害赔偿金额或损害赔偿金额的计算方法，通常应按照约定执行；如果合同未做规定，根据有关的法律和国际贸易的实践，确定赔付金额的基本原则为：

（1）赔付金额应与因违约而遭受的包括利润在内的损失额相等。

（2）赔付金额应以违约方在订立合同时可预料到的合理损失为限。

（3）由于受损方未采取合理措施使有可能减轻的损失未减轻，应在赔付金额中扣除。

提醒您

索赔时应注意的问题

（1）提供充分的索赔证据，其中包括检验检疫机构出具的检验证书。

（2）确定索赔金额，如合同预先有约定，应按约定的金额索赔；如未预先约定，应按实际损失确定索赔金额。

（3）须在索赔期内提出索赔。如估计检验工作不能在规定期限内完成，则应及时向对方提出延长索赔期，并取得对方同意。

六、理赔

理赔是一项政策性、法律性和技术性很强的工作。对于理赔，通常在合同中只做一般笼统规定。因违约情况复杂，当事人在订约时往往难以预计。但如果需要，可由买卖双方另行商定具体办法，如修整、换货或退货还款等，以及赔偿一定的损失和费用。

对于索赔方的索赔请求，理赔方应认真审核其合法性，分清责任，合理确定损失程度、金额及赔偿办法。我国外贸实践中，理赔须本着实事求是的精神，尽可能通过友好协商的办法解决，做到既维护我方的正当权益，又不影响双方的贸易关系。

总之，索赔和理赔工作均应认真对待，注意策略，及时处理，做到有理、有利、有节。

提醒您

理赔时应注意的问题

(1)认真审查对方提出的索赔要求，其理由是否充分，出证机构是否合法，证据与索赔要求是否一致，是否在索赔期内提出等。

(2)判断是否属于我方的责任范围。如属船公司或保险公司的责任范围，应转请有关方面处理。如确属我方责任，在合理确定对方损失后，应实事求是地予以赔偿。不该赔偿的应根据事实向对方说明理由。

微型案例

某公司以CIF条件出口1 000公吨大米，合同规定为一级大米，每公吨300美元，共300 000美元。卖方交货时，实际交货的品质为二级大米。按订约时的市场价格，二级大米每公吨250美元。问：根据《公约》的规定，此案中，买方可以主张何种权利？若买方索赔，其提出的索赔要求可包括哪些损失？

【评析】

(1)此案中，卖方违约的后果并未达到完全剥夺买方根据合同规定应该得到的利益，因此，根据《公约》的规定属于非根本性违约，买方据此可以主张向卖方提出损害赔偿的权利。

(2)根据《公约》第74条规定，买方索赔时主张的赔偿范围可包括：①一级大米与二级大米之间的差价；②因卖方违反合同而使买方遭受的利润损失。

小　结

1. 争议是指交易的一方认为对方未能全部或部分履行合同规定的责任和义务而引起的纠纷。引起争议的原因有多种。

2. 国际贸易合同中与争议相关的条款有：异议和索赔条款、罚金条款、品质担保条款、法律适用条款、不可抗力条款等。

3. 不可抗力是指买卖双方签约后，发生了不是由于任何一方当事人的过失或疏忽而造成的当事人既不能预见和预防，又无法避免和克服的意外事故，致使合同无法履行或不能如期履行，发生意外事故的一方可以因此免除履约责任或延迟履行合同。

4. 根据《公约》的规定，违约可分为根本性违约和非根本性违约，两种违约的法律后果及处理不同。

5. 解决争议的方式有友好协商、仲裁和诉讼。不同的争议处理方式有不同的特点，在实务中应注意选择合适的争议处理方式。

6. 仲裁是指买卖双方达成书面协议，自愿将争议提交双方所同意的第三者予以裁决，以解决争议的一种方式。仲裁裁决是终局的，双方当事人必须遵照执行。

7. 申诉是指受损方抱怨责任方未能全部或部分履行合同规定的义务所带来的影响或损失，要求责任方予以修复或重新履行，并承担相应的责任。索赔是指受损一方在争议发生后，向违约一方提出赔偿的要求。理赔是指违约方审查和处理受损方所提出的索赔的过程。

8. 在国际贸易中，一般会涉及三种类型的索赔，即贸易索赔、运输索赔和保险索赔。

9. 索赔期限有约定和法定之分。约定索赔期限是指买卖双方在合同中明确规定的索赔期限。法定索赔期限是指根据有关法律受损方有权向违约方要求损害赔偿的期限。

10. 除损失的商品价值外，索赔金额还可以包括其他有关费用，如商品检验费、装卸费、银行手续费、仓储费、利息以及预期的利润。

11. 对于索赔方的索赔请求，理赔方应认真审核其合法性，分清责任，合理确定损失程度、金额及赔偿办法。

职场体验

案例分析

1. 我方与越南某客商凭样品成交达成一笔出口镰刀的交易。合同中规定复验有效期为货物到达目的港后 60 天。货物到达目的港经越商复验后，未提出任何异议。但事隔半年，越商来电称：镰刀全部生锈，只能降价出售，越商因此要求我方按成交价的 40%赔偿其损失。我方接电后立即查看我方留存的复样，也发现类似情况。问：我方应否同意对方的要求？为什么？

2. 买卖双方以 CIF 价格术语达成一笔交易，合同规定卖方向买方出口商品 5 000 件，每件 15 美元，信用证支付方式付款。商品检验条款规定："以出口国商品检验局出具的检验证为卖方议付的依据，货到目的港，买方有权复验商品，复验结果作为买方索赔的依据。"卖方在办理装运、制作整套结汇单据，并办理完结汇手续以后，收到了买方因货物质量与合同规定不符而向卖方提出索赔的电传通知及目的港检验机构出具的检验证明，但卖方认为，交易已经结束，责任应由买方自负。问：卖方的看法是否正确？为什么？

3. 甲方与乙方签订了出口某种货物的买卖合同一份，合同中的仲裁条款规定："凡因执行本合同所发生的一切争议，双方同意提交仲裁，仲裁在被诉人所在国家进行。仲裁裁决是终局的，对双方具有约束力。"在履行合同的过程中，乙方提出甲方所交的货物品质与合同规定不符，于是双方将争议提交甲方所在国仲裁。经仲裁庭调查审理，认为乙方的举证不实，裁决乙方败诉，事后，乙方不服，遂向本国法院提请上诉。问：乙方可否向本国法院提请上诉？为什么？

业务操作

阅读以下业务案例，思考如何处理争议，并撰写一封回函。

2019 年 5 月，上海对外贸易有限公司接受美国 ABC 公司的订单，OEM 生产汽车仪表。截至 2019 年 9 月 6 日，已有 3 批各 2 000 只货物运输到美国，最后一批 2 000 只也已经生产完毕并通过检验，准备一周后报关装船。

2019 年 9 月 7 日，上海对外贸易有限公司收到 ABC 公司的来函，信文如下：

Hi Peter,

I got several complaints during the past week that your gauge #652-3 has serious noise, especially when the auto is running over 50 miles.

There are about 800 gauges out on the market now, which probably need re-call, and there are another 1,000 gauges are on the production line, 4,200 gauges in stock.

We need your company to

(1) Take corrective actions and replace the 6,000 gauges immediately.

(2) Shoulder the possible cost of re-call and re-work, please note.

Best regards

Paul
Director-Material
ABC Co., Ltd.

根据以上业务情景,完成如下任务:

1. 思考并回答:假设你是上海对外贸易有限公司经手此笔业务的业务员 Peter,你要着手开展哪些工作处理对方的申诉?需要注意哪些问题?

2. 请代表上海对外贸易有限公司的业务部经理 Jack 给 ABC 公司撰写一封回函。

学习评价

一、单项选择题

1. 运输索赔中的索赔对象是( )。

(A)卖方 (B)承运人 (C)保险公司 (D)买方

2. 短交在多数情况下,应该向( )索赔。

(A)保险公司 (B)买方 (C)卖方 (D)承运人

3. 下列关于仲裁裁决的效力描述,不正确的是( )。

(A)凡由中国国际经济贸易仲裁委员会做出的裁决一般是终局性的,对双方都有约束力

(B)在裁决中败诉的一方不执行裁决,仲裁机构可以强制执行

(C)若败诉方不执行裁决,胜诉方有权向有关法院起诉,请求法院强制执行

(D)我国现在已经加入了《承认与执行外国仲裁裁决公约》,但做出了两项保留

4. 发生( ),违约方可援引不可抗力条款要求免责。

(A)战争 (B)世界市场价格上涨

(C)生产制作过程中的过失 (D)货币贬值

5. 以下关于索赔描述,正确的是( )。

(A)索赔是指遭受损失的一方当事人,在违约行为发生后,向违约方提出赔偿的要求,主张获赔的权利

(B)索赔是指违约方当事人审查和处理受害方当事人提出的索赔要求的过程

(C)索赔是指遭受损失的一方当事人,在违约行为发生后,向违约方提出补偿的要求,主张理赔的权利

(D)理赔是指违约方当事人审查和处理受害方当事人提出的理赔要求的过程

6. 在国际贸易中,索赔种类错误的是( )。

(A)贸易索赔 (B)运输索赔 (C)保险索赔 (D)生产索赔

7. 在国际贸易中,向承运人索赔,索赔期限为( )。

(A)货物到达目的港交货后一年内 (B)货物在卸载港全部卸离海轮后两年内

(C)买方实际收到货物之日起不超过两年 (D)货物到达目的港交货后两年内

8. 在国际贸易中,向保险公司提出海洋货损索赔的期限为( )。

(A)货物到达目的港交货后一年内 (B)被保险货物在卸载港全部卸离海轮后两年内

(C)买方实际收到货物之日起不超过两年　　(D)货物到达目的港交货后两年内

9. 索赔时的法律依据是指(　　)。

(A)买卖合同和适用的法律规定　　(B)买卖合同和适用的条例规定

(C)买卖合同和适用的惯例规定　　(D)买卖合同和适用的规章制度规定

10. 我某粮油食品进出口公司与美国田纳西州某公司签订进口美国小麦合同,数量为100万吨。麦收前田纳西州暴雨成灾,到10月份美方应交货时小麦价格上涨。美方未按约交货。合同订有不可抗力条款,天灾属于该条款的范围,美方据此要求免责。此时,我方应(　　)。

(A)不可抗力,予以免责,并解除合同

(B)未构成不可抗力,坚持美方应按合同规定交货

(C)构成不可抗力,可以解除合同,但要求损害赔偿

(D)构成不可抗力,但不要求损害赔偿,亦不解除合同,而要求推迟到下年度交货

二、多项选择题

1. 以下关于索赔的描述,正确的是(　　)。

(A)索赔是指遭受损失的一方当事人,在违约行为发生后,向违约方提出赔偿的要求,主张获赔的权利

(B)理赔是指违约方当事人审查和处理受害方当事人提出的索赔要求的过程

(C)索赔是指遭受损失的一方当事人,在违约行为发生后,向违约方提出补偿的要求,主张理赔的权利

(D)理赔是指违约方当事人审查和处理受害方当事人提出的理赔要求的过程

(E)以上都对

2. 在国际贸易中,一般会涉及的索赔类型有(　　)。

(A)贸易索赔　　(B)运输索赔　　(C)保险索赔　　(D)人生索赔

(E)生产索赔

3. 在国际贸易中,索赔的期限分为(　　)。

(A)自然的期限　　(B)约定的期限　　(C)法定的期限　　(D)无期限

(E)以上均不正确

4. 索赔依据包括(　　)。

(A)法律依据　　(B)事实依据　　(C)管理依据　　(D)理论依据

(E)生产依据

5. 在国际贸易中,争议产生的原因主要有(　　)。

(A)在履约过程中遭遇不可抗力事故　　(B)缔约双方中的一方故意不履约

(C)当事人一方的过失或疏忽　　(D)缔约双方对合同条款理解不一

(E)以上都不对

6. 罚金条款一般适用于(　　)。

(A)卖方延期交货　　(B)买方延期开立信用证

(C)买方延期接收货物　　(D)一般商品买卖

(E)以上都正确

7. 构成不可抗力事件的要素是(　　)。

(A)事件发生在合同签订以后

(B)不是由于当事人的故意或过失所造成的

(C)事件的发生及其造成的后果是当事人无法预见、控制、避免或克服的

(D)不可抗力是免责条款

(E)事件发生在合同签订以前

8. 在国际贸易中,解决争议的方法主要有(　　)。

(A)友好协商　　(B)调解　　(C)仲裁　　(D)诉讼

(E)争吵

9. 仲裁和诉讼的区别是(　　)。

(A)仲裁以争议双方当事人自愿为基础,而诉讼具有强制性

(B)仲裁的手续较为简单,而诉讼的手续较为复杂

(C)仲裁对双方的关系影响较缓和,而诉讼较伤和气

(D)仲裁的费用较低,而诉讼的费用较高

(E)仲裁的结果是终局的,诉讼一般是二审终审制,诉讼的败诉方可以上诉

10. 索赔及理赔中的注意事项有(　　)。

(A)防止损失扩大

(B)应填制索赔清单

(C)除受损货物价值外,其他一些相关费用也可以索赔

(D)办理索赔必须在一定的时间内才有效

(E)办理索赔必须在一定的时间内才有效,时效一般为五年

三、判断题

1. 索赔和理赔是一个问题的两个方面。(　　)

2. 贸易索赔的对象一般是保险公司。(　　)

3. 在国际贸易中,向承运人索赔,期限为货物到达目的港交货后两年内。(　　)

4. 货物数量少于提单所载数量,索赔对象往往是运输承运人。(　　)

5. 如果索赔时证据不全、证据不足或出证机构不符合要求等,都可能遭到对方拒赔。(　　)

6. 对于按CIF条件成交的出口货物,应向中国人民保险公司或保险单上载明的中国人民保险公司国外理赔代理人索赔;对于进口货物,进口方应向中国人民保险公司提出索赔。(　　)

7. 办理索赔必须在一定的时间内才有效,时效一般为五年。(　　)

8. 国际贸易合同中,一般都订有与争议相关的条款,以便于争议的预防与处理。(　　)

9. 凡是遇到不可抗力事故,遭受事故的一方就可以提出撤销合同。(　　)

10. 在国际贸易中,如果交易双方愿意将履约中的争议提交仲裁解决,必须在买卖合同中订立仲裁条款或达成仲裁协议,否则仲裁机构不予受理。(　　)

四、简答题

1. 国际贸易中引发争议的原因有哪些?

2. 如何认定不可抗力事件?

3. 不可抗力的法律后果是什么?

4. 国际贸易中处理争议的方式有哪些,它们各有什么特点?

5. 何为申诉、理赔与索赔?

6. 国际贸易中索赔与理赔要注意哪些问题?

附　录

附录1:国际贸易合同的格式和说明

一、合同格式

合同一式三份,经出口商签署后,邮寄两份给对方要求会签。进口商收到合同经审核无误签署后保留一份,并将另一份退还出口商归档。

最广泛使用的是售货合同(Sales Contract)、售货确认书(Sales Confirmation)。两种形式在法律上对合同双方当事人具有同等的约束力。

合同有三部分:约首、本文和约尾。格式如下:

SALES CONFIRMATION

S/C NO:(1)
DATE:(2)

THE SELLER:(3)　　　　THE BUYER:(4)
ADDRESS:ADDRESS:
We hereby confirm having sold to you the following goods on terms and conditions as stated bellowed:

Art. No.	Name of Commodity & Specifications	Unit	Quantity	Unit Price	Amount
(5)	(6)	(7)	(8)	(9)	(10)
TOTAL CONTRACT VALUE:(11)					

PACKING & SHIPPING MARKS:(12)
SHIPMENT:(13)
TERMS OF PAYMENT:(14)
INSURANCE:(15)

REMARKS:

1. 检验:由中国检验认证集团检验有限公司出具的品质/重量证明书将作为装运品质数量证明。
INSPECTION: The Inspection Certificate of Quality/Weight issued by CCIC Inspection Co. ,Limited shall be taken as basis for the shipping Quality/Weight.
2. 不可抗力:因人力不可抗拒事故,使卖方不能在合同规定期限内交货或不能交货,卖方不负责任,但是卖方必须立即以电报通知买方。如果买方提出要求,卖方应以挂号函向买方提供中国国际贸易促进会或有关机构出具的证明,证明事故的存在。
FORCE MAJEURE: The Sellers shall not be held responsible if they,owing to Force Majeure causes,fail to make delivery within the time stipulated in the contract or can't delivery the goods. However,in such a case the sellers shall inform the buyers immediately by cable. The sellers shall send to the buyers by registered letter at the request of the buyers a certificate attesting the existence of such a cause or causes issued by China Council for the Promotion of International Trade or by a competent Authority.
3. 异议索赔:品质异议须于货到目的口岸之日起30日内提出,数量异议须于货到目的口岸之日起15日内提出,买方须同时提供双方同意的公证行的检验证明。卖方将根据具体情况解决异议。由自然原因或船方、保险商责任造成的损失,卖方将不予考虑任何索赔。信用证未在合同指定日期内到达卖方,或FOB条款下,买方未按时派船到指定港口,或信用证与合同条款不符,买方未在接到卖方通知所规定的期限内更改有关条款时,卖方有权撤销合同或延迟交货,并有权提出索赔。

续表

DISCREPANCY AND CLAIM: In case discrepancy on the quality of the goods is found by the buyers after arrival of the goods at the port of destination, claim may be lodged within 30 days after arrival of the goods at the port of destination, while for quantity discrepancy, claim may be lodged within 15 days after arrival of the goods at the port of destination, being supported by Inspection Certificate issued by reputable public surveyor agreed upon by both party. The sellers shall, then consider the claim in the light of actual circumstances. For the losses due to natural cause or causes falling within the responsibilities of the Ship-owners or the Underwriters, the sellers shall not consider any claim for compensation. In case the Letter of Credit does not reach the sellers within the time stipulated in the contract, or under FOB price terms buyers do not send vessel to appointed ports or the Letter of Credit opened by the buyers does not correspond to the contract terms and the buyers fail to amend thereafter its terms by telegraph within the time limit after receipt of notification by the sellers, the sellers shall have right to cancel the contract or to delay the delivery of the goods and shall have also the right to lodge claims for compensation of losses. 4. 仲裁:凡因执行本合同所发生的或与合同有关的一切争议,双方应友好协商解决。如协商解决的,应提交中国国际经济贸易仲裁委员会,根据该委员会的有关仲裁程序暂行规则在中国仲裁,仲裁裁决是终局的,对双方都有约束力。仲裁费用除另有裁决外由败诉方承担。 ARBITRATION: All disputes in connection with the contract or the execution thereof, shall be settled amicable by negotiation. In case no settlement can be reached, the case under dispute may then be submitted to the "China International Economic and Trade Arbitration Commission" for arbitration. The arbitration shall take place in China and shall be executed in accordance with the provisional rules of Procedure of the said Commission and the decision made by the Commission shall be accepted as final and binding upon parties for setting the disputes. The fees, for arbitration shall be borne by the losing party unless otherwise awarded. CONFIRMED BY: THE SELLER THE BUYER

二、填写说明和要点

(1)合同号码。

(2)合同日期。

(3)卖方名称和地址。

(4)买方名称和地址。

(5)不同商品的货号分别列出。

(6)不同商品的名称分别列出。

(7)不同商品的计量单位分别列出。

(8)不同商品的数量分别列出。

(9)不同商品的单价分别列出,并表明币种。

(10)先标明贸易术语方式,如 CIF C3% NEW YORK;如有不同型号商品,则分别标明不同型号商品的总金额,最后还要标明所有不同商品的合计金额。用数字方式(in figure)的小写金额表示。

(11)大写金额,用文字方式(in words)。例如,Say U. S. Dollars Twenty Two Thousand Four Hundred and Seventy Six Only。

(12)对于包装条款,主要指运输包装的种类方式和装运唛头,主要有以下要素:

①运输包装。

- 运输包装的种类:包装材料,如木箱(Wooden Case)、纸箱(Carton)等。
- 运输包装的方式:每个包装单位内所装的商品个数。
- 运输包装的总件数:整批货物总的包装件数。

例如,每 20 件装一个盒子,10 个盒子装一个纸箱,共 500 只纸箱。(20 pieces to a box,10

boxes to an export carton. Total 500 cartons only.)

②装运唛头。

- 主标志：收/发货人名称、图形、合同信用证发票号码。
- 目的地：通常为港口，如有转运应表明转运地点。
- 件号：一批货物的总包装件数。例如，某批货物 90 件，有 3 种规格，每个规格 30 件。那么运输标志上的件号可以表现为 3 组，即 NOS. 1-30，NOS. 31-60，NOS. 61-90。然而在各类单证填写件号时，应为 NOS. 1-90，以说明该批货物的总件数为 90 件。

如果写成 C/NO. 1-UP，则表明包装件数待定。

运输标志例如：S. I. V. C.

93-0152

SAN FRANCISCO

NOS. 31-60

(13)应标明装运港与目的港、装运期、是否允许转船。

例如，

From Shanghai to New York

Shipment during April, 2004

With Transshipment and Partial Shipment Allowed

(14)支付条款：一般应表明信用证的性质、汇票期限、金额、开证时间、有效时间和地点(到期地点必须在出口国家)。

例如，买方应通过卖方可接受的银行向卖方开出不可撤销的、即期付款的信用证。信用证必须在装运月 30 天前开到卖方，单据于装运日期后 15 天内在中国议付有效。(THE BUYER SHOULD OPEN THROUGH A BANK ACCEPTABLE TO THE SELLER AN IRREVOCABLE LETTER OF CREDIT PAYABLE AT SIGHT TO REACH THE SELLER 30 DAYS BEFORE THE MONTH OF SHIPMENT, VALID FOR NEGOTIATION IN CHINA UNTIL THE 15TH DAY AFTER THE DATE OF SHIPMENT.)

(15)保险条款：一般应标明由何方办理保险、保险险别、保险金额的确定方法以及保险条款的生效日期。

例如，应由卖方按照发票金额的 110%投保一切险和战争险，按照中国人民保险公司 1981 年 1 月 1 日颁布的海运货物保险条款办理。(TO BE COVERED BY THE SELLER FOR 110% OF TOTAL INVOICE VALUE AGAINST ALL RISKS AND WAR RISK AS PER AND SUBJECT TO THE RELEVANT OCEAN CARGO CLAUSES OF PEOPLE INSURANCE COMPANY OF CHINA DATED 1/1/1981.)

三、合同填写范例

根据下列资料填写销售确认书。双方资料如下(后面所有单证范例都以下面资料为准)：

SHANGHAI RED STAR Co. LTD HONGKONG WANFA Co. LTD

No. 555 YUNTAI ROAD　　　No. 2000 QUEEN VICTORI STREET

PUDONG DISTRICT　　　HONGKONG

SHANGHAI, CHINA　　　999077

200126

Art. No.	Commodity& Specifications	Quantity	Unit Price	Weight (kg)	Measurement (cm)/carton
	ANIMAL TOYS				
ASD001	BROWN BEAR	500pcs.	US$12.00		
ASD002	CHARMING DOG	300pcs.	US$15.00	50/carton	30×20×50
ASD003	LOVELY PIG	200pcs.	US$20.00		

S/C NO：GSBW0502 DATE：Feb-10-2013 成交价格条件：CIF HK

承运船名：CHENXIN 航次：V. W. 233

保险代理：GOLDEN FUTURE Co. Shanghai，China

产地证号码：KLOP00665 日期：3 月 15 日 H. S. code：VSAHUY0045

装船日期：4 月 20 日 提单号码：HWA1442

发票日期：2 月 15 日 发票号码：HDG0051

汇票日期：5 月 1 日 汇票号码：HDG0051

保单日期：4 月 16 日 保单号码：MKNB2201

商检证书：4 月 14 日 商检号码：SSKH/9806

受益人证明：4 月 21 日 装运通知：4 月 21 日

包装：20 只玩具装一纸箱，共计 50 箱。

装运：2013 年 4 月底之前装运，从上海到中国香港，允许转船和分批装运。

支付方式：买方应通过一家卖方可以接受的银行于装运月份 30 天前开立并送达卖方不可撤销即期信用证，有效至装运日后 15 天在中国议付。

保险：由卖方按照发票金额的 110％投保一切险和战争险，并按照中国人民保险公司 1981 年 1 月 1 日的海运货物保险条款办理。

买方通过中国银行香港分行于 2 月 20 日开来信用证，中国银行上海分行通知出口方，信用证号码为 SWXXA/2501，有效期 3 个月；商业发票、装箱单、一般原产地证书、保险单、商检单等单据各 3 份，数量重量单及质检单都由生产商出具，全套正本提单凭开证行的指示，投保加成 10％，投保一切险和战争险；受益人证明及装运通知在装运后 48 小时后寄出。

销售确认书填写如下：

SALES CONFIRMATION

S/C NO：GSBW0502
DATE：Feb 10，2013

THE SELLER：SHANGHAI RED STAR Co. LTD. THE BUYER：HONGKONG WANFA Co. LTD.
ADDRESS：ADDRESS：

No. 555 YUNTAI ROAD   No. 2000 QUEEN VICTORI STREET
PUDONG DISTRICT   HONGKONG
SHANGHAI，CHINA   999077
2001261

We hereby confirm having sold to you the following goods on terms and conditions as stated bellowed：

Art. No.	Name of Commodity & Specifications	Unit	Quantity	Unit Price	Amount
	ANIMAL TOYS			CIF HONGKONG	
ASD 001	BROWN BEAR		500PCS	US$12. 00	US$6 000. 00
ASD 002	CHARMING DOG	PCS	300PCS	US$15. 00	US$4 500. 00
ASD 003	LOVELY PIG		200PCS	US$20. 00	US$4 000. 00
Total			1 000PCS		US$14 500. 00

续表

PACKING: 20 PCS TO A CARTON. TOTAL 50 CARTONS ONLY. SHIPPING MARK: WANFA GSBW0502 HONGKONG NOS. 1-50 SHIPMENT: FROM SHANGHAI TO HONGKONG SHIPMENT DURING APRIL 2013 WITH TRANSSHIPMENT & PARTIAL SHIPMENT ALLOWED TERMS OF PAYMENT: THE BUYER SHOULD OPEN THROUGH A BANK ACCEPTABLE TO THE SELLER AN IRREVOCABLE LETTER OF CREDIT PAYABLE AT SIGHT TO REACH THE SELLER 30 DAYS BEFORE THE MONTH OF SHIPMENT, VALID FOR NEGOTIATION IN CHINA UNTIL THE 15TH DAY AFTER THE DATE OF SHIPMENT. INSURANCE: TO BE COVERED BY THE SELLER FOR 110% OF TOTAL INVOICE VALUE AGAINST ALL RISKS AND WAR RISK AS PER AND SUBJECT TO THE RELEVANT OCEAN CARGO CLAUSES OF PEOPLE INSURANCE COMPANY OF CHINA DATED 1/1/1981. CONFIRMED BY: THE SELLER: SHANGHAI RED STAR Co. LTD. NO. 555 YUNTAI ROAD PUDONG DISTRICT SHANGHAI, CHINA 200126 THE BUYER: HONGKONG WANFA Co. LTD. NO. 2000 QUEEN VICTORI STREET HONGKONG 999077

附录 2:SWIFT 信用证与开证申请书的格式和说明

一、SWIFT 信用证的格式及填写说明

序号	国际编码	域　名	说　明
1.		To ×××××××××	信用证的通知行
2.		From ××××××××	信用证的开证行
3.		MT700	表明该证使用的 SWIFT 格式
4.	27	Sequence of total	表明此信用证共有几张。目前这页所处第几页，如“1/2”，则表示共有 2 页，现在是第 1 页
5.	40A	Form of credit	表明信用证的性质是可撤销还是不可撤销的。如果没有明确表示，则按照《跟单信用证统一惯例》(UCP 600)，一律视作不可撤销
6.	20	Credit number	显示该信用证的号码
7.	31C	Date of issue	信用证的开证日期。在 SWIFT 格式中，日期的表达顺序是“年月日”，共六位数
8.	31D	Date and place of expiry	该证的到期日和到期地点。一般来说，到期地点是受益人所在地
9.	50	Applicant	开证申请人的名称和地址
10.	59	Beneficiary	受益人的名称和地址
11.	32B	Currency code, amount	信用证的币种和金额
12.	39A	Percentage credit amount tolerance	信用证总金额允许上下浮动的比例。例如，允许上下浮动 5%，则表示成“05/05”
13.	41A/D	Available with ... by...	信用证的使用范围及信用证的类型。如该证显示“Available with ××× Bank”，则表示在有效期内交到指定的×××银行议付；如显示“Available with any bank”，则单据交到任何银行议付。“by”后面指的是信用证的类型，如即期付款、延期付款、承兑和议付等。

续表

序号	国际编码	域 名	说 明
14.	42C	Draft at ...	表明信用证的汇票的付款期限，如果是即期，则表示成“at sight”
15.	42A/D	Drawee	汇票的付款人。一般情况下是开证行
16.	43P	Partial shipments	表明是否允许分批，如果允许，则显示“allowed”
17.	43T	Transshipment	表明是否允许转运，如果允许，则显示“allowed”
18.	44A	Loading on board	装船、发运或接受监管的地点
19.	44B	For transportation to	货物发送的最终目的地
20.	44C	Latest date of shipment	最迟装运日
21.	45A	Description of goods	对该货物的描述
22.	46A	Documents required	表明该信用证应提交哪些单据，对单据的制作有什么要求。单据及其内容应符合信用证的要求
23.	47A	Additional condition	附加条款。常是对受益人的补充要求，有的需要在相关单据上显示出来，有的是非单据化条件
24.	71B	Charges	表明由受益人承担的费用。如果缺省则表明除了议付费和转让费之外，所有费用由开证申请人承担
25.	48	Period of presentation	交单的期限。审单时应与信用证的到期日和到期地点结合起来，如果没有明确规定，按照《跟单信用证统一惯例》(UCP 600)，视为装运日后 21 天
26.	49	Confirmation instruction	表明该证有无被开证行要求加具保兑
27.	53A/D	Reimbursing bank	表明该证有无偿付行
28.	79	Instructions to negotiating bank	开证行对议付行的指示，通常是寄单地址和寄单方式

二、开证申请书的格式及填写说明

1. 开证申请书的格式

APPLICATION FOR ISSUING LETTER OF CREDIT

TO:(1)　　Date:(1)

Please issue on our behalf and/or our account the following IRREVOCABLE LETTER OF CREDIT by (1)TELEX(2)AIRMAIL

<table>
<tr><td colspan="2">Applicant(2)</td><td>Beneficiary(full name, address etc.)(3)</td></tr>
<tr><td colspan="2" rowspan="2">Advising Bank(4)</td><td>L/C NO. (5)
Contract NO.</td></tr>
<tr><td>Date and place of expiry(6)</td></tr>
<tr><td>Partial shipment(7)
(　)allowed
(　)not allowed</td><td>Transshipment
(　)allowed
(　)not allowed</td><td>Amount(both in figures and words)(8)</td></tr>
<tr><td colspan="2">Loading on board/dispatch/ taking in charge at/from(9)

Not later than (10)

For transportation to(11)</td><td>Credit available with(12)
(　)by sight payment(　)by acceptance(　)by negotiation
(　)by deferred payment at against the documents detailed herein
(　)and beneficiary's draft for(13)% of invoice value at(14)
On(15)</td></tr>
<tr><td colspan="2">Description of goods(16)

Packing(17)</td><td>Trade Term(18)
(　)FOB (　)CFR
(　)CIF (　)Others</td></tr>
</table>

续表

Documents required:(marked with X) 1. ( )Signed commercial invoice in(19)copies indicating L/ C No. and Contract No. 2. ( )Full set of(20)clean on board Bills of Lading made out [ ]to order/[ ] to the order of (21) and endorsed (22), marked " freight (23) prepaid/ [ ] to collect showing freight amount" notifying (24). 3. ( )Airway bills showing "freight [ ]prepaid/ [ ] to collect indicating freight amount" and consigned to(25). 4. ( )Cargo Receipt issued by(26)consigned to(27). 5. ( )Insurance Policy/Certificate in(28)copies for(29)% of the invoice value showing claims payable in (30)in currency of the draft, blank endorsed, covering (31). 6. ( )Packing list/Weight Memo in (32)copies indicating the goods package. 7. ( )Certificate of Quantity/ Weight in (32)copies issued by [ ] manufacturer/[ ] Seller/[ ] independent survey or at the loading port, indicating the actual surveyed quantity/weight of shipped goods as well as the packing condition. 8. ( )Certificate of Quality in (32)copies issued by [ ] manufacturer/[ ] public recognized surveyor/[ ]. 9. ( )Beneficiary's Certified copy of fax dispatched to the applicant within (33)days after shipment advising the contract number, name of commodity, quantity, invoice value, bill of loading, bill of loading date, the ETA date and shipping Co. 10. ( )Beneficiary's Certificate certifying that extra copies of the documents have been dispatched to the (34). 11. ( )Certificate of Origin in (35)copies certifying the goods. 12. ( )Shipping Co's Certificate certifying that extra copies of the documents have been dispatched according to the contractor. 13. ( )Other documents, if any: Additional instruction:(marked with ×) 1. ( )All banking charges outside the opening bank are for beneficiary's account. 2. ( )Documents must be presented within __(36)__ days after the date of issuance of the transport documents but within the validity of this credit. 3. ( )Third party as shipper is not acceptable, Short Form/Blank B/L is not acceptable. 4. ( )Both quantity and amount __(37)__ % more or less are allowed. 5. ( )Prepaid freight drawn in excess of L/C amount is acceptable against presentation of original charges voucher issued by shipping Co. 6. ( )All documents to be forwarded in one lot by express unless otherwise stated above. 7. ( )Other terms, if any: Account No: __(38)__ with __(38)__ (name of bank) Transacted by: __(38)__ Telephone No: __(38)__ (38)(Applicant: name, signature of authorized person) This L/C is subject to the Uniform Customs and Practice for Documentary Credit(1993 Revision)ICC Publication No. 500.

2. 开证申请书的填写要点

(1)开证行名称及开证日期:列在信用证最上面。紧接着还有传递方式的选择,即信开"Airmail"还是电开"Telex"。信用证的性质是已经打印好的"IRREVOCABLE"。

(2)申请人的名称、地址。

(3)受益人的名称、地址。

(4)通知行:由开证行填写。

(5)信用证号码、合同号码:信用证号码由开证行填写。

(6)信用证到期日和到期地点:由申请人填写。

(7)是否允许分批装运和转船。

(8)金额(同时用大小写表示):用数字和文字两种方式填写,并且表明币种。如果有一定比例的上下浮动幅度,也应表示清楚。

(9)装运港。

(10)最晚装运日。

(11)目的港。

(12)前四个选项选一种支付方式：即期支付、承兑支付、议付、延期支付。

(13)信用证项下的汇票金额占发票金额的百分比：如果合同规定所有金额都用信用证支付，则汇票金额是发票金额的100%；如果合同规定该笔货款由信用证和托收两种方式支付，各支付50%，则应填写汇票金额是发票金额的50%。

(14)汇票是即期还是远期，远期付款的时间：如果是远期汇票，则应填写具体的天数。

(15)付款行：一般是开证行或指定付款银行。

(16)商品描述：商品品名和规格。

(17)包装、包装方式和装运唛头。

(18)贸易术语。

接下来是"所需单据"，这13条单据条款和7条附加条款应根据需要，在(　)内打"×"，再填需要几份、具体内容等。

(19)商业发票的复印件数：一份填"one"，两份填"duplicate"，三份填"triplicate"。

(20)正本还是副本提单：一般填写"original"。

(21)如果是空白抬头，则选"to order"；如果是记名指示抬头，则选"to the order of ×××"；并填写"凭开证行或托运人或进口商的指示"。

(22)空白背书：一般填写"endorsed in blank"。

(23)选择预付"freight prepaid"还是托收"freight to collect"。

(24)通知人：一般是申请人。

(25)空运单邮寄对象：一般是买方。

(26)货物收据签发人：一般是卖方。

(27)货物收据寄送对象：一般是买方。

(28)保险单份数。

(29)投保金额的百分比：一般要加上10%的投保加成，因此要填写110%。

(30)保险赔偿所在国家：如果是CIF术语，一般是出口国。

(31)保险险种以及依据。

(32)装箱单、重量数量单、质量单的复印件份数。

(33)受益人证明邮寄时间：一般是两天。

(34)受益人证明邮寄对象：买方。

(35)原产地证明份数。

(36)交单期限：如果没有特别说明，一般是装运日后的21天。

(37)溢短装条款的百分比。

(38)申请人的开户银行、账户名称、执行人、联系电话、申请人法人代表。

三、开证申请书和信用证范例

1. 开证申请书范例

APPLICATION FOR ISSUING LETTER OF CREDIT

TO:BANK OF CHINA HONGKONG BRANCH　Date:Feb. 20,2001

Please issue on our behalf and /or our account the following IRREVOCABLE LETTER OF CREDIT by TELEX(X) AIRMAIL(　)

<table>
<tr><td colspan="2">Applicant
HONGKONG WANFA Co. LTD.
NO. 2000 QUEEN VICTORI STREET
HONGKONG
999077</td><td>Beneficiary(full name,address etc.)(3)
SHANGHAI RED STAR Co. LTD
NO. 555 YUNTAI ROAD
PUDONG DISTRICT
SHANGHAI,CHINA
200126</td></tr>
<tr><td colspan="2" rowspan="2">Advising Bank
BANK OF CHINA SHANGHAI BRANCH</td><td>L/C NO: SWXXA/2501
Contract NO: GSBW0502</td></tr>
<tr><td>Date and place of expiry
May 20,2001 IN CHINA</td></tr>
<tr><td>Partial shipment
(×)allowed ( )not allowed</td><td>Transshipment
(×)allowed ( )not allowed</td><td>Amount(both in figures and words)
US$ 14 500. 00
SAY US DOLLARS FOURTEEN THOUSAND FIVE HUNDRED ONLY</td></tr>
<tr><td colspan="2">Loading on board/dispatch/ taking in charge at/from
SHANGHAI,CHINA
Not later than
THE END OF APRIL,2001
For transportation to
HONGKONG</td><td>Credit available with
( )by sight payment( )by acceptance
(×)by negotiation
( )by deferred payment at against the documents detailed herein
(×)and beneficiary's draft for(100)% of invoice value at(* * *)sight
On(BANK OF CHINA,HONG KONG BRANCH)</td></tr>
<tr><td colspan="2">Description of goods
ANIMAL TOYS
ASD001 BROWN BEAR
ASD002 CHARMING DOG
ASD003 LOVELY PIG
Packing
20 PCS TO A CARTON,TOTAL 50 CARTONS ONLY.
SHIPPING MARK: WANFA
GSBW0502
HONGKONG
NOS. 1-50</td><td>Trade Term(18)
( )FOB ( )CFR
(×)CIF ( )Others</td></tr>
<tr><td colspan="3">Documents required:(marked with ×)
1. (×)Signed commercial invoice in(3)copies indicating L/ C No. and Contract No.
2. (×)Full set of(ORIGINAL)clean on board Bills of Lading made out [ ] to order/[×] to the order of (BANK OF CHINA,HONG KONG BRANCH)and endorsed(IN BLANK),marked " freight [×] prepaid/ [ ] to collect showing freight amount" notifying(HONGKONG WANFA Co. LTD. NO. 2000 QUEEN VICTORI STREET HONGKONG 999077).
3. ( )Airway showing "freight [ ]prepaid/ [ ] to collect indicating freight amount" and consigned to( ).
4. ( )Cargo Receipt issued by( )consigned to( ).
5. (×)Insurance Policy/Certificate in(3)copies for(110)% of the invoice value showing claims payable in(CHINA)in currency of the draft,blank endorsed,covering(ALL RISKS AND WAR RISKS OF PICC).
6. (×)Packing list/Weight Memo in(3)copies indicating the goods package.
7. (×)Certificate of Quantity/ Weight in(3)copies issued by [×] manufacturer/[ ]Seller/[ ] independent surveyor at the loading port,indicating the actual surveyed quantity/weight of shipped goods as well as the packing condition.
8. (×)Certificate of Quality in(3)copies issued by [×] manufacturer/[ ] public recognized surveyor/[ ].
9. (×)Beneficiary's Certified copy of fax dispatched to the applicant within(2)days after shipment advising the contract number,name of commodity,quantity,invoice value,bill of loading,bill of loading date,the ETA date and shipping Co.
10. ( )Beneficiary's Certificate certifying that extra copies of the documents have been dispatched to the( ).
11. (×)Certificate of Origin in(3)copies certifying the goods.
12. (×)Shipping Co's Certificate certifying that extra copies of the documents have been dispatched according to the contractor.
13. ( )Other documents,if any:

Additional instruction:(marked with ×)
1. (×)All banking charges outside the opening bank are for beneficiary's account.
2. (×)Documents must be presented within 15 days after the date of issuance of the transport documents but within the validity of this credit.
3. ( )Third party as shipper is not acceptable,Short Form/Blank B/L is not acceptable.
4. ( )Both quantity and amount __% more or less are allowed.</td></tr>
</table>

续表

5. ( )Prepaid freight drawn in excess of L/C amount is acceptable against presentation of original charges voucher issued by shipping Co.
6. ( )All documents to be forwarded in one lot by express unless otherwise stated above.
7. ( )Other terms, if any:

Account No: ×××××× with BANK OF CHINA HONG KONG BRANCH (name of bank)

Transacted by: ××××××

Telephone No: ×××××× ××××××

(Applicant: name, signature of authorized person)

This L/C is subject to the Uniform Customs and Practice for Documentary Credit(1993 Revision)ICC Publication No. 500.

2. SWIFT 信用证范例

To: BANK OF CHINA, SHANGHAI BRANCH
From: BANK OF CHINA, HONG KONG BRANCH
MT700
SEQUENCE OF TOTAL ★27: 1/2
FORM OF CREDIT ★40A: IRREVOCABLE
CRREDIT NUMBER ★20: SWXXA/2501
DATE OF ISSUE ★31C: FEB. 20, 2001
DATE AND PLACE OF EXPIRY ★31D: MAY. 20, 2001 IN CHINA
APPLICANT ★50: HONGKONG WANFA Co. LTD.
NO. 2000 QUEEN VICTORI STREET
HONGKONG
999077
BENEFICIARY ★59: SHANGHAI RED STAR Co. LTD
NO. 555 YUNTAI ROAD
PUDONG DISTRICT
SHANGHAI, CHINA
200126
CURRENCY CODE, AMOUNT ★32B: CURRENCY USD AMOUNT 14 500. 00
PERCENTAGE AMOUNT TOLERANCE ★39A: NOT EXCEEDING
AVAILABLE WITH... BY... ★41A/D: BANK OF CHINA, SHANGHAI BRANCH BY NEGOTIATION
DRAFT AT ... ★42C: DRAFTS AT SIGHT FOR FULL INVOICE VALUE
DRAWEE ★42A/D: BANK OF CHINA, HONGKONG BRANCH
PARTIAL SHIPMENT ★43P: ALLOWED
TRANSSHIPMENT ★43T: ALLOWED
LOADING ON BOARD ★44A: SHANGHAI, IN CHINA
FOR TRANSPORTATION TO ★44B: HONG KONG
LATEST DATE OF SHIPMENT ★44C: THE END OF APRIL. 2001
DESCRIPTION OF GOODS ★45A:

Art. No.	Commodity&Specifications	Quantity	Unit Price
ANIMAL TOYS	CIF HK		
ASD 001	BROWN BEAR	500pcs.	US$12. 00
ASD 002	CHARMING DOG	300pcs.	US$15. 00
ASD 003	LOVELY PIG	200pcs.	US$20. 00

DOCUMENTS REQUIRED ★46A:
+SIGNED COMMERCIAL INVOICE IN 3 COPIES INDICATING L/C AND CONTRACT NO.
+FULL SET OF ORIGINAL CLEAN ON BOARD BILL OF LADING MADE OUT TO THE ORDER OF BANK OF CHINA HONG KONG BRANCH AND ENDORSED IN BLANK, MARKED "FREIGHT PREPAID" SHOWING FREIGHT AMOUT NOTIFYING THE APPLICANT.
+INSURANCE POLICY IN 3 COPIES FOR 110% OF THE INVOICE SHOWING CLAIMS PAYABLE IN CHINA IN CURRENCY OF THE DRAFT, BLANK ENDORSED, COVERING ALL RISKS AND WAR RISK OF PICC.
+PACKING LIST IN 3 COPIES INDICATING THE INDIVIDUAL WEIGHT AND MEASUREMENT OF EACH ITEM.

续表

+CERTIFICATE OF QUANTITY IN 3 COPIES ISSUED BY MANUFACTURER INDICATING THE ACTUAL SURVEYED QUATITY OF SHIPPED GOODS AS WELL AS THE PACKING CONDITION.
+CERTIFICATE OF QUALITY IN 3 COPIES ISSUED BY MANUFACTURE.
+BENEFICIARY'S CERTIFIED COPY OF FAX DISPATCHED TO THE APPLICANT WITHIN 2 DAYS AFTER SHIPMENT ADVISING THE CONTRACT NUMBER, NAME OF COMMODITY, QUANTITY, INVOICE VALUE, BILL OF LOADING, THE ETA DATE AND SIPPING CO.
+BENEFICIARY'S CERTIFICATE CERTIFYING THAT EXTRA COPIES OF THE DOCUMENTS HAVE BEEN DISPATCHED TO THE APPLICANT.
+CERTIFICATE OF ORIGIN IN 3 COPY CERTIFYING THE GOODS ARE OF CHINESE ORIGIN.
+BENEFICIARY'S CERTIFIED COPY OF FAX DISPATCHED TO THE APPLICANT WITHIN 2 DAYS AFTER SHIPMENT ADVISING THE CONTRACT NUMBER, NAME OF COMMODITY, QUANTITY, INVOICE VAULE, BILL OF LADING, THE ETA DATE AND SHIPPING Co.
+ADDOTIONAL CONDITION ★47A: T. T. REIMBURSEMENT IS PROHIBITED.
+CHARGES ★71B: ALL BANK CHARGES OUTSIDE THE OPENING BANK ARE FOR BENEFICIARY'S ACCOUNT.
+PERIOD OF PRESENTATION ★48: DOCUMENTS MUST BE PRESENTED WITHIN 15 DAYS AFTER THE DATE OF ISSUANCE OF THE TRANSPORT DOCUMENTS WITHIN THE VALIDITY OF THIS CREDIT.
+CONFIRMATION INSTRUCTION ★49: WITHOUT
+REIMBURSING BANK ★53A/D: WITHOUT
+INSTRUCTION TO NEGITIATION BANK ★79: THE NEGOTIATION BANK MUST FORWARD THE DRAFT AND ALL DOCUMENTS BY REGISTERED AIRMAIL DIRECT TO US IN TWO CONSECUTIVE LOTS, UPON RECEIPT OF DRAFT AND DOCUMENTS IN ORDER, WE WILL REMIT THE PROCEEDS AS INSTRUCTED BY THE NEGOTIATION BANK.

附录3:国际贸易单证的格式和说明

一、发票

1. 发票的格式

COMMERCIAL INVOICE

<table>
<tr><td colspan="3" rowspan="2">SELLER(1)</td><td colspan="2">INVOICE NO. (3)　INVOICE DATE(4)</td></tr>
<tr><td colspan="2">L/C NO. (5)　DATE(6)
ISSUED BY(7)</td></tr>
<tr><td colspan="3" rowspan="3">CONSIGNEE(2)</td><td colspan="2">CONTRACT NO. (8)　DATE(9)</td></tr>
<tr><td colspan="2">FROM(10)　TO(11)</td></tr>
<tr><td>SHIPPED BY(12)</td><td>PRICE TERM(13)</td></tr>
<tr><td>MARKS(14)</td><td>DESCRIPTION OF GOODS(15)</td><td>QTY. (16)</td><td>UNIT PRICE(17)</td><td>AMOUNT(18)</td></tr>
<tr><td colspan="5">TOTAL AMOUNT IN WORDS(19)
TOTAL GROSS WEIGHT(20)
TOTAL NUMBER OF PACKAGE(21)

ISSUED BY(22)
Signature</td></tr>
</table>

2. 填写说明和要点

(1)卖方——填写买卖合同的卖方,一般是信用证的受益人。

(2)买方——抬头人。《跟单信用证统一惯例》(UCP 600)第22条规定:除非信用证另有规定,商业发票的抬头人必须是信用证开证申请人。

(3)发票号码——由出口公司自行编制。

(4)发票日期——通常是指发票签发时的日期。根据《跟单信用证统一惯例》(UCP 600),如无相反规定,银行可以接受出单日早于信用证开证日期的单据。一般而言,商业发票的日期是所有议付单据中最早的。

(5)(6)(7)栏填上相关交易信用证的号码、开证日期和信用证开证行的名称。

(8)(9)栏填上相关交易合同的号码和合同的日期。

(10)起运地——信用证规定的货物的装货港、收货地或接受监管地。

(11)目的地——信用证规定的货物的卸货港、交货地或最终目的地。

(12)运输工具名称——如货物采用海运,则此栏填入承运的船名和航次。

(13)价格术语——填入交易合同所用的贸易术语。

(14)装运标志——一般所言的"唛头"。如果信用证有关于"唛头"的规定,就应严格按照信用证规定的内容缮制。例如,信用证规定唛头是"ABC CO. /TR5423/HAMBURG/NO. 1-UP",则应在发票上打:

ABC CO.

TR5423

HAMBURG

NO. 1-UP

而且,唛头最后的"UP"通常用货物的总包装件数来代替。如货物一共有 370 个纸箱,则可填成"1-370"。如果信用证未规定唛头,则此栏可打"N/M"。

(15)货物描述——商业发票的货物描述要与信用证上的货物描述完全一致。

(16)(17)(18)栏填上不同商品的数量、单价和总金额。在(18)栏还要填写价格术语。

(19)总金额的大写。

(20)总的毛重。

(21)总的包装数量。

(22)出票人及其签名——根据《跟单信用证统一惯例》(UCP 600)的规定:除非信用证另有规定,商业发票的出票人必须是信用证受益人。发票授权签字人的签名。

3. 发票范例

COMMERCIAL INVOICE

<table>
<tr><td rowspan="2">SELLER
SHANGHAI RED STAR Co. LTD
NO. 555 YUNTAI ROAD
PUDONG DISTRICT
SHANGHAI, CHINA
200126</td><td colspan="2">INVOICE NO. :HDG0051 INVOICE DATE:FEB. 15,2001</td></tr>
<tr><td colspan="2">L/C NO. :SWXXA/2501 DATE:FEB. 20,2001
ISSUED BY:BANK OF CHINA HONG KONG BRANCH</td></tr>
<tr><td rowspan="3">CONSIGNEE
HONGKONG WANFA Co. LTD
NO. 2000 QUEEN VICTORI STREET
HONGKONG
999077</td><td colspan="2">CONTRACT NO. :GSBW0502 DATE:FEB. 10,2001</td></tr>
<tr><td colspan="2">FROM: SHANGHAI TO: HONG KONG</td></tr>
<tr><td>SHIPPED BY
CHENXING V. W. 233</td><td>PRICE TERM
CIF HK</td></tr>
</table>

续表

MARKS	DESCRIPTION OF GOODS	QTY.	UNIT PRICE	AMOUNT
MANFA GSBW0502 HONG KONG NOS. 1-50 20 PCS TO A CARTON	ANIMAL TOYS ASD 001 BROWN BEAR ASD 002 CHARMING DOG ASD 003 LOVELY PIG	500 pcs, 25 carton 300 pcs, 15 carton 200 pcs, 10 carton	USD 12 USD 15 USD 20	CIF HK USD 6 000 USD 4 500 USD 4 000 USD 14 500
TOTAL AMOUNT IN WORDS SAY US DOLLARS FOURTEEN THOUSAND FIVE HUNDRED ONLY TOTAL GROSS WEIGHT: 2 500KG TOTAL NUMBER OF PACKAGE: 50 CARTON ISSUED BY SHANGHAI RED STAR Co. LTD NO. 555 YUNTAI ROAD PUDONG DISTRICT SHANGHAI, CHINA 200126 Signature ×××				

二、装箱单

1. 装箱单的格式

PACKING LIST

ISSUER(1)			INVOICE NO. (3)		INVOICE DATE(4)	
			FROM(5)		TO(6)	
			TOTAL PACKAGES(in words)(7)			
CONSIGNEE(2)			MARKS & NOS. (8)			
C/NOS(9)	NOS. & KINDS OF PKGS. (10)	ITEM(11)	QTY. (12)	G. W. (13)	MEAS. (14)	

Total numbers of package(in figure and words)

(15)

ISSUED BY(16)　　Signature

2. 填制说明和要点

(1)卖方——填写买卖合同的卖方，一般是信用证的受益人。

(2)买方——即抬头人。《跟单信用证统一惯例》(UCP 600)第 22 条规定：除非信用证另有规定，商业发票的抬头人必须是信用证开证申请人。

(3)发票号码——由出口公司自行编制。

(4)发票日期——通常是指发票签发时的日期。根据《跟单信用证统一惯例》(UCP 600)，如无相反规定，银行可以接受出单日早于信用证开证日期的单据。一般而言，商业发票的日期是所有议付单据中最早的。

(5)起运地——信用证规定的货物的装货港、收货地或接受监管地。

(6)目的地——信用证规定的货物的卸货港、交货地或最终目的地。

(7)总包装数，用大写表示。

(8)运输标志。

(9)不同货号商品的包装序列号。例如，共有 3 种商品，各有 20 个包装，则表示为 1-20、

21-40、41-60。

(10)包装种类和方式。

(11)商品类别。

(12)数量。

(13)毛重。

(14)体积。

(15)包装数量(大小写都要)。

(16)出票人及签字。

(17)×××签名。

3. 装箱单范例

PACKING LIST

ISSUER SHANGHAI RED STAR Co. LTD NO. 555 YUNTAI ROAD PUDONG DISTRICT SHANGHAI, CHINA 200126	INVOICE NO. HDG0051	INVOICE DATE FEB. 15, 2001
	FROM SHANGHAI	TO HONGKONG
	TOTAL PACKAGES(IN WORDS) SAY FIFTY CARTONS ONLY	
CONSIGNEE HONGKONG WANFA Co. LTD NO. 2000 QUEEN VICTORI STREET HONGKONG 999077	MARKS & NOS. MANFA GSBW0502 HONG KONG NOS. 1-50	

C/NOS	NOS. & KINDS OF PKGS.	ITEM ANIMAL TOYS	QTY. (PCS)	G. W. (KG)	MEAS. (M^3)
		ASD001			
1-25	20 PCS TO A CARTON	BROWN BEAR	500	1 250	0. 75
26-40	25CARTONS	ASD002 CHARMING DOG	300	750	0. 45
41-50	15CARTONS	ASD003	200	500	0. 30
	10CARTONS	LOVELY PIG	1 000	2 500	1. 50

Total numbers of package(in figure and words)

50 CARTONS

SAY FIFTY CARTONS ONLY

ISSUED BY

SHANGHAI RED STAR Co. LTD

NO. 555 YUNTAI ROAD

PUDONG DISTRICT

SHANGHAI, CHINA

200126

Signature ×××

三、一般原产地证书

1. 一般原产地证书格式

<table>
<tr><td colspan="2">Exporter(1)</td><td colspan="3" rowspan="2">Certificate No. (6)
CERTIFICATE OF ORIIGIN
OF
THE PEOPLE'S REPUBLIC OF
CHINA</td></tr>
<tr><td colspan="2">Consignee(2)</td></tr>
<tr><td colspan="2">Means of transport and route(3)</td><td colspan="3" rowspan="2">For certifying authority use only(5)</td></tr>
<tr><td colspan="2">Country/region of destination(4)</td></tr>
<tr><td>Marks & NOS
(7)</td><td>Nos. and kinds of packages;
description of goods(8)</td><td>H. S. Code
(9)</td><td>Quantity
(10)</td><td>Number and date
of invoices (11)</td></tr>
<tr><td colspan="2">Declaration by the exporter
The undersigned hereby declares that the above details and statements are correct, that all the goods were produced in China and that they comply with the Rules of Origin of the People's Republic of China. (12)

Place and date signature and stamp of authorized signatory</td><td colspan="3">Certification
It is hereby certified that the declaration by the exporter is correct.
(13)

Place and date, signature and stamp of certifying authority</td></tr>
</table>

2. 填写说明和要点

(1)出口商——受益人(要有详细的名称、地址)。

(2)收货人——开证申请人(要有详细的名称、地址)。

(3)运输方式和路线——注明装货港、到货港及运输方式(如有转运,也要注明)。

(4)目的港——标明货物的最终目的港。

(5)签证机关专用栏——一般情况下,此栏空白,由签证当局视情况填写相应的内容。

例如,当信用证要求产地证由商会出具时,则由贸促会在本栏中盖章,证明"China Council for the Promotion of International Trade is China Chamber of International Commerce"。

(6)产地证号码。

(7)唛头和包装号码——此栏填写商品包装上的装运标志,应完整、规范并与其他单据上的装运标志一致。不能简单填写"As per Invoice No. ×××"或类似表示。

(8)货物描述及包装件数和包装种类——本栏填写商品的名称以及商品外包装的数量及种类。注意,在货物描述结束时应有终止符"**********"。

(9)HS 编码——本栏应按照商品在《商品名称和编码协调制度》中的编码填写。

(10)数量或重量——应按照提单或其他运输单据中的数量填写;若填重量,则应填入毛重。

(11)发票号码和日期——填入本次交易的发票号码和发票日期。注意,此栏不得留空。

(12)出口商申明——本栏必须由出口商手签、加盖公章并加注签署地点、日期。注意,该日期不能早于发票日期(一般与发票日期相同),同时不能迟于装船日期和第 12 栏签证机关的日期。

(13)签证机关栏——本栏供签证机关证明用。必须由签证机关手签、加盖公章并加注签署地点、日期。

3. 一般原产地证书范例

<table>
<tr><td colspan="2">Exporter
SHANGHAI RED STAR Co. LTD
NO. 555 YUNTAI ROAD
PUDONG DISTRICT
SHANGHAI, CHINA
200126</td><td colspan="3" rowspan="2">Certificate No. KLOP00665

CERTIFICATE OF ORI!GIN
OF
THE PEOPLE'S REPUBLIC OF CHINA</td></tr>
<tr><td colspan="2">Consignee
SHANGHAI RED STAR Co. LTD
NO. 2000 QUEEN VICTORI STREET
HONGKONG
999077</td></tr>
<tr><td colspan="2">Means of transport and route
FROM SHANGHAI TO HONGKONG
BY SEA</td><td colspan="3" rowspan="2">For certifying authority use only
CHINA COUNCIL FOR THE PROMOTION OF INTERNATIONAL TRADE IS CHINA CHAMBER OF INTERNATIONAL COMMERCE</td></tr>
<tr><td colspan="2">Country/region of Destination HONGKONG</td></tr>
<tr><td>Marks & NOS

MANFA
GSBW0502
HONG KONG
NOS. 1-50</td><td>Number and kind of packages; description of goods

20 PCS TO A CARTON
25CARTONS
15CARTONS
10CARTONS
ANIMAL TOYS
BROWN BEAR
CHARMING DOG
LOVELY PIG
* * * * * * * * * * * * * * * * *</td><td>H. S. Code

VSAHUY0045</td><td>Quantity

500pcs
300pcs
200pcs</td><td>Number and date of invoices

HDG0051
FEB. 15, 2001</td></tr>
<tr><td colspan="2">Declaration by the exporter
The undersigned hereby declares that the above details and statements are correct, that all the goods were produced in China and that they comply with the Rules of Origin of the People's Republic of China.
SHANGHAI RED STAR Co. LTD
Shanghai Mar. 15, 2001
×××

Place and date signature and stamp of authorized signatory</td><td colspan="3">Certification
It is hereby certified that the declaration by the exporter is correct.

Mar. 15, 2001
×××

Place and date, signature and stamp of certifying authority</td></tr>
</table>

四、保险单和投保单

(一)投保单

1. 投保单格式

海运出口货物投保单

(1)保险人: (2)被保险人:

(3)标记	(4)包装及数量	(5)保险货物项目	(6)保险货物金额
(7)总保险金额:(大写)			

(8)运输工具: (船名) (航次)

(9)装运港: (10)目的港:

(11)投保险别: (12)货物起运日期:

(13)投保日期: (14)投保人签字:

2. 填写说明和要点

(1)保险人——填写承保此批货物的保险公司的名称。一般来说，各个保险公司会在自己公司的投保单上事先印就以其自身为保险人。

(2)被保险人——除非信用证有特别规定，CIF 交易中一般为信用证受益人，即出口公司。

(3)标记——即“唛头”，填写货物的装运标志。如唛头比较复杂也可以简单填写“As per Invoice No. ×××”。

(4)包装及数量——填写商品外包装的数量及种类。

(5)保险货物项目——填写商品的名称。

(6)保险货物金额——按信用证规定的金额及加成率投保。如信用证对此未做具体规定，则按 CIF 或 CIP 或发票金额的 110%投保。注意：投保单上的保险金额的填法应该是“进一取整”，即，如果保险金额经计算为 US＄11 324.12，则在投保单上应填“US＄11 325”。

(7)总保险金额——本栏填写保险金额的大写。

(8)运输工具——填写运输工具的名称。如采用海运，则根据配舱回单填写相应的承运船名及航次。

(9)装运港——填写信用证规定的货物的装运港口。

(10)目的港——填写信用证规定的货物的卸货港口。

(11)投保险别——填写信用证规定的投保险别，包括险种和相应的保险条款等。

(12)货物起运日期——填写船公司配船资料上的货物装船日期。

(13)投保日期——填写投保单的日期。

(14)投保人签字——本栏要有出口公司的公章并有具体经办人签字。

3. 投保单范例

海运出口货物投保单

(1)保险人： (2)被保险人：

THE PEOPLE'S INSURANCE COMPANY OF CHINA SHANGHAI RED STAR Co. LTD

SHANGHAI BRANCH

(3)标记	(4)包装及数量	(5)保险货物项目	(6)保险货物金额
WANFA GSBW0502 HONGKONG NOS. 1-50	20 PCS TO A CARTON 50 CARTONS	3 ITEMS OF ANIMAL TOYS	USD 15 950.00
(7)总保险金额：(大写)SAY US DOLLARS FIFTEEN THOUSAND NINE HUNDRED AND FIFTY ONLY			

(8)运输工具：CHENXIN(船名) V. W. 233 (航次)

(9)装运港：SHANGHAI，CHINA (10)目的港：HONG KONG

(11)投保险别：ALL RISKS AND WAR RISKS OF PICC DATED 1/1/1981 (12)货物起运日期：APR. 20，2001

(13)投保日期：APR. 16，2001 (14)投保人签字：×××

(二)保险单

1. 保险单格式

中国人民保险公司

THE PEOPLE'S INSURANCE COMPANY OF CHINA

总公司设于北京　　　　　　　一九四九年创立

HEAD OFFICE: BEIJING　　　　ESTABLISHED IN 1949

保 险 单 INSURANCE POLICY　保险单号次 (1)POLICY NO.

中国人民保险公司(以下简称本公司)

THIS POLICE OF INSURANCE WITNESSES THAT THE PEOPLE'S INSURANCE COMPANY OF CHINA

根据(以下简称被保险人)的要求,由被保险人向本公司缴付一定的保险费,按照本保险单承保险别和背面所载条款与下列特款承保下述货物运输保险,特立本保险单。

AT THE REQUEST OF ____(2)____ (HEREINAFTER CALLED "THE INSURED") AND IN CONSIDERATION OF THE AGREED PREMIUM FAID TO THE COMPANY

BY THE INSURED UNDERTAKES TO INSURE THE UNDERMENTIONED GOODS IN TRANSPORTATION SUBJECT TO THE CONOITIONS

OF THIS POLICY AS PER THE CLAUSES PRINTED OVERLEAF AND OTHER SPECIAL CLAUSES ATTACHEDHEREON

标记 MARKS & NOS (3)	包装及数量 QUANTITY (4)	保险货物项目 DESCRIPTION OF GOODS (5)	保险金额 AMOUNT INSURED (6)

总保险金额(7)
TOTAL AMOUNT INSURED ______________

保费(8)　　　　　　　　费率　　　　　　　　装载运输工具(9)
PREMIUM: AS ARRANGED　REAT: AS ARRANGED　PER CONVEYANCE S. S. ________

开航日期 (10)　　　　　　　自(11)　　　　　至(12)
SLG ON OR ABT. ____AS PER B/L____ FROM ________ TO ________

承保险别:(13)
CONDITIONS

所保货物,如遇出险,本公司凭本保险单及其他有关证件给付赔款。
CLAMS, IF ANY, PAYABLE ON SURRENDER OF THIS POLICY TOGETHER WITH OTHER RELEVANT DOCUMENTS.
所保货物,如发生本保险单项下负责赔偿的损失或事故,应立即通知本公司下述代理人查勘。
IN THE EVENT OF ACCIDENT WHEREBY LOSS OR DAMAGE MAY RESULT IN A CLAIM UNDER THIS POLICY IMMEDIATE NOTICE APPLYING FOR SURVEY MUST BE GIVEN TO THE COMPANY'S AGENT AS MENTIONED HEREUNDER.
(14)

赔款偿付地点(15)
CLAMS PAYABLE AT/IN ______________

日期　　(16)　　　　上海　　　中国人民保险公司上海分公司
DATE ________ SHANGHAI　THE PEOPLE'S INSURANCE CO. OF CHINA

地址:中国上海中山东一路 23 号 TEL: 63234305 Telex: 33128 PICCS CN SHANGHAI BRANCH
Address: 23 Zhongshan Dong Yi Lu Shanghai China. Cable: 42001 Shanghai

(17)

2. 填写说明和要点

(1)保险号码。

(2)被保险人——除非信用证有特别规定,一般为信用证受益人。

(3)唛头——同商业发票上的唛头一致。如唛头比较复杂也可填写"As per Invoice No. ×××"。

(4)包装及数量——本栏填写商品外包装的数量及种类。

(5)保险货物项目——本栏填写商品的名称,可以用总称。

(6)保险金额——按信用证规定的金额及加成率投保。如信用证对此未做具体规定,则按CIF或CIP或发票金额的110%投保。注意,保单上的保险金额的填法应该是"进一取整",即,如果保险金额经计算为11 324.12美元,则在保险单上应填"US$11 325"。

(7)总保险金额——本栏只需填入保险金额的大写即可。

(8)"保费"和"费率"——如信用证无特别规定,此两栏一般打"As Arranged"。

(9)装载运输工具——如采用海运则根据配舱回单填写相应的承运船名及航次。

(10)开航日期——一般填写提单签发日期。更简单的就只填"As per B/L"。

(11)(12)起讫地点——填写货物的起运地和目的地(如有转运,也要注明)。

(13)承保险别——按信用证规定的承保险别,包括险别和相应的保险条款等。

(14)保险代理——保单上通常还须填写保险公司在目的地的代理机构的名称及联系地址。

(15)赔款偿付地点及赔款币种——赔款偿付地点一般填运输目的地。币种采用信用证或汇票所用货币的币种。

(16)保单日期——不迟于提单日期,但一般应晚于发票日期。

(17)保单背书——出口人在交单时应将保单做背书转让,以便进口方在发生由承保风险引起的损失时能取得保险公司的赔付。背书应按信用证的有关条款执行,如无特殊规定则应作成空白背书。

保单的背书方法同提单基本相似:

(a)记名背书:

Endorsed to DEF Co. 或 Pay to DEF Co.

ABC Co.(签章)

December 10,1998

(b)空白背书:

ABC Co.(签章)

December 10,1998

3. 保险单范例

中国人民保险公司

THE PEOPLE'S INSURANCE COMPANY OF CHINA

总公司设于北京 HEAD OFFICE: BEIJING　　一九四九年创立 ESTABLISHED IN 1949

保 险 单 INSURANCE POLICY　　保险单号次 POLICY NO. MKNB2201

中国人民保险公司(以下简称本公司)

THIS POLICE OF INSURANCE WITNESSES THAT THE PEOPLE'S INSURANCE COMPANY OF CHINA

根据(以下简称被保险人)的要求,由被保险人向本公司缴付约定的保险费,按照本保险单承保险别和背面所载条款与下列特款承保下述货物运输保险,特立本保险单。

AT THE REQUEST OF SHANGHAI RED STAR Co. LTD

(HEREINAFTER CALLED "THE INSURED") AND IN CONSIDERATION OF THE AGREED PREMIUM FAID TO THE COMPANY

BY THE INSURED UNDERTAKES TO INSURE THE UNDERMENTIONED GOODS IN TRANSPORTATION SUBJECT TO THE CONDITIONS OF THIS POLICY AS PER THE CLAUSES PRINTED

OVERLEAF AND OTHER SPECIAL CLAUSES ATTACHEDHEREON

标记 MARKS & NOS	包装及数量 QUANTITY	保险货物项目 DESCRIPTION OF GOODS	保险金额 AMOUNT INSURED
MANFA GSBW0502 HONG KONG NOS. 1-50	20 PCS TO A CARTON TOTAL 50 CARTONS ONLY	3 ITEMS OF ANIMAL TOYS BROWN BEAR CHARMING DOG LOVELY PIG	USD 15 950.00

总保险金额

TOTAL AMOUNT INSURED SAY US DOLLARS FIFTEEN THOUSAND NINE HUNDRED AND FIFTY ONLY

保费 PREMIUM: AS ARRANGED 费率 REAT: AS ARRANGED

装载运输工具 PER CONVEYANCE S. S. CHENXING V. W. 233

开航日期 SLG ON OR ABT. AS PER B/L 自 FROM SHANGHAI 至 TO HONGKONG

承保险别:

CONDITIONS

ALL RISKS AND WAR RISK OF PICC DATED 1/1/1981

所保货物，如遇出险，本公司凭本保险单及其他有关证件给付赔款。

CLAMS, IF ANY, PAYABLE ON SURRENDER OF THIS POLICY TOGETHER WITH OTHER RELEVANT DOCUMENTS.

所保货物，如发生本保险单项下负责赔偿的损失或事故，应立即通知本公司下述代理人查勘。

IN THE EVENT OF ACCIDENT WHEREBY LOSS OR DAMAGE MAY RESULT IN A CLAIM UNDER THIS POLICY IMMEDIATE NOTICE APPLYING FOR SURVEY MUST BE GIVEN TO THE COMPANY'S AGENT AS MENTIONED HEREUNDER.

赔款偿付地点

CLAMS PAYABLE AT/IN HONGKONG IN USD

日期 DATE Apr 16, 2001 上海 SHANGHAI 中国人民保险公司上海分公司 THE PEOPLE'S INSURANCE CO. OF CHINA

地址：中国上海中山东一路 23 号 TEL: 63234305 Telex: 33128 PICCS CN SHANGHAI BRANCH

Address 23 Zhongshan Dong Yi Lu Shanghai China. Cable: 42001 Shanghai

SHANGHAI RED STAR Co. LTD

×××

五、商检证书

1. 商检证书格式

中国检验认证集团检验有限公司

正本 original
NO.：(1)
DATE：(1)

发货人(Consignor)(2)________________
受货人(Consignee)(3)________________

品名(4)
运输标志及号码(Marks & No.)(4)
报验数量/重量：(4)

检验结果：(5)

主任检验员(6)

2. 说明和要点

(1)日期——商检证书的日期不能迟于装运日期(即提单日)。

(2)发货人(Consignor)——一般为出口人，即信用证受益人。

(3)受货人(Consignee)——一般为进口人，即信用证开证申请人。

(4)报验商品的品名、数量、重量及唛头。

(5)检验结果表明货物与要求一致。

(6)签名。

3. 商检证书范例

中国检验认证集团检验有限公司

正本 original
NO. SSKH/9806
DATE：Apr. 14，2001

发货人(Consignor)SHANGHAI RED STAR CO. LTD
受货人(Consignee)HONGKONG WANFA CO. LTD

品名：ANIMAL TOYS
运输标志及号码(Marks & No.)：MANFA
GSBW0502
HONGKONG
NOS. 1-50
报验数量/重量：50CTNS；2 500KG
检验结果：Clean Report of Finding issued by SGS Hong Kong，evidencing that quality，and packing of goods in full compliance with the requirement of L/C。

主任检验员：×××

六、订舱委托书—报关单—提单

(一)订舱委托书

1. 订舱委托书格式

出口货物订舱委托书

出口日期　　　编号

<table>
<tr><td rowspan="4">(1)发货人</td><td colspan="2">(4)信用证号码</td></tr>
<tr><td colspan="2">(5)开证银行</td></tr>
<tr><td>(6)合同号码</td><td>(7)成交金额</td></tr>
<tr><td>(8)装运口岸</td><td>(9)目的港</td></tr>
<tr><td rowspan="4">(2)收货人</td><td>(10)转船运输</td><td>(11)分批装运</td></tr>
<tr><td>(12)信用证效期</td><td>(13)装船期限</td></tr>
<tr><td>(14)运费</td><td>(15)成交条件</td></tr>
<tr><td>(16)公司联系人</td><td>(17)电话/传真</td></tr>
<tr><td rowspan="2">(3)通知人</td><td>(18)公司开户行</td><td>(19)银行账号</td></tr>
<tr><td colspan="2">(20)特别要求</td></tr>
<tr><td colspan="3">(21)标记唛码　(22)货号规格　(23)包装件数　(24)毛重　(25)净重　(26)数量　(27)单价　(28)总价</td></tr>
<tr><td colspan="3">(29)总件数　(30)总毛重　(31)总净重　(32)总尺码　(33)总金额</td></tr>
<tr><td colspan="3">(34)备注</td></tr>
</table>

2. 订舱委托书的说明和要点

(1)发货人(托运人)——填写出口公司(信用证受益人)。

(2)收货人——填写信用证规定的提单收货人。

(3)通知人——填写信用证规定的提单通知人。

一般在订舱委托书上会注明托运人、收货人、通知人,这三栏为提单 B/L 项目要求,即将来船公司签发的提单上的相应栏目的填写也会参照订舱委托书的写法。因此,这三栏的填写应该按照信用证提单条款的相应规定填写(具体可以参见提单条款的填制方法)。

(4)信用证号码——填写相关交易的信用证号码。

(5)开证银行——填写相关交易的信用证开证银行的名称。

(6)合同号码——填写相关交易的合同号码。

(7)成交金额——填写相关交易的合同总金额。

(8)装运口岸——填写信用证规定的起运地。如信用证未规定具体的起运港口,则填写实际装货港名称。

(9)目的港——填写信用证规定的目的地。如信用证未规定具体的目的港口,则填写实际卸货港名称。

(10)转船运输——根据信用证条款,如允许转运,则填“YES”;反之,则填“NO”。

(11)分批装运——根据信用证条款,如允许分批,则填“YES”;反之,则填“NO”。

如信用证未对转船运输和分批装运做具体的规定,则应该按照合同有关规定填写。

(12)信用证效期——填写信用证的有效期。

(13)装运期限——填写信用证规定的装运期限。

(14)运费——根据信用证提单条款的规定填写“FREIGHT PREPAID”(运费预付)或

"FREIGHT TO COLLECT"(运费到付)。

(15)成交条件——填写成交的贸易术语。如"FOB""CIF""CFR"等。

(16)(17)(18)(19)栏按有关公司联系人、电话/传真、开户银行的实际情况填写。

(20)特别要求——如托运人对所订舱位有特殊要求的,可以填在这一栏中。

(21)标记唛码——填写货物的装运标志,即通常所说的"唛头"。

(22)货号规格——填写货物描述。

(23)包装件数——填写货物的外包装的数量。例如,"370 CARTONS"。

(24)(25)(26)(27)(28)毛重、净重、数量、单价、总价——按货物的实际情况填写。

(29)(30)(31)(32)(33)总件数、总毛重、总净重、总尺码、总金额——按实际情况填写。

(34)备注——如有其他事项可填入"备注"栏中。

(二)报关单

1. 报关单格式

中华人民共和国海关进口货物报关单

预录入编号: 海关编号: (××海关) 页码/页数:

境内收货人	进境关别	进口日期	申报日期	备案号
境外发货人	运输方式	运输工具名称及航次号	提运单号	货物存放地点
消费使用单位	监管方式	征免性质	许可证号	起运港
合同协议号	贸易国(地区)	起运国(地区)	经停港	入境口岸

包装种类	件数	毛重(千克)	净重(千克)	成交方式	运费	保费	杂费
随附单证及编号							
标记唛码及备注							

项号	商品编号	商品名称及规格型号	数量及单位	单价/总价/币制	原产国(地区)	最终目的国(地区)	境内目的地	征免

报关人员 报关人员证号 电话 兹申明对以上内容承担如实申报、依法纳税之法律责任 申报单位 申报单位(签章)	海关批注及签章

中华人民共和国海关出口货物报关单

预录入编号：　　　　海关编号：　　　　（××海关）　　　　页码/页数：

境内发货人	出境关别		出口日期		申报日期	备案号	
境外收货人	运输方式		运输工具名称及航次号		提运单号		
生产销售单位	监管方式		征免性质		许可证号		
合同协议号	贸易国（地区）		运抵国（地区）		指运港	离境口岸	
包装种类	件数	毛重（千克）	净重（千克）	成交方式	运费	保费	杂费
随附单证及编号							
标记唛码及备注							

项号	商品编号	商品名称及规格型号	数量及单位	单价/总价/币制	原产国（地区）	最终目的国（地区）	境内货源地	征免

报关人员　　报关人员证号　　电话　　兹申明对以上内容承担如实申报、依法纳税之法律责任	海关批注及签章
申报单位　　申报单位（签章）	

中华人民共和国海关进境货物备案清单

预录入编号：　　　　海关编号：　　　　（××海关）　　　　页码/页数：

境内收货人	进境关别		进境日期		申报日期	备案号	
境外发货人	运输方式		运输工具名称及航次号		提运单号	货物存放地点	
消费使用单位	监管方式				许可证号	起运港	
合同协议号	贸易国（地区）		起运国（地区）		经停港	入境口岸	
包装种类	件数	毛重（千克）	净重（千克）	成交方式	运费	保费	杂费
随附单证及编号							
标记唛码及备注							

项号	商品编号	商品名称及规格型号	数量及单位	单价/总价/币制	原产国（地区）	最终目的国（地区）	境内目的地

报关人员　　报关人员证号　　电话　　兹申明对以上内容承担如实申报、依法纳税之法律责任	海关批注及签章
申报单位　　申报单位（签章）	

中华人民共和国海关出境货物备案清单

预录入编号：　　海关编号：　　（××海关）　　页码/页数：

境内发货人	出境关别		出境日期		申报日期	备案号
境外收货人	运输方式		运输工具名称及航次号		提运单号	
生产销售单位	监管方式				许可证号	
合同协议号	贸易国（地区）		运抵国（地区）		指运港	离境口岸
包装种类	件数	毛重（千克）	净重（千克）	成交方式	运费	保费　杂费
随附单证及编号						
标记唛码及备注						

项号	商品编号	商品名称及规格型号	数量及单位	单价/总价/币制	原产国（地区）	最终目的国（地区）	境内货源地

报关人员　报关人员证号　电话　兹申明对以上内容承担如实申报、依法纳税之法律责任 申报单位　申报单位（签章）	海关批注及签章

2. 填写说明

新版报关单具体填制规范说明详见：

(1)海关总署公告 2018 年第 60 号《关于修订〈中华人民共和国海关进出口货物报关单填制规范〉的公告》，http://www. customs. gov. cn/customs/302249/2480148/2481302/index. html。

(2)海关总署官网《中华人民共和国海关进出口货物报关单填制规范》，http://www. customs. gov. cn/customs/302249/2480148/2481302/2018062208581181523. doc。

(3)海关总署公告 2018 年第 61 号《关于修改进出口货物报关单和进出境货物备案清单格式的公告》，http://www. customs. gov. cn/customs/302249/2480148/2481298/index. html。

(三)提单

1. 提单的格式

BILL OF LADING

Shipper(1)		COSCO B/L No. (10) 中国远洋运输(集团)总公司 CHINA OCEAN SHIPPING COMPANY Cable:　　Telex: COSCO SHANGHAI ORIGINAL Combined Transport Bill of Lading
Consignee(2)		
Notify Party(3)		
Pre carriage by(4)	Place of Receipt(5)	
Ocean Vessel Voy(6)	Port of Loading(7)	
Port of Discharge(8)	Place of Delivery(9)	

续表

<table>
<tr><td>Marks & Nos</td><td>Nos. kinds of Pkgs</td><td>Description of Goods</td><td colspan="2">Gross Weight</td><td>Measurement</td></tr>
<tr><td>(11)</td><td>(12)</td><td>(13)</td><td colspan="2">(14)</td><td>(15)</td></tr>
<tr><td colspan="6">(16)</td></tr>
<tr><td colspan="6">Total number of Containers(17)
or Packages(in words)</td></tr>
<tr><td>Freight & Charges</td><td>Revenue Tons</td><td>Rate</td><td>Per</td><td>Prepaid</td><td>Collect</td></tr>
<tr><td>Prepaid at</td><td>Payable at</td><td colspan="4" rowspan="2">Place and date of issue(21)</td></tr>
<tr><td>Total prepaid</td><td>Nos. of Original B/L(18)</td></tr>
<tr><td colspan="2">Loading on board the vessel
Date (19) By(20)

(23)</td><td colspan="4">Signed for the Carrier (22)</td></tr>
</table>

2. 提单填制说明和要点

(1)提单托运人——通常是信用证的受益人,即买卖合同中的卖方。但根据《跟单信用证统一惯例》(UCP 600)第 31 条的规定:只要信用证无相反规定,银行也接受以信用证受益人以外的第三方为发货人。

(2)收货人——这是提单中比较重要的一栏,应严格按照信用证规定填制。因为这一栏的填法直接关系到提单能否转让以及提单项下货物的物权归属问题。提单收货人按信用证的规定一般有三种填法,即空白抬头、记名指示抬头和记名收货人抬头。

①空白抬头:

例如,信用证提单条款中规定"... Bill of Lading consigned to order..."或"... Bill of Lading made out to order...",则提单收货人栏中只要打"To order"即可。

②记名指示抬头:

例如,信用证提单条款中规定"... Bill of Lading consigned to the order of the issuing bank...",则提单收货人栏中只要打"To order of...(开证行)... bank"即凭开证行的指示。或"... Bill of Lading made out to shipper's order...",则提单收货人栏中只要打"To shipper's order"即凭托运人指示。或"... Bill of Lading made out to order of ABC Co...",则提单收货人栏中只要打"To order of ABC Co.",即凭 ABC Co. 指示。

③记名收货人抬头:

例如,信用证提单条款中规定"... Bill of Lading consigned to ABC Co...",则提单收货人栏中只要打"ABC Co.",即货交 BC Co.。

注意,由于记名收货人的提单对托运人的保障很小,一般较少使用。

(3)通知人(Notify Party)——要与信用证的规定一致。

例如,信用证提单条款中规定"... Bill of Lading ... notify applicant",则提单通知人栏中要打上开证申请人的详细名称、地址。

(4)收货地——填船公司或承运人的收货地。

(5)(6)船名、航次——按配舱回单上的船名、航次填写。

(7)(8)装货港和卸货港要与信用证规定一致,尤其当信用证要求提交海运提单(非多式联运单据)时,提单上的装货港和卸货港必须与信用证规定的起运地和目的地相一致。如信用证规定目的地为"A(PLACE)VIA B (PORT)",则提单上卸货港一栏中也需注明"A(PLACE)

VIA B (PORT)”,而不能仅简单地注明“B(PORT)”了事。但如果信用证要求提供多式联运单据,则卸货港一栏中表明“B(PORT)”,而在交货地/最终目的地一栏中显示“A(PLACE)”即可。

(9)交货地——填船公司或承运人的交货地。

(10)提单号码——按配舱回单上的D/R号码填写。

(11)唛头——同商业发票上的唛头一致。

(12)货物包装及件数——按货物装船的实际情况填写总外包装件数。

(13)货物描述——只要填上货物的总名称即可。

(14)(15)货物毛重及尺码——同装箱单上货物的总毛重和总尺码一致。

(16)按信用证规定加注运费条款。即“Freight Prepaid”或“Freight to Collect”,并且注意与所用贸易术语的一致性。

(17)货物总包装件数的大写。注意,此栏的内容要与(12)栏一致。

(18)正本提单份数。此栏显示的是船公司为承运此批货物所开具的正本提单的份数,一般是1~3份。如信用证对提单正本份数有规定,则应与信用证规定一致。例如,信用证规定“3/3 Marine bills of lading...”,即表明船公司为信用证项下的货物开立的正本提单必须是3份,且3份正本提单都要提交给银行作为议付单据。

(19)(20)装船批注的日期和签署。根据《跟单信用证统一惯例》(UCP 600)第23条规定,如果提单上没有预先印就“已装船”(Shipped on board...)字样的,则必须在提单上加注装船批注(On board notation),装船批注中所显示的日期即视为货物的装运日期。另外,如果提单上含有“预期船”或其他类似限定船只的有关词语,以及当提单注明的收货地或接受监管地与装货港不同时,已装船批注中还必须包括信用证规定的装货港和实际装货船名。

(21)提单的签发地点和签发日期。如果提单上已预先印有“已装船”(Shipped on board...)字样的,称为已装船提单。已装船提单的签发日期视为装运日期。

(22)提单签署。根据《跟单信用证统一惯例》(UCP 600)第23条规定,提单必须由下列四类人员签署证实:承运人,或承运人的具名代理人,或船长,或船长的具名代理人。

注意,根据《跟单信用证统一惯例》(UCP 600)第23条规定,承运人或船长的任何签字或证实,必须表明“承运人”或“船长”的身份。代理人代表承运人或船长签字或证实时,也必须表明所代表的委托人的名称或身份,及注明代理人是代表承运人或船长签字或证实的。

(23)提单背书。提单应按照信用证的具体要求进行背书。一般信用证要求提单进行空白背书(“bill of lading... endorsed in blank” or “bill of lading ... blank endorsed”)的比较多见。对于空白背书,只需要背书人签章并注明背书的日期即可。

例如,

ABC Co.(签章)
December 11,1998

当然,有时信用证也要求提单做记名背书,此时则应先写上被背书人的名称,然后再由背书人签署并加盖公章,同时注明背书的日期。

例如,

Endorsed to : DEF Co. 或 Delivered to DEF Co.
ABC Co.(签章)
December 11,1998

(四)范例

1. 出口货物订舱委托书

出口货物订舱委托书

出口日期　　　　　　　　编号

<table>
<tr><td rowspan="4">(1)发货人
SHANGHAI RED STAR Co. LTD
NO. 555 YUNTAI ROAD
PUDONG DISTRICT
SHANGHAI,CHINA
200126</td><td colspan="2">(4)信用证号码 SWXXA/2501</td></tr>
<tr><td colspan="2">(5)开证银行 BANK OF CHINA,HONGKONG BRANCH</td></tr>
<tr><td>(6)合同号码 GSBW0502</td><td>(7)成交金额 USD14 500.00</td></tr>
<tr><td>(8)装运口岸
SHANGHAI,CHINA</td><td>(9)目的港
HONG KONG</td></tr>
<tr><td rowspan="4">(2)收货人
TO THE ORDER OF
BANK OF CHINA
HONGKONG BRANCH</td><td>(10)转船运输 ALLOWED</td><td>(11)分批装运 ALLOWED</td></tr>
<tr><td>(12)信用证效期 MAY 20,2001</td><td>(13)装船期限</td></tr>
<tr><td>(14)运费</td><td>(15)成交条件 CIF HK</td></tr>
<tr><td>(16)公司联系人</td><td>(17)电话/传真</td></tr>
<tr><td rowspan="2">(3)通知人
HONGKONG WANFA
Co. LTD
NO. 2000 QUEEN
VICTORI STREET
HONGKONG
999077</td><td>(18)公司开户行
BANK OF CHINA</td><td>(19)银行账号</td></tr>
<tr><td>(20)特别要求</td><td></td></tr>
</table>

(21)标记唛码	(22)货号规格	(23)包装件数	(24)毛重	(25)净重	(26)数量	(27)单价	(28)总价
MANFA GSBW0502 HONGKONG NOS. 1-50							
	3 ITEMS OF ANIMAL TOYS						
	ASD 001	500PCS	25CTNS	1 250KG	0. 75M³	USD12	USD 6 000
	ASD 002	300PCS	15CTNS	750KG	0. 45M³	USD15	USD 4 500
	ASD 003	200PCS	10CTNS	500KG	0. 3M³	USD20	USD 4 000
							14 500. 00

(29)总件数	(30)总毛重	(31)总净重	(32)总尺码	(33)总金额
1 000PCS	50CTNS	2 500KG	1. 5M³	USD14 500. 00

(34)备注

2. 提单

BILL OF LADING

<table>
<tr><td colspan="2">Shipper
SHANGHAI RED STAR CO. LTD
NO. 555 YUNTAI ROAD
PUDONG DISTRICT
SHANGHAI, CHINA
200126</td><td rowspan="6">COSCO
B/L No. HWA1442
中国远洋运输(集团)总公司
CHINA OCEAN SHIPPING COMPANY
Cable:　　Telex:
COSCO SHANGHAI

ORIGINAL

Combined Transport Bill of Lading</td></tr>
<tr><td colspan="2">Consignee
TO THE ORDER OF BANK OF CHINA HONGKONG BRANCH</td></tr>
<tr><td colspan="2">Notify Party
HONGKONG WANFA Co. LTD
NO. 2000 QUEEN VICTORI STREET
HONGKONG
999077</td></tr>
<tr><td>Pre carriage by
CHENXING</td><td>Place of Receipt
AS ARRANGED</td></tr>
<tr><td>Ocean Vessel Voy.
V. W. 233</td><td>Port of Loading
SHANGHAI</td></tr>
<tr><td>Port of Discharge
HONGKONG</td><td>Place of Delivery
AS ARRANGED</td></tr>
</table>

Marks & Nos	Nos. kinds of Pkgs	Description of Goods	Gross Weight	Measurement
MANFA GSBW0502 HONGKONG NOS. 1-50	20PCSTOACARTON 25CARTONS 15CARTONS 10CARTONS	ANIMAL TOYS BROWN BEAR CHARMING DOG LOVELY PIG	2 500KG	1. 5M^3

FREIGHT PREPAID

Total number of Containers or Packages(in words) SAY FIFTY CARTONS ONLY

Freight & Charges	Revenue Tons	Rate	Per	Prepaid	Collect

<table>
<tr><td>Prepaid at</td><td>Payable at</td><td rowspan="2">Place and date of issue
SHANGHAI APR. 20, 2001</td></tr>
<tr><td>Total prepaid</td><td>Nos. of Original B/L TRIPLICATE</td></tr>
<tr><td colspan="2">Loading on board the vessel

Date APR. 20 By 中国外轮公司
×××</td><td>Signed for the Carrier
中国外轮公司
×××</td></tr>
</table>

七、受益人证明

1. 受益人证明格式

BENIFICIARY'S DECLARATION
Date:(1)
To whom it may concern,
Dear Sirs,
Re: Invoice No. :(2)　　　　　L/C No. :(2)
(3)
WE HEREBY CERTIFY THAT ONE COMPLETE SET OF NON-NEGOTIABLE SHIPPING DOCUMENTS HAS BEEN SENT DIRECTLY TO APPLICANT BY EXPRESS AIRMAIL WITHIN 2 DAYS AFTER SHIPMENT.
Signature(4)

2. 填写说明和要点

(1)日期。

(2)发票和信用证号码。

(3)声明内容。

(4)签署。

3. 受益人证明范例

BENIFICIARY'S DECLARATION
Date: Apr 21,2001
To whom it may concern,
Dear Sirs,
Re: Invoice No. :HDG0051　　　　　L/C No. : SWXXA/2501
WE HEREBY CERTIFY THAT ONE COMPLETE SET OF NON-NEGOTIABLE SHIPPING DOCUMENTS HAS BEEN SENT DIRECTLY TO APPLICANT BY EXPRESS AIRMAIL WITHIN 2 DAYS AFTER SHIPMENT.
Signature ×××

八、装运通知

1. 装运通知格式

SHIPPING ADVICE

Date(1)

Dear Sirs,

Re: Invoice No.:(2) L/C No.:(2)

We hereby inform you that the goods under the above mentioned credit have been shipped. The details of the shipment are stated below.

(3)

Commodity

Quantity

Amount

Ocean vessel

Bill of lading No

E. T. D.

Port of Loading

Destination

We hereby certify that the above content is true and correct.

Issued by(4)

2. 填写说明和要点

(1)日期。

(2)发票和信用证号码。

(3)通知内容。

(4)签署。

3. 装运通知范例

SHIPPING ADVICE

Date: Apr 21,2001

Dear Sirs,

Re: Invoice No.: HDG0051 L/C No.: SWXXA/2501

We hereby inform you that the goods under the above mentioned credit have been shipped. The details of the shipment are stated below.

Commodity: ANIMAL TOYS

Quantity: 50CTNS

Amount: USD 14 500.00

Ocean vessel: CHENXING V. W. 233

Bill of lading No: HWA1442

E. T. D.

Port of Loading: SHANGHAI

Destination: HONGKONG

We hereby certify that the above content is true and correct.

Issued by ×××

九、汇票

1. 汇票格式

BILL OF EXCHANGE

No. (1)	
For ___(3)___ (Amounts in figure)	___(2)___ (place and date of issue)
At ___(4)___ sight of this FIRST Bill of exchange (SECOND being unpaid)	
pay to ___(5)___ or order the sum of	
___(3)___ (Amounts in words)	
Value received for ___(6)___ of ___(6)___ (quantity) (name of commodity)	
Drawn under ___(7)___	
L/C No. ___(7)___ Dated ___(7)___	
To: ___(8)___	For and on behalf of ___(9)___ signature

2. 填写说明和要点

(1)汇票号码——通常与此笔交易的发票号码一致,以便核对。

(2)汇票日期与地址——一般是提交议付行议付的日期,该日期往往由议付行填写。该日期不能迟于信用证的有效期。日期不能全部用数字填写,一般月份用英文表达。地点一般是议付人所在地。

(3)汇票金额——根据信用证规定的金额填写。一般信用证中的规定是按发票金额的100%开立汇票,有时也有按发票金额的一定百分比开立的。在填写汇票金额时要注意金额的大小写一致,而且货币的币种要与信用证金额货币相同。

(4)汇票期限——在汇票中用"At..."表示。

* 即期汇票"At Sight...",只需在横线上用"* * * * * * *"或"×××××××"表示,也可以直接打上"At Sight"(但不要留空)。

* 远期汇票,按信用证汇票条款的规定填入相应的付款期限,将"sight"去掉。

例如,"30 days after sight",见票后 30 天付款。

"45 days after date",汇票出票日后 45 天付款。

"60 days after the B/L date",提单日后 60 天付款(注意,此时应在"B/L date"后加注实际的提单日期)。

(5)收(受)款人(Payee)。在汇票中一般用"Pay to the order of..."或"Pay to ... or order"来表示。通常,在信用证支付条件下收款人填信用证议付行的名称。

例如,"Pay to the order of Bank of China Shanghai Branch"。

(6)对价条款——应填入有关货物的数量、包装及品名。

例如,"Value received for 370 Cartons of Plush Toys"。

(7)出票条款——应填写相关信用证开证行、信用证号码及开证日期。

例如,“Drawn under The National Bank of Kuwait S. A. K. Head Office
L/C No. 02/194546/8 Dated 3rd Feb. ,2018”。

(8)付款人(Payer)即受票人(Drawee)。一般此栏在汇票中用“To”表示。汇票付款人的填写要按照信用证的要求,在信用证汇票条款中付款人往往是用“drawn on...”或直接用“on...”表示的。

例如,汇票条款中规定“... drawn on us”或“... on ourselves”,则付款人为开证行。

汇票条款中规定“... drawn on ×× bank”(非开证行),则付款人为该银行(即信用证的付款行)。

汇票条款中规定“... on yourselves”,则付款人为通知行,而此时,通知行往往又是信用证的保兑行。

注意,汇票付款人也可以是开证申请人或其他公司企业。一般而言,付款人应按信用证的规定填上详细的名称、地址。

(9)出票人(Drawer)。在汇票右下角,一般填信用证受益人,并且受益人在出具了汇票后必须签署。

3. 汇票范例

BILL OF EXCHANGE

No. HDG0051	
For USD 14 500.00 (Amounts in figure)	SHANGHAI May 1,2001 (place and date of issue)
At * * * sight of this FIRST Bill of exchange (SECOND being unpaid)	
pay to BANK OF CHINA SHANGHAI BRANCH or order the sum of	
SAY US DOLLARS FOURTEEN THOUSAND FIVE HUNDRED ONLY (Amounts in words)	
Value received for 50 CARTONS of ANIMAL TOYS (quantity) (name of commodity)	
Drawn under BANK OF CHINA HONG KONG BRANCH	
L/C No. SWXXA/2501 Dated Feb 20,2001	
To: BANK OF CHINA HONG KONG BRANCH	For and on behalf of: SHANGHAI RED STAR Co. LTD signature

附录 4:交易磋商模拟评估表

交易磋商模拟评估表(第　　场)

班级:

第　组	评价标准	得　分
内容(30%)	准备充分,信息丰富,讨论内容全面、合理、契合主题	10 9 8 7 6 5 4 3 2 1
语言(30%)	语言表达清楚、流利,论述具有说服力,无逻辑错误	10 9 8 7 6 5 4 3 2 1
团队表现(20%)	组织准备充分,团队合作默契	10 9 8 7 6 5 4 3 2 1
仪表仪态(20%)	仪表端正,表情自然,姿势恰当,态度积极	10 9 8 7 6 5 4 3 2 1
小组成员(买方):	1. 2. 3. 4. 5. 6.	
表现最佳成员:		表现最差成员:
其他评价:		综合得分:

第　组	评价标准	得　分
内容(30%)	准备充分,信息丰富,讨论内容全面、合理、契合主题	10 9 8 7 6 5 4 3 2 1
语言(30%)	语言表达清楚、流利,论述具有说服力,无逻辑错误	10 9 8 7 6 5 4 3 2 1
团队表现(20%)	组织准备充分,团队合作默契	10 9 8 7 6 5 4 3 2 1
仪表仪态(20%)	仪表端正,表情自然,姿势恰当,态度积极	10 9 8 7 6 5 4 3 2 1
小组成员(卖方):	1. 2. 3. 4. 5. 6.	
表现最佳成员:		表现最差成员:
其他评价:		综合得分:

参考文献

1. 姚新超著:《国际贸易实务》,对外经济贸易大学出版社 2011 年版。

2. 戴海珊、吴安南著:《国际贸易实务》,大连理工大学出版社 2011 年版。

3. 张炳达、周琼琼编著:《国际贸易实务》,上海财经大学出版社 2011 年版。

4. 张燕芳、林卫著:《国际贸易实务》,人民邮电出版社 2016 年版。

5. 人力资源和社会保障部教材办公室、上海市职业技能鉴定中心组织编写:《营销师(国际商务)三级》,中国劳动社会保障出版社 2013 年版。

6. 祝卫:《出口贸易模拟操作教程》,上海人民出版社 2008 年版。

7. 田运银主编:《国际贸易实务精讲》,中国海关出版社 2010 年版。

8. 贾建华、阚宏主编:《新编国际贸易理论与实务》,对外经济贸易大学出版社 2010 年版。

9. 崔日明、王海兰编著:《国际贸易实务》,机械工业出版社 2010 年版。

10. 盛洪昌编著:《国际贸易实务》,上海财经大学出版社 2012 年版。

11. 翟步习编著:《信用证英语》,对外经济贸易大学出版社 2008 年版。

12. 毅冰著:《外贸高手客户成交技巧》,中国海关出版社 2012 年版。

13.[美]卡尔·纳尔逊著,丁崇文等译:《进出口业务——带领企业走出国门》,人民邮电出版社 2011 年版。

14. 吴百福、徐小薇主编:《进出口贸易实务教程》,上海人民出版社 2015 年版。

15. 王腾等著:《彻底搞懂信用证》,中国海关出版社 2011 年版。

16. 张永安、沈克华主编:《国际贸易实务》,高等教育出版社 2017 年版。

17. 温伟雄(马克老温)著:《外贸全流程攻略——进出口经理跟单手记》,中国海关出版社 2017 年版。

18. 毕甫清等主编:《国际贸易实务与案例》,清华大学出版社 2016 年版。

19. 李贺、李纲主编:《外贸单证实务》,上海财经大学出版社 2019 年版。